Por qué fracasan los ejecutivos brillantes

Por qué fracasan los ejecutivos brillantes

y lo que usted puede aprender de sus errores

SYDNEY FINKELSTEIN

Traducción
Adriana de Hassan

Bogotá, Barcelona, Buenos Aires, Caracas, Guatemala,
México, Panamá, Quito, San José, San Juan,
San Salvador, Santiago de Chile, Santo Domingo

Finkelstein, Sydney
Por qué fracasan los ejecutivos brillantes / Sydney Finkelstein;
Traducción Adriana de Hassan. - Bogotá : Grupo Editorial Norma, 2004.
    400 p. ; 23 cm. - (Colección gerencia)
    Título original : Why Smart Executives Fail
    ISBN 958-04-8044-3
    1. Gerencia 2. Administración I. Hassan, Adriana de, tr. II. Tít. III. Serie.
650.1

Título original en inglés
WHY SMART EXECUTIVES FAIL
and What You Can Learn from Their Mistakes
de Sydney Finkelstein
Una publicación de Penguin Group
375 Hudson Street, New York, New York 10014, U.S.A.
Copyright © 2003 por Sydney Finkelstein.

Copyright © 2004 para el mundo de habla hispana
por Editorial Norma S.A.
Apartado Aéreo 53550, Bogotá, Colombia
http://www.norma.com
Reservados todos los derechos
Prohibida la reproducción total o parcial de este libro,
por cualquier medio, sin permiso escrito de la Editorial.
Impreso por Printer Colombiana S. A.
Impreso en Colombia - Printed in Colombia

Dirección editorial, María del Mar Ravassa G.
Edición, Fabián Bonnett V.
Diseño de Cubierta, María Clara Salazar P.
Fotografía de cubierta, Frank Walsh/Photonica
Armada electrónica, Gloria Inés Hernández G.

Este libro se compuso en caracteres AGaramond

ISBN 958-04-8044-3

A mi abuelo Leib Dunajec

Contenido

1. Por qué fracasan los ejecutivos brillantes — 1
   ¿Qué puede aprenderse del fracaso?

PRIMERA PARTE • GRANDES ERRORES CORPORATIVOS

2. Los colapsos de las empresas nuevas — 25
   Historias de empresas nuevas que no funcionan... y por qué

3. Innovación y cambio — 67
   La decisión de no adaptarse

4. Fusiones y adquisiciones — 101
   La búsqueda de la sinergia, la búsqueda de la integración

5. Estrategia fallida: hacer lo que no debe ser — 143
   Por qué los estrategas interpretan erróneamente a sus competidores y eligen estrategias "irracionales"

SEGUNDA PARTE • LAS CAUSAS DEL FRACASO

6. La ejecución magistral de una visión equivocada — 181
   Cómo las fallas en la mentalidad de los ejecutivos llevan a las compañías al borde del abismo... y más lejos

7. Delirios de la compañía perfecta — 219
   Cómo los ejecutivos evitan enfrentar la realidad

8. En busca de las señales perdidas — 251
   Por qué las empresas no actúan con base en la información vital

9 Los siete hábitos de las personas que fracasan
   estruendosamente   279
   Las cualidades personales de los líderes que presidieron
   algunos de los descalabros empresariales más grandes

TERCERA PARTE • APRENDER DE LOS ERRORES

10 Predecir el futuro   313
    Las primeras señales de alerta

11 Cómo aprenden los ejecutivos inteligentes   347
    Cómo vivir y sobrevivir en un mundo falible

    Nota del autor   379

    Agradecimientos   381

CAPÍTULO 1

Por qué fracasan los ejecutivos brillantes

¿Qué puede aprenderse del fracaso?

Usted los ha visto en las portadas de las revistas *Forbes, Fortune* y *BusinessWeek*. Ha leído acerca de su liderazgo magistral y a veces inspirador. Ha escuchado los elogios que sobre sus empresas y la necesidad de imitarlas han hecho los sabios y los analistas de la industria. Probablemente ha invertido en sus acciones, bien sea directa o indirectamente. Quizás hasta haya aprovechado la oportunidad de trabajar para ellos o de asociarse con ellos. Son personas que están entre las estrellas más rutilantes de la empresa estadounidense y mundial. Son héroes, genios, titanes del mundo empresarial.

No obstante, pocos años o hasta pocos meses después de alcanzar el estrellato, sus compañías se fueron a pique. Se cerraron las operaciones clave. Los trabajadores fueron despedidos. Las acciones de la compañía se desplomaron. Las empresas enormes con las cuales estaban profundamente comprometidos estos líderes y sus compañías demostraron no tener prácticamente valor alguno. Cuando vino la calma, descubrimos que estos líderes habían destruido patrimonios de cientos de millones o hasta miles de millones de dólares.

¿Cómo puede ser posible? ¿Cómo pueden estos líderes empresariales caer tan rápidamente? ¿Cómo es que tantas personas pueden equivocarse al punto de causar un desastre? ¿Dónde está la explicación de los fracasos de gran magnitud que vemos todos los años en distintas industrias y hasta en distintos países? ¿Y cómo podemos impedir que esta clase de cosas se repitan?

Hace seis años me dispuse a responder estos interrogantes al emprender la investigación más extensa nunca antes realizada acerca de este tema. Mi objetivo no era sólo comprender las razones por las cuales las empresas se deterioran y fracasan sino centrar mi atención en las personas que están detrás de esos fracasos; no sólo comprender cómo evitar esos desastres sino prever las primeras señales de alerta. En últimas, deseaba ir más allá de las explicaciones ad hoc basadas en los casos y exponer definitivamente el origen de esos descalabros.

Algunas de las respuestas que mi equipo de investigadores sacó a la luz fueron tan sorprendentes como la caída súbita de muchos de los líderes empresariales a quienes estudiamos. En efecto, muchas de las cualidades que parecen ser los atributos de la empresa soñada son en realidad las semillas de una pesadilla. En el caso de los gerentes, muchas de las cualidades que querríamos poseer o imitar, terminan siendo las más indeseables. En el caso de los inversionistas, muchos de los distintivos del éxito con los cuales nos esforzamos por identificarnos terminan siendo las señales del fracaso. Y en el caso de quienes sencillamente nos sentimos fascinados por el mundo empresarial, en parte porque los líderes y ejecutivos que dirigen las organizaciones parecen estar tan lejos de nuestro alcance, descubrimos que tienen las mismas dificultades y deficiencias de carácter y cometen los mismos errores que nosotros, sólo que quizás en una escala mucho mayor.

Las causas del fracaso

Es posible prevenir los desastres descomunales de las empresas, pero sólo si comenzamos a pensar en el liderazgo y las organizaciones de una manera radicalmente diferente. Para comenzar, implica dejar de lado las respuestas fáciles y comenzar a estudiar deliberadamente las causas reales de los fracasos empresariales, es decir, las personas que crean, manejan y dirigen las compañías.

Los periodistas, los empleados, los sabios de la administración, otros gerentes, los inversionistas, las personas del público en general, todo el mundo tiene una opinión acerca de la manera como algún alto ejecutivo logró convertir una empresa aparentemente exitosa en un desastre corporativo. En efecto, son siete las teorías que se citan comúnmente para explicar el fracaso de los ejecutivos. ¿Pero cuántas de ellas son acertadas?

1. Los ejecutivos eran ineptos

El argumento más común para explicar el fracaso de una empresa consiste en decir que el presidente y otros altos ejecutivos eran incompetentes e ineptos. Señalamos los errores increíblemente estúpidos que cometieron y llegamos a la conclusión de que si la gerencia pudo hacer cosas tan estúpidas fue necesariamente porque los ejecutivos eran ineptos.

¿Pero es cierto esto? ¿Realmente son la ineptitud y la falta de talento las causas de los grandes fracasos de las empresas? La verdad es que las personas que llegan a ser presidentes de las grandes corporaciones por lo general tienen una inteligencia superior. Todos y cada uno de los ejecutivos entrevistados para este libro eran perfectamente coherentes, perceptivos y experimentados. No hubo una sola persona que hablara con estos ejecutivos aunque fuera dos minutos que no quedara impresionada con su inteligencia. ¿Realmente podría pensarse que no tiene inteligencia o talento una persona como Wolfgang Schmidt, el ex director ejecutivo de Rubbermaid, conocido como genio de la innovación y poseedor de una sagacidad incomparable para acertar aun antes de que las demás personas reconocieran los problemas críticos? ¿Acaso podría alguien pensar que carecía de talento una persona como An Wang, fundador de Wang Labs, quien obtuvo un doctorado en una de las universidades de la Ivy League, tenía varias patentes a su nombre y creó una compañía multimillonaria?

Casi todas estos directivos llegaron a la cima porque los ejecutivos y los inversionistas sagaces los eligieron una y otra vez entre los demás gerentes por ser los más capaces y los más competentes. Muchos de ellos salieron de las universidades más selectivas y exigentes del mundo. En las primeras etapas de sus carreras fueron esos gerentes quienes convirtieron las crisis en triunfos. Una vez en la cima, pudieron sostenerse en sus cargos el tiempo suficiente para forjar los destinos de sus empresas porque las juntas directivas y las compañías socias confiaban a ojos cerrados en su capacidad para tomar decisiones verdaderamente inteligentes. Nadie querría depositar el destino de una gran corporación en manos de alguien que no sea muy inteligente, de manera que, por regla general, eso es algo que nunca sucede.

A pesar de la inteligencia de estos ejecutivos, ¿podría decirse que los fracasos de sus empresas se debieron a su desconocimiento de la industria, o a su falta de conocimiento o de experiencia?

Esta posibilidad tampoco es muy verosímil. Las personas responsables de los desastres colosales casi siempre tienen un historial fabuloso en su área de negocios. Tienden a ser ampliamente conocedoras de todo aquello que parece afectar a su compañía. Si tropiezan con algo que desconocen, se dedican a ponerse al tanto inmediatamente. Por lo general son autoridades reconocidas en su tipo de negocio, cualquiera que éste sea.

En pocas palabras, los gerentes no son estúpidos. No podemos explicar el fracaso corporativo recurriendo a la excusa manida de la mala calidad de los gerentes. No. Tendremos que buscar la explicación en otro lado.

2. Los ejecutivos no pudieron haber sabido lo que se les venía encima

La segunda explicación más común de los desastres empresariales consiste en reconocer que, si bien los ejecutivos eran inteligentes, quedaron atrapados en medio de unos sucesos que no pudieron haber previsto. Es de esperarse que hasta los mejores ejecutivos fracasen cuando las condiciones del mundo empresarial cambian súbitamente de una manera que nadie podría haber previsto.

El único problema con esta explicación es que nuestra investigación demostró que ninguno de los desastres se debió al hecho de que los ejecutivos quedaran atrapados en medio de unos sucesos imposibles de prever. En todas las compañías, una tras otra, independientemente de la industria, el momento histórico o el país, los gerentes tuvieron todas las oportunidades de ver los cambios importantes que se les venían encima. En la mayoría de los casos, los ejecutivos conocían todos los hechos necesarios. En muchos casos, hubo personas que trataron de decirles lo que esos hechos significaban.

Los ejecutivos de Schwinn Bicycle Company estaban perfectamente al tanto de todo acerca de las bicicletas de montaña y los demás diseños nuevos que constituirían una amenaza para su marca. Hasta habían oído exposiciones sobre esos diseños y los habían rechazado. Motorola estaba perfectamente al tanto de los teléfonos móviles digitales que menguarían sus ventas de teléfonos análogos; incluso recibía regalías por ese concepto. Cuando la Internet modificó el mercado de los asistentes personales digitales (PDA) tras el cual iba la gente de General Magic, se hizo realidad una predicción que algunas de las personas de la propia General Magic habían hecho. En éstos y en muchos otros casos, ya se había previsto y analizado el cambio pertinente de las condiciones del negocio, y se le había desechado.

3. El problema fue de ejecución

Desde hace poco se ha puesto de moda afirmar que los ejecutivos de las compañías fracasadas probablemente tenían las políticas acertadas pero no las ponían en práctica con suficiente acierto. Si tan sólo los gerentes y los empleados de todos los niveles hubieran hecho mejor su trabajo sin enredar los detalles, todo habría salido bien. No cabe duda de que esta explicación es atrayente. Da a entender que los altos gerentes acertaron en lo grande pero echaron a perder las cosas a nivel de los detalles. Sugiere que lo único que habría hecho falta para volver a poner las cosas en orden eran unos cuantos ajustes en la "ejecución".

Sin embargo, atribuir los fracasos de las empresas a una "falla de ejecución" es como atribuir las quiebras de las empresas a la insuficiencia de dinero. Todos los fracasos empresariales se pueden describir en relación con una falla de ejecución porque, en últimas, la empresa no logró su objetivo: crear valor para sus empleados, clientes y accionistas. Además, para cuando la empresa quiebra en su totalidad, muchas de sus operaciones han quebrado también. Muéstrenme una empresa fracasada, proclamaría un sabio de la administración, y les mostraré una falla de ejecución.

Pero, ¿con cuánta frecuencia puede decirse que la raíz de un descalabro empresarial está sencillamente en una falla de ejecución? Son miles los expertos competentes en administración y operaciones que se gradúan de las facultades de ingeniería y de administración de empresas. Basta con explicarles exactamente lo que se desea hacer y estos expertos montan un sistema razonablemente eficiente y confiable para hacerlo, por lo general en cuestión de unas pocas semanas. Las principales firmas de consultores pueden aportar una pericia impresionante a las empresas en cuestión de días. Considerando la disponibilidad de este conocimiento, nadie podría afirmar acertadamente que la razón principal por la cual fracasa una empresa está en la incapacidad para ejecutar las operaciones como es debido. Si la ejecución fuera la esencia del problema, lo único que un presidente de empresa tendría que hacer para salvar su compañía sería alzar el teléfono.

Una mirada más atenta a las compañías que sufrieron descalabros mayores resta todavía más credibilidad a esta explicación. En muchos casos, las empresas que sufrieron pérdidas enormes por lo general realizaban magistralmente toda clase de operaciones. Hasta en los casos en que un colapso operativo estaba en el centro de los problemas de la compañía, nunca era allí donde comenzaban los problemas. ¿Qué podría ser más operativo que los errores de los computadores que crean un caos en los datos de facturación, costos e indicadores internos? Pero las razones verdaderas por las cuales Oxford Health Plans tuvo dificultades tan serias en 1997 con sus colapsos operativos tuvieron mucho más que ver con conceptos fundamentalmente erróneos acerca del mercado y con la cultura de base de la compañía. Si concluyéramos que todo está en la ejecución, ¿cómo podríamos mirar detrás de las bambalinas para enfrentar los verdaderos problemas de base? Los colapsos operativos rara vez son la causa verdadera del fracaso en el mundo empresarial de hoy; son, sin excepción, síntomas de alguna otra cosa.

4. *Los ejecutivos no se esforzaron lo suficiente*

Hay quienes dirían que los altos ejecutivos tenían las destrezas y la información necesarias, por lo cual lo que sucedió fue que se quedaron dormidos en el trabajo o se dedicaron a haraganear. Los empleados de los niveles inferiores, en particular, son muy propensos a llegar a la conclusión de que los altos gerentes jugaban mientras la compañía se quemaba.

¿Podría decirse entonces que las personas responsables no trabajan lo suficiente? Si los altos ejecutivos estuvieran mejor motivados, ¿harían mejor su trabajo?

Ninguna persona que haya mirado la agenda diaria de un ejecutivo de una gran corporación creería, ni por un momento, en esta hipótesis. Las personas que ocupan estos cargos tienen jornadas excepcionalmente largas, la mayoría de sus actividades por fuera de la oficina están relacionadas con el trabajo y son enormes las ganancias que pueden obtener si el valor de sus compañías se acrecienta. La imagen que tienen de sí mismas suele estar estrechamente relacionada con el éxito que pueden alcanzar en su trabajo. La mayoría de estos ejecutivos están dispuestos a arriesgar su salud, su matrimonio y prácticamente todo lo demás en su afán por acrecentar el éxito de sus compañías. Basta con oír a algunos de los ejecutivos entrevistados describir el infierno por el cual pasaron cuando sobrevino el desastre, para descartar cualquier suposición ingenua acerca de la falta de motivación.

5. *Los ejecutivos no tenían habilidades de liderazgo*

¿Es posible que los ejecutivos responsables por los grandes fracasos de sus empresas tengan dificultad para hacer que las personas procedan conforme al rumbo que han trazado?

Cualquiera que haya conocido a las personas que han estado envueltas en esa clase de desastres sabe que el problema no está en la falta de liderazgo. La mayoría de estos ejecutivos poseen una personalidad fuerte con unas dosis muy grandes de encanto y carisma. Todos imponen respeto y obtienen atención. Si bien los estilos personales varían significativamente, todos estos ejecutivos han demostrado poseer una capacidad enorme para lograr que los demás hagan lo que ellos esperan. Y más aún, son gerentes que, en la mayoría de los casos, tenían una visión perfectamente clara del futuro de sus empresas.

Si concebimos la habilidad para el liderazgo como una especie de combinación de talento y personalidad recia que le permite a una persona construir un cuadro de seguidores dispuestos a luchar por su líder, basta entonces con señalar a Jeffrey Skilling, ex director ejecutivo de Enron. Desde todo punto de vista, Skilling tenía la habilidad para establecer una visión dinámica y clara, facultar a sus empleados para alcanzar las metas y crear un ambiente que premiaba con creces la excelencia en la realización de las metas. Lo mismo podría decirse de Dennis Kozlowski, ex director ejecutivo de Tyco, entre otras de las personas reseñadas en este libro. La idea de que la falta de liderazgo pueda explicar el fracaso no resiste el escrutinio.

6. *La compañía no tenía los recursos necesarios*

Si los grandes desastres empresariales no tienen relación con alguna característica de los líderes, ¿se deben entonces a alguna limitación o algún defecto manifiesto de la empresa en general?

¿Quizás una falta de recursos tecnológicos, capacidades o activos?

Esta explicación tampoco sirve. Las compañías que fracasan a gran escala también poseen recursos de gran escala. Muchas de las compañías que han tenido estos fracasos estruendosos eran monstruos del poderío tecnológico. Además, la mayoría de las compañías que han sobrevivido a sus desastres continúan siendo monstruos del poderío tecnológico en la actualidad, aunque en otros aspectos sean un pálido reflejo de lo que fueron.

¿Qué hay entonces de las causas financieras? ¿Se pueden atribuir los grandes fracasos a la imposibilidad de adquirir los recursos y la pericia necesarios para el éxito? ¿Era cuestión sencillamente de no tener los fondos para cumplir con la visión de los ejecutivos a nivel operativo?

No. Estas empresas perdieron sumas enormes de dinero porque tenían todo ese dinero en sus arcas. Estamos hablando de compañías colosales que poseían o adquirieron recursos tremendos y, pese a ello, cayeron estrepitosamente. Y hasta las empresas virtuales estudiadas recibían unos flujos de fondos muy generosos, quizá demasiado generosos.

7. Los ejecutivos eran sencillamente una partida de bandidos

Finalmente, ¿acaso se debió el problema a que los altos ejecutivos eran sencillamente unos bandidos? ¿Era tan grande su codicia que permitieron la caída de sus empresas mientras ellos se robaban los activos?

Esa idea tampoco pasa la prueba. Contrariamente a la impresión creada recientemente por unos cuantos escándalos espectaculares, la gran mayoría de los directores ejecutivos en cuyas manos han estado los más grandes desastres empresariales son escrupulosamente honrados.

Pero aun en los casos en los cuales los directores ejecutivos sí son bandidos, es preciso preguntar por qué llegaron a serlo. Después de todo, se trata de personas que, comparadas con otras, podían hacerse ricas sólo con su salario. ¿Por qué habrían de optar por robar después de alcanzar ese nivel de éxito?

Hay quienes dicen que "así es su naturaleza", que algunos gerentes sienten el apremio irracional de robar, que la deshonestidad es parte de su personalidad. Pero aun si algunos de estos ejecutivos hubieran sido ladrones desde siempre, eso no explica mucho. ¿Qué había en esas compañías que hizo posible que unos bandidos alcanzaran los cargos más altos? ¿Y por qué no fueron puestos en evidencia a tiempo y despedidos cuando su comportamiento comenzó a poner en peligro el éxito de la compañía?

Por último, está el hecho extraño de que las cuantías robadas, si bien eran enormes, en la mayoría de los casos no eran lo suficientemente grandes como para provocar el descalabro de una compañía.

La incapacidad de comprender el fracaso

Es obvio que estas siete explicaciones corrientes de por qué los ejecutivos fracasan no son suficientes. Sería mucho más fácil comprender la razón por la cual fracasan los ejecutivos inteligentes si pudiéramos basarnos en esas explicaciones, pero la verdad es que no podemos.

Las teorías defectuosas no sirven para explicar el síndrome completo de los grandes fracasos empresariales. Más extraño aún que el hecho de que los gerentes excepcionales puedan cometer errores tan graves es la manera como agravan el daño cometiendo todavía más errores. Los errores verdaderamente colosales nunca vienen solos; vienen en cadena. Una vez que una compañía da un paso realmente desastroso es como si ya no pudiera hacer nada bien. ¿Cómo es eso posible? ¿Por qué en lugar de corregir sus errores, los líderes generalmente los empeoran?

La pregunta general de por qué fracasan súbitamente las empresas exitosas genera toda una serie de preguntas más concretas. ¿Cómo es que los líderes que han trabajado exitosamente durante años comienzan a equivocarse en todo de un momento a otro? ¿Por qué los líderes de empresa hacen a veces unas cosas que parecen completamente irracionales? ¿Cómo es que pasan por alto unas señales perfectamente claras de que sus políticas no están funcionando? ¿Por qué caen las organizaciones en las mismas trampas una y otra vez? ¿Por qué se suspenden los procedimientos de salvaguardia precisamente cuando más se necesitan? ¿Cómo pueden las juntas directivas presenciar todo esto sin hacer nada? Por encima de todo, ¿qué pueden hacer de antemano los líderes de las empresas para protegerse contra errores garrafales? Este libro es un intento por responder éstas y otras preguntas.

El marco de la investigación

Las preguntas y los interrogantes a los cuales se llegó a través del estudio de los errores y los fracasos exigieron un programa especial de investigación. El tipo de investigaciones que en su momento produjeron libros como *En busca de la excelencia* y todos los demás que lo sucedieron, eran de vital importancia, pero debían complementarse con investigaciones igualmente acuciosas en busca del fracaso o, más exactamente, en busca de las causas del fracaso.

Durante seis años, mi equipo de investigadores del Tuck School of Business en Dartmouth realizó una investigación extensa sobre los descalabros empresariales. Comenzamos por identificar aproximadamente cuarenta compañías que habían experimentado fracasos de gran magnitud. El tamaño de las pérdidas en cuanto a ganancias y destrucción del valor en términos absolutos era menos importante que el hecho de que la pérdida era "grande" con relación al tamaño de la compañía. En la práctica, la magnitud de la pérdida era por lo general de cientos de millones de dólares y muchas veces de miles de millones de dólares. Varias de las compañías estudiadas fueron a la quiebra, pero la mayoría eran lo suficientemente sólidas como para restañar sus heridas multimillonarias y seguir adelante.

Un segundo criterio para la selección era asegurarnos de construir una muestra de compañías de muchas industrias diferentes y hasta de países diferentes. Este criterio fue fácil de cumplir.

En tercer lugar, deseábamos un equilibrio entre casos nuevos y frescos por un lado, y algunas historias clásicas de fracaso por el otro. Por ejemplo, la estrategia de robótica de General Motors en los años 80 es una historia vieja pero clásica que todavía encierra lecciones apropiadas para los gerentes de hoy. Por eso volvimos nuevamente los ojos sobre el ascenso y la caída de John DeLorean y el automóvil que llevó su nombre, el Projecto Spa de RJ Reynolds, diseñado para producir un cigarrillo sin humo, el empeño fallido de Wang Labs por destruir a la IBM, y la decisión de los Boston Red Sox de salir al campo con un equipo de béisbol integrado sólo por jugadores blancos después de que todas las demás organizaciones de las ligas mayores habían integrado en sus listas a jugadores afroamericanos.

El proyecto de investigación se concibió en 1997, de modo que lo más natural era mirar algunos de los fracasos más interesantes de los años 90, incluida la caída de Johnson & Johnson después de estar en la cima del negocio de los stents cardiovasculares, el error de Motorola al no cambiar de la tecnología análoga a la digital en los teléfonos móviles, la incursión todavía más desastrosa de Iridium en el negocio de la telefonía celular satelital, la demora de Fruit of the Loom en responder a la ley de libre comercio de América del Norte que llevó a un nivel prohibitivo la fabricación de ropa interior en los Estados Unidos, la destructiva guerra de voluntades entre Rubbermaid y Wal-Mart, Target y otros grandes minoristas, y la implosión del gigante de la industria publicitaria Saatchi & Saatchi.

La verdad es que eso sería todo: algunas historias clásicas y otras más contemporáneas de descalabros empresariales, plasmadas en un libro que quizás hubiera podido salir a la luz uno o dos años antes. Pero sucedieron dos cosas que nos llevaron a replantear nuestra estrategia de investigación: primero, la explosión de la burbuja de la Internet, la cual dejó tendidas en tierra a cientos de compañías difuntas en medio del panorama empresarial y, segundo, el sacudimiento provocado por una serie increíble de fracasos emanados de escándalos que aún continúan apareciendo en las primeras planas de las noticias. No era posible cerrar el programa de investigación y poner punto final considerando el estallido en el mundo empresarial de dos sucesos consecutivos tan dramáticos e impactantes.

El resultado fue que el proyecto de investigación se demoró mucho, pero lo más importante fue que tuvimos la oportunidad de comprender las razones de fondo del fracaso en estos dos terrenos aparentemente tan disímiles, y de qué manera las causas de esos fracasos eran diferentes de las de los casos "más tradicionales" que componían la primera parte de la investigación. Fue así como agrandamos la muestra para incluir a compañías tales como eToys, PowerAgent, Boo.com, Webvan, Enron, WorldCom, Tyco, Rite Aid, Adelphia e ImClone.

Al final, nuestra muestra estaba constituida por cincuenta y una compañías investigadas en detalle. Además estudiamos brevemente otras diez o más compañías y organizaciones. En su conjunto, representan el estudio más grande y exhaustivo nunca antes realizado sobre el tema de los fracasos empresariales.

Los datos

Para comprender realmente lo sucedido en las compañías que estudiamos, quisimos ensayar a ponernos en el lugar de las personas encargadas de tomar las decisiones clave en el momento en que las cosas tomaron mal camino. Al hacerlo así, una de las primeras cosas que salen a la luz es que muchos de los grandes errores corporativos se debieron en igual medida a la inacción de los gerentes y a las actuaciones erróneas de los mismos. Y no cabe duda de que tiene sentido. Compañías tan diversas como Rubbermaid, Schwinn, Encyclopedia Britannica y Boston Red Sox tuvieron problemas serios porque no reaccionaron a los desafíos críticos cuando tuvieron la oportunidad de hacerlo.

¿Pero cómo puede alguien ponerse realmente en el lugar de las personas que debían tomar las decisiones clave cuando los sucesos de interés ocurrieron quizás hace diez años? Fue allí donde tuvimos ventaja sobre los historiadores, cuyas tácticas de investigación son semejantes a las nuestras, pues casi en cada una de las compañías pudimos entrevistar a personas que nos dieron información de primera mano mucho más amplia que la aparecida en los informes de prensa que también consultamos. Por ejemplo, cuando investigamos las razones por las cuales Motorola se negó a migrar de la tecnología análoga a la digital en sus teléfonos celulares a mediados de los años 90, entrevistamos a tres antiguos directores ejecutivos de la compañía, dos antiguos gerentes de nivel medio y dos ejecutivos que desempeñaban cargos altos en la compañía operadora Bell, la cual le insistió reiteradamente a Motorola que le vendiera teléfonos digitales. En otros casos realizamos menos entrevistas pero, en general, éstas fueron determinantes para poder extraer las lecciones del pasado.

Realizamos en total 197 entrevistas. En las compañías que habían sufrido descalabros serios, incluimos en las entrevistas a los directores ejecutivos actuales y anteriores, a otros ejecutivos y a los gerentes de nivel medio. En algunos casos entrevistamos a varios directores ejecutivos consecutivos de una misma compañía. En ocasiones entrevistamos, entre otros, a competidores, periodistas, expertos de la industria, bancos de inversión y suscriptores de seguros. En la mayoría de los casos, los entrevistados permitieron que se hicieran grabaciones a fin de garantizar la exactitud y la posibilidad de verificar lo dicho. En los casos en los cuales no pudimos grabar, tomamos muchas notas. Así, tuvimos documentación sustancial de las entrevistas.

En todos los casos, complementamos las extensas entrevistas directas con grandes cantidades de información tomada de los estados financieros, las noticias, los análisis publicados, los comunicados de prensa y los informes de las compañías. De esa manera pudimos verificar muchas de las afirmaciones de los entrevistados y enmarcar sus comentarios dentro de un contexto más amplio. No había la menor duda de que en cada uno de los casos estudiados, el fracaso había sido de gran magnitud. Las cifras claras y verificables demostraban en cada caso que algo había salido muy mal. Por ejemplo, el fracaso en cada caso había tenido un efecto adverso grande sobre el valor para los accionistas de la empresa. Lo que faltaba, hasta que nuestro equipo de trabajo unió todas las piezas, era suficiente información y las contribuciones de otras fuentes para develar exactamente lo que había ocurrido y por qué.

A medida que aclarábamos lo que había sucedido en realidad en esas compañías, nuestras premisas cambiaban drásticamente. Por ejemplo, no pensamos que descubriríamos que los ejecutivos optaron expresamente por no reaccionar ante el cambio aun a pesar de saber que éste era una realidad. Pero en Motorola, nuestras entrevistas revelaron que las personas encargadas de tomar las decisiones clave tenían gran cantidad de información sobre la preferencia del público por los teléfonos móviles digitales, y cada uno de los ex directores ejecutivos a quienes entrevistamos confirmó que los ejecutivos de Motorola vieron producirse el cambio pero optaron por no reaccionar a él. La razón por la cual no lo hicieron constituye una historia fascinante, pertinente no sólo para los gerentes e inversionistas sino también para las personas que enfrentan el mismo desafío de encontrarse frente a unas verdades que no desean reconocer en su vida.

Así mismo, a medida que recogíamos más información tuvimos que modificar nuestra tesis inicial acerca de si una compañía realmente había cometido un error corporativo gigantesco que la llevó al fracaso. Por ejemplo, muchas personas han sugerido que la IBM cometió una gran torpeza al desarrollar su computador personal (PC) original en 1979 con base en la confianza en el sistema operativo de Microsoft y en el microprocesador de Intel. Si bien es cierto que el sistema operativo y el circuito integrado tienen la porción más grande del valor en esta industria, no parece razonable pretender que la IBM hubiera comprendido esta realidad hace casi veinticinco años. No hay muchas personas con esa clase de bola de cristal. Además, la estrategia de la IBM de recurrir a terceros para el sistema operativo y el microprocesador —campos que estaban por fuera de su competencia central en hardware— refleja la misma clase de enfoque nítido que caracteriza a compañías como Honda, Dell y Nike en la actualidad. Así, si se busca criticar a la IBM por su estrategia con el PC, también habría que atacar el pensamiento estratégico fundamental que prevalece por estos tiempos.

La gama de compañías investigadas

La gama de compañías investigadas es suficientemente amplia para dar cabida prácticamente a los intereses empresariales y de inversión de todo el mundo. Incluye compañías automotrices, de entretenimiento, de alimentos y bebidas, de productos electrónicos, casas de moda, compañías de servicios financieros, de computadores, farmacéuticas, de comunicaciones, fabricantes de equipos electrónicos, cadenas minoristas, compañías de seguros, una administradora de salud, una compañía de juguetes, una agencia de publicidad, una editorial, una cadena de restaurantes, una productora de cigarrillos, una compañía de recipientes plásticos, una franquicia de béisbol, una compañía de cable, una compañía de bicicletas, una compañía de energía, una compañía fabricante de herramientas y máquinas para paisajismo, empresas punto-com y un conglomerado.

Además, si bien predominan las compañías estadounidenses en la muestra, también estudiamos a cuatro compañías japonesas (Sony, Nissan, Firestone y Snow Brand Milk), cuatro británicas (Saatchi & Saatchi, Marks & Spencer, DeLorean y Boo.com) y una de cada uno de estos países: Corea del Sur (Samsung), Alemania (DaimlerChrysler), Singapur (BaringsBank/ING) y Australia (AMP).

Entre las empresas cuyos fracasos estudiamos en gran detalle están las siguientes:

AMP	Enron	Nissan
Adelphia	EToys	Oxford Health
Advanced Micro	Firestone	Plans
Devices	Food Lion	PowerAgent
Bankers Trust	Ford	Quaker/Snapple
Barings/ING	Fruit of the Loom	Rite Aid
Barneys	General Magic	RJ Reynolds
Boo.com	General Motors	(Proyecto Spa)
Boston Market	ImClone	Rubbermaid
Bosto Red Sox	Iridium	Saatchi & Saatchi
Bristol-Myers Squibb	Johnson & Johnson	Samsung Motors
Cabletron	(Cordis)	Schwinn
Coca-Cola	L. A. Gear	Snow Brands
(contaminación	Levi Strauss	Sony (Columbia
en Bélgica)	LTCM	Pictures)
Conseco	Marks & Spencer	Toro
DaimlerChrysler	Mattel	Tyco
DeLorean	Mossimo	Wang Labs
Encyclopedia	Motorola (teléfonos	Webvan
Britannica	móviles)	WorldCom

El proceso de las entrevistas

Cuando hablamos con el ejecutivo de Hollywood, iba conduciendo por Santa Mónica Boulevard con el convertible descubierto y comentando cuán soleado estaba el día en Los Ángeles.

Cuando hablamos con el ex director ejecutivo que fue testigo de cómo su compañía se autodestruyó bajo los ojos de su sucesor, detectamos un tono palpable de ira en su voz mientras narraba la historia.

Cuando conversamos con el hijo del fundador de una compañía que ya no existe, nos relató historias de su vida con un padre ambicioso en extremo.

No habría sido posible prever lo que descubriríamos durante el proceso de las entrevistas, pero constituye una nota fascinante al margen de todo el proceso. En el caso de muchos de los ejecutivos clave con quienes hablamos fue casi como si estuvieran esperando que sonara el teléfono con nuestra llamada, pese a que nuestro interés era descubrir los errores y las lecciones de unos episodios dolorosos de sus carreras. Aunque no todas las personas entrevistadas deseaban realmente contar su lado de la historia, una gran proporción de ellas sí lo deseaba.

¿Por qué estarían tan interesados en ser entrevistados para este libro la mayoría de los ejecutivos sobre quienes ha recaído la culpa del fracaso de sus empresas? En muchos casos, piensan que son precisamente los hechos que otros aducen para señalar sus debilidades los que pueden exonerarlos. También creen que un análisis más profundo que refleje mejor las complejidades a las cuales se enfrentaron los presentará bajo una luz más favorable que la del cubrimiento relativamente superficial que recibieron en los periódicos y las revistas. En efecto, algunos de los líderes que presidieron los peores desastres parecían casi desesperados por anunciar que siempre tuvieron la razón y por entregar toda la información que, en su opinión, sustentaría su caso. "¿Qué les hace pensar que la adquisición de Columbia Pictures por parte de Sony fue una torpeza corporativa?", preguntó Mickey Schulhof, ex presidente de Sony USA, pese al hecho de que Sony debió asumir una pérdida de 3 200 millones de dólares en relación con dicha adquisición.

Si bien la gran mayoría de las personas a quienes les solicitamos una entrevista accedió a concederla, hubo quienes no lo hicieron. Sin embargo, las personas a quienes sí logramos entrevistar siempre tuvieron la oportunidad de revisar sus comentarios y hasta de retirarlos si así lo deseaban. Que sucediera en muy pocos casos es otra nota al margen verdaderamente sorprendente.

En resumen, a pesar de percibir un riesgo contra su reputación, muchas personas casi que sintieron la necesidad imperiosa de hablar con nosotros. Todo el proceso dio lugar a unas conversaciones fascinantes de las cuales extrajimos nociones fabulosas, aunque uno de los presidentes terminó la entrevista diciendo: "Espero que sean benignos conmigo".

Un libro sobre seres humanos

En últimas, este libro es sobre seres humanos. Personas que dirigen organizaciones y personas que han hundido organizaciones, pero seres humanos después de todo. Y así como usted y yo nos comportamos mal o actuamos de manera irracional en ocasiones, también lo han hecho las personas de quienes trata este libro. La diferencia está en que las personas sobre quienes escribimos tienen sobre sus hombros la responsabilidad por productos multimillonarios, divisiones multimillonarias y compañías multimillonarias, y cuando actúan de manera aparentemente irracional, el daño colateral puede ser colosal.

Está el empresario joven que gana en grande y después procede a destruir todo lo que ha construido cuando se convence de que tiene todas las respuestas. Está el director ejecutivo veterano que invierte miles de millones en una empresa no porque tenga argumentos sólidos para hacerlo sino porque lo desea. Está el grupo de directivos tan enamorados de su producto que se niegan a oír a sus clientes cuando les dicen, una y otra vez, que algo debe cambiar. Está el director ejecutivo que persigue una adquisición tras otra sin preocuparse por nimiedades como la lógica estratégica y la integración. Está el grupo de ejecutivos que persiste en un comportamiento autodestructivo a pesar de la evidencia abrumadora de que su comportamiento puede llegar a ser tóxico.

Estas personas no hacen mal todas estas cosas a propósito. No desean otra cosa que alcanzar el éxito, y algunas de ellas lo habían logrado muchas veces, y en grande.

Tampoco hacen mal las cosas por accidente. Si bien sus actuaciones y su inacción no tenían por objeto provocar resultados desastrosos, no puede decirse que hayan sido producto del azar. Las historias de fracaso plasmadas en este libro no son "casos fortuitos" sino producto de los "actos de hombres y mujeres".

Y no hacen mal las cosas por falta de inteligencia. No. Son personas muy inteligentes y de gran talento —a veces extraordinario— pero que, aun así, hacen mal las cosas.

¿Cómo explicar esas calamidades y descalabros si no es por esas razones? Ésta es la pregunta que quisimos responder.

Los patrones del fracaso

No comenzamos con hipótesis perfectamente claras sobre los patrones de fracaso que encontraríamos o pensando en que identificaríamos unos patrones definitivos. Nuestros principales hallazgos y conclusiones surgieron más bien a partir de los datos a medida que fue pasando el tiempo. Buscábamos dos cosas.

En primer lugar, deseábamos acercarnos a la "historia interna" tanto como fuera posible en cada caso, y las entrevistas fueron la clave para conectar entre sí los hechos recopilados a partir de los documentos públicos. Además, el estudio de una compañía muchas veces aclaraba nuestras ideas acerca de otra a medida que los datos obtenidos en las entrevistas y a través de otras fuentes nos ayudaban a comprender lo que observábamos.

En segundo lugar, mientras analizábamos cada una de las compañías de la muestra, buscábamos los patrones. Poco a poco, las piezas del rompecabezas comenzaron a encajar a medida que las lecciones de los casos convergían alrededor de una serie reducida de temas. Con el tiempo pudimos ver claramente cuán profundas y escasas eran realmente las causas del fracaso. Las empresas que al comienzo parecían no tener nada en común demostraron haber fracasado exactamente por las mismas razones y de manera muy parecida. Hasta las excusas que oímos de los gerentes fracasados demostraron repetirse una y otra vez. A pesar del gran número de cosas que pueden salir mal en algo tan complejo como es una empresa, descubrimos que el número de causas de los fracasos realmente devastadores era sorprendentemente reducido.

Éste es uno de los hallazgos más importantes del estudio. Salieron a flote unos patrones del fracaso que podrían aplicarse no sólo al gran número de fracasos clásicos, casi comunes —Rubbermaid, L. A. Gear, Barneys, por ejemplo— sino también a los prodigios de un año en Internet y a las compañías pícaras que han dominado las noticias durante los últimos dos años.

Los casos y los resultados de nuestra investigación se presentan en tres secciones: "Grandes errores corporativos", "Las causas del fracaso", y "Lecciones".

Los resultados

Primera parte: Grandes errores corporativos

Cuando consideramos todas las compañías en su conjunto nos dimos cuenta de que la mayoría de ellas habían fracasado durante cuatro momentos de transición de gran importancia: creación de negocios nuevos, manejo de la innovación y del cambio, manejo de las fusiones y las adquisiciones y manejo de las nuevas presiones de la competencia. Éstos son acontecimientos polifacéticos y muy complejos que implican un cierto grado de transformación corporativa, de tal manera que no es extraño que estas etapas de los negocios sean especialmente peligrosas. En lugar de poner de manifiesto las fortalezas ocultas de una compañía, cada uno de esos desafíos tienden a sacar a flote las debilidades ocultas.

En la primera parte del libro describimos estas cuatro transiciones y explicamos las razones por las cuales son períodos de mayor vulnerabilidad para cualquier empresa. Más importante aún, demostramos las razones por las cuales la sabiduría convencional no sirve durante estas etapas de transición.

¿Por qué fue tan peligrosa cada una de estas etapas para estas compañías? ¿Cuáles fueron los grandes errores corporativos que cometieron? ¿Cuáles son las trampas a las cuales se enfrentan los ejecutivos al dirigir a sus compañías durante estas transiciones y qué pueden hacer al respecto? Las respuestas a estas preguntas reflejan la razón por la cual la sabiduría convencional relativa a estos capítulos cruciales de la vida de la empresa sencillamente no sirve.

Segunda parte: Las causas del fracaso

En la segunda parte damos una mirada transversal a las cincuenta y una compañías estudiadas y a las cuatro transacciones críticas descritas en la primera parte durante las cuales los ejecutivos tienden a tropezar, a fin de identificar las razones de base que explican el fracaso y que vimos repetirse una y otra vez.

Descubrimos que los fracasos estruendosos de las compañías se deben a cuatro patrones destructivos de comportamiento que se apoderan de la empresa sin que nadie se dé cuenta, mucho antes del descalabro. Estos cuatro síndromes incluyen (1) una mentalidad errada de los ejecutivos, la cual desdibuja la percepción de la realidad, (2) unas actitudes ilusorias que sostienen esa realidad falaz, (3) el deterioro de los sistemas de comunicación desarrollados para manejar la información que puede ser urgente, y (4) unas cualidades de liderazgo que impiden a los ejecutivos corregir su rumbo. Mucho antes de aflorar las señales claras de peligro, varios de estos síndromes pueden apoderarse del comportamiento de los ejecutivos. Si bien la compañía puede aparentar buena salud, sus mecanismos internos se están deteriorando. Al examinar uno por uno estos patrones de comportamiento relacionados entre sí, es posible ver con claridad aterradora la manera como pueden crear la situación perfecta para el colapso. En su conjunto, proporcionan un marco conceptual para explicar el fracaso empresarial.

Tercera parte: Lecciones

En la tercera parte revelamos nuestra última serie de resultados: las lecciones que los miembros de las juntas directivas, los directores ejecutivos, los altos ejecutivos, los gerentes de niveles inferiores, los empleados, los inversionistas y otras partes interesadas pueden extraer de los errores de otros, a fin de evitar y prevenir los desenlaces desastrosos documentados en este libro.

Abordamos este tema de dos maneras. Primero, identificamos una serie de señales de alerta a las cuales deben estar atentos tanto los ejecutivos como los inversionistas. Y en segundo lugar, presentamos maneras de diagnosticar las equivocaciones de las empresas mientras están sucediendo y proporcionamos herramientas para ayudar a la gente a aprender de sus propios errores. Estos últimos dos capítulos ofrecen entonces una serie de ideas y herramientas de las cuales pueden valerse los lectores para evitar, y hasta predecir en algunos casos, el fracaso de una empresa.

Al estudiar los grandes errores corporativos cometidos por los ejecutivos inmersos en los desafíos de crear nuevas empresas, innovar, implantar cambios, realizar fusiones y adquisiciones y enfrentar a la competencia, comprendemos no sólo lo que no debe hacerse sino lo que debería hacerse. Al analizar los síndromes destructivos subyacentes al fracaso —fracasos emanados de la mentalidad de los ejecutivos, de las actitudes ilusorias, del colapso de los sistemas de comunicación y de los hábitos fallidos de los líderes— aprendemos no sólo lo que no debe hacerse sino lo que debería hacerse. Al estudiar los signos prematuros de advertencia y cómo diagnosticar y prevenir los errores empresariales, aprendemos no sólo lo que no debe hacerse sino lo que debería hacerse. Al tratar de resolver el enigma de por qué los ejecutivos inteligentes fracasan, espero que el resultado final sea el de demostrar la manera como los ejecutivos inteligentes pueden alcanzar el éxito.

PRIMERA PARTE

GRANDES ERRORES CORPORATIVOS

La primera parte se centra en cuatro desafíos a los cuales se enfrentan las compañías: la creación de empresas nuevas y exitosas, el manejo de las fusiones y las adquisiciones, la adaptación a la innovación y al cambio, y el desarrollo de estrategias vencedoras para contrarrestar las presiones de la competencia. Son pruebas fundamentales a las cuales deben someterse los ejecutivos, a veces todos los días y, no obstante, contrariamente a lo que se lee en la mayoría de los libros sobre empresas, no son muchos los finales felices. Al profundizar en los detalles de las historias de trece compañías y estudiar más someramente las historias de otras dos docenas de ellas, es posible descubrir exactamente por qué los ejecutivos y las compañías para las cuales trabajan tambalean al comprometerse con esas transiciones exigentes de la vida organizacional.

Estas historias de fracaso brindan la oportunidad de aprender de las experiencias de otras compañías y de otros ejecutivos desde la tranquilidad de nuestro escritorio o nuestro sillón favorito. Pero no conviene bajar la guardia. No me sorprendería si el lector encontrara paralelos preocupantes entre las compañías aquí descritas y la suya.

CAPÍTULO 2

Los colapsos
de las empresas nuevas

*Historias de empresas nuevas
que no funcionan... y por qué*

Mezcle los mejores y más inteligentes (aunque no del todo modestos y algo amigos de la exageración), agregue dinero (con ataduras), unos socios clave (a quienes quizás les interesan más sus propios negocios) y una idea fenomenal (sí, los competidores también se han dado cuenta), y el resultado es General Magic.

Una poderosa generadora de tecnología asume un reto tecnológico glorioso e invierte miles de millones de dólares para resolver un problema que, en últimas, muy pocos clientes necesitan que se les resuelva. El resultado es Iridium.

Uno de los conglomerados más grandes del mundo decide —o, más exactamente, su director ejecutivo y presidente de la junta directiva decide— incursionar en un negocio altamente competitivo que requiere grandes inversiones de capital porque... bueno, porque así lo quiere. El resultado es Samsung Motors.

Louis Borders, famoso en el campo de las librerías, pregunta: "¿Por qué no podemos entregar de todo a todo el mundo?" Esa pregunta y unos gastos iniciales de mil millones de dólares lo llevan hasta la última frontera del comercio minorista, ese "último tramo" entre el establecimiento y el cliente. El resultado es Webvan.

Son cuatro historias de cuatro compañías muy diferentes, pero con dos cosas en común: todas ellas fueron aventuras empresariales que comenzaron con unas ventajas enormes y todas fracasaron. El negocio de crear empresas nuevas tiene una de las tasas de mortalidad más elevadas de todas las etapas de la vida corporativa y, aun así, ninguna de estas compañías era una aparecida cualquiera. Éstas no son historias de presupuestos magros o de fundadores inexpertos sino de grandes talentos y bolsillos hondos que se echaron a perder, y nos llevan a preguntar: "¿Qué salió mal?" Es difícil lograr que una empresa nueva prospere y es preciso que muchas cosas salgan bien. No obstante, lo fascinante es que a pesar de la diversidad de industrias, personas y desafíos que había de por medio en estas empresas nuevas, cuando se las examina en su conjunto afloran varios patrones comunes. Al leer cada una de estas historias, busque las claves que permiten comprender mejor qué es lo que sale mal en las empresas nuevas. Piense en lo que usted habría hecho si hubiera sido el timonel. Lo que podrá descubrir es que el número de errores fundamentales que se repiten una y otra vez realmente es mínimo. Bastaría con poner fin a esos errores para que las probabilidades sean favorables.

Una incursión en el campo de los asistentes personales digitales (PDA): la historia de General Magic

Los computadores del tamaño de la palma de la mano eran el último grito de la moda a principios de los años 90. No era que existieran todavía, pero la promesa de un asistente personal digital del tamaño de un buscapersonas no se veía muy lejana. Dirigida por John Sculley, experto en productos de consumo, Apple Computer fue una de las pioneras del computador de bolsillo, y en 1990 reunió a sus mejores estrellas en una compañía ultrasecreta llamada General Magic, con la misión de atacar el mercado de los PDA. En los primeros cinco años, antes de su oferta inicial de acciones en 1995, General Magic consiguió 90 millones de dólares en capital de riesgo de un abanico de las compañías más grandes de productos electrónicos de consumo y telecomunicaciones del mundo. Aunque el mercado de los PDA estaba congestionado, General Magic, entre muchos competidores, era la que tenía el capital más grande, el mejor talento y las relaciones más fuertes. A pesar de esas ventajas, los magos de la compañía no lograron cumplir sus promesas y desistieron por la frustración, o fueron despedidos poco después de la oferta inicial de acciones. ¿Qué sucedió para que una compañía que prometía tanto, que contaba con un respaldo tan sólido y que poseía una visión clara y precoz sobre el futuro pudiera montar semejante acto de ilusionismo?

La nueva empresa secreta

Nadie desea hablar de General Magic Inc. Ni los fundadores. Ni los inversionistas. Ni siquiera la vocera de la compañía contratada en agosto pasado precisamente para hablar. En efecto, son tan misteriosas las cosas que pasan en esta compañía de tan sólo 18 meses de edad, que John Sculley, presidente de la junta directiva de Apple Computer Inc., evade las preguntas con otra pregunta apenas susurrada: "¿Qué es General Magic?"

—BusinessWeek, 23 de diciembre de 1991

Para cuando el computador personal entró para quedarse en los hogares y las oficinas de los Estados Unidos, a finales de los años 80, los futuristas ya tenían los ojos puestos en el siguiente gran invento. Era una época de convergencia de la alta tecnología. El servicio de telefonía celular pasó de ser un aditamento secundario a convertirse en una "necesidad absoluta", los computadores personales comenzaban a comunicarse entre sí a través de las redes locales y extendidas, y la miniaturización, la movilidad y los aparatos portátiles eran la siguiente frontera. En un discurso dirigido a la Asociación de Diseñadores de Software en marzo de 1991, John Sculley, presidente de Apple, describió un aparato del tamaño de la palma de la mano con capacidad incorporada para telecomunicaciones, entre ellas envío de facsímiles, mensajes de buscapersonas y telefonía móvil, el cual transmitiría datos a través de redes inalámbricas.

Al igual que sus rivales de la industria de los computadores, Apple trabajaba febrilmente en un computador de bolsillo. Sin embargo, a diferencia de sus rivales, la compañía decidió inicialmente no asumir ese reto internamente. Así, en julio de 1990, Apple Computer dio a luz una compañía a la que bautizó con el nombre de General Magic, le puso 10 millones de dólares en el bolsillo y la envió a adueñarse del mercado emergente de los computadores manuales. Apple conservó para sí una participación minoritaria en General Magic y se reservó el primer derecho (aunque no exclusivo) a licenciar la tecnología de la compañía para los productos futuros de Apple.

General Magic reunió al "equipo perfecto" para sus cargos directivos. El presidente Marc Porat había sido el genio técnico de John Sculley y como tal el jefe de desarrollo de negocios del grupo de tecnología avanzada de Apple. Los "ninjas modernos de la interfaz" —los diseñadores de Mac, Bill Atkinson (autor de MacPaint y de HyperCard) y Andy Herzfeld (el líder espiritual a quienes sus compañeros de oficina apodaban Yoda)— estaban al frente del desarrollo. Susan Kare, creadora de los íconos distintivos de Apple, tales como el cubo de la basura del escritorio, se vinculó como diseñadora. Rich Miller y Jim White (el "padre del correo electrónico") llegaron poco tiempo después, trayendo consigo el corazón mismo de la compañía recién nacida: un lenguaje de software denominado Telescript. Tanto Hertzfeld (el empleado número doce de Apple) como Atkinson (el empleado número 51 de Apple) invirtieron 1 millón de dólares en la nueva empresa, y el presidente de Apple, John Sculley, se vinculó a la junta directiva.

A pesar del "secreto" que rodeó al proyecto, o quizás a causa de él, no pasó mucho tiempo antes de que se comenzara a hablar de este equipo estelar y de su misión secreta. Marc Porat aparecía en todas las revistas y en todos los noticiarios elogiaba ese futuro que General Magic no tardaría en ofrecer a las masas. Los analistas financieros hasta se excedían al hablar sobre la compañía privada, y afirmaban que el lenguaje de comunicación de General Magic tenía el potencial de convertirse en la versión digital del idioma inglés.

Las demás compañías se le unen

Detrás de todo el entusiasmo y la expectativa vinieron el dinero y los socios. General Magic no tuvo nunca que ir muy lejos a buscar dinero: la conexión con Apple abrió la puerta a un alud de compañías de alto perfil que deseaban participar de la acción. En noviembre de 1991, Sony y Motorola se unieron a la familia de General Magic tras adquirir, cada una, un 5% de las acciones de la compañía por valor de 5 millones de dólares. AT&T fue la siguiente en llegar dos meses después con una inversión semejante. A finales de 1992 se vinculó Matsushita, seguida de Northern Telecom, NTT, Cable & Wireless, Sanyo y Philips. En 1994, General Magic ya había recaudado más de 90 millones de dólares en capital de riesgo y convenios de licencia.

Los inversionistas de General Magic tenían planes fabulosos para la compañía. La mayoría de ellos no habían logrado un trozo sustancioso de las utilidades emanadas de la revolución de los computadores personales de los años 80 y no estaban dispuestos a permitir que el mercado de los computadores de bolsillo se les escurriera por entre los dedos. Cada uno de ellos estaba fabricando computadores de bolsillo para el mercado de consumo o proporcionando la red de telecomunicaciones a través de la cual se transmitirían los datos del PDA. Cada uno se beneficiaría en grande una vez que la tecnología fuera adoptada en masa. Puesto que General Magic podría llegar a ser la norma de la industria, los fabricantes de hardware y los proveedores de las telecomunicaciones llegaron a montones para apoyar a la compañía. En efecto, todos los inversionistas de General Magic se comprometieron a utilizar el Telescript como el lenguaje común para la red. En 1992, AT&T lanzó un grupo empresarial totalmente nuevo denominado PersonaLink dedicado a construir un servicio nacional de mensajes en Telescript. Su aspiración era conseguir ingresos por miles de millones a través de esta red, una vez que explotara el mercado de los PDA. Por esa misma época, Motorola comenzó a construir el Envoy, un comunicador inalámbrico de doble vía dependiente del software de General Magic. El comunicador Envoy (que se lanzó realmente en 1996) sería un gran motor del tráfico por la red a través de la cual fluirían millones de dólares en ingresos. Y Apple estaba a punto de lanzar el Newton, su primer aparato de bolsillo que realizaría operaciones de cómputo, organización y comunicación.

Sony fue todavía más optimista. Mickey Schulhof, presidente de Sony Software Corporation y doctor en física de estado sólido, le dijo a un colega lo siguiente: "Sony ha fracasado tres veces en el negocio de los computadores. Ésta es nuestra última oportunidad y creo que esta vez venceremos". Sony se dispuso a crear su propio computador de bolsillo, denominado Personal Link, con base en la tecnología de General Magic. Schulhof afirmó en 1992 que no veía obstáculo alguno para que el Telescript se convirtiera en una norma mundial. Las posibilidades parecían infinitas.

Para su desgracia, la compañía ve la luz

El 8 de febrero de 1993, la compañía convocó a una rueda de prensa para anunciar finalmente sus productos, el nombre de sus inversionistas de primera línea y sus socios globales de las áreas de telecomunicaciones y de productos electrónicos de consumo. La conferencia de prensa fue todo un éxito, pero una vez que se asentó la polvareda, fue poco lo que quedó para evaluar.

General Magic estaba desarrollando dos productos: el Magic Cap y el Telescript. El primero era un sistema operativo extremadamente fácil para el usuario, desarrollado para los PDA y para otros aparatos diferentes del PC. El segundo era un lenguaje de comunicación que brindaba alojamiento seguro para agentes móviles montados en una red propia, lo cual le permitía a cualquier computador o intercomunicador hablar con otros aparatos en cualquier tipo de red. La falta de ese lenguaje común había frenado durante muchos años el crecimiento de los PC y los avances de General Magic se consideraban vitales para el uso generalizado de los PDA. Sin embargo, por impresionantes que parecían estos productos, todavía no existían ni el software de la compañía ni los aparatos requeridos para "correrlo" (y tampoco estarían listos antes de dos años).

Después de la ostentosa rueda de prensa, General Magic no tardó en ser acusada de favoritismo. El atractivo principal del Telescript era el compromiso de General Magic con una norma totalmente abierta para la comunicación inalámbrica de datos. Sin embargo, durante la rueda de prensa General Magic reveló haber firmado un acuerdo de exclusividad en virtud del cual otorgaba a AT&T el uso del Telescript en su red de telecomunicaciones durante dos años y medio antes de que otros competidores directos tales como MCI Communications, Sprint Corporation o redes privadas de datos, pudieran instalarlo. Este acuerdo no sólo puso en peligro un negocio con la IBM, compañía que estaba contemplando la posibilidad de invertir en General Magic, sino que lesionó la credibilidad de la empresa.

A pesar de estos tropiezos, la promesa de una "secretaria digital" mantuvo en vilo a la comunidad financiera a la espera del siguiente paso de General Magic. En 1994, después de cuatro años de trabajo, General Magic entregó el sistema operativo Magic Cap, junto con una versión rudimentaria del Telescript a Sony y Motorola. Porat, el director ejecutivo —descrito en los artículos de prensa como "una especie de diablo con lengua de plata" y un "regalo de Dios para los redactores de los titulares"— no tardó en lanzarse nuevamente al ruedo de las noticias, las cuales culminaron en 1995 con una emisión inicial de acciones a través de la cual se recaudaron otros 82 millones de dólares para la compañía. En el momento de la emisión inicial de acciones, General Magic ya había agotado 53 millones de dólares en desarrollo y promoción de la tecnología, a cambio de tan sólo 2,5 millones de dólares en ingresos por ventas.

Poco después de la emisión inicial de acciones, General Magic anunció una serie de demoras en los productos. Comenzaron a circular los rumores de que los productos no cumplían con las expectativas y que, de hecho, quizás ni siquiera servirían. También se presentaron quejas de los consumidores acerca del costo de los PDA que llegaron al mercado. Los diseños originales costaban más de 3 000 dólares, aunque los precios cayeron finalmente a cerca de 1 000. En vista de la falta de software disponible y de las limitaciones de un intercomunicador que no tenía con quien comunicarse, la aceptación en el mercado fue lenta. Las demoras de General Magic con sus productos y la incapacidad de los proveedores de las telecomunicaciones para equipar sus redes globales con un lenguaje de comunicaciones verdaderamente robusto menguó severamente la penetración en el mercado. Apple fue la primera en abandonar la compañía cuando decidió desarrollar su propio sistema operativo para el Newton. Después, a principios de 1996, AT&T anunció, frustrada, que abandonaría su PersonaLink, la red mundial para el Telescript. ¿Era necesaria una estrategia diferente? Si era así, ¿cuál sería?

Ya desde 1994 General Magic sabía que la Internet tendría un impacto sobre su futuro, pero desarrollar productos que "corrieran" en Internet equivaldría a entrar en conflicto directo con las estrategias de sus socios (especialmente de France Telecom, Northern Telecom, NTT de Japón, y AT&T) con respecto a sus redes privadas para la comunicación de datos. Estos socios se encontraban desarrollando sus redes privadas con base en la promesa del lenguaje Telescript de General Magic. Si General Magic se convertía en una compañía de Internet, su propuesta no tendría nada de privada. De un día para otro, los socios destacados (y molestos) de la compañía se convirtieron en un lastre grande. En 1996, ante la inminente aceleración de la Internet, General Magic liquidó su estrategia basada en los aparatos y enfocó su negocio totalmente hacia la Red.

Las ruedas finalmente se desprenden

La Internet llegó y nos pasó de largo. Procedimos a agregar inmediatamente una herramienta de navegación y convertimos a Telescript en un lenguaje abierto y no privado, pero ya era demasiado tarde. Apareció Palm y se llevó el mercado de los computadores de bolsillo. Y Java se apropió del mercado de las redes. Si hubiéramos creado la compañía en 1994 y no en 1991, habríamos aprovechado la marejada de la Internet. En este negocio, el momento propicio lo es todo.

—Marc Porat, ex director ejecutivo y presidente de la junta directiva de General Magic, entrevistado el 16 de abril de 2001

General Magic se encontró en "tierra de nadie". Las demoras, las críticas y el esfuerzo constante por desarrollar productos para un mercado cada vez más escéptico comenzaron a hacer mella. No había transcurrido aún un año desde la emisión inicial de acciones cuando Bill Atkinson, científico principal y cofundador, decidió tomarse una licencia para no regresar jamás. Detrás de él se retiraron otros altos ejecutivos, entre ellos el presidente Marc Porat, quien se vio obligado a ceder el control de General Magic, aunque permaneció en la junta directiva para asesorar a la compañía. En un último esfuerzo desesperado por salvar los esfuerzos de desarrollo de la empresa y demostrar el apoyo a la nueva gerencia, los inversionistas aceptaron comprometer otros 75 millones de dólares a finales de 1996.

Quizá la víctima más grande fue el negocio mismo. Ante la imposibilidad de desarrollar el software para operar los PDA (el software OS de Palm tomó su lugar y se convirtió en la norma de la industria) y en vista de que al surgir la Internet todas las redes privadas quedaron relegadas rápidamente, General Magic quiso sacar un conejo del sombrero. Los conejos que salieron —navegadores, software para correo electrónico y un motor de búsqueda— demostraron ser ineficaces y revelaron quiénes eran los verdaderos pesos pesados de la industria: Sun, Netscape, Microsoft y el Palm Computing de 3Com.

En junio de 1999, Goldman Sachs, el suscriptor de la emisión inicial de acciones de General Magic, retiró la cobertura para investigación y el analista James Cramer "confesó abiertamente haber sido uno de los tontos que se dejó engañar por las exageraciones de la compañía", como reveló David Futrelle en *Upside Today*. Mientras que las acciones de General Magic se redujeron a centavos, el mercado del computador de bolsillo floreció apenas unos años después con la introducción de la Palm Pilot de 3Com, en

1995. Desde su lanzamiento se han vendido más de veinte millones de unidades en el mundo entero y su interfaz sencilla junto con su sistema operativo simple han influido en el desarrollo de productos semejantes de otros fabricantes. Finalmente se hacía realidad la visión de un asistente personal digital, aunque no para General Magic.

Por la misma época en que Apple daba a luz a General Magic, Motorola creaba a Iridium y se embarcaba en su propio viaje hacia el estrellato.

Iridium: en busca de las estrellas

¿De dónde salen las ideas revolucionarias? En el caso de Bary Bertiger, ingeniero de Motorola, su fuente de inspiración fue su esposa, quien se quejó de no poder entrar en contacto con sus clientes a través de su teléfono móvil cuando estaban de vacaciones en el Caribe. Al regresar a casa, Bary y otros dos ingenieros que trabajaban en el grupo de comunicaciones satelitales de Motorola en Arizona dieron con la solución de Iridium: una constelación de sesenta y seis satélites de órbita baja (LEO) que permitiera a los abonados hacer llamadas desde cualquier punto en el planeta.

Los satélites de comunicaciones, utilizados desde los años 60, eran por lo general satélites geoestacionarios cuya órbita estaba a una altura de más de 35 400 kilómetros. Esa altura implicaba la necesidad de teléfonos grandes y una enojosa demora de un cuarto de segundo en la llegada de la voz. Por ejemplo, el teléfono Planet 1 de Comsat, entró con el tamaño de un computador pequeño y un peso de más de 2 kilos. La innovación de Iridium consistía en utilizar una constelación numerosa de satélites de órbita baja (a una altura entre 644 y 724 kilómetros). Al estar más cerca de la tierra, los satélites de Iridium permitirían supuestamente utilizar teléfonos mucho más pequeños con un retraso imperceptible en la llegada de la voz.

¿Era una buena idea? Aunque los superiores inmediatos de Bertiger rechazaron el proyecto, al presidente de Motorola, Robert Galvin, le agradó lo que vio y dio el visto bueno. Para Robert y posteriormente para Chris, su hijo y sucesor, Iridium encerraba el potencial de la grandeza, un símbolo del poderío tecnológico de Motorola, demasiado emocionante para renunciar a él. Para los ingenieros de la compañía, el desafío de lanzar la constelación de Iridium fue "testosterona" pura y el motor que los llevó a ponerla en servicio en 1998 por un precio de más de 5 mil millones de dólares.

El negocio comenzó oficialmente en 1991, cuando Motorola creó a Iridium LLC como empresa independiente, mediante una inversión de 400 millones de dólares a cambio de una participación del 25% en el capital y seis de los veintiocho puestos en su junta directiva. Motorola también le otorgó garantías de crédito a Iridium por 750 millones de dólares, con una opción de crédito adicional por 350 millones de dólares. Por su parte, Iridium acordó otorgar a Motorola contratos por valor de 6 600 millones de dólares, correspondientes a 3 400 millones por el diseño y el lanzamiento de los satélites y 2 900 por la operación y el mantenimiento. Iridium también expuso a Motorola al desarrollo de una tecnología que debía proporcionarle a ésta última una pericia significativa en la construcción de sistemas de comunicación vía satélite.

Cuando Iridium estaba cerca del lanzamiento, llegó a la dirección ejecutiva Edward Staiano, quien, antes de vincularse a Iridium, había trabajado veintitrés años para Motorola, donde había adquirido la reputación de ser duro e implacable. Al pasar de la nómina de Motorola a la de Iridium, Staiano renunció a un contrato de 1,3 millones de dólares al año a cambio de un sueldo básico de 500 000 dólares más 750 000 opciones de acciones de Iridium sobre las cuales tendría derecho en un plazo de cinco años. Si Iridium hacía dinero, Staiano encontraría su mina de oro.

Lanzamiento del servicio

Somos un caso clásico de estudio sobre cómo no lanzar un producto. Primero creamos un logro tecnológico maravilloso. Después nos preguntamos cómo hacer dinero con él.

John Richardson, director ejecutivo de Iridium, *Washington Post*, 24 de mayo de 1999

El 1 de noviembre de 1998, después de una campaña publicitaria que costó 180 millones de dólares y una ceremonia inaugural en donde el vicepresidente Al Gore hizo la primera llamada a través de Iridium, la compañía lanzó su servicio telefónico satelital a un costo de 3 000 dólares por el teléfono y entre 3 y 8 dólares el minuto. Los resultados fueron desoladores. En abril de 1999, la compañía contaba apenas con diez mil abonados. Ante la perspectiva de unos ingresos insignificantes y unos pagos de 40 millones de dólares mensuales en intereses sobre la deuda, la compañía se vio agobiada por unas presiones enormes. En abril de 1999, dos días antes de anunciar los resultados trimestrales, Staiano renunció, alegando un desacuerdo con la junta en lo referente a la estrategia. John Richardson, ejecutivo experimentado de la compañía, reemplazó inmediatamente a Staiano en calidad de director ejecutivo interino, pero ya la suerte estaba echada.

En junio de 1999, Iridium despidió al 15% de su personal, incluidos varios gerentes que habían participado en el diseño de la estrategia de marketing de la compañía. En agosto, la base de abonados de Iridium había aumentado solamente a veinte mil clientes, un número muy inferior a los cincuenta y dos mil necesarios para cumplir con los convenios de crédito. Dos días después de incumplir con el pago de 1 500 millones de dólares en préstamos, el viernes 13 de agosto de 1999, Iridium se acogió al capítulo 11 de la ley de bancarrotas de los Estados Unidos.

La autopsia

Todavía continúa el debate acerca de si Iridium estaba condenada a perecer desde el comienzo o no. Mientras algunos de los empleados de la compañía siguieron creyendo firmemente en el concepto aún después de la quiebra, las personas ajenas a la empresas se mostraron implacables. Herschel Shosteck, por ejemplo, dijo que Iridium había sido "la fantasía de Motorola. Es como una obsesión sexual. Cualquiera que les hable sobre la realidad económica es un hereje y está en la categoría de los talibanes". ¿Qué sucedió realmente?

El crecimiento de la telefonía celular realmente disminuyó la necesi-

dad que tenía el mercado objetivo del servicio ofrecido por Iridium. La compañía sabía que sus teléfonos serían demasiado grandes y costosos para competir con el servicio celular, lo cual la obligaba a incursionar en las zonas donde no había dicha presencia. Pensando en esa limitación, Iridium buscó su mercado objetivo orientándose hacia los ejecutivos de empresas internacionales que debían viajar a zonas remotas donde no había telefonía celular. Aunque este plan de marketing fue anterior al surgimiento de los teléfonos móviles, Iridium continuó centrando su atención en el grupo de viajeros de negocios una vez lanzado el servicio. En 1998, el presidente Staiano todavía pronosticaba que Iridium tendría 500 000 abonados a finales de 1999.

Uno de los problemas centrales de la propuesta de Iridium fue que la telefonía celular terrestre se difundió con mayor rapidez de la esperada por la compañía inicialmente. En últimas sí hubo disponibilidad de telefonía celular en todas partes. En vista de la compleja tecnología de Iridium, el tiempo de desarrollo a partir del concepto fue de once años, período durante el cual crecieron las redes celulares hasta cubrir la mayor parte de Europa y llegar inclusive a países en desarrollo como China y Brasil. En pocas palabras, el plan de marketing de Iridium iba dirigido a un segmento (los viajeros de negocios) cuyas necesidades estaban siendo satisfechas cada vez más por los teléfonos móviles que ofrecían un valor ostensiblemente mayor que Iridium.

Iridium sofocó la posibilidad de que se adoptara su producto debido a sus limitaciones tecnológicas y a su diseño. Puesto que la tecnología de Iridium dependía de una línea de visión entre la antena del teléfono y el satélite en órbita, los abonados no podían utilizar el teléfono en un automóvil en movimiento, en el interior de los edificios ni en muchas zonas urbanas. Además, hasta en campo abierto los usuarios debían alinear el teléfono correctamente a fin de obtener una buena conexión. Según comentó un importante consultor de la industria, "no se le puede pedir al presidente de una compañía que está de viaje en Bangkok que salga de un edificio, se dirija a una esquina y saque un teléfono de 3 000 dólares".

Hasta George Fisher, ex director ejecutivo de Motorola, reconoció en una entrevista que "no era parte del concepto original no tener un teléfono muy pequeño ni cobertura en el interior de las edificaciones, pero sin importar la razón por la cual no fue así, el efecto fue muy negativo".

Hubo otros errores tecnológicos que no se pudieron corregir. Iridium no contaba con una capacidad adecuada para el manejo de datos, exigencia cada vez mayor para los usuarios de negocios. Para empeorar las cosas, a fin de recargar la batería en un sitio remoto se necesitaban accesorios especiales a base de energía solar. Estas limitaciones dificultaron enormemente la venta al mercado objetivo de Iridium, a saber, los viajeros ejecutivos de alto nivel.

También el diseño de los teléfonos obstaculizó la adopción. En noviembre de 1997, John Windolph, director de comunicaciones de marketing de Iridium, describió el aparato de la siguiente manera: "¡Es enorme! Asustará a la gente. Si hiciéramos una campaña en la cual apareciera el producto, perderíamos". Sin embargo, un año después Iridium salió al mercado básicamente con el mismo producto. El teléfono, aunque más pequeño que el Planet 1 del competidor Comsat, era literalmente del tamaño de un ladrillo. En últimas, ése fue el error que rebosó la copa.

Iridium fue una idea que creó gran entusiasmo entre muchas personas de Motorola. La compañía a la cual nos referiremos en el caso siguiente —Samsung— desarrolló una idea que no entusiasmó prácticamente a nadie. El caso de Samsung es especialmente interesante porque es la única compañía coreana a la cual estudiamos y es un ejemplo magnífico de la fascinación que hay en ese país por los llamados *chaebols,* es decir, los grandes conglomerados empresariales. ¿Es posible que una compañía de otra parte del mundo, con mecanismos de gobernabilidad corporativa diferentes y nexos muy fuertes con los bancos, el gobierno y la empresa privada, pueda cometer algunos de los mismos errores que cometieron las nacientes compañías de Internet y las empresas nuevas creadas por las grandes corporaciones? Para responder con una sola palabra, sí.

Con todo en contra: la historia de Samsung Motors

Lanzamos a Samsung Motors para bien de la nación. Así como Samsung contribuyó al desarrollo nacional a través de la electrónica en los años 70 y con los semiconductores en los años 80, debemos liderar la economía nacional con los automóviles en los años 90.

—Kun-Hee Lee, presidente de la junta directiva de Samsung, ensayo biográfico, 1997

El anuncio del presidente de la junta directiva del Grupo Samsung, Kun-Hee Lee, con respecto a la incursión de la compañía en el negocio de los vehículos automotores estremeció tanto al sector público como al privado en esa industria. Habían pasado decenios desde el ingreso de la última empresa a la industria automovilística de Corea, la cual era un oligopolio en el cual reinaban los tres fabricantes principales: Hyundai Motors, Daewoo Motors y Kia Motors.

Cuando se hizo el anuncio en 1995, el grupo Samsung navegaba holgadamente sobre las utilidades crecientes emanadas de los circuitos de memoria producidos por su división de productos electrónicos y gozaba de la reputación merecida de ser líder prácticamente en todos los sectores en los cuales competía, pese a haber reaccionado tardíamente. Aun así, muchos cuestionaron la decisión de Lee de incursionar en el negocio de los automóviles. No era secreto que, desde tiempo atrás, había abrigado el sueño de fabricar vehículos y era un entusiasta de los automóviles. De allí que los líderes de la industria, la prensa y hasta los propios gerentes de Samsung especularan que la decisión del grupo de ingresar a la industria de los automóviles se debía más a la pasión de Lee que a una estrategia sólida. Según un gerente de Samsung, "Kun-Hee Lee, presidente del grupo de negocios de Samsung, es famoso por su amor por los automóviles. Muchos pensaban que había otras oportunidades de inversión más favorables y que el negocio de los vehículos no era buena idea. Por supuesto que hubo muchas objeciones".

A pesar de esas objeciones, Samsung Motors siguió adelante con su plan. Los primeros vehículos vieron la luz en marzo de 1998, en medio de una gran controversia. Sin embargo, el impacto asombroso del negocio de automóviles del grupo sorprendería al mundo. Nadie —ni siquiera los proponentes más decididos del negocio ni sus críticos más duros— habría podido predecir el efecto que la empresa tendría sobre las utilidades de Samsung y su orientación futura.

¿Qué es Samsung?

Samsung fue fundada en 1938 por el difunto Byong Chull Lee, con un capital de tan sólo 300 000 won (30 dólares estadounidenses), para producir fideos. El primer plan de negocios de la compañía fue semejante a los de otros *chaebols* de Corea, en el sentido de haber incursionado en negocios comerciales que exigían una inversión mínima para después ampliar sus operaciones a la producción y las ventas.

La compañía creció enormemente durante los años 50 y 60, también a través del patrón clásico del *chaebol* de aventurarse en cualquier industria tan pronto como surgiera una oportunidad. En los años que siguieron, la compañía continuó ingresando a nuevos mercados y construyó su reputación de líder corporativo en Corea, hasta llegar a ser un líder mundial en la producción de semiconductores y productos electrónicos.

Kun-Hee Lee sucedió a su padre como presidente de la junta directiva, al fallecimiento de éste en 1987. Durante la celebración de los cincuenta años de fundación en 1988, el nuevo presidente anunció la "segunda fundación" del grupo y proclamó su intención de expandir a la compañía para convertirla en una corporación líder de talla mundial en el siglo XXI. En efecto, en 1999, Samsung ocupaba el segundo lugar entre las corporaciones más grandes de Corea, con cuarenta y siete compañías en cinco categorías de la industria (electrónica, maquinaria e industria pesada, química, servicios financieros y otras, tales como hoteles, almacenes por departamentos y un parque temático), 161 000 empleados e ingresos totales de 93 500 millones de dólares.

La controversia de Samsung Motors

Si bien el presidente Lee dominaba en Samsung, los dioses del negocio no se mostraron tan condescendientes. Veamos el panorama al cual se enfrentaba Lee cuando se lanzó al mercado automovilístico. Corea del Sur se encontraba al borde de una recesión profunda (en efecto, a finales de 1997, una crisis económica sin precedentes azotaba a toda la región). El resultado fue que el won, la moneda coreana, se había depreciado ostensiblemente y había generado un aumento marcado en el costo de las materias primas importadas. Además, se pronosticaba una desaceleración significativa de la demanda nacional de vehículos de pasajeros y se pasó de un crecimiento sin precedentes del 13% (1990 a 1995) a un 4%. La industria ya adolecía de exceso de capacidad puesto que los fabricantes locales incrementaban sus lotes en más de 2,4 millones de unidades al año, cuando el mercado coreano podía absorber solamente 1,6 millones de vehículos de pasajeros al año. Se pronosticaba que la saturación del mercado podría provocar un descenso en la tasa de utilización de las plantas de todos los fabricantes coreanos a menos del 60% después del año 2000. Para que Samsung pudiera competir, tendría que tener al menos una capacidad anual de producción de 240 000 unidades; sin embargo, la compañía no poseía capital suficiente para lograr esa capacidad sin afectar adversamente sus finanzas. Hasta los fabricantes bien afianzados como Nissan y Mazda tenían problemas financieros serios debido a la disminución de las ventas y la pérdida de participación en el mercado.

Para Samsung era crítico obtener la aprobación del gobierno para crear una nueva empresa. A fin de financiar esa nueva operación, la compañía debía endeudarse por una cifra astronómica con los bancos, los cuales tendrían que recibir la autorización del gobierno para emitir créditos tan grandes. Sin embargo, el gobierno había implantado una política según la cual limitaba la expansión de los conglomerados a nuevos campos de negocio a fin de prevenir el exceso de competencia y mantener una cartera equilibrada de empresas para toda la economía. Había una presión política intensa, en particular sobre Samsung, para que mejorara su eficiencia, se deshiciera de empresas no viables y disminuyera su tamaño; por tanto, la decisión de la compañía de agregar una unidad de negocios constituyó un desafío directo contra esas iniciativas y provocó fricciones intensas con los funcionarios del gobierno.

El intento inicial de Samsung por conseguir la aprobación fue infructuoso y la solicitud fue rechazada. Chul-Soo Kim, ministro de comercio, industria y energía, mantuvo una posición firme contra el ingreso de Samsung al negocio de los automóviles, y recalcó las señales de alerta tales como el exceso de competencia y el crecimiento lento del mercado. Sin embargo, Lee estaba empeñado y se jugó la "carta de Pusan" durante las negociaciones. Pusan era la base del poder del entonces presidente Young-Sam Kim y ubicar una fábrica allí representaba una propuesta económica magnífica para sus residentes. Después de dos meses de negociaciones y de presiones intensas de las personas de la localidad, el presidente Kim cedió y Samsung Motors vio la luz.

La estratagema política le salió cara a Samsung, puesto que Pusan era un sitio menos que ideal para construir, debido al elevado costo de la finca raíz. Por consiguiente, el plan absorbió una cantidad enorme de capital y se convirtió en una inversión impracticable de 26,2 millones de wons (21 825 dólares) por vehículo, en comparación con las respectivas inversiones totales de 2,4 millones y 3,3 millones de wons por vehículo de Hyundai y Daewoo, respectivamente. Adicionalmente, había celebrado un contrato de licencia bastante desventajoso con Nissan Motors, el cual se convirtió en una carga adicional para la compañía. Samsung acordó tomar la licencia por los componentes centrales de Nissan por un pago de entre 1,6 y 1,9% de la rotación de las ventas a manera de regalía. En esa época, el rendimiento promedio sobre las ventas de vehículos coreanos era de tan sólo un 1%.

Ante tantas dificultades, se habría necesitado un milagro para que la empresa automovilística tuviera éxito. En efecto, los vehículos mismos eran impresionantes, lo cual recalca que la excelencia en la calidad y en la ejecución es necesaria pero no es suficiente para el éxito de una empresa. A pesar de una crítica fabulosa, Samsung Motors vendió menos de cincuenta mil vehículos (principalmente a sus empleados), aunque la planta de Pusan, en la cual se habían invertido 3 000 millones de dólares, tenía capacidad para producir más de 240 000 unidades al año. Durante la primera mitad de 1998, Samsung Motors registró una pérdida neta de 156 mil millones de wons, y su deuda creció a 3,6 trillones de wons en comparación con 2,6 trillones a finales de 1997. Muchos observadores creían que Lee no tenía otra alternativa que olvidarse de sus aspiraciones de fabricar vehículos automotores. A principios de 1999, Samsung entregó sus activos a los bancos y se dedicó a buscar la manera de salvar el negocio.

¿Dónde estuvo el error?

Al igual que Iridium, Samsung Motors era una empresa con muy pocas probabilidades. Las apuestas estaban en su contra desde un principio. El denominado "enfriamiento" del programa de rescate del Fondo Monetario Internacional (FMI) había congelado el mercado nacional de Corea. La demanda de automóviles se desplomó hasta un nivel del 35% de las ventas de los años anteriores y se pararon prácticamente todas las líneas de producción. Cuando los competidores adquirieron a dos de las empresas más débiles del sector automovilístico, Samsung debió atenerse a sus propios recursos, lo cual demostró no ser suficiente. A pesar de los esfuerzos por revitalizarse, en mayo de 2000 los acreedores de Samsung Motors accedieron a vender el 70,1% del capital social a Renault, el fabricante francés, por 560 millones de dólares. Para los analistas de la industria, el negocio era una ganga si se consideraba que la inversión de Samsung se calculaba en 5 mil millones de dólares, incluidos los 3 mil millones de la fábrica de Pusan. Aunque los gerentes de Samsung se opusieron a la venta, los acreedores no vieron otra alternativa, puesto que la demora provocaría las quiebras en cadena de los proveedores de componentes. (Puesto que Hyundai y Daewoo habían desalentado a sus proveedores clave para que no le vendieran repuestos y componentes a Samsung Motors, la compañía tuvo que crear su propia red de proveedores. Por tanto, esos proveedores quebrarían a menos que la compañía reanudara operaciones.)

Es claro que Samsung no ha debido incursionar en el negocio automovilístico a mediados de los años 90, en el momento más álgido de la crisis local y global. El impacto de la crisis económica, combinado con el fracaso de la empresa automovilística, obligó al grupo Samsung a hacer una reestructuración profunda de toda la corporación a fin de sobrevivir. Para mejorar la solidez de su estructura financiera, la compañía tuvo que vender diez filiales y despedir a 50 000 empleados.

En últimas, podría decirse que Samsung corrió con suerte. Para una compañía que no podía fallar, este fracaso tan público fue como un mal paso, una advertencia de lo que puede suceder cuando una compañía grande, con recursos abundantes, es dominada por el dueño y ejecutivo principal. ¿Aprendieron la lección? A pesar de la gran reestructuración de 2001, Jae-Yong Lee, el hijo de 34 años del presidente Kun-Hee Lee, fue nombrado en el cargo de subdirector ejecutivo de Samsung Electronics, el ascenso más importante que se hubiera concedido nunca en la compañía. El caso está todavía sobre el tapete...

Nuestro análisis de las empresas nuevas no estaría completo si no incluyéramos por lo menos uno de los fracasos del mundo virtual, a saber, Webvan. Ya estamos viendo en las facultades de administración a estudiantes nuevos que prácticamente se niegan a creer las historias de fracaso en la Internet. Se preguntan: "Eso no pudo haber sucedido, ¿verdad?" Pues bien, sí pudo haber sucedido, y sucedió.

Webvan y la nueva revolución en la venta de víveres

Webvan, en contraste con las historias anteriormente presentadas de empresas nacidas de corporaciones existentes, era una compañía independiente, que además concordaba con el modelo de las nuevas empresas punto-com que nacieron durante el auge de la Internet. Respaldada por firmas de capital de riesgo tan prestigiosas como Sequoia Capital y Benchmark Capital y otros inversionistas como Goldman Sachs y Yahoo!, su tan esperado lanzamiento debió haber significado una revolución en la industria de los víveres. Webvan es un ejemplo extremo de una empresa de comercio minorista virtual que salió mal. Aunque el final de esta historia no es muy diferente del de otras compañías virtuales, los factores que llevaron a la desaparición de Webvan fueron más espectaculares que en el caso de muchas otras empresas de la Red. Apenas veinticinco meses después de fundada, la compañía se vio obligada a acogerse al capítulo 11 de la ley de bancarrotas de los Estados Unidos, y dejó a sus clientes fieles sólo con una valla grande en el muro del fondo del campo del Pac Bell Park de San Francisco y adhesivos de Webvan pegados en los portavasos de treinta mil de las 41 341 sillas del estadio, para recordarles acerca de otra prometedora empresa virtual echada a perder. Sin embargo, las lecciones de este caso no se limitan a las firmas de Internet sino que abarcan a todas las General Magic, Iridium y Samsung del mundo.

La fundación de Webvan: el librero Louis Borders mete la mano en la bolsa del mercado

Louis Borders, cofundador y ex presidente de la junta directiva de Borders Books, concibió la idea de Webvan en 1996 bajo la rúbrica de "Sistemas inteligentes de venta al detal". ¿La meta? Despachar cualquier tipo de mercancía a cualquier persona en cualquier lugar. Aunque no fue la primera en aparecer en el mercado porque otras compañías como Peapod, NetGrocer y Streamline habían llegado primero, se esperaba que su complejo sistema de distribución revolucionaría el negocio de la venta de víveres por la Internet. Unas instalaciones gigantescas de distribución y almacenamiento localizadas por todo el país servirían de núcleos para ofrecer el despacho de víveres y otros productos a los hogares de la zona circundante, y formaban un patrón clásico de distribución radial desde un centro.

En abril de 1999, más de un mes antes del lanzamiento de su sitio virtual, Webvan había conseguido 120 millones de dólares de capital. Borders afirmaba que podía generar utilidades en la industria si abordaba los problemas de manera diferente de como lo hacían otras firmas. En lugar de que los "compradores" recorrieran una bodega o una tienda de víveres llenando sus pedidos manualmente, diseñó una bodega mecanizada compleja en la cual las máquinas llenaban los pedidos con muy poca intervención humana, eliminando los costos de almacén y la necesidad de contar con personal para reponer existencias y muchas bodegas. En una hora, un solo trabajador de Webvan podría empacar 450 artículos para los compradores de víveres, lo cual equivalía a diez veces la productividad del modelo del "comprador" tradicional. Una vez ensamblados, los productos se entregarían a los consumidores en camiones refrigerados marcados con el logotipo de Webvan. Las entregas se harían el mismo día o a más tardar al día siguiente. Dando un giro total al estereotipo de la incompetencia de los servicios de entrega, los consumidores podrían elegir una ventana de treinta minutos durante la cual recibirían sus víveres. Webvan pronosticaba que las bodegas automatizadas le darían a la compañía una ventaja de diez puntos en margen de utilidad con respecto a los supermercados tradicionales. Este margen le permitiría mantener unos precios bajos y cubrir los costos de entrega, a fin de no tener que cobrarles costos adicionales a los clientes.

El nacimiento

La creación de 26 centros de distribución —cada uno de ellos más grande que 18 supermercados convencionales— sacará los costos de la ecuación.

—George Shaheen, presidente de la junta directiva y director ejecutivo de Webvan, Forbes.com, 18 de octubre de 1999

Borders fundó a Webvan con base en la filosofía de "crecer o abstenerse", con el propósito de atraer a los inversionistas y aprovechar la oportunidad de conseguir capital suficiente para expandir rápidamente la empresa. Pensaba que si demoraba la expansión mientras garantizaba la rentabilidad del mercado inicial sólo socavaría la ventaja que tendría Webvan en el campo de la distribución automatizada. Entonces hizo las cosas en grande: el 10 de julio de 1999, Webvan firmó un contrato con Bechtel por 1 000 millones de dólares para la construcción de unos centros gigantescos de distribución y entrega en veintiséis mercados. Borders argumentaba que el centro inicial de Oakland, California, sería rentable en un lapso de seis a doce meses, y que las bodegas adicionales de Webvan tendrían un tiempo de espera menor, llegando al punto de equilibrio en tan sólo sesenta días. Lanzándose a hacer un pronóstico clásico, Borders dijo: "No veo ninguna razón por la cual una empresa de Internet deba esperar entre cinco a diez años para ser rentable".

Para poner en marcha el proyecto, Borders recurrió a George Shaheen, quien renunció a Andersen Consulting el 21 de septiembre de 1999, para que ocupara el cargo de director ejecutivo de Webvan. Era un paso en grande. Shaheen era un ejecutivo de perfil muy elevado, con treinta años de experiencia en Andersen Consulting (ahora Accenture), en donde ocupó el cargo de director ejecutivo y socio gerente desde 1989. Durante su permanencia en la dirección ejecutiva de Andersen, los ingresos de la compañía aumentaron de 1 100 millones de dólares a más de 8 300 millones. También había sido el motor del éxito de la creación de Andersen Consulting como empresa independiente de la hoy tristemente famosa y desaparecida Arthur Andersen.

Shaheen creía en el proyecto. Renunció a un sustancioso paquete de jubilación en Andersen al cual habría tenido derecho diez meses después, a cambio de una oportunidad para crear lo que sólo podría llamarse "fortuna de familia". ¿Y quiénes somos nosotros para contradecir? Cuando Webvan emitió acciones el 5 de noviembre de 1999, las acciones y las opciones de Shaheen valían 285 millones de dólares. Según sus palabras, "en Webvan se trataba de apalancar la tecnología y reinventar el negocio de los supermercados, de la misma manera que Andersen había reinventado la actividad de la consultoría... Webvan establecería las reglas para el sector de consumo más grande de la economía".

De la teoría a la práctica

Webvan sonó bien durante un tiempo relativamente largo. Pero finalmente comenzaron a aparecer las grietas de un modelo de negocios letalmente defectuoso.

Hay una diferencia entre una "buena idea" y una "buena idea

de negocios". Dicho en una sola palabra: rentabilidad. Incluso mientras Webvan se despeñaba, todavía aparecían artículos en la prensa de la industria escritos por personas inteligentes que elogiaban a la compañía por dar la pelea y porque, de no haber sido por Dios sabe qué, habría funcionado. Tendría que haber funcionado. Aun hoy, al escribir sobre Webvan es fácil emocionarse con la visión. Pero el modelo de negocios tenía defectos fatales desde el comienzo.

Para empezar, el negocio del supermercado se distingue por unos márgenes muy bajos, de tal manera que ¿de dónde provendría el dinero? Por grande que fuera el número de centros de distribución que se construyeran y por eficientes que fueran, en esta industria la posibilidad de exprimir márgenes es muy reducida. Además, con entregas gratuitas a domicilio, es preciso ser el "supermán" de la productividad para obtener utilidades. Pero sin las entregas gratuitas a domicilio, el que era un mercado limitado para comenzar (muchas personas prefieren palpar los tomates; otras no se toman la molestia de planear sus compras con anticipación) se reduce todavía más. Cuando a esto se suman los costos de construir la infraestructura de Webvan —fácilmente más de 1 000 millones de dólares— es difícil encontrar la lógica matemática. Ahora, si imaginamos que hay decenas de miles de competidores —se llaman supermercados— que pueden incluir fácilmente la entrega a domicilio en sus operaciones sin tener que invertir millones (y menos aún miles de millones) para hacerlo, que ya tienen clientes y presencia en el mercado, y que no son en realidad —¡sorpresa!— ningunos dinosaurios, quedamos con una idea que pierde atractivo cada minuto que pasa.

Ya era lo suficientemente malo como para dejarlo quieto: se amplía el modelo de negocios

Aunque las cosas no estaban bien, la estrategia de Webvan evolucionó por un camino que le agregó complejidad a un modelo de negocios que no era nada sencillo de por sí. Este patrón fue común a las compañías nacientes de Internet durante la llamada "gran burbuja", puesto que los inversionistas, los empresarios y hasta algunos gerentes curtidos como George Shaheen luchaban por encontrar algo que funcionara. El problema era que, si bien sacaban nuevas cartas de la manga para mejorar la mano, tenían un juego que no sumaba sin importar cuántas veces lo reorganizaran.

El caso de Webvan no fue diferente. A medida que crecían las pérdidas, la compañía sacaba de la manga otro as, y así lo hizo cuatro veces. Primero, en el año 2000, Webvan creó una serie de alianzas estratégicas que le permitieron anunciar en su sitio virtual productos de compañías tales como Clorox, Kimberly-Clark, Nabisco y Gymboree. Después vinieron otros productos tales como revistas y tránsito masivo, y el concepto de una "tienda dentro de una tienda" como fue PETsMART.com. Estas alianzas tenían sentido si se considera que la compañía debía hallar el gancho correcto para atraer a los clientes y lograr que regresaran constantemente, y qué mejor que esos productos. No obstante, es difícil no tener la sensación de que alguien ha debido prestar mayor atención a lo que los clientes deseaban realmente antes de gastar 1 000 millones de dólares en construir bodegas.

En segundo lugar, Webvan amplió explícitamente su modelo y se salió del negocio de los supermercados. Lo que la compañía buscaba no era otra cosa que el santo grial "del último tramo", es decir, ser dueña de las entregas directas a los clientes. La idea central era la siguiente: puesto que una compañía de Internet elimina el costo de construir y mantener almacenes, puede cerrar la brecha entre el almacén y el hogar. Era una estrategia que ninguna otra compañía importante de Internet perseguía, ni Amazon, ni eBay, ni Yahoo. El último tramo significaba que Webvan llevaría hasta las puertas de los hogares cualquier cosa que un cliente necesitara.

En tercer lugar, en junio de 2000, Webvan anunció la adquisición de su principal competidor punto-com, HomeGrocer.com, por un valor de 1 200 millones de dólares. Eliminar a un competidor puede ser bueno (aunque pagar bonificaciones altas por retención y conservar a los empleados con cargos idénticos en la nómina no lo hace tan bueno). Sin embargo, lo que no se logra al adquirir a un competidor es facilitar la construcción y operación exitosa de los centros de distribución; en realidad dificulta las cosas a causa de los tropiezos de la integración. Por ejemplo, los sitios virtuales de HomeGrocer se convirtieron en sitios de Webvan para unir los dos negocios bajo una misma marca. Como es de esperarse, esos cambios rara vez ocurren sin provocar remezones. Los pedidos disminuyeron de setecientos a trescientos al día en la primera localidad donde se hizo el ensayo —San Diego— puesto que los clientes tuvieron que enfrentarse a dificultades tecnológicas y a un sitio desconocido. El costo del negocio fue elevado. Según las palabras condenatorias de un ex gerente de Webvan, "los compramos, matamos sus existencias, matamos a la compañía y después nos matamos nosotros mismos".

Mientras todo esto sucedía, Webvan decidió ampliar las entregas a los clientes que residían por fuera del radio de los 80 kilómetros. En principio, esto permitiría que cada centro de distribución cubriera un rango de entrega más amplio, agrandando así la penetración en el mercado potencial. Sin embargo, en la práctica eso implicaba agregar más radios al sistema de distribución radial mediante la creación de estaciones para hacer transbordo de la mercancía desde los camiones a las camionetas de entrega local, las cuales se encargarían de atender las zonas metropolitanas cercanas. El hecho mismo de hablar de un sistema radial a partir de un centro para entregar víveres es de por sí motivo de preocupación. Estamos hablando de v-í-v-e-r-e-s. ¿Realmente hace falta crear un sistema complejo que implica comprar camiones de 100 000 dólares y pagar a los conductores a razón de 30 dólares la hora para entregar víveres, cuando el muchacho empacador del supermercado de la esquina puede hacer exactamente lo mismo por mucho menos?

Sucede lo inevitable

George Shaheen renunció a su cargo de director ejecutivo de Webvan el 13 de abril de 2001. El precio de las acciones estaba alrededor de los 50 centavos de dólar y la compañía corría el peligro de salir de la lista de NASDAQ. Webvan perdió dinero en cada uno de los trimestres de su corta existencia. Cuando se iba, Shaheen declaró: "Estoy convencido... de que Webvan tiene un modelo de negocios sólido, el cual, con el tiempo, cambiará el panorama de las ventas al por menor y la manera como la gente compra". Webvan se acogió al capítulo 11 de la ley de bancarrotas de los Estados Unidos el 13 de julio de 2001.

Leonard Riggio, presidente de la junta directiva de Barnes & Noble, nos proporcionó un buen epitafio para Webvan cuando dijo: "Creo que fue la arrogancia característica de la época. En lugar de someter a prueba el modelo en una sola ciudad y perfeccionarlo en una sola ciudad, deseaban ser los pioneros y tomarse el mundo antes de que alguien más pudiera reaccionar, de manera que consiguieron 2 300 millones de dólares —demasiado dinero y demasiado pronto—, nunca maduraron el concepto y desde el primer momento se salieron de cauce. Algún día veremos empresas excelentes en el negocio de la venta de víveres y de productos exclusivos a través del canal virtual, de eso no cabe la menor duda. Pero no le correspondió a Webvan".

Por qué es tan difícil crear empresas nuevas... y qué hacer al respecto

Las historias de General Magic, Iridium, Samsung Motors y Webvan son únicas a su manera y, no obstante, son muchas las similitudes respecto de lo que salió mal, la clase de dificultades que surgieron y las lecciones que dejan estos cuatro fracasos en cuatro industrias aparentemente diferentes.

El problema de la propiedad y el control

En la era de Enron, WorldCom, Global Crossing, Rite Aid y Adelphia, todos los ojos están fijos, más que nunca, en la integridad de la gerencia y el control corporativo. Pero el problema de la gobernabilidad de las corporaciones no es nuevo. Adam Smith, nada más y nada menos, señaló (en *La riqueza de las naciones*) los peligros de la separación entre la propiedad y el control en las corporaciones modernas. Los incentivos de las manos contratadas —es decir, directores ejecutivos— son diferentes de los de los accionistas, cuyos intereses giran principalmente alrededor del rendimiento sobre la inversión y el valor que puedan obtener, y no alrededor del salario y el prestigio individuales. Este problema entre el agente y el agenciado puede presentarse cuando los gerentes (los agentes) actúan más en beneficio propio que de los accionistas (los agenciados). Pero en las cuatro compañías reseñadas en este capítulo —al igual que en muchas otras que hemos estudiado— la distancia entre la propiedad y el control era mínima. En lugar de ser una fórmula para amortiguar las iniciativas y las estrategias tendientes a reducir valor, el hecho de que los propietarios sean a la vez los gerentes puede provocar muchos males. En lugar de un problema de agenciado y agente, lo que se tiene es un problema entre personajes del mismo nivel.

Analicemos la evidencia. En entrevistas con gerentes coreanos, todos coincidieron unánimemente en decir que Samsung se había lanzado a ciegas al negocio de los automóviles. También señalaron que la compañía tenía otras oportunidades de inversión que eran menos arriesgadas y habrían podido generar un mayor grado de sinergia con las unidades de negocios existentes. Afirmaron que la mayoría de los empleados del grupo Samsung, incluidos muchos gerentes, se opusieron a la idea porque creían que era un gran riesgo incursionar en el mercado saturado de los vehículos automotores sin tener idoneidad en la producción y la venta de vehículos.

Aun así, tan fuerte era el liderazgo de Lee que ni los ejecutivos ni los gerentes de Samsung quisieron cuestionar su decisión. Esto recordó un ejecutivo: "Todos los miembros de la junta se oponían a la posibilidad de expandir el negocio de Samsung al campo de los vehículos automotores, pero ninguno manifestó su oposición a la voluntad de Lee en las reuniones oficiales". Otro agregó: "¿Qué podían hacer? Lee es virtualmente el dueño y director de Samsung, de manera que nadie habría podido detenerlo". Uno de los gerentes de Samsung a quien entrevistamos calificó de "poder absoluto" el liderazgo de Lee dentro de la organización. Aunque pocos niegan que su liderazgo carismático y fuerte contribuyó enormemente a los éxitos anteriores de Samsung, está claro que en este caso esa fuerza se convirtió en defecto.

Lo que hace que el caso de Samsung sea tan interesante es que el accionista principal es también el gerente principal, una combinación que debería garantizar un proceso superior de toma de decisiones y la optimización del valor. Sin embargo, la decisión de Samsung de incursionar en el negocio de los vehículos automotores pone de cabeza la teoría clásica de la agencia. Fue el agenciado quien tomó y puso en marcha la decisión de ingresar en un negocio nuevo, pese a que ponía en peligro el futuro de la compañía. Al ser el accionista más grande de la compañía y estar estrechamente relacionado con su manejo, Lee detentaba un poder extremo que le permitió descartar de plano la resistencia de la organización y dejar de lado el protocolo convencional para la toma de decisiones.

Parece haber un punto de quiebre después del cual la concordancia sana de los intereses de la gerencia con los de los accionistas entra en un ámbito diferente. La atención a la creación de valor suele rezagarse cuando los directores ejecutivos propietarios hacen todas las jugadas. En un mundo de contrapesos, cuando no hay una fuerza que compense el poder de un director ejecutivo, las preferencias individuales podrían dominar. Pensemos en todas las compañías de Internet que agotaron sus fondos en un tiempo nunca visto (Value America, Boo.com, World Online International y muchas otras más); todas estas compañías eran muy cerradas.

Hasta compañías afianzadas pueden caer víctimas del mismo fenómeno. Cuando Robert Haas asumió la dirección ejecutiva de Levi Strauss en 1984, una de las primeras cosas que hizo fue someter a la compañía a un proceso de venta apalancada. Sin embargo, este gerente propietario (su familia controlaba la compañía) procedió a adoptar una serie de iniciativas que destruyeron valor y dejaron a Levi's en una situación muy apurada.

Schwinn Bicycle Company llegó hasta la cuarta generación hasta que cayó en la ruina (y se quebró) como consecuencia de una combinación de decisiones miopes de su director ejecutivo Ed Schwinn. Así describió la situación un competidor: "El ego enorme de Eddie Shwinn aplastó a la compañía. Comenzó a subcontratar en la China, y aunque la calidad era mala, Schwinn acabó por enseñarles a los chinos a fabricar bicicletas y al mismo tiempo le permitió a Giant (el proveedor chino) convertirse en uno de sus competidores más formidables".

Estamos tan acostumbrados a ver que un número excesivo de gerentes se convierten en accionistas mayores que hasta hemos visto con buenos ojos que compren más acciones. Algunas veces, el apetito por las acciones es tan voraz, que los directores ejecutivos se ven en la necesidad de incurrir en préstamos considerables para conseguir lo que desean. Rara vez se reconoce el hecho de que el empleador del director ejecutivo termina por garantizar los préstamos utilizados por el adicto a las acciones para alimentar su vicio… hasta que es demasiado tarde. John J. Rigas, cuya familia controló durante muchos años a Adelphia Communications, compañía operadora de cable, se endeudó en más de 3 mil millones de dólares para comprar acciones. Bernie Ebbers, el fundador de WorldCom, consiguió préstamos por más de 400 millones de dólares para el mismo propósito. Sam Waksal, el fundador de ImClone, quien aceptó su culpabilidad ante varios cargos de negociaciones a base de información confidencial, realizó autopréstamos para comprar rápidamente acciones mientras la compañía negociaba con Bristol-Myers Squibb una inversión considerable en ImClone. Stephen Hilbert, quien hizo de Conseco un gigante de los seguros antes de que lo removieran de su cargo cuando la compañía se desplomó después de la adquisición muy mal concebida de Green Tree Financial Company, tenía la misma historia. No puede ser coincidencia que esas cuatro compañías hayan estado bajo el capítulo 11 de la ley de bancarrotas de los Estados Unidos, o cerca de él, en los últimos años.

¿Qué pasa con la junta directiva?

El problema existente entre propiedad y control tiene tanta relación con la junta directiva como con el director ejecutivo. En efecto, uno de los valores centrales del gobierno corporativo es que los miembros de la junta directiva deben tener una inversión significativa en la compañía a fin de asegurar que se mantengan alertas. Es interesante señalar que fue precisamente esta situación la causa primaria del fracaso de una compañía que, en su momento, volara tan alto, como fue General Magic.

Apple conservó una participación minoritaria y General Magic incorporó rápidamente a inversionistas de primera clase —muchos de los cuales tenían asiento en la junta—, como Sony, Motorola, AT&T, Matsushita, Northern Telecom, NTT, Cable & Wireless, Sanyo y Philips. La mayoría de esas compañías habían sido vencidas en la guerra del computador personal y veían en General Magic a la empresa capaz de crear el software que les permitiría poner en marcha sus planes para el hardware de los PDA.

Sin embargo, el hecho de tener una junta controlada por los "socios" implicó que General Magic tuviera que moverse entre muchas rivalidades y entre objetivos diferentes y a veces contrarios de sus socios. Mike Stern, antiguo asesor legal, describió la situación de esta manera: "Facilitaban y constreñían... y hacían las dos cosas al mismo tiempo". Marc Porat, el director ejecutivo nos dijo lo siguiente: "El... problema radicó en que los quince socios, fabricantes grandes y gigantes de las telecomunicaciones, tenían agendas diferentes. Para manejar la complejidad creamos el 'Consejo de socios fundadores'. Alguien debió estar dirigiendo la compañía mientras yo dirigía la alianza". Una junta directiva que debió ser ideal de acuerdo con los conceptos tradicionales de la gobernabilidad corporativa estaba demasiado involucrada, a veces de manera contraproducente. General Magic, principalmente debido a sus compromisos con sus socios, no pudo iniciar el desarrollo de un producto habilitado por Internet sino hasta mediados de 1996, más de dos años después de que la gerencia reconociera los peligros y el potencial que la Red representaba para una compañía fabricante de software para comunicaciones.

Las sociedades y las alianzas no son malas en sí mismas para las compañías nuevas. Si se manejan correctamente, pueden contribuir al éxito. Encontrar socios con buenos bolsillos aligera la carga de conseguir fondos y abre mercados nuevos, pero hacerse a una colección tan diversa de patrocinadores corporativos (especialmente competidores directos) en industrias dispares puede conducir fácilmente al desastre. Ése fue el verdadero problema en este caso. ¿Cómo podría General Magic incursionar en la Internet cuando las estrategias de sus socios consistían en crear una tecnología privada y dominar las normas de la industria? Irónicamente, la razón de ser de la creación de General Magic a partir de Apple era habilitar alianzas con compañías importantes de software que quizás no hubieran entrado al juego, si la compañía hubiera permanecido como subsidiaria de Apple. Las consecuencias no buscadas de las que parecerían unas estrategias bien pensadas —como vincular socios que ayudaran a afianzar el software nuevo— constituyen un tema al cual nos referiremos repetidamente en este libro.

General Magic no fue la única. Iridium se vio limitada en su capacidad de comercializar sus teléfonos debido a la renuencia de sus socios en muchos países —muchos de ellos con puestos en la junta directiva— a lanzar el servicio en sus regiones. No cabe duda de que son pocas las juntas que pueden funcionar con veintiocho miembros, la mayoría de ellos representantes de electorados cuyas metas son diferentes. Además, el hecho de que sólo uno de los miembros de la junta fuera miembro del consorcio de Iridium también dice mucho acerca del estado de alerta de la junta en lo referente a cumplir su función de vigilancia. En realidad, esta clase de junta directiva, constituida por representantes de los accionistas, no es tan rara como uno creería en las empresas nuevas de alta tecnología. Compañías como Excite At Home y Net2Phone, entre otras, han tenido numerosos inversionistas, casi siempre representados en la junta directiva, y que no siempre están de acuerdo con respecto al rumbo estratégico. La idea de que unos inversionistas altamente motivados sentados en las juntas directivas de las empresas han de contribuir a mantener a raya a la gerencia se traduce en realidad en un trato como el de Fausto. El concepto clásico de la gobernabilidad de las empresas indica que esos "socios" son exactamente lo que se necesita por la vigilancia que ejercen, pero cuando sus intereses son opuestos a los propios, todas las apuestas se descarrilan.

Los peligros de la escala

En años recientes, el éxito de un número apreciable de empresas nuevas importantes ha dependido de la escala. Muchas empresas nuevas de Internet, especialmente las conocidas como "minoristas punto-com", han gastado cifras escandalosas con el propósito de establecer nuevos nombres de marca y capturar participación. En algunos casos, como el de Webvan, el modelo de negocios ha exigido gastos enormes en infraestructura. Muchas empresas nuevas de telecomunicaciones adoptaron una estrategia semejante: construir y construir que los clientes llegarán. En estas compañías todo es cuestión de escala, pues es sólo cuando se ha completado la expansión que los clientes se benefician del servicio ofrecido. Ésta es la apuesta por la cual van estas empresas que tienen unos costos fijos elevados: el punto de equilibrio es muy alto, pero una vez alcanzado, las utilidades marginales de cada venta adicional también son muy elevadas. Esto era cierto en el caso de Iridium y también en el caso de Webvan, y era cierto en otras empresas de telecomunicaciones como Global Crossing Teligent, Winstar e ICG Communications (todas ellas quebradas). También es cierto en el caso de las que desarrollan actualmente la telefonía celular 3G. Este modelo económico entraña varias verdades fundamentales:

Es imposible vencer sin un capital enorme. ¿Por qué pudo Amazon.com sobrevivir tanto tiempo mientras acumulaba cientos de millones de dólares en pérdidas? Respuesta: Porque podía. Amazon consiguió 8 millones de dólares en capital de riesgo de Kleiner Perkins y 54 millones de dólares en su oferta inicial de acciones de 1997, pero la verdadera masa de capital llegó en enero de 1999 con su exitosa emisión de bonos por 1 250 millones de dólares. Quizá lo mejor que hizo Amazon fue conseguir sumas enormes de dinero relativamente pronto y con relativa frecuencia. Cuando estalló la llamada "burbuja de Internet", Amazon todavía tenía en el banco buena parte de los réditos de su oferta de bonos para financiar su lanzamiento continuo de muy alto costo. Otros alimentadores de la gloria de Internet —que quizás agotaban sus pilas de dinero con mayor rapidez que Amazon— sencillamente no tenían fichas suficientes para seguir jugando. De cierta manera, es posible decir que Amazon sí tuvo la ventaja de ser la primera en llegar, no en el sentido de crear una tienda virtual antes que los demás sino en excavar más a fondo en su búsqueda de sumas cuantiosas, las cuales le permitieron seguir jugando aun después de que las minas se agotaron para los demás. Si Webvan, Iridium y las otras empresas hubieran tenido fondos ilimitados, todavía existirían.

La victoria podría no estar garantizada pese a un capital enorme. Los negocios mueren cuando los costos del crecimiento se miden en miles de millones mientras que la demanda de los clientes está muy rezagada. Decir que con el tiempo habrá clientes suficientes para justificar la empresa equivale a poner el costo implícito de capital de un proyecto prácticamente en cero. Las compañías nuevas de telecomunicaciones, Iridium, Webvan y hasta la empresa automovilística de Samsung estaban condenadas desde un principio porque conseguir y utilizar dinero cuesta. Ningún negocio sobrevive sin clientes y el reloj de todas maneras sigue marcando aunque éstos no se acerquen a la mesa de juego, quizás porque los clientes deben cambiar sus hábitos de compra para comprar víveres en tiendas virtuales, lo cual requiere mucho tiempo, o porque los clientes tienes mejores alternativas, como los teléfonos móviles tradicionales. Hay la tentación de decir que una vez montada la infraestructura, los negocios deberían ser rentables, pero el dinero no es gratuito y eso es algo que no debemos olvidar.

Buscar barreras para el ingreso. Si no las hay, mejor dar media vuelta y correr. Los negocios de escala son muy costosos. Si toda esa inversión no genera algunas buenas barreras al ingreso, es mejor echar a correr. Ésa es la historia de las telecomunicaciones. Las tecnologías seductoras con perspectivas tremendas de crecimiento (banda ancha, comunicación inalámbrica, datos, 3G, todas ellas con un potencial "ilimitado") generarían utilidades fabulosas si... nadie más tuviera la misma idea. Pero la combinación de la agresividad con las ventajas atrajo a otros empresarios con bríos que también vieron la oportunidad de crear riqueza en grande (para ellos y sus compañías) y no hubo nada que pudiera frenarlos. No pasó mucho tiempo antes de que vieran la realidad, y lo que vieron no fue nada agradable. Sencillamente no había clientes suficientes para cubrir los costos de infraestructura de muchas redes de telecomunicaciones similares.

En el caso de Webvan, los competidores siempre existieron —llámense supermercados— y descubrieron que agregar la entrega a domicilio desde los almacenes de barrio (si es que no tenían ya ese servicio) no era demasiado complicado. Webvan —lo mismo que eToys, Pets.com, Socks.com, CDNow.com y otras— aprendieron una historia semejante: contar con que los competidores serán lentos y estúpidos durante mucho tiempo es una manera inverosímil de construir un modelo de negocios.

En los negocios que tienen un horizonte a largo plazo, es preciso pensar en opciones reales. En *What America Means to Me,* Pearl S. Buck escribió que "todo gran error tiene un momento a medio camino, una milésima de segundo en la cual se puede dar marcha atrás y quizás remediar el daño". Esto es muy cierto en el caso de las empresas que necesitan largo tiempo para pasar del concepto al desarrollo. Estos proyectos podrían parecer buenas inversiones durante la fase inicial de conceptualización; pero para cuando el producto o el servicio llega al mercado, tanto el panorama competitivo como la capacidad de la compañía para proporcionar ese producto o servicio han cambiado ostensiblemente. Una manera de enfrentar este problema consiste en evaluar esas empresas como opciones reales.

Iridium es un ejemplo de libro de texto de un proyecto que se habría beneficiado con ese enfoque. El negocio de Iridium tuvo dos etapas. Durante la primera (1987-1996), Motorola desarrolló la tecnología de base. Durante la segunda (1996-99), Motorola construyó y lanzó los satélites, y fue durante esta parte del proyecto en la cual incurrió en la mayor parte de sus costos. Para entonces, ya se sabía mucho más. No sólo el crecimiento de las redes celulares tradicionales había erosionado drásticamente el mercado objetivo de Iridium sino que su tecnología nunca pudo superar los problemas clave de diseño, costo y operación. Dicho simplemente, se vio que Iridium no tenía un plan de negocios viable. ¿Por qué no dio marcha atrás? Recordemos la "fantasía de Motorola": los presidentes Robert Galvin y después su hijo Christopher Galvin continuaron apoyando a Iridium, pues vieron en ella un ejemplo del poderío tecnológico de Motorola. El hecho de que esos procesos psicológicos pueden predominar es otra razón para crear "rampas de escape" para cada hito crítico en un proyecto a largo plazo.

Eso fue exactamente lo que hizo Boeing a finales de 2002, cuando canceló el Sonic Cruiser, después de que la muy admirada aeronave se ganara los elogios de la prensa y hasta de algunos clientes, pero no consiguiera ni un solo pedido. Esto no debió ser fácil para una compañía de ingeniería tan fuerte como Boeing, trenzada además en una batalla feroz con Airbus y, no obstante, fue la decisión acertada que ahorró miles de millones de dólares en gastos adicionales en un ambiente plagado de riesgos después del 11 de septiembre. Un analista de capitales sociales citado en un artículo de la revista *Fortune* dijo: "Si Boeing hubiera construido esa cosa, se habría convertido en su Vietnam".

La gerencia importa, y mucho

Las empresas nuevas, al igual que las antiguas, dependen de la gerencia; eso lo sabemos. Lo que no sabemos es hasta dónde. El problema del agenciado como agente ha sido un desastre para muchas compañías, precisamente por el papel determinante que desempeñan los directores ejecutivos en el éxito de una empresa nueva. Las compañías más afianzadas desarrollan sistemas para comenzar a asumir el manejo de asuntos que en un principio habrían sido competencia de los ejecutivos. La fuerza de la gerencia madura con la experiencia. Sin embargo, en las empresas nuevas que estudiamos emergen al parecer dos aspectos críticos que hacen ver a la gerencia no como la solución sino como el problema:

la tendencia asombrosa de los presidentes y los directores ejecutivos de las empresas nuevas a creer que tienen toda la razón, y la tendencia a sobreestimar la calidad del talento para dirigir con base en el historial de las personas, especialmente en situaciones marcadamente diferentes en comparación con las de la nueva empresa.

El índice de exageración. Se suponía que General Magic debía desarrollar un computador de bolsillo que serviría de buscapersonas, máquina de facsímile, teléfono celular, correo electrónico, libreta de citas y libreta de notas, y además como enlace de fácil manejo con miles de bases de datos que ofrecerían toda clase de información, desde cartas de restaurantes hasta datos financieros. La compañía se dispuso a conectar un mundo desconectado anterior a la era de la Internet. Era una tarea monumental para cualquier compañía, para no hablar de una nueva y, aun así, la gerencia y los socios de General Magic prometieron a los consumidores e inversionistas nada más y nada menos que una revolución en las telecomunicaciones y la tecnología de cómputo. Prometieron desarrollar una tecnología que el mundo todavía no había considerado necesaria y que aún no existía. Todo esto conduce a una pregunta: ¿sirve la promoción agresiva de una nueva empresa como estrategia para mejorar la supervivencia? Veamos nuestro "índice de exageración":

- Goerge Shaheen, director ejecutivo: "Webvan fijará las reglas en el sector de consumo más grande de la economía".
- Andy Hertzfeld, jefe de desarrollo de General Magic: "En 1994 el uso de los asistentes personales digitales será generalizado y… su aparición se recordará como un hito histórico".
- Mike Stern, asesor legal de General Magic: "La sensación era de 'crearemos el mercado y la gente llegará'".
- Lee Kun Hee, director ejecutivo de Samsung: "Estamos lanzando a Samsung Motors para bien de la nación".

Si bien los ejecutivos que exageran al presentar sus empresas pueden hacerlo para demarcar territorio en el mercado o promover a la compañía ante las partes interesadas importantes, también pueden enviar una señal inadvertida acerca de su vulnerabilidad. Cuando la gente comienza a creer sus propias exageraciones (lo que los capitalistas de riesgo denominan "respirar las propias emanaciones"), puede haber problemas serios. Así, muchas de las empresas nuevas de Internet lanzadas con más bombo y platillos, por ejemplo, terminaron escasamente como notas de pie de página en la historia de los negocios. Desde la afirmación de Value America de ser "el Walt-Mart de la Internet" hasta el alarde de eCoverage.com en el sentido de que las compañías de seguros tradicionales no podrían competir con ella, la exageración no parece lograr mayor cosa, a menos que lo que se busque sea despertar a los competidores y alentar a los propios empleados a dormir sobre sus laureles.

Equipos ideales. ¿Cuántas veces hemos visto caer a ejecutivos con unos historiales envidiables? ¿Por qué continuamos sorprendiéndonos cuando eso sucede? General Magic reunió a un equipo de luminarias; Webvan fue fundada por Louis Borders y dirigida por George Shaheen; el presidente de Iridium había tenido un éxito sin par en Motorola. Muchas de las compañías nuevas de la Internet se inclinaron también por la lógica del equipo ideal. Los presidentes deben llegar con la misma advertencia que hacen los fondos mutuos: "El desempeño del pasado no es garantía del desempeño futuro".

Hay una tendencia natural a atribuir el éxito de una compañía a quienes la dirigen. Una de las razones por las cuales se les confirió a muchos de los directores ejecutivos de las compañías de Internet la condición de celebridades fue porque el éxito de esas empresas nuevas se les atribuyó a ellos personalmente (juzgados sólo sobre la base del precio de las acciones durante la "burbuja", por supuesto). Éste es el clásico "error de atribución" bien conocido por los psicólogos pero incomprensible para los comités modernos de remuneración, y encierra una lección importante para las empresas nuevas. Los directores ejecutivos célebres y los equipos ideales no sustituyen los principios fundamentales de una empresa: un modelo lógico de negocios, atención a los clientes reales, desarrollo de capacidades valoradas y una estrategia eficaz para competir. En los negocios no hay garantías, pero podemos decir sin temor a equivocarnos que los directores ejecutivos y los equipos de gerencia que centran deliberadamente su atención en esos aspectos fundamentales ofrecen mejores perspectivas que quienes no lo hacen, independientemente del número de veces que hayan aparecido en la portada de *BusinessWeek*.

Cosas para recordar al embarcarse en una empresa nueva

- General Magic casi estuvo en el negocio de coleccionar licencias de sus socios sobre un software aún sin desarrollar. Las sociedades pueden ser un elemento útil para construir credibilidad, pero es preciso establecerlas con los ojos bien abiertos. Los motivos de los socios no tienen necesariamente que ser iguales a los objetivos de la empresa.
- Las juntas directivas deben pensar cuidadosamente en los incentivos para los directores ejecutivos, en particular en las consecuencias inesperadas de las opciones sobre las acciones y la concesión de acciones. Es bueno que el director ejecutivo y los demás gerentes posean acciones, pero hasta cierto punto; el hecho de poseer demasiadas, unido a las preferencias individuales, podría primar sobre los intereses de la compañía.
- Las empresas nuevas con horizontes de largo plazo no son inversiones que se hacen una sola vez. Antes de echar a andar la empresa, es preciso incorporar mojones específicos a lo largo del camino donde se debe evaluar todo el proyecto. Las inversiones sucesivas deben quedar sujetas al cumplimiento de unos indicadores predeterminados en cada mojón. Esas rampas de escape ayudarán a mantener a raya los costos hundidos.
- Cuando se tiene una buena idea, no es imposible que alguien más la tenga también. Más importante aún es que después de creada la empresa nueva pueden surgir competidores (de entre las sombras, como sucedió con los supermercados y Webvan; o de la nada, como fue el caso de Palm, Sun y la Internet con

General Magic). Si no es posible crear unas barreras al ingreso para proteger el negocio, es preciso prepararse para batallar.
- El equilibrio de la oferta y la demanda es un proceso dinámico. Lo que se veía bien para una nueva empresa de telecomunicaciones comenzó a verse menos bien a medida que otras se fueron uniendo a la fiesta. Si la presencia de otros competidores hace que la oferta sea mayor que la demanda —aunque esa demanda hubiera hecho agua la boca— es seguro que no habrá manera de triunfar. Ésa es la lección emanada de la "burbuja" de las telecomunicaciones.
- Es preciso proceder de manera conservadora y rigurosa al segmentar el mercado, aunque esa segmentación sea obligada. No basta con saber que hay clientes potenciales para un producto o servicio; es preciso saberlo todo sobre ellos. Tanto Iridium como Webvan postularon grandes oportunidades de mercado que nunca se materializaron porque no fueron suficientemente rigurosas al hacer las preguntas escuetas acerca de quiénes valorarían y estarían dispuestos a pagar por lo que se les estaba ofreciendo.
- No hay que enamorarse del propio producto o servicio; eso les toca a los clientes. Webvan se enamoró hasta tal punto de la supuesta exclusividad y elegancia de su estrategia del último tramo que subestimó la enorme dificultad de construir un mercado, especialmente cuando los supermercados afianzados comenzaran a ofrecer un servicio comparable. Así mismo, quienes aportaron el combustible para Iridium fueron los ingenieros de Motorola con su cultura tecnocrática, no los clientes a través de la demanda. Kun-Hee Lee en Samsung y el equipo de desarrollo de General Magic también eran verdaderos creyentes; pero no así sus clientes.
- Hay que esperar lo inesperado. Samsung creyó que el gobierno iría en su rescate en el negocio de los automóviles, pero no fue así. General Magic creyó que Apple utilizaría su software de Telescript para el Newton, pero no fue así. Iridium creyó realmente que sus socios de telecomunicaciones en el mundo en-

tero la consideraban una prioridad en materia de desarrollo, pero no fue así.
- La libreta de calificaciones de las empresas nuevas no depende de cuán rutilantes sean los currícula vitae de los integrantes del equipo de gerencia. No se pueden perder de vista las cosas que realmente cuentan: la estrategia, las capacidades, los clientes y la ventaja competitiva.

CAPÍTULO 3

Innovación y cambio

La decisión de no adaptarse

¿Qué tienen en común una compañía que aparece en casi todas las listas de las empresas más innovadoras de los Estados Unidos, una compañía de la lista de las "más admiradas" de la revista *Fortune* y una ganadora del premio Malcolm Baldrige a la calidad? Las tres tuvieron descalabros aparentemente inexplicables en materia de innovación y cambio que les representaron cientos de millones de dólares en costos. En este capítulo reseñamos tres compañías galardonadas: Johnson & Johnson, Rubbermaid ("Más admirada" en 1993; número 2 en cinco de los seis años anteriores) y Motorola (ganadora del premio Baldrige en 1988), no por algo que hayan hecho sino por algo que no hicieron. El mundo cambiaba para cada una de ellas y las tres lo sabían. Sin embargo, las tres —como les sucedió también a otras compañías que harán una corta aparición en este capítulo— reaccionaron cuando ya era demasiado tarde. Es sorprendente que lo que vimos una y otra vez fue a unos gerentes completamente conscientes de los desafíos de la competencia y de los cambios en las exigencias de los consumidores a los cuales se enfrentaban y, no obstante, optaron por no hacer nada.

Se diría que, de alguna manera, éstas son compañías "irracionales" con una gerencia "irracional", pero no es así. Las trampas en las cuales cayeron estas compañías y sus gerentes son las mismas con las cuales deben lidiar muchas otras compañías todo el tiempo. ¿Cómo aprovechar lo mejor de la cultura y la historia de la compañía sin quedar atrapados en el pasado? ¿Cómo deberían los gerentes corporativos proporcionar la estructura y los incentivos apropiados a los gerentes de división para luego dejar libre el camino a fin de que éstos puedan hacer su trabajo? ¿Por qué parecería que los líderes de las corporaciones suelen no ver los cambios grandes que ocurren en sus mercados? Éstos son los grandes desafíos para una organización de mentalidad abierta, y constituyen el tema de este capítulo.

Johnson & Johnson en el negocio de las prótesis endovasculares

He aquí una compañía verdaderamente rutilante, creadora de una innovación revolucionaria. ¡Su participación en el mercado fue superior al 90%! Pero los clientes eran muy exigentes y los competidores muy combativos. Y la compañía prácticamente... hizo caso omiso de ambos. Apenas dos años después, la participación en el mercado había descendido a un 8% aproximadamente. ¿Suena como una fábula con moraleja? ¿Realmente pudo suceder tal cosa? Por supuesto que sí.

Johnson & Johnson (J&J), una de las compañías más grandes y con mayor diversidad en el área de la salud, con cerca de 160 filiales en 58 países, cuyas ventas anuales oscilan entre 100 000 y más de 1 000 millones de dólares, es una verdadera máquina de innovación. Ha crecido a base de identificar nuevos negocios promisorios y luego convertirlos en empresas semiautónomas y permitir que la pericia de los gerentes y la marca de J&J hagan lo demás. Con los años, J&J cada vez ha recurrido con mayor frecuencia a las adquisiciones a fin de hacerse a empresas pequeñas capaces de desarrollar productos innovadores y convertirlos en franquicias importantes, y el caso de las prótesis endovasculares *(stents)* no fue diferente. En 1987, J&J compró las patentes sobre el stent Palmaz-Schatz, un minúsculo tubo de acero inoxidable plegado sobre un balón en miniatura, el cual se ensarta dentro de las arterias del corazón durante un procedimiento de angioplastia. Cuando se infla el balón para abrir el stent en un punto bloqueado de la arteria, se crea un armazón parecido al resorte de un bolígrafo, el cual ayuda a mantener abiertos los vasos una vez retirado el balón.

¿De qué tamaño era el negocio? En 1987, la angioplastia ya se había afianzado como alternativa menos costosa frente a la cirugía de puentes coronarios. El stent apareció como un producto revolucionario que reducía ostensiblemente la reestenosis, el bloqueo recurrente de las coronarias, representando para los cardiólogos la herramienta para atender las necesidades de sus pacientes sin tener que recurrir a los cirujanos de corazón. El stent fue aprobado por la FDA siete años después de que J&J comprara el Palmaz-Schatz. Y fue entonces cuando las cosas se pusieron interesantes.

Rara vez un elemento médico tan minúsculo ha tenido un impacto tan grande en el campo de la salud como el que ha tenido el stent coronario de media pulgada de largo. Sólo en su primer año de existencia —1995—, el stent se implantó en más de cien mil pacientes en los Estados Unidos. Posteriormente durante ese mismo año, J&J Interventional Systems (o JJIS, como se llamaba la empresa de los stents en ese momento) adquirió a Cordis Corp, un fabricante de balones de alta presión para angioplastia, cuyas ventas alcanzaban los 500 millones de dólares. La adquisición de Cordis fue aclamada como una jugada maestra para ampliar la línea de cardiología de J&J.

Con Cordis, J&J pudo ofrecer un paquete completo para angioplastia constituido por su stent más los balones y catéteres de Cordis, a fin de convertirse en el proveedor único e integral que los hospitales preferían. La compañía combinada tuvo ventas superiores a los 1 500 millones de dólares en 1996 y se proyectaba un crecimiento del 18% al año. Pero el precio fue alto: J&J pagó 109 dólares por acción en la compra de Cordis, precio que representó casi veintitrés veces las utilidades proyectadas para 1996 y

1 900 millones de dólares de capital de J&J, constituyendo la adquisición más grande de la compañía en ese momento. También fue la primera toma hostil de J&J (aunque, oficialmente, las compañías llegaron a un "acuerdo" para fusionarse al final).

J&J estaba en el nirvana. Durante buena parte de 1997, fue feliz y lucrativa. La participación en el mercado llegó realmente al 95% y, mejor aún, los márgenes brutos estuvieron cercanos al 80%. El éxito del negocio del stent fue proclamado en los informes anuales de J&J, con toda razón. Apenas dos años después de lanzado el producto, el negocio representaba entre un 9 y un 10% de los ingresos netos totales de J&J en 1996 (300 millones de dólares o 23 centavos de dólar por acción).

¿Qué pudo salir mal? (Primera parte)

Al principio se silenciaron las señales. El stent de J&J representó un avance importante para la angioplastia tradicional, pero su diseño estaba lejos de ser perfecto. El ancho y la rigidez del dispositivo dificultaban su uso, si se considera que las arterias del corazón son finas y tienen muchas curvas. Además, su visibilidad en las imágenes radiográficas era limitada, lo cual hacía difícil guiarlo hasta el sitio del bloqueo. Además, el stent Palmaz-Schatz venía de una sola longitud, por lo cual los médicos se veían obligados a utilizar dos o más para tratar las obstrucciones extensas.

Los principales cardiólogos comenzaron a reclamar, pero J&J se hizo oídos sordos. Dominaba el mercado, tenía prácticamente el monopolio de un producto que sus clientes deseaban desesperadamente y parecía tener las patentes para proteger esa posición.

Pero los cardiólogos —un grupo no conocido precisamente por su modestia— esperan poder trabajar estrechamente con los fabricantes para mejorar los dispositivos médicos. Lo último que deseaban era asistir a conferencias en otros países y descubrir que sus colegas utilizaban un equipo manifiestamente superior... pero eso fue precisamente lo que sucedió.

Para empeorar las cosas, enfrentados a un stent de 1 600 dólares y unos oídos sordos a los comentarios de los clientes, los cardiólogos acusaron a J&J de engañar con sus precios. Por su parte, J&J no ofreció descuentos y prestó poca atención a la presión intensa que recaía sobre otros de sus clientes —los hospitales—, a los cuales se les exigía controlar los costos de la atención en salud.

¿Qué pudo salir mal? (Segunda parte)

¿Recuerda la jugada maestra que constituyó la adquisición de Cordis? Ésta era una compañía emprendedora que operaba en función de los clientes y aportó a la fusión algo más que sus productos de angioplastia, líderes en el mercado: tenía experiencia con las tecnologías de los laboratorios de cateterismo y en el trato con los cardiólogos. Los "equipos medulares" de Cordis eran ampliamente conocidos a causa de la pericia de la compañía para desarrollar productos rápidamente, integrar las operaciones de marketing, realizar investigación y desarrollo y producir alrededor de líneas específicas de negocios. Por consiguiente, los cardiólogos esperaban que al unirse la capacidad económica de J&J con la velocidad de desarrollo de Cordis, la compañía combinada podría crear prontamente la siguiente generación de productos y superar las deficiencias tecnológicas del stent Palmaz-Schatz original.

Sin embargo, la sinergia entre Johnson & Johnson y Cordis nunca llegó a presentarse. J&J hizo dos cosas después de la adquisición: primero, procedió muy lentamente en la integración de los dos negocios y, segundo, la poca integración que logró fue totalmente equivocada. Se eliminaron los equipos medulares que Cordis aportó a la compañía combinada, se hizo caso omiso de las preocupaciones de los gerentes y los investigadores clave, y se descartó la cultura emprendedora de Cordis. Las cosas se complicaron aun más a causa de la resistencia del personal de Cordis. Un alto gerente de J&J lo explicó de esta manera: "Pasamos a depender de unas personas a quienes no les importaba estar o no estar. Todas las personas que realmente no quisieron quedarse abandonaron la compañía. Hoy quedan muy pocas de las personas que ocupaban los sesenta y cuatro cargos más importante en el momento de la fusión".

La nueva Cordis, conocida anteriormente por su velocidad para desarrollar productos, no logró salir al mercado con un producto verdaderamente diferente sino casi dos años después de la adquisición. J&J perdió tiempo valioso, recursos y oportunidades a causa de un proceso de integración lento y mal orientado.

Todo lo que sube vuelve a caer

El problema era Europa. El mercado europeo era diferente del estadounidense en dos sentidos: primero, era más pequeño (un tercio del tamaño) y, segundo, la aprobación de los productos nuevos se hacía por lo general más rápidamente, con lo cual se creaba un mercado más competitivo con productos más económicos y menores márgenes de utilidad. Estas diferencias convirtieron a Europa en un campo de pruebas para los cambios posteriores en los Estados Unidos. Y la posición de J&J en el campo del stent coronario en Europa se erosionó lenta pero constantemente a medida que otros competidores desarrollaron los diseños del producto y llegaron al mercado europeo con más de un año de anterioridad que en los Estados Unidos.

Los principales cardiólogos de los Estados Unidos, llenos de envidia por las tecnologías superiores disponibles en Europa, asumieron un liderazgo activo para instar a la Administración de Alimentos y Medicamentos (FDA) a agilizar la aprobación de los stents mejorados para su mercado. Los cardiólogos más renombrados son poco fieles a una marca; se les conoce más bien por ser unos enamorados de la alta tecnología que gozan aplicando los últimos avances. Guidant tenía precisamente esa tecnología, representada en un stent muy mejorado en comparación con el producto de J&J: mayor flexibilidad, mejores catéteres y una fuerza de ventas muy comprometida y atenta. El efecto fue súbito y contundente. En octubre de 1997, la FDA dio su aprobación para el stent de varios eslabones de Guidant, apenas doce días después de obtenidos los datos de los estudios clínicos y de haberse presentado la solicitud. Cuarenta y cinco días después, Guidant había capturado el 70% del mercado. Entre tanto, las ventas de J&J entraron en caída libre, desplomándose a un 8% a finales de 1998.

¿Cómo comprender esta historia?

Todo se reduce a lo siguiente: ¿Por qué J&J no creó un stent de segunda generación? Tenía el mercado, tenía los recursos y sabía que los clientes estaban exigiendo un stent nuevo y mejorado. Entonces, ¿por qué no lo hizo? Un análisis simplificado indicaría que no sintió la necesidad de molestarse puesto que tenía la patente. Claro está que el argumento es válido y los gerentes de J&J nos insistieron una y otra vez en el poder que le atribuían a las patentes. Pero también oímos decir a Robert Croce, presidente de grupo de J&J y presidente mundial de Cordis Franchise, que "no me cabe la mínima duda de que hemos debido desarrollar la segunda generación, pero no lo hicimos". Otro alto gerente expresó que "quizás estábamos demasiado contentos con las patentes del Palmaz". No hay nada bueno en dirigir un negocio de una manera que termina por enloquecer a los clientes, dañar una cultura construida sobre la base de la innovación y molestar a los entes reguladores. Buscar las utilidades de corto plazo a expensas de la reputación y de la posición en el mercado en el largo plazo no puede ser bueno. Eso es algo que sabemos y que J&J sabía. Entonces, ¿por qué sucedió?

Hay tres explicaciones: (1) vivir y morir por la fusión, (2) la arrogancia y la autocomplacencia de la corporación y (3) no comprender a los clientes y a los competidores.

Vivir y morir por la fusión. J&J tiene fama de ser una gran generadora de innovaciones, pero la verdad es que buena parte de esa innovación ha sido adquirida y no producida internamente. Por ejemplo, el origen real de su crecimiento en el sector médico fue producto de adquisiciones en una proporción tres veces mayor en comparación con el trabajo de desarrollo interno. Y más aún, la probabilidad de que las unidades adquiridas desarrollaran menos líneas de productos con el tiempo era mayor. ¿Por qué? Porque los productos, el conocimiento y las capacidades tienden a evolucionar de la mano. Cuando se compra una innovación se resuelve un problema inmediato pero también se aumenta la vulnerabilidad frente a los competidores nuevos con capacidad para innovar con mayor rapidez.

Además, bien puede suceder que la capacidad innovadora interna se atrofie después de una adquisición. J&J quedó por su cuenta una vez que le compró a Palmaz la tecnología del stent. Stanton Rowe, un alto ejecutivo, nos dijo que J&J "no tenía la capacidad interna para continuar desarrollando constantemente el stent porque el verdadero diseñador era Palmaz" y, una vez vendida la tecnología, "ya no era cosa suya". Al interior de JJIS había la expectativa de que la casa matriz de J&J compraría otra compañía para hacerse a la siguiente generación tecnológica, por lo cual se paralizaron los esfuerzos innovadores, haciendo realidad la profecía. El negocio de Cordis en realidad no ayudó, porque era una prueba más de que J&J estaba pensando en continuar adquiriendo y porque dejó a JJIS atascada en medio de una integración compleja que sofocó a la gerencia y al talento científico. Hasta los competidores vieron el problema. El presidente de Guidant, Ronald Dollens, nos dijo lo siguiente: "¿Dónde está la fuerza para regenerar el producto? Después de la fusión, la gente queda lista para explotar el producto y no conserva la ventaja competitiva".

No es mala idea acogerse a una filosofía de A & D (adquisición y desarrollo) siempre y cuando se tengan presentes las limitaciones de ese enfoque. Después de todo, Cisco pasó a las grandes ligas a base de comprar compañías pequeñas poseedoras de productos innovadores. El enfoque puede funcionar siempre y cuando haya el compromiso de seguir comprándoles a los inventores y a las compañías emprendedoras sus ideas para productos nuevos. Pero no se debe suponer que las adquisiciones viejas van a seguir siendo fuente automática de ideas nuevas.

La arrogancia y la autocomplacencia de la corporación. La historia de JJIS es la primera de las tres que presentamos en este capítulo, en las cuales unas compañías que habían sido exitosas al parecer hicieron todo lo posible por desconcertar a sus clientes. Si bien la arrogancia de J&J sale a flote claramente en las conversaciones con los cardiólogos, también hubo un problema más sutil en el fondo: la autocomplacencia. El doctor Topol de la Clínica

Cleveland describió el problema como "un retroceso relacionado con la arrogancia y una autocomplacencia asombrosa ... Cuando tratamos de pedirles descuentos por volumen en el precio de los stents, la respuesta fue ridícula".

El stent era un producto demoledor. "Despegó a tal velocidad que la compañía no pudo hacer otra cosa que gastar toda su energía en producirlo. Los stents salían de la fábrica y a las cuarenta y ocho horas ya estaban en el cuerpo de los pacientes. Prácticamente no podían mantener el ritmo". No es difícil comprender que una compañía caiga en ese estado de autocomplacencia, especialmente cuando las cosas marchan bien. Con el tiempo, J&J reconoció estos errores. Ralph Larsen, ex director ejecutivo, reconoció que "fallamos aquí... No es el ejemplo más fulgurante de nuestro éxito". Y Robert Croce nos dijo: "Es preciso... innovar y mantenerse a la vanguardia y jamás sentirse satisfechos".

No comprender a los clientes ni a los competidores. J&J no comprendió a sus clientes. Un ex alto ejecutivo de JJIS, entrevistado exactamente cinco años después de la llegada de Guidant al mercado, nos dijo en un tono de exasperación que "no había razón alguna desde el punto de vista de los resultados clínicos para que los cardiólogos cambiaran. No lograrían mejores resultados en sus pacientes cambiándose a un stent nuevo". ¿Y qué dice un cliente? Un cardiólogo manifestó: "Podría decirse que el mismo día en que salió el stent original de J&J en 1994 ya estaba obsoleto".

La amenaza de la llegada de un stent de la competencia al mercado de los Estados Unidos era grande y, no obstante, JJIS no la vio. Guidant era un adversario especialmente poderoso: innovador decidido y comercializador sagaz con una reputación muy sólida. No es muy difícil comprender la noción de que a los clientes y a los competidores se les debe tomar en serio y, no obstante, las compañías a las cuales estudiamos cayeron en esta trampa una y otra vez. Volveremos sobre este problema en el capítulo 7.

Otra oportunidad: J&J en el negocio de las prótesis endovasculares hoy

Durante los próximos meses, podremos observar de qué manera absorbió J&J las lecciones del desastre del stent de mediados de los años 90. En 2003 J&J lanzó al mercado un stent farmacológico, revestido con un medicamento que ha demostrado reducir la reestenosis en los estudios clínicos. Debido al deterioro que ha sufrido Cordis desde mediados de los años 90 en su capacidad para innovar, el desarrollo del nuevo stent fue un proceso largo que tuvo que apoyarse en adquisiciones adicionales y en el desarrollo de capacidad interna. El nuevo stent farmacológico no es una mejora sobre los stents existentes sino un verdadero avance, el cual, en opinión del doctor Topol, "se convertirá en el nuevo patrón, puesto que la tecnología básicamente trasciende la de cualquier stent no recubierto existente actualmente".

Según los analistas, el pronóstico es que la participación de J&J en el negocio de los stents pasará de un 20% a cerca del 80% en cuestión de meses. ¿Está preparada J&J? Esto nos dijo un alto ejecutivo: "Creo que hemos aprendido muy bien de nuestros errores con el stent Palmaz-Schatz. Hay algo de lo que pueden estar seguros y es que estamos muy conscientes de que la última vez no hicimos todas las cosas bien".

En últimas, la historia de JJIS es instructiva. Personas inteligentes de una compañía inteligente, plenamente conscientes de las expectativas de los clientes pero que, aun así, tropezaron. En la segunda parte de este libro aclararemos las razones de fondo que hacen que compañías tan exitosas como J&J hagan cosas que nos hacen querer golpearnos la cabeza contra las paredes. Por ahora, tengamos en mente la idea clara que emerge de entre los escombros. Si bien el análisis tradicional dice que los monopolios deben explotar su posición de dominio, la verdad es que son pocas las posiciones monopolísticas que pueden sostenerse. La estrategia realmente es un juego de muchas etapas. En la primera ronda de este juego la vencedora fue Johnson & Johnson, pero en la siguiente jugada derrochó todas sus fichas. El juego todavía está en pie y seguirá estándolo en el futuro. Las compañías que olviden esta lección básica deben rogar para que haya una tregua.

Ahora pasaremos de los dispositivos médicos de alta tecnología a productos de uso cotidiano a base de plástico. En este caso no es una innovación la que cambia el juego sino un juego nuevo el que cambia la innovación.

¿Qué le sucedió a Rubbermaid?

Cuando en el mundo sólo hay recogedores de basura metálicos, aparece uno de plástico. Durante la Gran Depresión se vende por un precio tres veces mayor que el del recogedor tradicional. Con el tiempo, la compañía se convierte en una máquina de desarrollar productos nuevos que lleva al mercado año tras año. El crecimiento se logra mediante la ampliación tanto de la distribución (desde almacenes por departamentos hasta supermercados, tiendas de descuento y tiendas de abarrotes) como de las líneas de productos (a través de la innovación interna y de adquisiciones externas de compañías tales como Little Tikes y Seco Industries). Esta diversificación, acelerada bajo la dirección de Stanley Gault, es el combustible de un crecimiento asombroso durante los años 80. Las ventas crecen más de tres veces y pasan de 350 millones de dólares en 1981 a 1 450 millones de dólares en 1989. Esta historia de innovación ilimitada convirtió a una compañía modesta del oeste medio de los Estados Unidos en uno de los nombres más conocidos de ese país: Rubbermaid.

La marca Rubbermaid junto con su capacidad medular —la innovación de productos— fueron la raíz del éxito de la compañía. Con la innovación y la velocidad para llegar al mercado, Rubbermaid adquirió un monopolio en muchas categorías de productos, con lo cual pudo afianzarse con ellos antes de que los competidores pudieran tan siquiera copiar sus diseños. A finales de 1980, Rubbermaid producía más de 365 productos al año, sentando un precedente con un proceso de desarrollo perfectamente sincronizado que le permitía llevar nuevas ideas al mercado con mucha rapidez. El núcleo del proceso —contacto intenso con los consumidores, pruebas reducidas de mercado y equipos interfuncionales de trabajo— creó una combinación demoledora de velocidad e innovación.

Los equipos interfuncionales integrados por marketing, producción, investigación y desarrollo, y finanzas adquirieron pericia y velocidad al especializarse en una línea específica de productos. Desarrollaron ideas para mejorar los productos mediante la comunicación con los clientes y la observación de cómo los utilizaban en el hogar o en las empresas. Si fabricaban productos para cocinas industriales, pasaban semanas enteras en McDonald's aprendiendo cuáles productos se necesitaban y cómo se utilizaban. Como resultado de esta cercanía de los equipos de investigación y desarrollo con los productos y los consumidores, Rubbermaid pensaba que era mínima la cantidad de pruebas de mercado que necesitaba antes de lanzar un producto nuevo. Eso significaba que podía reducir drásticamente el tiempo de llegada al mercado, además de la probabilidad de que los competidores sacaran rápidamente sus imitaciones. En efecto, la atención en la velocidad y la innovación le proporcionó a Rubbermaid prácticamente un monopolio en muchas categorías de productos, y reforzó sus márgenes y su poder frente a los comerciantes.

De la innovación y la velocidad a la logística y el costo

Pero las expectativas de los consumidores crecían a medida que la tendencia de "comprar hasta caer vencidos" que prevaleció en los años 80 dio paso a la tendencia de obtener "más por menos" de los años 90. Las personas buscaban "buen valor" y los comerciantes respondían con estrategias como las de "precios bajos todos los días". Rubbermaid —ahora dirigida por Wolfgang Schmitt, después de la jubilación de Gault, leyenda de la compañía, a los 65 años— continuaba haciendo lo que mejor sabía hacer y hasta llegó a merecer, en 1993, el tan codiciado premio de "La compañía más admirada de los Estados Unidos" otorgado por la revista *Fortune*, en parte gracias a su magnífica reputación en el campo de la innovación. Pero ya no era suficiente saber innovar productos.

Con los años 90 vino un cambio de poder, el cual pasó de los fabricantes a los comerciantes cuando se afianzó la consolidación. Los minoristas poderosos como Wal-Mart —el cual representaba el 14% de las ventas totales de Rubbermaid— exigían y obtenían menores precios, mejores niveles de servicio y entregas justo a tiempo. Al mismo tiempo, los competidores de Rubbermaid, con sus precios bajos, avanzaban a grandes pasos en materia de calidad y copiaban con mayor rapidez los productos nuevos e innovadores, constituyendo una verdadera alternativa para los minoristas.

El colapso

¿Cómo hace una compañía para pasar de ser la "más admirada" en la encuesta anual de la revista *Fortune* a ocupar el puesto número cien apenas tres años más tarde? La respuesta, en el caso de Rubbermaid, estuvo en un líder desensibilizado que no supo reconocer las señales apremiantes de cambio de la industria, y en una organización tan aferrada al pasado que se había vuelto lenta, apática y estancada. La trama es clara. Durante años, la organización estuvo imbuida por una razón de ser en todos los niveles, cual era la de satisfacer las necesidades de los clientes con productos nuevos y diseños mejorados. Con esta devoción clara por la innovación, Rubbermaid vivió durante decenios en un mundo privilegiado de precios altos, competencia ineficaz y clientes maleables. Súbitamente (aunque en realidad fue un cambio que se forjó a lo largo de un decenio) su estrategia se derrumbó cuando los nuevos clientes poseedores del poder —los comerciantes minoristas— comenzaron a exigir mejores precios y servicios, los cuales los competidores vigorosos estaban más que dispuestos a proporcionarles. Aquello que había representado el éxito de la compañía ya no tenía el mismo valor; las reglas del juego cambiaron y se exigieron capacidades en áreas en las cuales la compañía no era muy competente. He ahí la razón por la cual todo se vino abajo: precios altos combinados con el descuido de las funciones de producción y distribución.

Precios altos. Los costos de producción de Rubbermaid eran los más altos dentro de la industria. El líder de la industria siempre había trasladado los aumentos de precio a los comerciantes minoristas. Pero, con el tiempo, la confiabilidad y los precios bajos adquirieron mayor valor para los minoristas que la innovación.

Infortunadamente, Rubbermaid demoró en reaccionar a este cambio del mercado. Wal-Mart y otras grandes tiendas de descuento deseaban precios más bajos al por mayor, pero cuando los precios de la resina subieron en 1995, la compañía los trasladó a sus clientes mes tras mes. Las grandes tiendas de descuento se desquitaron, le concedieron a los competidores de Rubbermaid un mejor espacio en las estanterías y agregaron una advertencia: "Van a matar su negocio si no hacen algo con respecto a sus precios". Ante la falta de talento para recortar los costos internamente, Rubbermaid buscó la manera de descargar su responsabilidad en otro lado. Indujo a sus proveedores a recortar sus precios, ahuyentando así a algunos de los mejores, que producían a bajo costo. El presidente Schmitt, convencido de que Rubbermaid todavía tenía poder de negociación, presionó a los gerentes y les dijo: "Cerciórense de que los clientes comprendan la necesidad de esos aumentos de precio. Siempre hemos podido aumentarlos".

Mientras Rubbermaid enfrentaba las luchas internas, los competidores mejoraban sus procesos de producción y mantenían los precios bajos. Los intentos infructuosos por obligar a los clientes a aceptar precios más altos fueron carcomiendo los márgenes de Rubbermaid. Los comerciantes, como era de esperarse, abrieron los ojos ante la calidad de los productos de los competidores y ampliaron el espacio asignado en las estanterías a esas compañías. Ante la poca diferenciación en cuanto a calidad y características de los productos, el precio se convirtió en la base de la competencia, y eso era algo para lo cual no estaba preparada Rubbermaid. Habían quedado atrás los días en que se vendía "una cesta para la ropa hasta por 7 dólares aunque hubiera otra igualmente buena por la mitad del precio".

El descuido de las funciones de producción y distribución. Después de años de proliferación de productos, los sistemas de producción y distribución de Rubbermaid se convirtieron en un embrollo de complejidad e ineficiencia. El espacio en las bodegas "era un caos, con muchos pasos en la manipulación de los productos y las estibas". No había ahorro de costos entre las unidades de negocios y hasta las funciones de compras y nómina eran descentralizadas; los sistemas de información eran diferentes en todas las divisiones.

La misma ineptitud reinaba en las funciones de despacho y entrega de los pedidos. Las entregas que se hacían bien la primera vez representaban sólo entre el 75 y el 80%, con lo cual se perturbaban los sistemas de manejo de inventario justo a tiempo de los clientes. La compañía pagó un precio elevado por esa ineficiencia. Por ejemplo, Wal-Mart, frustrada a causa de las demoras y los pedidos incompletos, eliminó de sus estanterías los juguetes Little Tike's de Rubbermaid para abrirles espacio a los de Fisher Price. Un ejecutivo de otro cliente minorista importante dijo: "Su sistema de entrega es pésimo. No cumplen, despachan mal los pedidos y sus productos cuestan demasiado. Muestran una nueva línea de productos pero acto seguido dicen que sólo pueden despachar una tercera parte de la cantidad que uno necesita". Para apaciguar a los minoristas, con el tiempo los vendedores de Rubbermaid ofrecieron descuentos enormes, con lo cual recortaron todavía más los márgenes.

El final del camino no estaba lejos para Rubbermaid. Como suele suceder cuando se implantan programas acelerados para compensar años de pasividad, los problemas se multiplican. En Rubbermaid, la mano dura de Schmitt, unida a la presión intensa para enderezar el rumbo, provocaron un éxodo en masa de gerentes en casi todos los negocios de la compañía hacia finales de los años 90. En 1998, la que fuera la "número 1" estaba tan debilitada que Newell Corp., experta en adquirir empresas que necesitan un viraje, adquirió a Rubbermaid.

Éste es el "panegírico" de alguien de adentro:

Éramos verdaderamente rígidos. Cuando los minoristas solicitaban un color diferente, nuestra respuesta era: "No, sólo lo hay en azul o en blanco". Mientras en el pasado los minoristas se conformaban por tratarse de Rubbermaid, los minoristas de hoy reclaman diciendo: "No, lo queremos en amarillo fuerte" y dan media vuelta para hacer el negocio con un competidor. Y cuando un cliente como Wal-Mart o Target le compra a un competidor, ese competidor no tarda en crecer con mucha rapidez. Quizás les despejamos el camino a cinco o seis competidores por nuestra inflexibilidad con los clientes.

Una de las cosas más sorprendentes que descubrimos a través de nuestra investigación fue la frecuencia con la cual tropiezan las grandes compañías. En efecto, encontramos muchas compañías, como Value America y General Magic, que tuvieron su cuarto de hora para luego prácticamente desaparecer, pero una gran mayoría de los negocios que se manejaron mal eran (y algunos siguen siendo) compañías sólidas. Si J&J no logra resolver el asunto de la innovación en los dispositivos médicos y Rubbermaid es incapaz de reaccionar ante cambios fundamentales como la manera de operar de sus clientes y los productos que exigen, todos tenemos razones para preocuparnos. La historia que viene a continuación es igualmente preocupante. Motorola, pese a su historia de innovación, pierde en un negocio que ella misma prácticamente inventó.

Motorola y el negocio de la telefonía celular

La historia comienza en 1928 cuando los hermanos Paul y Joseph Galvin fundaron a Galvin Manufacturing Corporation. Dos años después, la compañía lanzó el primer radio práctico y adquirible para vehículos, con la marca Motorola, palabra compuesta por los vocablos motor y victrola. A partir de ahí, Motorola desarrolló una serie de innovaciones, desde el primer radio portátil de dos vías para el ejército de los Estados Unidos (el *walkie-talkie* de la Segunda Guerra Mundial) hasta el primer televisor que se vendiera por menos de 200 dólares (en 1948). En los años 50, Motorola se vinculó al programa espacial y suministró equipos para casi todas las misiones. La compañía lanzó el primer buscapersonas, el cual fue un éxito inmediato en los hospitales. Ya a finales de los años 70, Motorola había desarrollado los microprocesadores (convirtiéndose en el principal proveedor de Apple) y estaba afianzando su reputación de líder mundial en tecnología. Entonces llegaron los teléfonos móviles.

El samurai americano: el predominio en la telefonía celular

La telefonía celular se desarrolló en Bell Labs en los años 70, pero el negocio despegó realmente cuando compañías como Motorola comenzaron a forjar su propia capacidad de producción. Motorola, por medio de adquisiciones de compañías pequeñas de comunicaciones y basada en su propia experiencia, inició la operación comercial de su primer sistema celular, el Dyna-TAC, en 1983. Los primeros teléfonos móviles eran aparatos análogos costosos y voluminosos, atractivos para las personas de negocios y los profesionales cuya actividad dependía de la posibilidad de hacer y recibir llamadas cuando no estaban cerca de un teléfono. Partiendo de ese mercado, Motorola pasó a dominar el negocio de los teléfonos móviles.

Internamente, la compañía era un mecanismo de precisión. Motorola adoptó el concepto de gestión de calidad total (TQM en inglés) en un momento en que la producción en los Estados Unidos declinaba en relación con la del Japón, y el énfasis puesto en la noción de facultar a los empleados le merecía la admiración tanto de los analistas como de sus competidores. Estos esfuerzos culminaron en 1988, cuando la compañía recibió el primer Premio Malcolm Baldrige a la Calidad, otorgado por el Congreso de los Estados Unidos para premiar y fomentar la búsqueda de la calidad en las empresas estadounidenses. Para 1990, los ingresos de Motorola sobrepasaban los 10 mil millones de dólares, y la compañía controlaba el 45% del mercado mundial de teléfonos móviles y el 85% del mercado mundial de buscapersonas. A medida que crecía el mercado global de la telefonía celular, Motorola continuaba trabajando vigorosamente en el negocio. Según las palabras de Robert Galvin, su antiguo presidente, eran "líderes imparables en la tecnología análoga en el mundo entero". Entre 1992 y 1995 Motorola demostró que hasta las compañías enormes, si eran bien administradas, podían lograr un crecimiento impresionante, puesto que sus ingresos por ventas aumentaron un promedio del 27%, hasta llegar a los 27 mil millones de dólares en 1995, mientras que sus ingresos netos crecieron al ritmo del 58% anual durante el mismo período, hasta un nivel de 1 800 millones de dólares.

El cambio: aparece la telefonía móvil digital

En 1994, cuando Motorola aducía tener el 60% del mercado estadounidense de telefonía celular, los operadores de la telefonía inalámbrica comenzaron a interesarse por una alternativa tecnológica. Esa nueva tecnología era la telefonía móvil digital, la cual estaría disponible en primera instancia a través del sistema personal de comunicaciones, o PCS. La tecnología análoga transmitía a través de las ondas sonoras. Por consiguiente, las señales estaban sujetas a interferencias, las llamadas se caían con frecuencia y era fácil interceptar las conversaciones. Por su parte, el sistema PCS traducía las llamadas a señales digitales con lo cual podía excluirse la interferencia y al mismo tiempo cifrar los códigos de seguridad. La única ventaja de la tecnología análoga —el mayor cubrimiento alcanzado gracias al tiempo que llevaba en el mercado— duraría poco.

El poderoso factor económico de la tecnología digital sirvió para sostener la primera población verdaderamente masiva de abonados. Por regla general, las redes digitales podían manejar cerca de diez veces el número de abonados de las redes análogas por cada porción del espectro de radio, debido a las características de la tecnología digital que la hacían fácil de manipular (y de "comprimir"). En esencia, los costos fijos podían distribuirse entre una base más amplia de usuarios. Fue este atributo de la telefonía celular el que la hizo tan atrayente para los proveedores del servicio, puesto que podrían recortar los costos y crear oportunidades para ampliar enormemente el número de usuarios al reducir los precios, generando de todas maneras unas utilidades razonables.

Para los proveedores de equipos como Motorola, estos cambios implicaban manejar un nuevo perfil de consumidores con los cuales tenía poca experiencia. A diferencia de los clientes del mercado análogo, como eran las personas de negocios, los consumidores de la tecnología digital serían sensibles a los precios y más exigentes en el aspecto estético que en el funcional. Era una amenaza directa contra la tecnología análoga.

La reacción: "Cuarenta y tres millones de clientes del mercado análogo no pueden estar equivocados"

Puesto que Motorola era el líder en el negocio de los teléfonos móviles y el principal actor estadounidense (Nokia era una compañía finlandesa y Ericsson era sueca), lo natural era que los operadores de servicios inalámbricos volvieran sus ojos sobre Motorola al pasar a la tecnología digital. Esto dijo una de las principales operadoras de servicios inalámbricos, cliente de Motorola:

> Les insistimos una y otra vez en que necesitábamos teléfonos digitales. Lanzaron el Star-TAC análogo. Se burlaban de nosotros. El personal de ventas lo sabía. Todo el mundo lo sabía. Acudimos a Shaumburg [la sede principal de Motorola en Illinois] en 1993, en 1994, pero no hicieron nada. Nos dijeron que no sabíamos de qué estábamos hablando. Incluso en 1996, después de que dejaron pasar la primera oleada de teléfonos digitales, les dijimos que necesitábamos un teléfono de doble banda y doble modalidad puesto que sería lo único que venderíamos. Las conversaciones no eran amables. Pero Motorola no hizo nada. Entonces hicimos nuestro lanzamiento con Ericsson y después con Nokia.

Sin un teléfono digital para ofrecer a los operadores, Motorola se dedicó con ahínco a fomentar sus teléfonos análogos, generando por ello gran resentimiento entre algunos de sus clientes. En un caso, Motorola hasta quiso promover sus teléfonos análogos y ofreció incentivos a los vendedores de AT&T Wireless que trabajaban en los establecimientos comerciales de AT&T. Así lo recuerda un antiguo ejecutivo de McCaw Cellular (AT&T Wireless): "Motorola tuvo esta idea descabellada de ofrecer incentivos a nuestros propios vendedores para promover los teléfonos análogos. Eran atrevidos y descarados y hubo un caso en el cual fue necesario arrojarlos físicamente de nuestro establecimiento".

Claro está que no sólo eran los clientes los que le pedían a Motorola el teléfono digital; los competidores hacían lo mismo, aunque de otra manera. Sucede que si bien Motorola tardó años en lanzar el teléfono digital, poseía varias patentes sobre dicha tecnología, la cual había entregado bajo licencia a competidores como Nokia y Ericsson. Las regalías que recibía por ese concepto eran evidencia clara de la popularidad de la tecnología digital y representaban una señal de alerta temprana acerca del rumbo que tomaba el mercado. No obstante, pese a esa información incontrovertible sobre las tendencias del mercado y las necesidades de los clientes, Motorola optó por confiar en sus modelos internos, los cuales pronosticaban que los operadores estarían mejor con los teléfonos análogos que con los digitales.

Por tanto, Motorola tenía la capacidad para fabricar teléfonos digitales e información de sobra para reconocer que el mercado exigía la tecnología digital. Habría podido competir desde un comienzo, si no vencer en la batalla de la telefonía móvil digital, pero optó por no hacerlo. En este caso estamos frente a frente con el comportamiento "irracional" de la organización.

Sucede que las personas y las organizaciones a veces conspiran para producir comportamientos "irracionales", de la misma manera que lo hacen para producir comportamientos "geniales". En Motorola, los gerentes de la división de telefonía celular —cuya autonomía era enorme a causa de la estructura descentralizada de la compañía y porque tenían la responsabilidad por la franquicia de "cuarenta y tres millones" de la tecnología análoga— pensaban que lo que los clientes deseaban realmente eran teléfonos análogos de mejor diseño y capacidad. "No olvidemos que los teléfonos de la Segunda Guerra Mundial se cargaban en la espalda. Así sería un teléfono digital. No puede fabricarse pequeño". Motorola prefirió centrar su atención en el Star-TAC, un diseño del tamaño de una cajetilla de cigarrillos, pero que de todas maneras seguía siendo análogo. Esos teléfonos "pequeños y bonitos" eran una maravilla tecnológica, pero no eran digitales. Robert Galvin lo expresó de la siguiente manera: "Cuando éste o aquél piensa que somos tan increíblemente brillantes como para tener la respuesta... eso es arrogancia".

La organización se da de narices

Algunos de los líderes del negocio en ese momento prestaban demasiada atención a las utilidades de corto plazo y no invertían lo suficiente en el futuro.

—Gary Tooker, ex director ejecutivo de Motorola,
entrevistado el 5 de julio de 2001

Es probable que Tooker tenga razón, pero ésa no es toda la historia. Durante años, la compañía mantuvo un sistema de gerencia altamente descentralizado en el cual se delegaban muchas responsabilidades a los negocios operativos. Si bien con esa clase de autonomía generalmente se obtienen dedicación y atención a los detalles, en Motorola se creó además un ambiente de "tribus en guerra", el cual se intensificó a causa de unos incentivos que giraban fuertemente en torno a las divisiones. Esto se manifestó en dos situaciones disfuncionales. En primer lugar, la mentalidad de "tribus en guerra" deterioró la coordinación entre las divisiones, de manera que Motorola perdió tiempo considerable cuando decidió desarrollar internamente los circuitos necesarios para su teléfono digital, en lugar de adquirirlos externamente.

En segundo lugar, al igual que muchas organizaciones descentralizadas, Motorola se apoyó en incentivos dirigidos a las divisiones a fin de motivar a los gerentes de división. Pero cada división debía cubrir además sus propios costos de inversión. El efecto neto bien pudo ser que, como lo afirma Robert Galvin, "los costos asociados con el paso de la tecnología análoga a la digital influyeran en la manera de pensar de los encargados de tomar las decisiones [en la división de teléfonos móviles]". El sistema de remuneración de Motorola eliminó, en el corto plazo, el incentivo para asumir los costos de la transición a la telefonía celular.

En últimas, la historia de Motorola nos devuelve al tema del liderazgo. Cuando una organización, pese a ser perfectamente capaz de enfrentar el cambio y satisfacer unas necesidades claras y persistentes de los clientes, se obstina en no hacerlo, es porque se ha resquebrajado el sistema de liderazgo. Y este resquebrajamiento no se refiere únicamente a los responsables inmediatos por la decisión de desoír las exigencias de los clientes que solicitan los teléfonos digitales sino que llega hasta la cima de la organización donde se asienta la responsabilidad por la estrategia, la estructura y la cultura. Robert Galvin lo reconoce hasta cierto punto: "Nos adormecimos en medio de una situación en la cual la tecnología digital se nos venía encima a gran velocidad. Sencillamente tomamos una mala decisión". Sin embargo, en el sistema de Motorola habían prevalecido y se habían propagado durante años la insularidad cultural y la falta de vigilancia sobre las divisiones.

En el negocio acelerado de los teléfonos móviles, para cuando Motorola finalmente lanzó su propio aparato digital en 1997, la competencia ya estaba muy lejos. El golpe contra la participación en el mercado fue muy duro. La participación de Motorola en los Estados Unidos llegó a su nivel máximo del 60% en 1994 y cayó al 34% en 1998, mientras que la de Nokia pasó del 11 al 34% durante el mismo período. En junio de 1998, Motorola anunció el despido de 20 000 personas en un intento por recortar los costos en vista del descenso de su rentabilidad. Fue el comienzo de una serie de despidos, reestructuraciones y cambios de estrategia que azotaron a la compañía durante años. Motorola deberá recuperarse en algún momento porque el talento, la tecnología y el tiempo sanan muchas heridas, pero el precio por esta lección en materia de innovación y cambio será de cientos y cientos de millones de dólares. Esperemos que la lección dé en el blanco, para bien de esta compañía y de los lectores también.

La muerte de la innovación y el cambio: la inflexibilidad de la organización en acción

Tres historias sobre innovación y cambio. Tres fracasos. ¿Por qué les es tan difícil a las compañías responder, y menos aún prever, los cambios del entorno competitivo? Estas tres compañías vivían en un mundo en el cual las necesidades de los clientes cambiaban drásticamente y, no obstante, se negaron a responder o fueron incapaces de hacerlo. ¿Acaso se trata de una lección tan simple como la de la necesidad de mantenerse cerca de los clientes? Estas tres compañías subestimaron la capacidad de los competidores al creer que éstos no podrían salir al mercado con productos de talla mundial que los clientes pudieran preferir por encima de los suyos. ¿Acaso se trata de una lección tan clara como la de prestar mucha atención a la competencia? Las tres compañías permitieron que se les escapara la tecnología. ¿Acaso se trata de una lección tan evidente como la de no perder de vista los desarrollos tecnológicos del mercado?

La respuesta a todas estas preguntas es negativa. No cabe duda de que las lecciones sobre los clientes, los competidores y la tecnología son importantes, pero si nos quedamos ahí corremos el riesgo de centrarnos en los síntomas —por muy críticos que sean— sin llegar a las causas subyacentes del deterioro de la innovación y el cambio, las cuales no se pueden separar de otras equivocaciones de los ejecutivos que hemos visto durante nuestra investigación. En este capítulo centramos nuestra atención en las inflexibilidades de la organización que están detrás de los errores que hemos visto cometer a Johnson & Johnson, Rubbermaid, Motorola y a otras compañías al enfrentar las condiciones cambiantes de la competencia.

Las organizaciones de cada una de las tres compañías cuyos perfiles hemos presentado fueron incapaces de responder eficazmente a un desafío externo. En Motorola, la rigidez estaba en la estructura descentralizada de la organización y el sistema de remuneración; en J&J fue la obstinación por proteger la patente y la lógica del monopolio; en Rubbermaid la organización sencillamente estaba diseñada para hacer una cosa muy, muy bien, y no pudo adaptarse a una nueva realidad. En el corazón de esa rigidez hay varios atributos de la organización que son fundamentales para la manera de operar de las compañías y a la vez podrían llegar a ser la fuente de disfunciones severas.

¡La historia cuenta!

Para comprender realmente a una compañía, es preciso comprender su historia. Una de las fallas más comunes de nuestra manera de ver las organizaciones —bien sea desde el punto de vista de los analistas, los consultores, los inversionistas o los gerentes— está en no prestar atención al pasado cuando se busca encontrarle sentido al presente. ¿Por qué Motorola dejó pasar la tecnología digital? Uno de los dilemas internos más grandes fue la decisión sobre el tipo de sistema digital al cual debía respaldar. Estaban el CDMA, el TDMA y el GSM, los cuales constituían normas completamente diferentes y no se sabía cuál triunfaría en el mercado de los Estados Unidos, de manera que Motorola decidió esperar. Años antes, la compañía había respaldado a Apple, un sistema que no era la norma en el negocio de los computadores personales (Motorola fabricaba los circuitos integrados) y es probable que le preocupara cometer el mismo error nuevamente. Por consiguiente, la compañía esperó, hasta que Nokia y Ericsson la empujaron contra las cuerdas incluso en el mercado de los Estados Unidos.

La cultura también es un componente primordial de la historia, y Motorola se ha distinguido por ser una compañía movida por la ingeniería. Quienes conocen bien a la compañía comparan su mentalidad con un "generador interno de ideas"; la atención al mercado y a los clientes es secundaria. La otra característica distintiva de la cultura de Motorola es su insularidad. Un observador bien informado alude a una "mentalidad de fortaleza, aislada de la realidad, endogámica, con una enorme seguridad en sí misma e indiferencia por el mundo exterior". Si este perfil de la cultura es exacto, no es difícil imaginar que la alta gerencia se resistió a las estrategias que los clientes exigían, ni tampoco la arrogancia de su actitud frente al manejo de los clientes.

Podría pensarse que las organizaciones aprenden con el tiempo, y así sucede con algunas. Pero con otras, como Motorola, la cultura es tan fuerte que la manera de operar de los sistemas y el comportamiento de las personas están tan fuertemente arraigados que persiste de decenio en decenio. Trátese de la historia de líder desplazado por otros seguidores más conocedores del mercado (radios para vehículos, televisores y ... teléfonos móviles) o de la tendencia de poner la tecnología por encima de los clientes, los resultados para Motorola pueden ser contundentes. Gary Tooker, uno de sus ex directores ejecutivos se lamentó: "Cada vez que tenemos un tropiezo de grandes proporciones, es porque ha sido tan grande el éxito con una generación de la tecnología que no nos apresuramos como es debido a reemplazarnos a nosotros mismos con la siguiente".

Una cultura tan fuerte y exitosa como la de Motorola opone resistencia a nuevas maneras de pensar. En el fondo, ése es precisamente el desafío de la innovación, trátese de la creación de nuevos teléfonos móviles, nuevos stents o nuevas maneras de tratar con los clientes poderosos. Todas las organizaciones tienen una base instalada de ideas que define la mentalidad de la gerencia, la cual es muy difícil de vencer. A eso se debió la dificultad que tuvieron los altos gerentes de Motorola para apartarse de su mentalidad insular en la cual la tecnología prevalecía sobre los clientes. En ambos casos, lo que se perdió fue ese "espíritu sano de inconformidad" que contribuyó a definir la capacidad innovadora de Motorola durante años. Lo que parece ser un comportamiento "irracional" suele ser en realidad un comportamiento excesivamente racional, cuando se consideran al mismo tiempo la dinámica de la organización y las personas que la integran.

El deleite de la inercia

Los altos ejecutivos desarrollan manuales para orientar la actuación de la gerencia y, en ocasiones, se aferran obstinadamente a ellos, por mucho que cambie el mundo a su alrededor. En lugar de reaccionar ante sus errores y dificultades, en lugar de disponerse a aprender de los problemas de sus competidores, continúan impertérritos en busca de la certeza, la estabilidad y la conformidad.

La historiadora Barbara Tuchman, autora de *The March of Folly*, acuñó el término perfecto para describir los ejecutivos de las compañías presentadas en este capítulo: *cabezas de palo*, en referencia a la práctica de depender de "nociones preconcebidas inamovibles al tiempo que se rechazan las señales contrarias o se hace caso omiso de ellas". Al ver la manera como Tuchman describe ejemplos de *cabezas de palo*, como los franceses que, en 1914, se negaron a modificar los preparativos para invadir a Alemania a través del Rin a pesar de la evidencia de que el plan los dejaba muy vulnerables ante la marcha inminente de los alemanes a través de Bélgica y de las provincias costeras mal protegidas de Francia, nos preguntamos la razón por la cual las compañías que han sido innovadoras por tradición se niegan a introducir productos de segunda generación pese a las súplicas de los clientes para que lo hagan.

La inercia se apodera de toda clase de organizaciones y cierra el paso a las oportunidades para adaptarse y cambiar de acuerdo con las nuevas exigencias. Si, en ocasiones, usted tiene la impresión de que su compañía parece atascada en el fango, piense que no es la única. Tomemos algunos ejemplos de la administración de los buques de la Armada de los Estados Unidos: hay un abrelatas en la cocina y, cuando se daña, los cocineros utilizan cuchillos para abrir las latas; el personal especializado en electrónica de aviación se dedica a contar el número de marineros que prefieren costillas de cerdo en lugar de hamburguesas a fin de decidir el tamaño de los pedidos; los marineros especializados en impresión offset deben estudiar libros con información obsoleta a fin de conseguir un ascenso (y en la Armada ni siquiera se sigue utilizando la impresión offset); no hay incentivos para la eficiencia y pareciera que la mano de obra fuera gratuita. Las fechas de ejecución de los planes para recortar el personal y utilizar el recurso humano con mayor eficacia son de hasta veinte años. Hasta las actividades más prosaicas pueden sumergirse en la inercia.

Lo corporativo mata

¿Dónde se crea el valor en la organización? De hacerse esa pregunta a cien gerentes de unidades de negocios, se obtendría la misma respuesta cien veces: en la unidad de negocios donde se genera la competencia para salir al mercado. Es allí donde se gana o se pierde en el negocio de los stents o de los teléfonos móviles. ¿Pero qué sucede a nivel corporativo, esa parte de la compañía donde están el director ejecutivo, el presidente financiero y la mayoría de los altos ejecutivos? En las compañías que poseen más de una unidad de negocios (la mayoría de las compañías grandes califican), lo corporativo es el responsable de actividades tales como establecer los principios medulares que gobiernan la conducta de la compañía y de sus gerentes y empleados; contratar y despedir a los gerentes de las unidades; revisar el trabajo de los gerentes de las unidades; aprobar los presupuestos y las estrategias; y asignar los recursos, entre otras. En ninguna parte de esta lista consta que los ejecutivos deban establecer incentivos peligrosos, abrogar la responsabilidad por la vigilancia u obstaculizar el trabajo "micro" de los gerentes de las unidades. No obstante, ésas son precisamente las trampas a partir de las cuales se genera las falta de flexibilidad en la organización.

La ironía es que el nivel corporativo puede matar si se inmiscuye demasiado o si permanece excesivamente distante. Pensemos en las estructuras descentralizadas, las cuales confieren autonomía y claridad a las unidades de negocios y que han sido proclamadas por los gerentes y los pensadores de la gerencia por igual. ¿Por qué tendrían los altos ejecutivos del nivel central que limitar a los gerentes que están compitiendo a nivel del mercado de productos e impedirles tomar las decisiones que consideren acertadas? Es difícil discutir contra esa lógica, salvo para decir que sin control sobre los gerentes de las unidades de negocios no hay organización. En Motorola, el director ejecutivo de la corporación nunca le aplicó las riendas a la división de los teléfonos móviles, de manera que ésta continuó haciendo caso omiso del mercado digital.

Johnson & Johnson ofrece una perspectiva diferente. Nuevamente preguntamos: "¿Por qué J&J no creó una segunda generación de stents?" Quienes conocen las intimidades de JJIS dicen que una de las razones era que esperaban que J&J, a nivel corporativo, se hiciera a la siguiente generación del producto a través de una adquisición. Cuando no fue así y Guidant y otras compañías lanzaron sus productos, la participación en el mercado se desmoronó. J&J nunca imaginó que el mercado de los stents despegara como lo hizo y, por esa razón, los ejecutivos corporativos no estaban preparados para hacer las inversiones adicionales necesarias para mantener la preeminencia de la franquicia. Vista de esta manera, la historia de J&J es de un desacierto en la asignación de recursos, y el nivel corporativo, lejos de ser un observador inocente, contribuyó activamente al descalabro.

Las cosas no tienen que ser así. Por ejemplo, a pesar de las dificultades a las que se ha visto abocada Microsoft a causa de las normas antimonopolio y de la necesidad de mantener el ritmo de crecimiento para una compañía que depende en tan alto grado del software basado en Windows en esta era de la Internet, la compañía ha impulsado la innovación de la siguiente generación. Si J&J tenía prácticamente un monopolio en el negocio de los stents, Microsoft ha sido igualmente poderosa en los sistemas operativos de los PC. Sin embargo, bajo la dirección del director ejecutivo Steve Ballmer, Microsoft está buscando decididamente una posición de liderazgo en un campo que ha denominado "la siguiente generación de servicios de Windows". No podría ser mayor el contraste con J&J.

Fue sorprendente la frecuencia con la cual el nivel corporativo se atravesó en el camino de la innovación y del cambio en las compañías estudiadas. ¿Cómo hubiera podido Rubbermaid avanzar hacia lo que Wal-Mart y otros clientes pedían cuando el director ejecutivo presionaba a los altos gerentes para que trasladaran a los clientes los aumentos de precios? Y la presión del nivel corporativo en Enron era tan intensa para que "se cumplieran las metas de las cifras" que, según un antiguo gerente, "la gente presentaba las cifras [de utilidades] ya fuera que se hubieran cumplido o no". Es asombroso que Ken Lay aparentemente aceptara los informes inflados sin cuestionarlos.

Lo cual nos devuelve al caso de Motorola. ¿Dónde estaban los más altos ejecutivos de Motorola en los años de la conversión digital? Entrevistamos a tres de los directores ejecutivos de la compañía y, si bien reconocieron una cierta responsabilidad personal por el desastre de los teléfonos móviles, hablaron mucho más acerca de la arrogancia y los incentivos. Sin embargo, ¿de quién es la responsabilidad de diseñar el plan de incentivos para los altos gerentes de las divisiones? La historia que no se ha revelado sobre Motorola bien podría ser la manera como la gerencia corporativa defraudó a la compañía.

Se derrumba la segunda teoría

En el capítulo 1 ofrecimos una teoría sobre el cambio al afirmar que en muchas de las compañías estudiadas los encargados de tomar las decisiones clave sabían que su mundo estaba cambiando y, no obstante, optaron por no reaccionar oportunamente o, en ocasiones, ni siquiera hacer algo. Éste fue uno de los descubrimientos más notables de nuestra investigación, y uno de los más graves. Uno tras otro, los ejecutivos optaron por no tomar el toro por los cuernos al verse frente a un desafío formidable.

Volvamos a Rubbermaid. Si bien pocos líderes querrían verse al frente de una organización incapaz de manejar las condiciones cambiantes debido a que sus competencias medulares han perdido valor con el tiempo, eso fue exactamente lo que le sucedió a Rubbermaid. Se puso en una situación de vulnerabilidad frente a los clientes y los competidores durante años, sin lograr mucho con respecto a esos desafíos. Pero el error en Rubbermaid no estuvo sólo en la incapacidad de la compañía para responder sino en que no quiso adaptarse al nuevo entorno. Fue como si el tiempo se hubiera detenido para Rubbermaid, como si no hubieran ocurrido los cambios de los años 90 y como si la compañía hubiera seguido viviendo en el cuasimonopolio que había disfrutado una década antes.

La innovación no es "algo" que sucede porque sí. Es la consecuencia natural de una cultura de mentalidad abierta, y para un director ejecutivo que no ocupe un lugar principal en ese juego, el desafío de la innovación será mucho más difícil. La cultura innovadora se genera, por una parte, a partir del "ejemplo", para asegurarse de que haya claridad sobre la importancia de la innovación y, por la otra, de la acción concreta, manifestada de muchas maneras diferentes. Tal como lo expresara Andrall Pearson, director ejecutivo de Pepsi, "las compañías innovadoras son dirigidas por líderes innovadores".

Ya es malo de por sí cuando las organizaciones no pueden adaptarse a las circunstancias cambiantes. Pero cuando esta incapacidad se combina con la falta de voluntad de los altos ejecutivos para confrontar el cambio, el liderazgo se disuelve literalmente. Consideremos el caso de Schwinn Bicycle Company. Los lectores de cierta generación seguramente tendrán los recuerdos más queridos sobre esta compañía. Las bicicletas Schwinn eran las mejores y el nombre de marca no sólo era el más importante en la industria de las bicicletas sino un nombre destacado en los Estados Unidos. Su posición de liderazgo en el mercado influía sobre su manera de hacer negocios, tal como lo expresara un competidor de vieja data, Tony Huffman, de Huffy Bicycle Company: "Schwinn era la única marca que se distribuía a nivel nacional. Los Schwinn montaban su propia corte en las exhibiciones, donde se veían rodeados por todos los pequeños fabricantes. Lo mismo sucedía con sus esposas, quienes casi reunían su propia corte alrededor de la piscina".

Esta situación idílica se vio teñida por tres sucesos relacionados a los cuales no pudo adaptarse Scwhinn. En primer lugar se popularizaron las bicicletas de montaña y otros modelos bajo la mirada pasiva de Schwinn. En segundo lugar, los distribuidores que les habían sido fieles comenzaron a abrir sus puertas a otras compañías a medida que los modelos de Schwinn se fueron quedando rezagados. Y en tercer lugar, en un intento por recortar sus costos, Schwinn se llevó una proporción cada vez mayor de su producción al exterior, creando de paso unos competidores fuertes en

China. Los ejecutivos de Schwinn sabían todo eso (habían sido los artífices de cada una de esas jugadas y omisiones) y, no obstante, no pudieron reaccionar. El director ejecutivo, Ed Schwinn, se negó a oír esos problemas, los ingenieros de la compañía le dijeron a Gary Fisher, empresario productor de las bicicletas de montaña: "Nosotros sabemos de bicicletas. Ustedes son unos aficionados. Sabemos mejor que nadie lo que debe hacerse" y los ejecutivos de marketing declararon: "No tenemos competencia; somos Schwinn"... El fracaso de Schwinn fue premeditado; la compañía se lo causó a sí misma. La raíz de la muerte de las organizaciones por lo general puede rastrearse hasta la misma dinámica subyacente de los líderes, a saber, optar por no adaptarse ante la evidencia apremiante de hacerlo; y esto es algo que tienen en común compañías tales como Motorola, J&J, Rubbermaid, General Magic y muchas otras. En la segunda parte del libro centraremos nuestra atención en la dinámica de base que lleva a los líderes y a los ejecutivos a esta situación, y en lo que puede hacerse para contrarrestarla.

Cosas para recordar acerca de la innovación y del cambio

- Las personas hacen cosas por muchas razones, pero sólo tienen conciencia de unas cuantas. Al destacar la importancia de la historia y la cultura, tomamos distancia para examinar la realidad de lo que existe y que rara vez se discute internamente. Los ejecutivos deben habituarse a reconocer los prejuicios implícitos que vienen, a veces inadvertidamente, con la historia y la cultura de la compañía.
- Es preciso preguntar. No se trata de preguntar por preguntar sino de indagar para llegar a los cambios que pueden ser de importancia para las organizaciones y tener un efecto significativo sobre ellas. Por ejemplo, el surgimiento de la tecnología digital es pertinente no sólo para Motorola sino para compañías de industrias como las de los medios, los computadores, la

fotografía, la educación, los instrumentos médicos, los productos electrónicos de consumo, y muchas otras. ¿Cómo podrían esos cambios "sectoriales" afectar a su negocio?
- Parecería que se ha perdido el arte de manejar eficazmente el riesgo. Al evaluar el riesgo de las iniciativas de los gerentes se pueden generar preguntas cuando todavía hay tiempo de hacer ajustes en tiempo real. Por ejemplo, Dell Computer se pregunta constantemente acerca de lo que podría salir mal y evalúa distintos medios para mitigar las desventajas.
- La caída de Motorola en el negocio de los teléfonos móviles dio nacimiento a la siguiente idea de Robert Galvin: cada ejecutivo debe llevar un "registro previsivo" para anotar sus ideas acerca de cómo está cambiando el mercado y qué está haciendo al respecto. Si bien no todas las ideas serán buenas, el ejercicio de llevar un registro (especialmente si está ligado a la remuneración) puede ser una disciplina importante.
- No hay que olvidar que hasta en las compañías más descentralizadas, la gerencia corporativa desempeña un papel crucial. Una de las decisiones más arriesgadas que una compañía puede tomar es descargar toda la responsabilidad en los gerentes de las divisiones y prescindir de la supervisión. No es necesario cuestionar las ventajas fundamentales de la descentralización como son la autonomía, la claridad y el espíritu emprendedor al defender un cierto grado de supervisión por parte de la casa matriz.
- Este último punto destaca la relevancia del "equilibrio y el control" en todo sistema corporativo. Es necesario cierto grado de control sobre las divisiones independientes, pero una fuerte interferencia de parte del nivel corporativo es contraproducente. El punto más importante en la agenda del nivel más alto de la organización debe ser el de tratar de encontrar la manera de agregar valor a la gestión de las divisiones. La alternativa es perfectamente clara: si el nivel corporativo no puede aportar ventajas tales como pericia especial, un nombre de marca poderoso, ahorros en los costos, desarrollo gerencial y nuevas oportunidades de negocios, ¿entonces para qué existe?

- Cuando la coordinación entre las unidades de negocios representa una ventaja, es necesario reforzar ese beneficio mediante incentivos y metas por equipos. No es de esperar que las tribus en guerra se esfuercen por cooperar cuando predominan los incentivos obsoletos basados en las divisiones.
- Si usted en realidad desea ver florecer la innovación y el cambio en su compañía, debe motivar la conciencia y facilitar la acción al mismo tiempo. Los gerentes prestarán atención cuando vean premiados esos comportamientos por medio de retribuciones y ascensos, y reforzados a través de la cultura de la compañía. Sin embargo, para permitir a los gerentes halar del gatillo es necesario que usted esté dispuesto(a) a permitir un cierto grado de experimentación y los fracasos que ésta implica. Volveremos sobre esta idea más adelante, pero no olvidemos en este punto que, si bien es importante fomentar la responsabilidad por la innovación y el cambio en toda la organización, cada líder debe imponer el tono y dar el ejemplo.

CAPÍTULO 4

Fusiones y adquisiciones

*La búsqueda de la sinergia,
la búsqueda de la integración*

¿Qué es aquello que representa cientos de miles de millones de dólares al año, es práctica corriente en el mundo empresarial en todo el planeta y, no obstante, entre un 50 y un 75% de las veces falla? Si su respuesta fue fusiones y adquisiciones, ganó... o perdió, si ése es su juego. Las estadísticas son las siguientes: en un estudio de Salomon Smith Barney sobre las compañías estadounidenses adquiridas ente 1997 y 1999, el precio de las acciones de los compradores cayó catorce puntos porcentuales por debajo del índice 500 de S&P, y cuatro puntos por debajo del de los pares de su grupo una vez anunciada la adquisición. PricewaterhouseCoopers LLP hizo un estudio de las fusiones y adquisiciones formalizadas entre 1994 y 1997, y determinó que las acciones de los compradores estaban, en promedio, 3,7% por debajo del grupo de pares de la industria un año después de cerrado el negocio. Un estudio de A. T. Kearney acerca de 115 fusiones a mediados de los años 90 reveló que el rendimiento total para los accionistas en comparación con los grupos de pares de la industria fue negativo para el 58% de los negocios examinados. Resumiendo decenas de estudios académicos hasta los años 80 (cuyas conclusiones siguen siendo válidas actualmente), los profesores de finanzas Michael Jensen y Richard Ruback profirieron categóricamente la siguiente sentencia: "En el mejor de los casos, los accionistas de la compañía adquiriente no pierden".

Considerando ese historial tan poco alentador, ¿por qué insisten las compañías en adentrarse por ese camino? Un estudio de KPMG International acerca de setecientos de los negocios más grandes realizados entre 1996 y 1998 arroja algo de luz. Los consultores averiguaron que el 83% de las fusiones y adquisiciones analizadas no fortalecieron el valor para los accionistas, mientras que el 53% en realidad redujeron dicho valor. Sin embargo, la parte más fascinante de este estudio provino de las entrevistas de KPMG con los ejecutivos de 107 de esas compañías. Cuando se les preguntó si consideraban que el negocio había sido un éxito, el 80% respondió afirmativamente, lo cual refleja que menos de la mitad realizó en realidad un análisis posterior a la adquisición. Éste es un ejemplo clásico de la regla de "no preguntar y no decir" o, mejor, de no estudiar a fondo lo que sucedió realmente en caso de que el resultado no sea muy bueno.

El revelador estudio de KPMG es una dura ilustración de la regla clásica de que "nosotros somos diferentes": "El hecho de que la mayoría de las compañías fracasen en el juego de las fusiones y las adquisiciones no significa que nosotros no podamos salir vencedores". Esta regla debe regir, hasta cierto punto, en todas las adquisiciones, puesto que la mayoría de los gerentes conocen bien el esquema general de las estadísticas. ¿Qué objeto tiene embarcarse en el negocio si la compañía no cree que su situación o su talento sea mejor? Un alto gerente de una gran compañía farmacéutica nos dijo lo siguiente: "En los niveles altos se tiene la sensación, basada en el egocentrismo, de que podemos adquirir prácticamente cualquier empresa y mejorarla. Ellos creen que es cosa de llegar y decirles a esas compañías lo que deben hacer".

Claro está que no todos los negocios fracasan. Es obvio que hay muchos casos de fusiones exitosas: la adquisición de Lotus por parte de la IBM y la adquisición de los negocios de distribución y controles de Westinghouse por parte de Eaton, por ejemplo. Las lecciones más importantes están en el contraste entre el fracaso y el éxito. Por ejemplo, en el estudio de A. T. Kearney, el cuartil inferior de las adquisiciones y fusiones presentó un rendimiento negativo del 41% en comparación con los índices de sus respectivas industrias, mientras que el cuartil superior presentó un rendimiento promedio del 25% para los accionistas, en comparación con sus pares. ¿Cómo se explican estas diferencias? ¿Cuáles son los errores que ocurren reiteradamente y de los cuales podemos aprender?

Ahora examinaremos tres compañías que fracasaron en el juego de las adquisiciones y las fusiones. Quaker Oats con su tristemente famosa adquisición de Snapple Beverage Company es un ejemplo perfecto de lo que puede salir mal cuando una compañía grande adquiere una pequeña. La segunda adquisición fue todavía más fallida a juzgar por las pérdidas totales y los castigos, y en ella se aprecia la complicación de negociar con otro país: la adquisición en 1989 de Columbia Pictures por parte de Sony. En tercer lugar, la historia de Saatchi & Saatchi se presenta como ejemplo clásico del engreimiento en acción, el cual plantea interrogantes que resuenan todos los días con relación a las fusiones y adquisiciones, y al liderazgo estratégico.

Cuando Quaker conoció a Snapple: amor a primera vista

Quaker Oats Company, fundada en 1891, era una de las compañías de alimentos más antiguas de los Estados Unidos. Toda persona que comiera avena conocía a Quaker. Toda persona que bebiera Gatorade, conocía a Quaker; bueno, quizás no, aunque fue Quaker, bajo la dirección del director ejecutivo William D. Smithburg, la que encontró un diamante en bruto en la adquisición de Stokely-Van Camp en 1983 y se convirtió en la gran productora de bebidas hidratantes. Es curioso que a Quaker y a Smithburg se les llegara a conocer mejor por otra bebida, aunque no como hubieran querido ni él ni la compañía. La adquisición de Snapple por parte de Quaker en 1994 tocó una fibra sensible. Llegó a la primera página de las noticias empresariales prácticamente desde el comienzo, y se quedó allí hasta que se hizo la venta de Snapple a Triarc Company por 300 millones de dólares, aproximadamente 1 400 millones de dólares por debajo de lo que pagó Quaker. ¿Qué salió mal? ¿Cómo fue que la compañía que logró un golpe maestro con Gatorade pudo caer de bruces en un negocio aparentemente muy parecido? A fin de descubrir las respuestas, recurrimos a los protagonistas: un fundador de Snapple, distribuidores clave, un antiguo director ejecutivo de Triarc, artífice de la recuperación, personas pertenecientes a la compañía, y al propio Smithburg. La historia es como sigue.

El ascenso de Snapple Beverage Corporation

El nuestro fue el primer té listo para consumir que no sabía a ácido de batería.

—Arnold Greenberg, cofundador de Snapple, *Company Histories,* 1993

Snapple, conocida anteriormente como Unadulterated Food Products, Inc., fue creada en 1972 por dos cuñados limpiavidrios (Leonard Marsh y Hyman Golden) y el dueño de una tienda de abarrotes (Arnold Greenberg). En 1986, estos neoyorquinos comenzaron a distribuir jugos de frutas, bebidas carbonatadas y burbujeantes totalmente naturales, y bebidas de frutas a las tiendas naturistas locales, y pusieron énfasis en una imagen de salud a través de su lema: "Hechos con lo mejor de la tierra". Los socios ingresaron al mercado naciente del té helado al año siguiente con un té listo para beber de alta calidad, tipo "nueva era", en la que sería una primera jugada crucial.

Después de una compra apalancada, la compañía, bajo su nuevo nombre de Snapple, emitió acciones en 1993. En su deseo de promover la distribución nacional de la marca, Snapple puso énfasis en el tema de la "persona del común" a través de Wendy Kaufman, una empleada, quien rápidamente se convirtió en el "rostro" de Snapple en televisión con su amable frase: "¡Un saludo de Snapple!" y el buen humor con el cual respondía, al aire, los mensajes de los seguidores. Snapple consiguió el apoyo de personajes excéntricos como Howard Stern y Rush Limbaugh, estrellas de la radio, a fin de crear una imagen individualista que generara una especie de culto entre sus seguidores. La popular compañía era considerada innovadora por ser la pionera en el proceso del empaque en caliente del té, el cual llegaría a ser la norma para esa categoría de producto, y por desarrollar máquinas dispensadoras y neveras con puertas de vidrio para presentar sus exclusivas botellas de boca ancha.

El secreto del éxito de Snapple era su amplia red de envasadores y distribuidores confiables, encargados de preparar, embotellar, almacenar y vender sus productos. Snapple cultivó a sus distribuidores y cosechó los frutos. Tal como nos dijo un distribuidor: "Nos enviaban personal a trabajar con nosotros, a ayudar a vender el producto junto con nuestros vendedores. Invertían mucho tiempo y energía a nivel minorista —de los comerciantes pequeños— porque sabían que allí estaba la raíz de su negocio". La combinación de un producto innovador, un marketing ingenioso y unos distribuidores fieles y eficaces convirtió a Snapple en una verdadera máquina de hacer dinero a principios de los años 90.

Comienzan las dificultades

Dos años después de la compra apalancada, el mercado dio un giro. Como suele suceder, las señales de alerta fueron claras. A finales de 1994, la tasa de crecimiento del mercado del té listo para beber comenzó a declinar, saliéndose por primera vez del rango del 50-100%. Las empresas de riesgo compartido en el ramo del té listo para beber creadas por Coca-Cola (con Nestlé) y PepsiCo (con Lipton) se fortalecían rápidamente en el segmento. Las compañías recién llegadas como Arizona Iced Teas, Nantucket Nectars y Mystic comenzaron a minar la posición de liderazgo de Snapple a través de diversas estrategias de nicho y también mediante innovaciones. Finalmente, el verano y el otoño más fríos de lo esperado en 1994 le generaron a Snapple problemas serios de inventario. El precio de las acciones de la compañía reflejó esas dificultades al descender un 50% en comparación con los niveles elevados del año anterior.

Fue en medio de este atolladero que apareció Quaker. El 6 de diciembre de 1994, Quaker compró a Snapple por 1 700 millones de dólares, precio 28,6 veces superior a las utilidades y que representaba un 330% de los ingresos por ventas. Poco tiempo después, a fin de ayudarse a pagar la deuda adquirida, Quaker liquidó diversos negocios que habían representado un flujo constante de ganancias y le habían dado alcance global a la compañía. Además, con la venta de sus negocios de alimentos para mascotas y de dulces tuvo todavía mayores problemas financieros a causa de unos impuestos onerosos por ganancias de capital. Muy pronto se hizo evidente que la inversión de Quaker en Snapple sería un batalla cuesta arriba.

El error de Quaker: Snapple no era Gatorade

Está en la naturaleza humana querer regresar al sitio de las mayores victorias para revivir la experiencia. Esto no podría ser más cierto en el caso de los directores ejecutivos de las compañías grandes y complejas, quienes recuerdan claramente los honores recibidos por los éxitos del pasado y, lo que es más importante, la satisfacción personal derivada de ellos.

Sin embargo, es por mirar al pasado que muchas compañías tropiezan, especialmente cuando creen que las lecciones del pasado son igualmente válidas en el presente. Para Quaker, el pasado estaba representado en su gran éxito con la expansión de la marca Gatorade a partir de 1983. El director ejecutivo de Quaker, William Smithburg, lo percibió como su mayor triunfo:

> *Gracias a nuestra gente, el negocio de Gatorade pasó de ser una empresa pequeña de 90 millones de dólares en 1983 a una de más de 2 000 millones de dólares en la actualidad y continúa creciendo a un ritmo de dos dígitos, con una participación en el mercado de más del 80% a pesar del ingreso de Coca-Cola y Pepsi a principios de los años 90. No podían vencernos, de manera que una de ellas tendría que comprar la compañía para obtener a Gatorade.*

¿Podría ser Snapple la oportunidad para repetir? No cabe duda de que la gerencia de Quaker vio en Snapple una marca con enorme potencial, igual que el de Gatorade diez años atrás, y creyó poder aplicar a Snapple la misma estrategia de marketing que había convertido a Gatorade en una megamarca. El presidente de la división de bebidas se expresó de la siguiente manera: "Aquí en Gatorade tenemos un equipo excelente de ventas y marketing. Creemos saber cómo construir marcas y cómo impulsar un negocio. Y aspiramos a hacer lo mismo al llevar tanto a Snapple como a Gatorade al siguiente nivel". El mismo peso tuvo la noción predominante de que Quaker podría "explotar las sinergias". Pero no lograron ver las diferencias. Snapple era una bebida de "imagen", mientras que Gatorade era un "producto para reponer líquidos"; el éxito de Snapple hasta ese momento se había basado en un marketing "peculiar" encaminado a crear un "culto" alrededor de la bebida, mientras que en el caso de Gatorade se utilizaban agresivamente la segmentación y la promoción tradicionales; Snapple requería unos distribuidores con espíritu emprendedor, mientras que para Gatorade se utilizaba el sistema de bodega. Tal como lo manifestara el ex director ejecutivo de Triarc, Michael Weinstein: "Quaker creía poder aplicar el modelo de Gatorade a Snapple, pero lo único que logró fue asustar al sistema. Smithburg nunca lo comprendió".

¿Recuerda el ingrediente secreto?

Hechas estas aclaraciones, el resto de la historia es como una película en la cuál se sabe quién morirá al final pero no cómo exactamente. En Quaker, los actores clave eran los distribuidores. Quaker creó una nueva división de bebidas para incluir tanto a Gatorade como a Snapple, y pensó en diseñar un sistema híbrido para la distribución, según el cual los distribuidores de Snapple tendrían derecho a entregar Gatorade frío a través de su sistema de entrega directa en almacén, si entregaban parte de su negocio de Snapple sin refrigerar al sistema de distribución en bodega de Gatorade. El negocio se desplomó por dos razones. En primer lugar, algunos de los distribuidores tradicionales de Snapple no confiaban en Quaker, en parte porque una de las primeras jugadas de ésta última después de adquirir a Snapple fue tratar de renegociar unos contratos concebidos a perpetuidad. Sobra decir que la jugada no prosperó. En segundo lugar, intercambiar Snapple por Gatorade era mal negocio. Los distribuidores informaron a Quaker que el "margen de 4 dólares por caja era aproximadamente el doble del que podrían ganar con Gatorade" y que además era muy superior al margen de entre 1 y 2 dólares de las bebidas no alcohólicas. "Sólo veíamos pérdidas. Veíamos que se nos escaparían una ventas que no podríamos compensar con otra cosa. No estábamos dispuestos a sacrificar ese derecho que habíamos adquirido a través de los años".

Con unos distribuidores renuentes a entrar en el juego, la estrategia de "explotar las sinergias" se desbarató. Al problema vinieron a sumarse las sorpresas "inesperadas" que siempre surgen después de una transacción de ese tipo: la producción era mucho más lenta de lo esperado, las latas vencidas de Snapple se quedaron como inventario y sobrevino el éxodo de los vendedores (otro golpe contra las relaciones con los distribuidores, quienes habían dependido ocasionalmente de ellos) y de los gerentes. Quaker tardó casi año y medio, hasta mayo de 1996, en montar un sistema de distribución que funcionara y en lanzar su nueva campaña de marketing. No obstante, para ese entonces, la competencia en el campo del té listo para consumir y de las bebidas de fruta se había intensificado tanto desde 1994, que a Quaker le fue casi imposible recuperar la participación que había perdido en el mercado.

Fin del juego

Finalmente, el experimento terminó con la venta de Snapple a Triarc en 1997. Snapple no era Gatorade y el hecho de haber pensado que lo era terminó siendo un error que costó mil millones de dólares. Cuando Quaker trató de "gatorizar" a Snapple, desconoció el conocimiento "tribal" de Snapple —sobre los clientes, los canales de distribución y la promoción del producto— en favor de sus propias ideas sobre la manera de vender una bebida embotellada, arrancando las entrañas al producto que precisamente había adquirido. Parte de ese conocimiento tácito residía en Leonard Marsh, el único de los tres cofundadores de Snapple en continuar con Quaker. Sin embargo, según lo expresara Marsh, "yo era el vicepresidente ejecutivo a cargo de nada". ¿Qué más podríamos agregar?

Sony se va para Hollywood

Responda rápidamente. ¿Cuál es la compañía mejor conocida del Japón? Son pocas las compañías que pueden rivalizar con Sony en prestigio e influencia pero, aun así, hasta las más grandes pueden tropezar. Y eso fue lo que hizo Sony con la adquisición en 1989 de Columbia Pictures, la cual le pertenecía a Coca-Cola en ese momento.

Los primeros años: la lección del Betamax

Masaru Ibuka y Akio Morita fundaron en 1946 a la Tokio Tsushin Kogyo (Compañía de Ingeniería de las Telecomunicaciones de Tokio) con la misión de ser "una compañía inteligente que fabricara productos de alta tecnología de maneras ingeniosas". Tras desarrollar el transistor, la cinta de casete y el radio de bolsillo antes de 1957, la compañía cambió su nombre por el de Sony, del latín *sonus* que significa "sonido". En 1967, Sony formó una empresa de riesgo compartido con CBS Records para fabricar y vender discos en el Japón. En 1975, con el lanzamiento de la grabadora de vídeo (VCR) Betamax para el hogar, Sony ingresó a las grandes ligas.

El Betamax marcó un hito para Sony. Se trataba de una verdadera novedad que les permitía a los consumidores grabar y reproducir sus programas favoritos de la televisión o ver películas cuando quisieran. Pero no habían transcurrido dos años cuando apareció una nueva VCR producida por Matshushita, la gran rival. Basada en la norma VHS, esta grabadora pasó a ser el producto de elección de los consumidores. ¿Por qué? Sony, que operó con base en un libreto que Apple recogería unos pocos años después, protegió más a su formato Betamax y fue menos agresiva que Matsushita en rodearse del apoyo de otras compañías de productos electrónicos. Cuando el VHS comenzó a ganar terreno, los estudios de cine comenzaron a producir un mayor número de sus títulos de videoteca en ese formato que en Betamax, relegando a éste último a una condición de segundón, a pesar de algunas ventajas tecnológicas. "No hicimos lo suficiente por construir una familia. Los otros, aunque llegaron después, formaron una familia", declaró Morita posteriormente, refiriéndose al hecho de que Matsushita se había dedicado a diseminar licencias sobre su tecnología y creado así un esfuerzo generalizado en toda la industria para desplazar al Betamax.

El ingreso al mundo del software: CBS Records y Columbia Pictures

A finales de los años 80 comenzamos a reconocer la necesidad de ir más allá de los equipos. Nuestra experiencia con el Betamax nos enseñó que la principal motivación para comprar hardware está en el software.

—Mickey Schulhof, ex presidente de Sony USA, *Fortune*,
9 de septiembre de 1991

Tal como vimos en el capítulo 3, la historia cuenta. Para comprender la estrategia de una compañía es necesario comprender su historia. En Sony, la lección de historia era clara. Primero fue CBS Records, adquirida en 1988 por 2 mil millones de dólares. Convencida de que su discoteca había contribuido a garantizar el éxito del disco compacto, Sony buscó en CBS Records el material necesario para garantizar el éxito de su nueva cinta digital de audio.

Poco tiempo después de ultimar el negocio con CBS Records, Sony compró a Columbia Pictures y sus dos unidades de producción —Columbia y TriStar— al igual que la cinemateca, la cual comprendía clásicos como *Lawrence de Arabia* y títulos contemporáneos como *Tootsie* y *Los cazafantasmas*. Columbia también abarcaba una operación comercial de televisión con éxitos tales como *Casados...con hijos* y *La rueda de la fortuna*. Lo que no venía con el paquete era un director ejecutivo. El jefe saliente de Columbia, Victor Kaufman, le informó a Sony que no permanecería al frente de Columbia después de la fusión. Sony tenía un candidato pero necesitaba un equipo de gerencia.

Los hombres de Rain Man: Guber-Peters Entertainment Company

A Mickey Schulhof, director de Sony para América del Norte, se le encargó la tarea de encontrar un jefe de estudio para Columbia Pictures. Se decidió por Peter Guber y Jon Peters, quienes dirigían la Guber-Peters Entertainment Company (GPEC). Guber se había llevado los créditos por *Tal como éramos* (1973, [con Barbra Streisand]) y *Abismo* (1977, [con Jacqueline Bisset]), y era, bueno... muy tipo California. Cuando hablamos con Guber sobre sus éxitos, nos dijo lo siguiente: "Primero recurro a mi intuición, porque creo que toda decisión de negocios es una decisión creativa. Mi parte intuitiva es realmente el cartel... de todo mi intelecto, mi experiencia, mis observaciones, y mi consciente colectivo y recurro a esa fuente porque allí no hay temor... Me concentro en mi objetivo macro o en mis grandes oportunidades antes de ir a dormir para alimentar mi inconsciente".

Peters se ganó su reputación como coproductor de *Nace una estrella* junto con Barbra Streisand, quien fuera su novia en ese momento. En mayo de 1980, Gubers y Peters unieron fuerzas y se aseguraron los créditos en muchos proyectos exitosos como *Flashdance* y *El color púrpura*. Sin embargo, los íntimos de Hollywood criticaron al equipo, en particular el temperamento bastante notorio de Peters. Se dice que Steven Spielberg no les permitía presentarse en el foro de *El color púrpura*. A pesar de hacerse fotografiar con el dúo para el Oscar al que fue merecedor *Rain Man*, el antiguo jefe de Columbia, Frank Price, afirmó que "nunca estuvieron cerca durante la producción". Sin embargo, no hubo duda de que Guber y Peters participaron directamente en *Batman,* la película que más dinero le generó a Warner Bros.

El reciente éxito de GPEC, además de los finos modales de Guber, fueron suficientes para convencer a Sony de haber encontrado al equipo apropiado para su estudio, a pesar de que

Guber y Peters venían de firmar un contrato a cinco años con Warner Bros. Esto implicaba que, a fin de conseguir al dúo dinámico, Sony tendría que comprar su compañía de producción, lo cual hizo por un precio de 200 millones de dólares, casi un 40% por encima de su valor en el mercado. Guber y Peters se repartieron la fabulosa cifra de 80 millones de dólares por la venta de sus acciones y, como jefes de estudio, recibirían un salario de 27 millones de dólares, una participación por cualquier aumento del valor comercial del estudio y una reserva de 50 millones de dólares como bonificación (la cual podrían distribuir como quisieran) al final de cinco años.

Sony adquirió Columbia Pictures por 3 400 millones de dólares, cifra que, sumada a la deuda asumida, elevó el costo total a casi 5 mil millones (un sobrecosto del 70%). Después, cuando el jefe de Warner Bros, Steve Ross, se negó a liberar a Gubers y Peters del contrato en el último momento, Sony terminó concediendo a Warner (1) la porción de su lote de Burbank controlado por Columbia, a cambio del viejo lote de MGM en Culver City, una localidad menos apetecida, (2) una participación del 50% de capital en Columbia House, el lucrativo club de música de pedidos por correo perteneciente a Sony, y (3) los derechos para distribuir las películas de Columbia a través de sus redes de cable. Los términos de la conciliación se "consideraron tan desventajosos para Sony que durante semanas fueron el tema de conversación a la hora del almuerzo en el restaurante Le Dome, donde se hablaba del 'desquite por Pearl Harbor'". El valor total de la conciliación se calculó en más de 500 millones de dólares.

Guber y Peters asumen el control

La cuenta total que Sony pagó por la adquisición de Columbia Pictures alcanzaba casi los 6 mil millones de dólares cuando Guber y Peters asumieron el control. Casi inmediatamente, los dos se embarcaron en un festival de gastos a manos llenas. El viejo lote de MGM recibido por el ajuste con Warner fue sometido a una renovación extensa que costó 1 000 millones de dólares. Las oficinas se decoraron con escritorios y sillas de anticuario al tenor de 26 000 dólares cada una. Jon Peters aprobó un presupuesto de decoración por 250 000 dólares para un productor, en un caso sonado sobre el cual se negó a comentar durante una entrevista.

Durante los dos años que siguieron también se desbocaron los gastos en producción, administración y televisión. Los gastos generales aumentaron en un 50% hasta llegar a 300 millones de dólares en 1991, cerca de 60 millones por encima del nivel de otros estudios grandes, mientras que el presupuesto de 700 millones de dólares para producción era casi el doble del de sus competidores. En promedio, una película de Sony costaba 40 millones de dólares en comparación con el promedio de 28 millones de la industria. Los gastos generales excesivos, lo mismo que los excesos en los costos de producción afectaron adversamente a la compañía en 1991, cuando las ventas de taquilla comenzaron a descender en un 25% año tras año, en la que fuera la peor situación en veinte años. También había inestabilidad en la gerencia, en la medida en que se sucedieron varios jefes de estudio cuya salida representaba invariablemente un paquete de cesantía muy generoso. Hasta el propio Peters se fue (con 50 millones de dólares y fondos para crear una nueva compañía de producción). La rotación de ejecutivos en Columbia atrajo la atención de los medios e indujo a la revista *Spy* a escribir lo siguiente: "El deporte de moda en Hollywood es la lotería de Sony, un esquema para hacerse rico rápidamente en el cual el jugador con suerte se va del estudio a cambio de una fortuna".

A pesar de los gastos y de la barahúnda, Guber sostenía que 2 mil millones de dólares del dinero de Sony habían producido un resultado auspicioso: Sony era la número uno en taquilla en 1991. A decir verdad, la posición de Sony a principios de los años 90 se debió principalmente a unos acuerdos de distribución con dos compañías productoras pequeñas: Castle Rock y Carolco. (Carolco, sólo con *El exterminador 2,* aportó la mitad de los ingresos de taquilla de Sony en 1991.) Hasta en 1992, el mejor año de Sony, los 400 millones de dólares de ingresos operativos se gastaron en pagos de intereses y de *goodwill*. Con la recesión en el Japón, una caída en las ventas de equipos y la subida del yen frente al dólar, los ejecutivos de Sony en Tokio comenzaron a presionar al estudio para que mejorara sus resultados.

Disolvencia a negro

Sony decidió levantar todas las talanqueras para la película más esperada de 1993: *El último gran héroe* con Arnold Schwarzenegger. La película, a un costo de 90 millones de dólares, sería el ejemplo perfecto de todo tipo de "sinergia" existente entre el hardware y el software: una película de Sony filmada con equipo HDTV de Sony; los productos de Sony en primer plano; la banda sonora producida a través de Sony Music; y el estreno en teatros Sony equipados con el sonido surround SDDS, propio de Sony. Todo estaba en su punto, salvo por una cosa: una de las películas más costosas nunca antes producida fue un petardo de taquilla. Después vino una serie de películas perdedoras menos promocionadas pero más costosas, con lo cual se paralizó el estudio. En el otoño de 1994, Guber había pasado casi seis meses sin aprobar un libreto para producción. En total, diecisiete de las veintiséis películas lanzadas en 1994 perdieron dinero, incrementando las pérdidas por concepto de las películas a 150 millones de dólares ese año.

Eso rebosó la copa. El 29 de septiembre de 1994 Guber "renunció", no sin antes aprovechar una última "oportunidad gigantesca": un paquete de producción de 275 millones de dólares que incluía un sueldo anual calculado entre 5 y 10 millones de dólares. La participación de Sony Pictures en el mercado, tras trepar ostensiblemente entre 1991 y 1992, regresó al nivel de 1989, aunque todavía no se dejaba ver el daño financiero. La era de Guber-Peters finalmente terminó en noviembre de 1994, con el anuncio de un castigo financiero de 3 200 millones de dólares relacionado con Columbia Pictures, el cual barrió con casi el 25% del capital de los accionistas de Sony. Poco después, Mickey Schulhof, presidente de Sony USA, saldría de su cargo cuando Sony se dispuso a reconstruir sus operaciones cinematográficas. Cuando se le preguntó qué pudo haberse hecho de otro manera, Schulhof respondió: "Quizás han debido cambiar a la gerencia".

Epílogo

¿Qué podemos aprender de la adquisición de Columbia Pictures por parte de Sony? Es claro que hundieron una suma increíble de dinero en el estudio de cine y que entregaron la gerencia, y hasta la supervisión, a dos personajes del mundo de Hollywood, lo cual terminó costándoles más dinero todavía. Pero consideremos la lógica del negocio. Recordemos que Sony —entonces y ahora— es ante todo una compañía productora de equipos y, no obstante, creyó que para establecer una nueva tecnología era preciso contar con el software afín que el mercado exigía. Esta lógica brotó directamente de la experiencia de Sony con la grabadora de vídeo Betamax y con el disco compacto. Recordemos que la popularidad del equipo VHS entre los consumidores indujo a los estudios a producir en ese formato, condenando a muerte al Betamax. Por su parte, los reproductores de discos compactos despegaron porque Philips (propietaria de Polygram Records) y Sony (a través de CBS Records) impulsaron agresivamente el producto en el Japón, Europa y los Estados Unidos.

Si bien es claro que el software es un motor importante del éxito del hardware, hay otra dinámica en acción, la cual nunca entró dentro de los cálculos estratégicos de Sony, pese a que algunos la reconocieron. El otro factor, reconocido por Akio Morita, ex presidente de la junta directiva, fue la importancia de "construir una familia". Morita creyó firmemente que necesitaba una "familia" más fuerte después de que Matsushita forjó una alianza más amplia con la cual socavó el liderazgo de Sony e hizo que el Betamax quedara obsoleto. En este análisis, la disponibilidad de un software de formato específico fue el resultado de unas alianzas exitosas creadas por Matsushita; las grabadoras de vídeo VHS dominaban el mercado, entonces ¿qué otra cosa podían producir los fabricantes de software?

El punto de mayor interés aquí es que la adquisición de Columbia Pictures sólo tiene sentido si aceptamos la lógica del "software" mas no así la de la "familia", puesto que Columbia Pictures no habría tenido jamás el poder para imponer en el mercado la aceptación de los equipos Sony. Controlar un estudio de cine se había visto como la solución para el problema anterior del Betamax y como la palanca para promover los nuevos formatos de vídeo HDTV y de ocho milímetros de Sony. Infortunadamente, las lecciones del pasado fueron incompletas y engañosas puesto que la disponibilidad del software era una consecuencia y no una causa del poder en el mercado.

Algunas veces la errada es la lógica estratégica, pero en otras ocasiones es una dinámica de naturaleza más personal la que está detrás de los problemas de las fusiones. La historia que viene a continuación demuestra cuán poderosa puede ser esa dinámica del líderazgo.

La saga de los hermanos Saatchi

AVANCEN HASTA EL BORDE.
Está muy alto.
¡AVANCEN HASTA EL BORDE!
Podríamos volar.
¡¡¡AVANCEN HASTA EL BORDE!!!
Y avanzaron.
Y él empujó.
Y volaron.

—Cristopher Logue, *"Come to the Edge"*, 1968

Desde una agencia minúscula en Londres a la máquina de publicidad más grande del mundo en tan sólo dieciséis años. Del diseño de comerciales al ofrecimiento de asesoría en todas las áreas, desde la remuneración de empleados hasta la selección de jurados, desde estrategias inmobiliarias hasta sistemas de cómputo. De ser unos pobres inmigrantes iraníes hasta pasar a ser miembros importantes del partido conservador, Maurice y Charles Saatchi cambiaron las reglas al tiempo que crearon una compañía extraordinaria, la cual, no obstante, cayó al mejor estilo clásico de la tragedia griega a causa de sus propios errores.

No se tomarán prisioneros

Fueron combativos desde el comienzo. Rehusaron formar parte de la Asociación Británica de Publicidad, la cual promovía las normas "éticas" y prohibía a sus miembros hacer ofertas a los clientes de sus competidores. Maurice Saatchi se presentaba de frente a visitar a los posibles clientes sin anunciarse de antemano, mientras que Charles hacía llegar las noticias de las cuentas recién adquiridas a las revistas del gremio. Ni siquiera por ser una empresa nueva y pequeña se detuvieron a pensarlo dos veces antes de ofrecerse a comprar otras agencias de Londres, sin importar su tamaño y su precio.

¿Quiénes eran estos hermanos para quienes no había límites? A Charles se le ha descrito como una "fuerza dinámica, emprendedora", "brillante" y un "genio de la creatividad". Comenzó su carrera de publicista a los dieciocho años, cuando se vinculó a una pequeña agencia londinense en calidad de asistente de oficina. Más adelante entró a trabajar en Collet Dickenson Pearce, la agencia publicitaria más innovadora del momento en Londres. Allí se hizo rápidamente a una reputación como creativo y al poco tiempo renunció para fundar su propia agencia publicitaria. Maurice era el experto en hacer negocios y la fuerza administrativa de la sociedad. Tras obtener un título en sociología en la London School of Economics, comenzó a trabajar en desarrollo empresarial para una revista de Londres especializada en el tema. Los hermanos unieron sus fuerzas en 1970 para crear Saatchi & Saatchi, la cual comenzó con nueve empleados en una pequeña oficina en el Soho. La responsabilidad de Charles era el trabajo creativo; Maurice se encargaba de las ventas, los controles financieros y la estrategia a largo plazo.

Juntos demostraron tener gran habilidad para contratar a personas de talento y crear comerciales innovadores. En 1975, la agencia produjo un comercial famoso para el Consejo Británico de Educación en Salud, diseñado para generar conciencia sobre el control de la natalidad. En el anuncio aparecía un hombre "gestante" con expresión de angustia y la leyenda decía: "¿Sería más cuidadoso si usted fuera quien quedara embarazado?" En poco tiempo, Saatchi & Saatchi comenzó a ganar un gran número de premios a la creatividad publicitaria, lo cual a su vez le sirvió para atraer a los profesionales más innovadores. Agréguese a esto el deseo de los hermanos de pagar los sueldos más elevados de la industria y su reputación por dejar en libertad a los creativos, y lo que hay son unos gerentes y un personal que años después recuerdan los poemas que servían para llamarlos a las armas, cómo todo era "una sensación mágica para todos" y cómo "la gente estaba dispuesta a hacer lo que fuera por ellos". Oímos hasta esta historia, quizás apócrifa: la compañía quiso volver a contratar a una persona de talento que se había ido para otra agencia y, al final de las negociaciones para volver a Saatchi & Saatchi, dijo: "Está bien, vuelvo. Pero deseo un automóvil... y que sea rojo". Cuando se presentó al trabajo, encontró su automóvil: un Ferrari rojo.

La visión de Saatchi & Saatchi: ser "la número uno"

¿Qué significa ser "la número uno"? Para Saatchi & Saatchi, ser la número uno era una expresión cifrada que significaba estar encima del mundo, vencer a todo el mundo y asegurarse de que todo el mundo se enterara de la victoria. Ser la número uno era ser más grande, mejor, más poderosa y más dominante que todas las demás. Los hermanos tardaron algunos años pero lograron hacer realidad esa visión, por lo menos en publicidad. Tras roer algunas agencias del Reino Unido durante los años 70, en 1982 dieron un gran salto con la adquisición de Compton Advertising, una empresa antigua y bien establecida. Con ella se abrieron las compuertas que llevaron a Saatchi & Saatchi a comprar una serie de agencias en toda Europa y en los Estados Unidos.

Ya en 1986, Saatchi & Saatchi se había convertido en la agencia de publicidad más importante a nivel global, después de devorar a varias de las agencias más grandes, incluida la compra de Ted Bates por 450 millones de dólares, la cual lanzó a la compañía hasta la cima del mundo. Sin embargo, era tal la obsesión de los hermanos por hacer adquisiciones, que relegaron a un segundo plano toda preocupación por la integración y hasta por el precio.

Por ejemplo, a través de una fusión quedaron bajo un mismo techo las cuentas de dos rivales de una industria, violando abiertamente las normas relativas a los conflictos de interés, lo cual le costó a Saatchi & Saatchi la cuenta de Colgate-Palmolive.

Imagine una compañía que adquiere empresas de servicios en el mundo entero sin conocer a los propietarios, sin un interés aparente por la manera como la empresa adquirida puede encajar dentro de la estructura y las operaciones de la casa matriz y con un interés apenas mínimo en el precio. Ésa era Saatchi & Saatchi durante su apogeo. Igualmente importante es el hecho de que Saatchi & Saatchi no pudo transferir su competencia medular —una cultura arrolladora de triunfo y el ingenio para la publicidad— a las agencias adquiridas, quizás debido a que aquello que los hermanos Saatchi habían creado era demasiado poderoso, algo demasiado parecido a un culto como para arragarse fácilmente en otra parte. El caso de Saatchi & Saatchi puede resumirse en las palabras de Robert Seelert: "Una estrategia de adquisición bastante insensata".

A pesar de todas esas fisuras, los hermanos lo lograron, y en grande. Diez años de comprar obsesivamente convirtieron a Saatchi & Saatchi en la agencia de publicidad más grande del mundo, con una facturación anual de 7 500 millones de dólares y una fuerza laboral de 18 000 empleados en 500 oficinas en 65 países. Había gastado más de 1 000 millones de dólares en adquirir 37 compañías y, en 1987, fue la primera compañía del mundo en estar en las listas de tres de los mercados de valores más grandes: Londres, Nueva York y Tokio.

Una historia clásica de orgullo desmedido

¿Qué puede una empresa hacer cuando su visión es ser "la número uno"? Los hermanos nunca especificaron que fuera "la número uno en publicidad", sólo "la número uno". Así, a mediados de los años 80, Saatchi & Saatchi aceleró el ritmo de sus adquisiciones, esta vez en el campo de las empresas consultoras y de comunicaciones. Comenzó con el Hay Group en el área de la consultoría y de allí procedió a gastar cientos de millones de libras esterlinas en doce empresas consultoras. Entonces, en 1987, en una especie de *pièce de résistance,* Saatchi & Saatchi hizo una oferta para comprar el Midland Bank PLC, el cual pasaba por un mal momento. Aunque la oferta fue rechazada, la compañía dejó en claro que Midland no era su primer intento para ingresar al mercado monetario internacional. Un analista dijo en medio de suspiros: "Ni siquiera puedo fingir que haya algún tipo de sinergia ahí", y el mercado castigó las acciones de Saatchi en un 8,2%.

Ahora, uno bien podría preguntarse cuál era el punto. ¿Por qué la consultoría y la banca? Según Maurice Saatchi, "no nos da vergüenza decir que nos gustaría asumir el liderazgo en cada uno de los sectores del mercado". Quizás era cierto que "su mayor deseo en el mundo era estar en boca de todos", pero se veía a las claras que su visión no tenía límites. Por tanto, era lo más lógico que Saatchi & Saatchi pasara de comprar todas las agencias de publicidad que pudiera, pero no a buscar adquisiciones en los campos de la consultoría y de la banca, negocios por los cuales los hermanos no tenían mayor interés y en los cuales no eran competentes.

En el caso de los hermanos Saatchi, más que en el de Peter Guber y Jon Peters en Sony Pictures, el éxito hizo aflorar unas fallas profundas que escaparon de sus manos. Era más importante relacionarse con la crema y nata de la sociedad británica, pavonearse en los círculos políticos más elevados, que limitarse a operar una agencia de publicidad, aunque fuera la más grande del mundo. Ni siquiera era suficiente la aspiración de ser la compañía más grande del mundo en servicios profesionales porque, como solía decir Maurice, "no basta con que nosotros tengamos éxito; los demás deben fracasar".

Al igual que en los casos de Quaker y Sony, es imposible comprender las fusiones y las adquisiciones, o tan siquiera la estrategia corporativa, sin comprender a los líderes y a las personas que conforman la vida de la organización. La sombra que proyectaban los hermanos Saatchi sobre la compañía no sólo era larga sino profunda, y tenía doble filo. En entrevistas con integrantes de la vieja Saatchi & Saatchi se oían una y otra vez los mismos comentarios de "nada era imposible", "la gente estaba dispuesta a hacer lo que fuera por la agencia" y "los hermanos eran genios creativos, brillantes, dinámicos y emprendedores".

La sombra se hizo más larga a medida que el éxito de la firma se acrecentaba y los hermanos cambiaban. Ahora la gente decía: "No tenían que respetar las reglas", "La decisión de ser la número uno estaba por encima de todo", "No comprendían cómo debían operar la compañía" e incluso: "Son locos". A medida que fue cobrando fuerza el objetivo del crecimiento por encima de todo lo demás, fueron cometiéndose una serie de errores en las fusiones y las adquisiciones. Con los líderes ejerciendo presión para que la compañía fuera la número uno y con los incentivos por los negocios realizados por los altos ejecutivos, la empresa se embarcó en una adquisición tras otra y, no obstante, jamás desarrolló la competencia en el área de las fusiones y las adquisiciones. No sólo hubo fallas en la lógica estratégica —para la muestra, un esfuerzo de fusión con la industria financiera y de consultoría sin que existieran unas sinergias reales— sino que la firma estaba agobiada por errores fundamentales en materia de diligencia debida e integración. Es una historia de visión sin riendas, empujada por una ambición intensa y una lucha de egos, la cual encierra una advertencia para otros directores ejecutivos poseídos por unos instintos competitivos irrefrenables y una visión desmesurada.

A los hermanos Saatchi les llega la cuenta de cobro

En junio de 1989, Saatchi & Saatchi anunció que ponía en venta la división de consultoría. Era oficial: la estrategia de megacrecimiento había sido un fracaso. Para empeorar las cosas, la recesión que comenzó a mediados de 1989 y se prolongó durante los primeros años 90 propinó un golpe especialmente duro a la compañía. Las utilidades disminuyeron, la deuda creció y las acciones perdieron el 98% de su valor hacia 1989. Los hermanos contrataron a Robert Louis-Dreyfus, experto en recuperación de empresas, y lograron sostenerse otros cinco años mientras la compañía sufría recortes interminables en sus costos, teniendo que deshacerse de doce subsidiarias. La chispa creativa también se extinguió de alguna manera durante esos días oscuros, de modo que quizás fue casi una bendición el hecho de que una revuelta de los accionistas obligara a Charles y a Maurice Saatchi a presentar su renuncia en diciembre de 1994 para salir de la empresa que ellos mismos habían creado veinticuatro años antes.

El retorno de los Saatchi

¿Pueden los generales derrotados tener su segunda oportunidad? ¿Pueden los directores ejecutivos aprender de sus errores? El resurgimiento asombroso de los hermanos, especialmente de Maurice Saatchi, es sin duda una de las recuperaciones más inesperadas de la historia reciente del mundo empresarial. Menos de un año después de dejar la compañía que lleva su nombre, los hermanos crearon a M&C Saatchi y no tardaron en robarle a su antigua empresa clientes como British Airways, Qantas y el partido conservador británico. Recuperaron el antiguo toque creativo. En 1996, M&C regresó a casa con el honor de ser la Agencia del Año, conferido en el Festival Internacional de Publicidad de Cannes.

Siete años después, los hermanos Saatchi se encuentran sentados nuevamente en compañía de la crema y nata de la publicidad mundial. En la actualidad, M&C cuenta con doce oficinas en cuatro continentes y cerca de 550 empleados, las cuales generan más de 600 millones de dólares en facturación. Es la octava agencia de publicidad del mundo —a sólo tres puestos por debajo de la vieja Saatchi & Saatchi— y continúa haciéndose merecedora a los premios de la industria, entre ellos el premio a la Agencia del Año entregado por la revista *Campaign* en el año 2000. Maurice, quien es ahora el director de la compañía (Charles ha entrado y salido de la agencia), también encontró un socio de servicios internacionales de medios en Publicis, una firma francesa dirigida por Maurice Levy.

Entre tanto, si bien la vieja Saatchi & Saatchi se recuperó en cierta medida, ocupó un puesto secundario durante varios años y operó lentamente mientras se realizaban muchos cambios a nivel de la organización, encaminados a poner algo de orden en el caos de agencias cobijadas por la casa matriz. Sin embargo, en junio de 2000, Publicis, el grupo francés de publicidad —el cual ya era socio de M&C— adquirió a Saatchi & Saatchi. El negocio dio nacimiento a la quinta agencia de publicidad del mundo, pero lo que es más interesante es que existe la posibilidad de que Levy, con el tiempo, reúna nuevamente a Saatchi & Saatchi con M&C Saatchi.

Durante una entrevista para el diario *The Independent* en Inglaterra, Maurice dio una mirada retrospectiva sobre lo que salió mal:

> *Nosotros (en M&C Saatchi) no tenemos esas ambiciones lineales [como sucedió con la vieja Saatchi & Saatchi]. No deseamos ser los primeros de una gran liga, ni más grandes que los demás. Ahora puedo admirar cuán maravilloso es este lugar sin que me distraiga el deseo constante de saltar de una cosa a otra. Fui víctima de esa... inseguridad y paranoia. El catálogo de errores y equivocaciones llenaría la Biblioteca Británica. ¿Engreimiento? Quizá sí.*

Equivocaciones estratégicas en las fusiones y adquisiciones: de la sinergia al orgullo desmedido

Al estudiar los casos de las adquisiciones fallidas se abre la ventana a un proceso que suele ser más turbio que transparente. Quaker (o, más bien, Smithburg y colaboradores) cometió una equivocación; Snapple perdió tres cuartas partes de su valor con Quaker. Sony (Schulhof y después Guber y Peters) se equivocaron; Sony tuvo que asumir una pérdida de 3 200 millones de dólares por su compra de Columbia Pictures. Y los hermanos Saatchi, genios de la publicidad pero carentes de lógica e intuición para el negocio de las adquisiciones, cometieron equivocaciones; casi quiebran después de su carrera de adquisiciones. El examen de esas equivocaciones de los ejecutivos arroja una luz enorme sobre la manera de hacer que las fusiones y las adquisiciones prosperen.

¿Por qué es tan difícil lograr sinergias y crear valor?

Jean-Marie Messier dirigía un servicio de acueducto en Francia, antes de incursionar en el negocio del entretenimiento y apoderarse de compañías como Seagram (la cual trajo consigo a Universal Studios y Universal Music); Canal-Plus, un grupo empresarial de televisión por suscripción; Cegetel, un grupo de telefonía móvil; USA Networks, Houghton Mifflin y todo un surtido de compañías de teléfonos, desarrolladoras de software y otras propiedades en el campo de los multimedios. El plan maestro consistía en combinar el contenido del entretenimiento con la distribución inalámbrica para crear un gigante colosal de multimedios, integrado verticalmente. Infortunadamente, la visión era más ambiciosa que la realidad y Vivendi Universal nunca pudo generar las sinergias que se buscaban con el negocio. El precio a pagar: miles de millones de dólares de pérdida en valor para los accionistas, y el cargo de Messier.

Curso básico sobre sinergias. Las sinergias —una combinación de activos que crean más valor juntos que separados— ocurren cuando se ahorran costos o se mejoran los ingresos por ventas. Desde el caso de Boeing que aprovechó las líneas subutilizadas y la capacidad de producción de herramientas de McDonnell cuando las dos compañías se fusionaron en 1997, hasta la consolidación de plantas y productos de Eaton después de la adquisición del negocio de distribución y controles de Westinghouse en 1994, las sinergias de costos suelen ser esenciales para la lógica estratégica de un negocio.

En ocasiones, los ejecutivos tratan de mejorar los ingresos por ventas en una adquisición mediante la combinación de activos complementarios. Por ejemplo, cuando Unilever adquirió a Ben & Jerry's Ice Cream, se hizo a una red mundial de distribución y amplió los mercados de Ben & Jerry's. Sony basó su adquisición de Columbia Pictures en la noción de que el software podía aumentar las ventas de hardware, y Quaker aspiraba a transferir su pericia en marketing a Snapple, a fin de incrementar sus ingresos por ventas. Si bien casi todas las adquisiciones se fundamentan en la posibilidad de lograr sinergias de costos o ingresos, hacerlas realidad es muy difícil.

No todas las sinergias son iguales. La primera lección que es preciso recordar acerca de las sinergias es que son mucho más difíciles de lograr que lo que parece. Mientras más importante es el potencial de una sinergia, más trascendental es el desafío. Cuando el potencial de la sinergia es moderado, como sucede cuando dos compañías comparten pocas actividades o clientes, hacer realidad los beneficios es relativamente fácil. Por ejemplo, combinar servicios legales y de tesorería no es difícil, aunque el rendimiento es limitado. A medida que el potencial de la sinergia crece y abarca más aspectos, la dificultad de llegar hasta la olla de oro aumenta. Vivendi nunca pudo dilucidar la manera de hacer dinero combinando la cantidad impresionante de activos que reunió; parecería que el contenido y la distribución bien pueden ir de la mano. ¿Pero cómo? Vivendi no pudo superar esa dificultad.

El tiempo cuenta. Por elemental que sea la noción de valor presente, a veces los ejecutivos olvidan que unos ahorros que se materializan tres años después de una adquisición no son lo mismo que unos ahorros inmediatos. Las sinergias difíciles de lograr y que, por ende, demoran más tiempo en hacerse realidad, no son tan valiosas como las más inmediatas. Cuando las promesas hechas en el momento de firmar un acuerdo demuestran ser mucho menos sólidas con el tiempo, el mercado cobra su precio. Esto fue algo que AOL Time Warner aprendió cuando nunca se materializó la promesa del director ejecutivo Gerald Levin de incrementar en 1 000 millones de dólares el flujo de caja.

Las sinergias no son gratuitas. Hacer que las sinergias se conviertan en realidad tiene su costo, representado en los recortes de gastos, el tiempo dedicado a la coordinación y la interacción a fin de materializarlas, los costos de reubicación y capacitación, y el aumento de los gastos generales durante la integración. Éstos no son los únicos costos asociados con las fusiones, pero sí los que tienen una relación más directa con la posibilidad de hacer realidad las sinergias. Por regla general, los costos de lograr las sinergias son dos o tres veces mayores que el valor de los beneficios anuales de las mismas.

Sinergias negativas. Sony esperaba que la adquisición de Columbia Pictures produjera sinergias pero no fue así. ¿Por qué? Las motivaciones y las culturas de los dos lados del negocio, el hardware y el software, eran diferentes; ¿por qué uno de los lados habría de vulnerarse en favor del otro? Por ejemplo, a pesar de tener un catálogo gigantesco de títulos, Sony no logró que su cinta de audio digital y su formato de minidisco pegaran en los Estados Unidos. El fracaso se debió en parte al hecho de que la división de software de Sony le temía al peligro de la piratería, al cual estaba sujeta la tecnología de grabación digital. Los problemas de coordinación entre los negocios de hardware y de software de Sony se agravaron a causa de diferencias fundamentales en la remuneración, las nociones de ética en el trabajo y hasta la localización geográfica (el negocio de hardware estaba en Japón y el de software en Nueva York). Incluso en 1998, Sony Music Entertainment todavía oponía resistencia al deseo de Sony Electronics de fabricar los equipos reproductores portátiles de MP3. Esta duda permitió el surgimiento de otros competidores tanto en el mercado de los aparatos reproductores de MP3 como en el mercado del contenido digital.

¿Cómo saber si una adquisición es prudente?

Comencemos con este primer principio: las adquisiciones deben realizarse únicamente cuando sirven para impulsar de manera contundente la estrategia general de la compañía. Los directores ejecutivos deben poder ser convincentes al decir que con sus negocios mejorarán su posición competitiva en el mercado.

La segunda prueba es si la combinación de activos ha de crear más valor del que destruirá. Richard Parsons, director ejecutivo de AOL Time Warner, tenía esta noción muy presente durante la crisis de 2002 cuando dijo: "El todo debe ser —y lo será bajo este equipo de gerencia— más grande que la suma de sus partes".

Considerando que las sinergias negativas son comunes, ¿cómo poder superar las desventajas de una adquisición a fin de generar beneficios positivos para la compañía? En esencia, para pasar la prueba de la creación de valor es preciso lograr ahorros en los costos y mejorar los ingresos por encima de todos los costos del negocio. Las preguntas fundamentales que deben hacerse son las siguientes: ¿Cómo podría la casa matriz generar los beneficios de las sinergias y cuáles serían las maneras como podría destruir valor? ¿Cómo minimizar esos costos? La prueba de la creación de valor ofrece un raciocinio aplicable tanto a la fusión como al desmonte de la misma. Por ejemplo, 3Com dio vida independiente a Palm en 2000 cuando quedó claro que estaba sofocando las oportunidades de crecimiento de esa empresa. (Al ser independiente, Palm podría valerse de opciones sobre las acciones para atraer a los ingenieros, lo cual no podía hacer siendo una unidad de 3Com.) Además, los negocios de las dos compañías realmente eran distintos —el de Palm era el de los computadores de bolsillo y el de 3Com el de los equipos para redes— lo cual significaba que no había muchas sinergias. La creación de la empresa tenía sentido en vista de que el valor creado era poco y se destruía apenas algo de valor.

¿Está justificada la adquisición? Debe haber claridad absoluta en la organización acerca del propósito de la adquisición y de su importancia. La justificación no sólo sirve para motivar a la gente sino también como faro para iluminar el camino durante los problemas, la complejidad y la confusión que se presentan inevitablemente durante la integración.

¿Posee la compañía una capacidad medular en fusiones y adquisiciones? Las compañías exitosas desarrollan unas capacidades medulares críticas, las cuales son el motor de su estrategia competitiva. De la misma manera, las compañías que tienen éxito en materia de fu-

siones y adquisiciones deben desarrollar unas capacidades medulares que les permitan tener la superioridad a la hora de comprar, algo que es difícil de hacer cuando se considera que cada adquisición es un suceso único. La experiencia ganada a través de la participación en un negocio de adquisición se debe captar, divulgar y utilizar como fundamento para negocios posteriores, tal como lo han hecho Cisco, GE, Eaton y otros grandes compradores.

¿Se ajusta a la organización la estrategia de fusiones y adquisiciones? La estrategia apropiada para cada compañía es aquélla que se adapta a sus capacidades, a su gente y a su estrategia competitiva global. Lo que se necesita en otra compañía no es necesariamente lo que se necesita en la propia. Por ejemplo, aunque Conseco tuvo mucho éxito al comprar aseguradoras pequeñas e incorporarlas dentro de su sistema puesto que eliminó la duplicación, redujo los gastos generales y agilizó los procesos administrativos, la adquisición de Green Tree en 1998 fue diferente. Green Tree tenía un negocio complementario pero no idéntico puesto que vendía hipotecas a los mismos clientes de bajos ingresos que constituían el objetivo de Conseco para la venta de seguros. Esto obligaba a Conseco a dominar la destreza de vender productos adicionales, en lugar de la eficiencia a toda costa, lo cual no sabía hacer.

¿Cuáles son las claves para la diligencia debida?

El negocio de Snapple es un ejemplo clásico en donde no hubo una diligencia debida*. El sistema híbrido de distribución rechazado por los distribuidores independientes era la clave del negocio y, no obstante, Quaker nunca se dio cuenta de que los distribuidores tenían todas las cartas puesto que sus contratos con Snapple les proporcionaban derechos inamovibles a perpetuidad sobre el producto. Tampoco se dio cuenta de cuán diferente era Quaker

---

* Una diligencia debida (*due diligence* en inglés) es la investigación o auditoría efectuada con anterioridad a una inversión potencial. Sirve para confirmar todos los hechos reales referentes a una compra (o venta), y esencialmente es una manera de prevenir daños innecesarios fruto de una transacción. *(Nota del editor.)*

como compañía tradicional de los distribuidores emprendedores. Tal como dijo un importante distribuidor de Snapple, "Quaker sencillamente no conocía nuestro negocio". Smithburg reconoce el problema: "No critico a los distribuidores. Nuestro error fue no comprenderlos a ellos ni a su negocio ni a su cultura tan a fondo como hemos debido".

¿Acaso se encegueció Quaker con la oportunidad de Snapple y su seguridad como constructora de marcas? Michael Weinstein, antiguo presidente ejecutivo de Triarc, forjador de la recuperación de Snapple tras comprarle la compañía a Quaker, lo explicó de esta manera: "Quaker creía que tres tipos de Brooklyn habían tropezado con esta cosa que había llegado a ser un gran éxito. Si contrataba a otros tipos inteligentes, la cosa funcionaría todavía mejor. Quaker sencillamente no comprendía la naturaleza emprendedora del negocio". Tres años después de la venta de Snapple a Triarc, Smithburg reconoció haber fallado en la diligencia debida. "Era mucho el entusiasmo por conseguir una marca nueva, con futuro. Hemos debido encargar a dos personas de argumentar en contra del negocio al hacer la evaluación".

Casi todo el mundo comprende el concepto de diligencia debida. Es cuestión de asegurarse de no comprar un elefante blanco. Cuando expertos en estos negocios como Henry Silverman de HFS pueden ser engañados por prácticas contables fraudulentas como las de CUC International, su socia en la fusión, con el resultado de una liquidación por 2 800 millones de dólares para los accionistas, conviene recordar que todos debemos prestar atención a las señales de advertencia. Cuando AMP, una compañía de seguros australiana, adquirió a GIO en 1998, fue apenas unos pocos días después de que esta última anunciara pérdidas inesperadas en su negocio de reaseguros. Un año después, las pérdidas alcanzaban un total de más de 1 000 millones de dólares australianos (cerca de 600 millones de dólares estadounidenses). En el caso del malhadado negocio de Mattel al comprar a Learning Company por 3 500 millones de dólares en 1999, los informes de los críticos señalaron numerosas señales de alerta. Sin embargo, Mattel pagó la exagerada cifra de 4,5 veces el valor de las ventas de la compañía. Si bien el entusiasmo de los directores ejecutivos frente a los negocios inminentes pudo tener algo que ver con el hecho de que se siguiera adelante con las adquisiciones a pesar de unas señales de alerta bastante sonoras, es preciso considerar algunos principios importantes de la diligencia debida.

Los detalles. Los detalles son el todo de una diligencia debida y por lo general saltan a la vista. Además de los datos disponibles a montón sobre las sociedades anónimas y muchas compañías privadas, no hay nada que le impida a un posible comprador recabar información por su cuenta. ¿Cuántas personas trabajan en la fábrica de una empresa candidata? ¿Por qué no contar los automóviles en el estacionamiento? ¿Cómo es el interior de las oficinas de la empresa candidata? En las oficinas locales de planeación urbana por lo general están los planos. ¿Cuán sólidas son las finanzas de la empresa candidata? Es útil mirar las señales de alerta como los recortes en las inversiones en proyectos nuevos, las reducciones en publicidad y otros gastos discrecionales y vacantes que no se reemplazan. ¿Qué tan buenos son los productos y servicios de la empresa candidata? Es cuestión de comprarlos, usarlos y aplicarles la ingeniería a la inversa. ¿Qué dicen los proveedores, los competidores, los distribuidores y los clientes acerca de la empresa can-didata? Es cuestión de preguntar. La gente por lo general se muestra más que dispuesta a compartir lo que sabe; basta con saber escuchar.

El afán. La velocidad era el lema de la nueva economía pero no generó buenos resultados en materia de diligencias debidas a la hora de las fusiones y las adquisiciones. Se dice que cuando Cisco adquirió a Cerent, la productora de fibra óptica, por 7 200 millones de dólares en 1999, las negociaciones tardaron sólo dos horas y media repartidas en tres días. Pero detrás de esta velocidad hay meses de actividad previa, algo que podría llevar a los novatos a pensar erróneamente: "Si Cisco no necesita dedicar mucho tiempo a sus adquisiciones, ¿por qué tendríamos que hacerlo nosotros?" La verdad es que Cisco era dueña del 9% de Cerent desde 1998, con lo cual había conseguido una ventana para observar a la compañía y su actividad de investigación y desarrollo. John Chambers, el director ejecutivo de Cisco, conocía bien a Carl Russo, el director ejecutivo de Cerent. Cisco comprendía extremadamente bien el mercado, lo cual hacía que la lógica estratégica para el negocio fuera muy clara. Cisco tenía toda una maquinaria de integración muy experimentada para las fusiones de alta tecnología, la cual le permitió moverse rápida y eficazmente una vez cerrado el negocio. Cisco pudo moverse velozmente a la hora de cerrar el trato sencillamente porque había forjado sus conexiones de antemano. La mayoría de las adquisiciones exigen tiempo, mucho tiempo.

Obtener información en las trincheras. Usted tiene dos alternativas: desarrollar fuentes propias de información o depender de la banca de inversión para identificar a las compañías candidatas para una adquisición. Así, pues, puede hablar con los proveedores, los clientes y hasta los competidores. Se puede recurrir a los gerentes de división de las trincheras de la competencia. Puede preguntar si han notado que alguien tiene un producto o servicio interesante que encaje bien con las ofertas del momento, y si además posee gerentes de talento extraordinario, entre otras cosas. O se puede esperar a que los "libros" hagan sus rondas por Wall Street con un propósito concreto: seducirlo para que compre activos que se encuentran a la venta en el momento, al mayor precio posible. Usted decide.

Muchas compañías farmacéuticas y de alta tecnología (entre ellas Merck, Intel y Cisco) adquieren participación minoritaria en decenas de empresas nuevas, con lo cual consiguen información sobre su potencial desde el inicio. Puesto que la mayoría de esas empresas son privadas y pequeñas, pueden entrar fácilmente en la pantalla del radar hasta de las compañías más eficaces en obtener inteligencia. Esas inversiones o alianzas constituyen alternativas reales que se pueden hacer realidad cuando la consiguiente oportunidad del mercado alcanza la masa crítica. Además, las compañías que han hecho adquisiciones exitosas en el pasado se ganan una reputación que les sirve para atraer a posibles vendedores a su órbita. La reputación es crítica porque los posibles vendedores seguramente hablan con los presidentes de compañías adquiridas previamente a fin de conocer la historia en vivo y en directo. Asegúrese de que esa historia sea buena.

Integración: muerte a causa de mil errores

"La fusión fracasa debido a fallas de integración". ¿Con cuánta frecuencia hemos oído eso? Al parecer, nadie es inmune. Hasta la fusión en 1997 del imperio de Stephen Covey (*Los siete hábitos de las personas altamente efectivas*) con Hyrum Smith, el sabio de la administración del tiempo, a fin de formar a Franklin Covey, cayó en muchas de las trampas clásicas: dos casas matrices separadas; diferencias en el trato que se le daba a la gente; una mentalidad de "nosotros contra ellos", la cual hizo que ambas partes continuaran haciendo lo que siempre habían hecho mientras se sometían a prueba las estructuras nuevas. El resultado fue la serie clásica de sinergias negativas, con un aumento de los costos, los cuales equivalían al 35% de las ventas anuales antes de la fusión, y alcanzaron el 40% al año siguiente.

Veamos la manera como Quaker, Sony y Saatchi & Saatchi manejaron la integración. Quaker se deshizo por una serie de problemas de integración, cuando habría podido prever algunos si hubiera hecho una correcta diligencia debida; la integración de Sony se vio afectada por el doble problema de la cultura y la coordinación; Saatchi & Saatchi se empeñó en hacer caso omiso de la integración cada vez que pudo. Nuestra investigación indica que los errores de integración durante las fusiones ocurren porque las compañías no saben qué hacer una vez cerrado el negocio, por la perturbación cultural y por las vulnerabilidades imprevistas que el negocio mismo genera.

¿Qué hacer una vez cerrado el negocio?

Tener presente el tiempo. Mientras más se prolongue el negocio, mayor es el riesgo de perder el beneficio de las sinergias identificadas. Por fortuna, las adquisiciones conllevan oportunidades para aprovechar el tiempo. Tomemos el ejemplo del lapso transcurrido entre el anuncio de la adquisición y el cierre, el cual puede oscilar entre unas pocas semanas y hasta años (cuando los problemas de las leyes antimonopolio frenan el cierre del negocio). Ese tiempo debe aprovecharse para iniciar la transición y generar un plan detallado de integración, como lo hizo Eaton en la adquisición de la empresa de distribución y controles de Westinghouse en 1994, mientras esperaban el visto bueno en materia de antimonopolio. En la planeación incluyeron una evaluación detallada de cada planta, de las categorías y los estilos de los productos —miles en total—, de tal manera que ya estaban preparados para avanzar rápidamente hacia la consolidación y la racionalización cuando se cerró oficialmente el negocio.

Designar a un campeón del negocio. Los llamados "campeones" de las adquisiciones asumen personalmente la responsabilidad por integrar una adquisición y reciben la autoridad correspondiente. Por lo general son los gerentes que vieron la oportunidad en primera instancia y, por tanto, sienten gran entusiasmo por el negocio y por lo que representa para la compañía. En efecto, cuando un gerente general de una unidad de Cisco manifiesta interés en una compañía como posible adquisición, él o ella debe estar en disposición de ser el "campeón" de la adquisición y de asumir posteriormente la responsabilidad por el éxito de la integración y el desempeño de la compañía adquirida a través del tiempo.

Planear las primeras quince jugadas. Al igual que Bill Walsh, el legendario entrenador de fútbol americano de los 49os de San Francisco, el hecho de tener de antemano el plan de las primeras jugadas de la integración le deja más tiempo libre a la gerencia y "un espacio para pensar" a fin de poder manejar los problemas y las dificultades imposibles de prever de antemano. Una de estas jugadas importantes es, inevitablemente, la primera nómina. No hay mejor manera de enviar a los empleados de la compañía adquirida una señal de que no interesan, que dañándoles su primer sueldo.

Facultar a los equipos encargados de la integración. Designe a un equipo pequeño de especialistas dedicados a la integración para que sirva de catalizador alrededor del cual pueda formarse un "equipo virtual" de especialistas funcionales (finanzas, recursos humanos, servicios de ingeniería, producción y servicios de información). Si bien estos equipos harán buena parte de su trabajo durante el período posterior a la adquisición, el hecho de organizarlos y facultarlos rápidamente reduce la incertidumbre al interior de la organización adquirida.

Comenzar a prepararse para lo inesperado. Lo único cierto sobre la integración es que lo inesperado es inevitable. Si bien con la designación de los "campeones", el plan de las jugadas y los equipos de integración se logran una estructura y un plan de juego, no debemos caer en la trampa de creer que el proceso se puede controlar completamente. A fin de combatir los incendios inevitables, no cabe duda de que es útil tener talento de reserva, como hace Eaton con los equipos de emergencia listos a entrar en acción donde hay problemas inesperados.

Vencer los obstáculos culturales

Cuando Daimler-Benz y Chrysler anunciaron su fusión por 36 mil millones de dólares en mayo de 1998, muchos críticos calificaron la jugada de visionaria y audaz porque encerraba el potencial de cambiar las reglas de la industria automovilística a nivel mundial. Chrysler aportaría su experiencia en automóviles pequeños a Alemania, la cual atravesaba momentos difíciles con el SmartCar en ese momento. Los ingenieros de la Mercedes imprimirían nuevo vigor a la línea de Chrysler, aprenderían más sobre el negocio de las minivan y mejorarían la calidad de los vehículos Chrysler en general. Juntas, las compañías eliminarían algo del exceso de capacidad de la industria a la vez que se constituirían en un actor global de gran envergadura que rivalizaría con GM, Ford y Toyota. Sin embargo, han necesitado años para tan siquiera acercarse a esta visión inicial, en parte debido al gran número de barreras culturales que han obstaculizado la integración de la adquisición. Veamos algunas de las diferencias:

Remuneración y prestaciones. Los ejecutivos de Chrysler ganaban entre dos y cuatro veces más que sus pares en Daimler, pero mantenían sus gastos personales muy apretados; los ejecutivos de Daimler eran extravagantes en sus gastos (especialmente cuando viajaban), lo cual generó discusiones interminables sobre habitaciones de 500 dólares en los hoteles y vuelos en el Concorde.

Estilo de gerencia. Jürgen Schrempp (director ejecutivo de Daimler) era combativo, apasionado, dinámico, claro y extrovertido, mientras que Robert Eaton (director ejecutivo de Chrysler) era sensible, austero y relativamente modesto.

Jerarquía. Los ejecutivos de Daimler tenían equipos de auxiliares encargados de elaborar "informes detallados de situación" respecto de todas las decisiones, mientras que los gerentes de Chrysler dependían de sus propias redes de información.

Gestión financiera. Los alemanes ponían más énfasis en las ganancias anuales que en las trimestrales, pues buscaban terminar el año con gran bombo. Los americanos manejaban constantemente a los analistas y sus expectativas, para evitar cualquier sorpresa a toda costa.

Esta clase de obstáculos culturales son insidiosos porque contribuyen a crear otras "neurosis" relacionadas con la integración, que sólo agravan el problema. Los siguientes son algunos ejemplos de esa clase de neurosis que observamos en otras fusiones:

"Primero muertos que unidos a ellos". Las fusiones entre hospitales, las cuales tienen por lo general la motivación de recortar los costos a fin de enfrentar la competencia intensa, la presión de la administración de la salud y los recortes en los reembolsos de los seguros, suelen pasar por alto la integración de las operaciones debido al poder enorme de los médicos dentro del sistema. Los proble-

mas de una fusión en la cual se ensayó esa clase de integración —el hospital Beth Israel y el Deaconess de Boston— ilustran perfectamente el caso. Por ejemplo, la fusión de los departamentos de anestesiología tardó dieciocho meses y los anestesiólogos del Deaconess prefirieron renunciar antes de ceder en temas como los horarios de trabajo, la remuneración y la administración del departamento.

"Compren pero no toquen". Las adquirientes extranjeras, especialmente cuando el negocio es muy grande, tienden a ser muy "distantes" en materia de integración. Ya sea por temor a las consecuencias políticas y a la mala prensa o por la idea de no comprender las prácticas de negocios de otros países, varias compañías han mostrado una actitud casi displicente frente a la integración. Durante cinco años después de que Bridgestone del Japón adquiriera a Firestone, Bridgestone no movió a ninguno de los altos gerentes de Firestone a pesar de los malos resultados. En 1992, las pérdidas totales habían alcanzado la cifra de 1 000 millones de dólares, ante lo cual Bridgestone se vio forzada finalmente a traer a su propia gente y atacar el problema mediante la inversión de cerca de 1 500 millones de dólares en el mejoramiento y ampliación de las operaciones de Firestone. Infortunadamente, el renglón de utilidades de esta adquisición continuó descendiendo en picada durante años, primero por el efecto del conflicto laboral que estuvo en las primeras planas y hasta involucró al presidente Clinton en 1995 y, más recientemente, por el retiro masivo de llantas del mercado como consecuencia de los accidentes de las camionetas Explorer de Ford.

"Realmente no somos tan distintos". En ocasiones, la neurosis se inclina hacia el lado contrario, donde no se perciben en lo absoluto las diferencias aparentemente pequeñas de cultura y de estilo de gerencia, como sucedió cuando se fusionaron Pharmacia (Suecia) y Upjohn (EE.UU.) en 1995. Aunque Suecia y los Estados Unidos tienen muchos parecidos, las pequeñas diferencias en hábitos y normas pueden dejar una huella grande. Por ejem-

plo, mientras que es común tomar vacaciones en el mes de julio en Suecia, los ejecutivos de Upjohn desconocían ese ritual y programaban una serie de reuniones durante ese mes, las cuales enardecían a sus colegas de Suecia. Además, el estilo de gerencia de los americanos consistía en emitir mandatos y exigir atención a los detalles y no encajaba bien con la inclinación de los suecos hacia las deliberaciones abiertas y el consenso. La fusión tardó años en enderezarse, puesto que las suposiciones equivocadas acerca de las similitudes provocaban fricciones interminables entre las compañías.

"No necesitamos cambiar". La mayoría de las personas prefiere la estabilidad en lugar del cambio. Por consiguiente, quizás no sorprenda que el estado clásico de negación haya encontrado su lugar en el ámbito de las adquisiciones. Por ejemplo, está la vieja historia de los ingenieros de McDonnell Aircraft que acabaron sus lápices tratando de borrar el nombre de "Douglas" cuando las compañías se fusionaron para formar a McDonnell Douglas. Hasta para los altos gerentes es más fácil apoyar el statu quo que adaptarse. Cuando se le preguntó a Jürgen Schrempp si los ejecutivos alemanes de Daimler no habían comprendido la cultura o la naturaleza de su empresa americana, éste se refirió a Chrysler como una "división" y desechó irritado las demás preguntas sobre la cultura. "Nuestro estilo consiste en dar a los ejecutivos de nuestras divisiones la mayor libertad", dijo. "Ése ha sido siempre nuestro estilo de gerencia y lo fue también en el caso de Chrysler. Así respondo esa pregunta".

Atención a las vulnerabilidades críticas de las principales partes interesadas

El asunto de integrar las adquisiciones es complejo, caótico y dispendioso. En efecto, es tan dispendioso que las fusiones pueden vulnerar seriamente a las demás partes interesadas cuando los gerentes están tan absortos con la integración que olvidan a los clientes y a los empleados.

Los clientes. Después de una fusión es preciso prestar atención especial a los clientes o de lo contrario se irán a la competencia. Cuando Compaq adquirió a Digital Equipment en 1998, Michael Dell, director ejecutivo de Dell Computer, dijo: "Me parece que esta gente acaba de hacernos un regalo inmenso". Si bien tenía muchas cosas a su favor, igualó la participación de Compaq en el mercado durante el período inmediatamente posterior a la adquisición. No es raro que Dell haya dicho casi lo mismo cuando Hewlett Packard y Compaq se fusionaron en 2002. Cuando Wells Fargo y Bank of America entraron en la carrera por las adquisiciones hace algunos años, los bancos pequeños de ahorro y crédito de California publicaron avisos grandes en los periódicos locales en los cuales prometieron servicio personalizado, del cual carecían los bancos grandes por estar inmersos en sus fusiones.

Se necesitan esfuerzos especiales para evitar perder clientes después de una fusión. Para protegerse, Eaton nombra gerentes de integración y gerentes de operaciones a fin de asegurarse de no desviar la atención que deben prestar a los clientes durante las actividades de integración. La satisfacción de los clientes se debe controlar cuidadosamente con regularidad durante todo el proceso de integración, y los altos ejecutivos deben cerciorarse de visitar a los clientes principales lo antes posible a fin de explicarles las razones de la fusión y las implicaciones para ellos.

Los empleados. Hay un riesgo muy real de que algunas de las personas más valiosas de la compañía vean en la fusión una oportunidad para irse a otra parte. Con toda la actividad que se produce después de una fusión, no es difícil que la compañía distraiga su atención y descuide a sus personas clave. Hay un verdadero alud de problemas de retención de personal en las firmas de servicios profesionales. No pasó mucho tiempo después de que Bank of America (anteriormente Nations Bank) adquiriera a Montgomery Securities, una pequeña firma de banca de inversión, por 1 300 millones de dólares en 1997, para que los choques entre los gerentes provocaran la deserción en masa de un centenar de empleados de Montgomery (para irse a una firma fundada por Tom Weisel, ex presidente de su junta directiva). Vale recordar que, durante una adquisición, la primera pregunta en boca de cada gerente y empleado de la compañía adquirida es: "¿Qué va a pasar conmigo?" La respuesta será el lente a través del cual evaluarán su decisión personal de irse o de quedarse, pelear y perturbar la paz, o acomodarse y adaptarse.

Tras el orgullo viene... *

No podemos abandonar el tema de las adquisiciones sin antes plantear el asunto del orgullo desmedido y la emoción de los directores ejecutivos. Consideremos la adquisición de Columbia Pictures por parte de Sony. Al hablar de los precios de las fusiones y las adquisiciones, el ex presidente de Sony Akio Morita dijo: "El dinero siempre se recupera. No puedo recuperar personas ni compañías y, a largo plazo, no importa si pagamos uno poco menos o un poco más". Aunque no cabe duda de que el talento y las compañías son importantes, esta clase de lógica se pasa de la raya en algún punto. Peter Guber anotó lo siguiente con respecto a la adquisición de Columbia Pictures por parte de Sony: "Hay una fuerza emocional detrás del negocio. Una vez que se active, no habrá nada que pueda frenar el trato". ¿Le suena conocido?

En un estudio fascinante sobre el orgullo desmedido de los directores ejecutivos, los profesores Mathew Hayward y Donald Hambrick investigaron si había alguna relación entre el precio pagado por la adquisición y el engreimiento del director ejecutivo de la compañía adquiriente. Al estudiar indicadores tanto del orgullo desmedido como de los halagos de la prensa y la remuneración del director ejecutivo en comparación con el segundo al mando, descubrieron que mientras mayor la autosuficiencia del director ejecutivo, mayor la cifra gastada. Por ejemplo, en promedio, cada noticia adicional altamente favorable para el director ejecutivo se traducía en un aumento de casi el 5% en el

---

* El autor insinúa el versículo 18 del capítulo 16 del *Libro de los Proverbios:* "Tras el orgullo viene el fracaso; tras la altanería, la caída". *(Nota del editor.)*

precio pagado. Los halagüeños informes de la prensa envanecen a los directores ejecutivos y los llevan a creer que pueden pagar más porque son lo suficientemente buenos como para recuperarlo todo con creces. Infortunadamente, los brillantes ejecutivos de Quaker, Sony y Saatchi & Saatchi descubrieron que hacer funcionar las fusiones y adquisiciones es mucho más difícil de lo que pensaban.

Cosas para recordar sobre las fusiones y las adquisiciones

- De la misma manera como los miembros de las juntas directivas de compañías como Enron y Tyco han sido los blancos de los ataques por no hacer nada mientras se desbocaban los escándalos contables, también deben asumir la responsabilidad por las adquisiciones que atentan contra la lógica. ¿Saatchi & Saatchi adquiriendo a Midlands Banks? Sencillamente no puede ser.
- Las sinergias son esquivas. En el análisis previo a la adquisición se deben evaluar con sensatez las posibles sinergias, prestando atención especial a la posibilidad de sinergias negativas, la premura del tiempo y el costo implícito.
- Nosotros no compraríamos un automóvil o una casa sin estudiar detenidamente lo que pensamos comprar. ¿Por qué habría de ser diferente en el caso de las compañías? Es mayor el número de barcos que se han hundido por una ldiligencia debida mal hecha —pensemos en Quaker— que por cualquier otro aspecto del negocio.
- El trabajo duro comienza realmente cuando se cierra el negocio. Quizás no sea fácil lograr una integración eficaz, pero de nada ayudan una gerencia ausente o la negligencia de los afectados por la fusión. Sony y Saatchi & Saatchi prestaron poca atención a las secuelas de sus negocios, y pagaron por ello.
- La adquisición no es un ejercicio para una sola vez. Los mejores compradores recuerdan lo que han aprendido en cada ne-

gocio y se valen de ese conocimiento como herramienta para crecer.
- Construya continuidad de la gerencia. Así como hay un conocimiento tribal dentro de las organizaciones, el cual se debe revelar y transmitir durante las adquisiciones, también los gerentes que participan en la integración son recursos valiosos. Para aprovechar su pericia es necesario desarrollar un grupo de personas cuya principal responsabilidad sea la de las fusiones y adquisiciones; cada vez que participan en un negocio, su base de conocimiento se amplía, haciendo de la compañía un contendor formidable.
- No olvide festejar los éxitos. El trabajo requerido para la integración es enorme y muy frustrante en ocasiones. Identifique las pequeñas victorias desde el comienzo y permita que el equipo las celebre.

CAPÍTULO 5

Estrategia fallida: hacer lo que no debe ser

Por qué los estrategas interpretan erróneamente a sus competidores y eligen estrategias "irracionales"

¿Qué es estrategia? Hay un sinnúmero de libros, programas de maestría en administración de empresas, iniciativas de educación para ejecutivos y consultores que pueden resolver esta pregunta hasta en sus mínimos detalles. Pero vamos a la esencia. Estrategia es lo que la compañía hace, o deja de hacer, para realizar su visión en un mercado competitivo. La estrategia de Dell es entregar directamente a sus clientes un computador personal ensamblado por pedido (y recientemente otros productos relacionados con los computadores). La estrategia en Southwest Airlines es proporcionar satisfacción de talla mundial a los viajeros que vuelan con mucha frecuencia y valoran el bajo costo.

Hay tres cosas que usted debe saber sobre la estrategia.

- A fin de tener una estrategia sólida, usted debe conocer "el quién, el qué y el cómo" de su compañía. ¿Quiénes son sus clientes? (Las personas que valoran la facilidad de hacer un producto a su medida y la entrega rápida en Dell; los clientes que valoran los precios bajos de Southwest.) ¿Qué vende? (Dell: productos de cómputo confiables; Southwest: conveniencia a la hora de viajar.) ¿Cómo lo vende? (Concentrándose en la logística y la ejecución en el caso de Dell; servicio al cliente y rapidez para recibir y despachar los vuelos en el caso de Southwest.)

- La estrategia tiene tanto que ver con lo que se decide no hacer como con lo que finalmente se hace. Si usted trata de hacer todo al tiempo, es porque realmente no tiene una estrategia. Dell no vende productos con su marca a través de distribuidores; Southwest no ofrece cabinas de primera clase. Ésta es una de las cosas que los ejecutivos encuentran más difíciles de captar: a veces es preciso decir "no".
- No todas las estrategias son iguales. Las estrategias deben basarse en una verdadera competencia interna que sea lo suficientemente importante para los clientes como para querer pagar por ella, y que los competidores no puedan imitar fácilmente. Hewlett Packard sabe fabricar computadores personales, pero pierde ante Dell porque no puede cambiar fácilmente de la venta a través de los canales y los distribuidores al modelo de venta directa a los clientes (los distribuidores se molestan cuando uno trata de dejarlos por fuera para llegar directamente a los usuarios finales). Muchas de las aerolíneas establecidas han tenido dificultades para capotear la tempestad posterior al 11 de septiembre, precisamente porque sus procedimientos normales de operación les impiden adoptar los atributos del modelo de negocios de Southwest.

Sí, sabemos que la estrategia puede ser complicada, mucho más complicada que esto, pero es verdaderamente útil concentrarse en estos principios básicos, especialmente cuando mucho de lo que pasa por estrategia no es más que una elaboración de estas ideas. Más aún, estos principios contribuyen en gran medida a comprender lo que salió mal en las compañías reseñadas en este capítulo. Claro está que en todo el libro hemos venido hablando de estrategia, sin referirnos a ella como tal. La estrategia ayuda a explicar la razón por la cual algunas empresas nuevas funcionan mientras que muchas no; la estrategia es la razón por la cual la innovación y el cambio son tan críticos; las fusiones y las adquisiciones tienen por objeto promover la estrategia de la compañía. La estrategia es el tema central de este capítulo porque ayuda a consolidar muchos de los temas de la primera parte y porque es la conexión perfecta con la segunda parte (donde encarnamos a Indiana Jones y excavamos hasta el fondo para revelar los patrones de comportamiento que llevan a los ejecutivos al fracaso). Y, como siempre, si bien las compañías develadas son de muchos mundos distintos —varían por industria, tiempo y localización— los aspectos comunes saltan a la vista para ofrecer unas lecciones de gran valor tanto para los ejecutivos como para los inversionistas.

Wang Laboratories: ¿tragedia griega?

Las tragedias de la Grecia clásica generalmente giraban alrededor de un defecto arraigado del protagonista, el cual terminaba siendo su perdición. Es trágico que esta "herida autoinfligida" —trátese del engreimiento, la arrogancia o la necesidad de poder y control— por lo general vaya de la mano con la genialidad. En la tradición clásica, algunas de estas características que hacen posible la grandeza son al mismo tiempo las causantes del fracaso, tema que en su nivel más básico explica la historia de An Wang y Wang Labs.

An Wang era un hombre excepcional: inventor, innovador, un verdadero creador de empresas. Llegó a los Estados Unidos con poco dinero, obtuvo un doctorado en física aplicada en la Universidad de Harvard en 1948 y después inventó el núcleo de memoria de pulsos magnéticos, tecnología que sería esencial para los computadores durante los dos decenios que siguieron. Fue el primero en desarrollar y hacer realidad el potencial del mercado de las calculadoras y se lleva personalmente los créditos por diversas patentes e ideas para productos. Esta búsqueda de las tecnologías nuevas no sólo fue su gran motivación sino el corazón mismo de la compañía de su creación —Wang Labs—, la cual creció hasta convertirse en una gran máquina generadora con un valor de 2 mil millones de dólares.

Los primeros años de la compañía fueron proféticos. Wang

Labs estuvo entrelazada con la IBM desde el comienzo. En 1956 le vendió a la IBM el diseño del núcleo de memoria de pulsos magnéticos, transcurridos cuatro años de arduas negociaciones. No pasó desapercibido el hecho de que el negocio se cerró justo semanas antes de que Wang recibiera una patente sobre esta tecnología; años después, Wang daría a entender que la IBM había cuestionado su derecho a la patente como medio para cerrar la venta.

A finales de los años 50, Wang tenía varios inventos adicionales a su haber, pero su sagacidad para los negocios estaba lejos de igualar a su sagacidad técnica. Cuando Wang patentó un dispositivo de fotocomposición para aumentar la productividad en la impresión de periódicos, echó a perder el contrato de licencia y perdió los derechos exclusivos de fabricación. Al verse necesitado de capital, vendió a regañadientes el 25% de su compañía a una empresa de metalmecánica por 150 000 dólares. Más adelante, Wang escribió que lamentaba haber cedido tanto control por un precio tan reducido.

Los dos decenios que siguieron fueron buenos para Wang. Con la introducción de la calculadora científica electrónica LOCI en 1965, prácticamente se dio nacimiento al mercado de la calculadora de escritorio, el cual fue dominado por Wang durante los cinco años siguientes. Wang Labs salió al mercado bursátil con gran fanfarria en julio de 1967, aunque el doctor Wang conservó personalmente el control de más del 50% de la compañía. El minicomputador Wang 2200 y la vanguardista máquina procesadora de texto 1200 BASIC hicieron su aparición en 1973, pero fue hasta cuando la compañía introdujo un minicomputador procesador de texto basada en tubos de rayos catódicos en 1976, que Wang dio su siguiente gran golpe. Ya en 1978, Wang Labs ocupaba el puesto 32 entre las grandes proveedoras de computadores, y tuvo la osadía de lanzar una campaña publicitaria televisada dirigida directamente en contra de la IBM, la cual ocupaba el primer puesto. An Wang proclamó descaradamente que su compañía reemplazaría a la IBM como la compañía dominante de la industria de computadores a mediados de los años 90. Como nos lo dijera un antiguo gerente, "tenía dos trajes, ambos de color gris, y en el bolsillo del saco siempre llevaba una pequeña gráfica sobre la manera como Wang Labs superaría a la IBM algún día. Esto en una época en que las ventas de Wang estaban cerca de los 3 mil millones de dólares y las de la IBM estaban por los 47 mil millones".

Arrogancia + odio + falta de respeto por la competencia = desastre

La historia del procesador de texto y del PC de la IBM ilustra mejor que ninguna otra los peligros del deterioro de la estrategia. En lugar de ver el procesador de texto como un producto, An Wang se enamoró perdidamente de él. Si bien una empresa innovadora debe estar verdaderamente enamorada del proceso de crear productos nuevos, estar enamorada del producto es peligroso, como lo vimos en el capítulo 2. Entonces, cuando su hijo Fred señaló que el PC de la IBM era la verdadera amenaza para el procesador de texto, dice la historia que An Wang respondió: "El PC es la cosa más estúpida de la cual he oído hablar". Entonces, lo mismo que Apple se resistió a otorgar licencias sobre su tecnología, Wang no sólo se demoró en llegar al mercado con un PC sino que, cuando finalmente entró, prefirió utilizar su propio sistema, incompatible con la IBM. Con una parte de arrogancia nacida de los éxitos del pasado, y otra parte de desafío a la hegemonía naciente de la IBM en el campo de los PC, el odio ciego de An Wang contra la IBM dio lugar a una estrategia perdedora. Desde el mismo momento en que vendió sus derechos sobre el núcleo de memoria de pulsos magnéticos, Wang se había sentido engañado y explotado por la gigante de los computadores y no había poder humano que lo llevara a caer en la misma situación nuevamente.

Para comprender la estrategia es preciso estudiar a los estrategas

La historia de An Wang y el PC —casi una fábula— permite vislumbrar el mundo cerrado de Wang. Desde un comienzo, An Wang fue a la vez presidente, director ejecutivo y director de investigación, y creó una "dictadura benévola" en la cual era suyo el control sobre todas las facetas de la compañía. Según una historia conmovedora que nos relatara su hijo Fred, el deseo de An de mantener el control abarcó incluso el proceso de la oferta inicial de acciones:

> *Por las noches leía una novela de misterio de Agatha Christie antes de dormirse. Generalmente leía una o dos páginas antes de que el sueño lo venciera y el libro terminara en el piso. Durante el verano de 1967, justo antes de salir a la bolsa, consiguió un manual sobre el proceso de llevar a las compañías a manos del público —uno de esos libros de gran formato— el cual se llevaba a la cama. Leía un par de páginas antes de que oyéramos el ruido del libro cuando caía al piso, y cuando caía sacudía toda la casa. Básicamente lo leyó todo durante el verano y pudo interrogar y dirigir a los bancos de inversión que nos ayudaron con la oferta pública inicial. Sabía más sobre algunas cosas que ellos mismos, sencillamente porque había dedicado tiempo a leer el material.*

¿De dónde venía esa preocupación por el control? Si bien no hay duda de que hubo unos atributos psicodinámicos que contribuyeron a las actuaciones de Wang, la razón principal es que éste siempre se lamentó de haber cedido demasiado control cuando la compañía se puso inicialmente en manos del público. Seguramente sintió que la IBM lo maltrató y se aprovechó de él. Y perdió el control sobre los derechos exclusivos de fabricación a causa de un contrato de licencia mal hecho. Podría decirse que buena parte de lo que le sucedió a Wang posteriormente fue producto de su intento por evitar los errores del pasado, pero cada solución demostró ser peor que el problema para el cual se había diseñado. Estos tres hechos —todos centrados en el tema de la pérdida del control— llevaron a Wang a tomar decisiones que destruyeron su compañía.

Hubo dos decisiones críticas. A principios de los años 80, Wang Labs ya era demasiado grande para que él pudiera manejarla solo.

La primera persona a quien Wang elevó al cargo de presidente —un ejecutivo experimentado con credenciales de peso— sólo duró tres años, puesto que se veía a las claras que An Wang deseaba ese cargo para su hijo Fred. Sin embargo, cuando éste asumió el mando, muchos se preguntaron si era la persona indicada para el cargo.

Aunque de ninguna manera podría decirse que el linaje de directores ejecutivos de una misma familia es único de Wang — Schwinn, Coors y Barneys también atribuyen gran importancia a la continuación de las tradiciones familiares—, para el doctor Wang su decisión quizás tuvo más que ver con su legado que con la familia. La suya no era una compañía familiar como lo eran Schwinn, Coors y Barneys; el ascenso de Fred al trono fue más bien una afirmación del éxito profesional y personal de An Wang. Ya en su lecho de muerte en 1990, An Wang escribió una nota que selló con esparadrapo, en la cual le pedía a Richard Miller, el director ejecutivo, que mantuviera intacto el nombre de la compañía independientemente de lo que le deparara el futuro.

La compañía vivía momentos difíciles porque sufrió una parálisis cuando los procesadores de texto fueron reemplazados en el mercado por los PC. La fuerza de ventas no quería vender PC —Wang Labs también era perdedora en ellos— y, además, ganaba mucho más con los procesadores de texto. El único problema era que el mercado de éstos continuaba hundiéndose. Las pérdidas se acrecentaron y provocaron un efecto de concentración debido a una decisión —la segunda que sentenció a muerte a la compañía— tomada por An Wang durante los años de crecimiento. Descontento por el hecho de haber tenido que ceder una parte tan grande de la compañía a la hora de ponerla en manos del público, se negó a vender algunas de sus propiedades para generar capital adicional. Con pocas oportunidades de conseguir capital social, la única salida era la deuda y, para 1989, Wang ya tenía acumulados más de 1 000 millones de dólares de deuda, incluidos 575 millones en préstamos bancarios. Aunque la compañía dio la pelea durante varios años más, ya en 1992 todo había terminado. Wang Labs, que durante años fue una de las compañías más innovadoras de la industria de los computadores, se acogió a la protección del capítulo 11 de la ley de bancarrotas de los Estados Unidos.

Wang Labs murió a causa de las heridas que se infligió a sí misma. Halló su perdición en aquello que la había hecho grande: el deseo obsesivo de un dictador brillante y benévolo de controlar todos los aspectos de la compañía. Wang Labs es un ejemplo notable de una joven compañía emprendedora que nunca maduró. An Wang, empujado a controlar tanto de su ambiente personal como pudiera y montado sobre una ola de éxito que lo hizo rico, cometió una serie de errores fundamentales, los cuales, en últimas, les costaron a la compañía su longevidad y a él personalmente el legado que tan desesperadamente anhelaba dejar.

En los dos casos siguientes el punto de influencia no estaba sólo arriba sino también en el medio y, en ambas compañías, los mandos medios se elevaron para producir un daño enorme. Además, son dos historias de un comportamiento aparentemente irracional de unos ejecutivos racionales. Por consiguiente, podría sorprender el hecho de saber que la primera es una compañía japonesa que vende leche y carne, mientras que la segunda es el orgullo de Nueva Inglaterra: los Medias Rojas de Boston.

Snow Brand Milk no aprende de sus errores

El 1 de marzo de 1955 se anunció una gran intoxicación alimentaria en nueve colegios de primaria de la zona de Tokio, la cual afectó a más de 1 900 personas. Dos días después, los funcionarios de Tokio anunciaron que se había descubierto la presencia de estafilococo en la leche baja en grasa producida por una compañía llamada Snow Brand Milk. El desconcierto fue grande para esta compañía, fundada en 1925 como cooperativa de los productores de Hokkaido, la isla más septentrional del Japón y conocida por su producción agrícola y lechera, al enterarse de que la contaminación venía de su fábrica de Yagumo, donde un apagón transitorio y los problemas con un equipo nuevo fueron los causantes del problema.

Snow Brand reaccionó con celeridad. Mitsugi Sato, su director ejecutivo, ordenó que el producto se retirara inmediatamente del mercado y detuvo todas las ventas. Contrató espacios publicitarios en todos los periódicos más importantes para presentar disculpas públicamente y se apresuró a viajar personalmente hasta la fábrica para investigar el asunto. Posteriormente, reunió la responsabilidad por el control de calidad y las pruebas en una sola división independiente e integró dentro del proceso de producción varios niveles de pruebas de calidad. Sato se dedicó también a inculcar la calidad dentro de la cultura de Snow Brand, mediante la distribución de mensajes periódicos a todos los empleados acerca de la importancia de la calidad, y dándole al concepto un sitio central en el credo de la compañía. Estos esfuerzos rindieron fruto y Snow Brand pasó a convertirse en uno de los nombres de mayor confianza en el Japón. En el año 2000, la compañía era ya una de las más grandes productoras de leche y derivados lácteos del país.

En el capítulo 3 reseñamos compañías como Motorola y Rubbermaid, y describimos la influencia que puede ejercer la historia de una compañía sobre sus actuaciones estratégicas subsiguientes. En Snow Brand, la historia sobre la intoxicación en Tokio se mantuvo viva durante años. La importancia de la calidad se reforzaba al distribuir constantemente la literatura de la compañía a los empleados. Sin embargo, en algún punto comenzó a desvanecerse el recuerdo y se puso fin a la práctica de enviar recordatorios sobre la calidad a los empleados. Además, en los años 90, las condiciones del mercado comenzaron a cambiar. Con la desregulación, los supermercados comenzaron a crecer y a consolidarse, y pasaron el peso del poder de negociación del productor al comerciante. Hasta marcas muy conocidas como Snow Brand se vieron obligadas a bajar los precios a medida que los comerciantes llenaban sus estanterías con sus propias marcas privadas. En un intento por cumplir sus metas de rentabilidad en este mercado difícil, los gerentes de planta buscaron la manera de recortar costos donde fuera posible. Se aumentaron los niveles de producción no sólo para suplir la demanda sino para aprovechar al máximo la capacidad de las instalaciones existentes.

La presión por recortar los costos se estrelló contra la preferencia tradicional del consumidor japonés por los productos frescos. Por tradición, los productores de alimentos siempre habían puesto en las etiquetas de los productos perecederos la fecha de producción en lugar de la fecha de vencimiento. En la producción de leche se aplicaba el programa conocido como "D-1", según el cual la leche se entregaba un día después de producida. Las pruebas del producto se realizaban cuando la leche ya estaba en camino hacia los almacenes; aunque se necesitaban dieciséis horas para las pruebas, en caso de descubrirse algún problema, todavía había tiempo de recoger el producto. A medida que crecía la presión por la frescura de los productos, los productores de leche comenzaron a aplicar el programa de entrega "D-0" mediante el cual la leche llegaba a los almacenes el mismo día en que era producida. Ese programa D-0 impedía las pruebas oportunas de calidad y aumentó el riesgo de intoxicación. Aunque el Ministerio de Agricultura, Silvicultura y Pesca del Japón aconsejaba a los productores no entregar dentro de esa ventana de tiempo del día cero, algunas compañías, entre ellas Snow Brand, prefirieron seguir haciéndolo. Ya no tenían margen para equivocarse.

Golpea el desastre

Con la presión en aumento, algo tenía que ceder, y ese algo fue la calidad. La fábrica de Osaka comenzó a producir cien mil toneladas de leche, muy por encima de su capacidad para sesenta mil. Se disfrazaban las fechas de producción, la leche devuelta de los almacenes se utilizaba para otros productos sin el conocimiento de los clientes, había muchas fallas de higiene (por ejemplo, las válvulas de las máquinas no se lavaban ni esterilizaban debidamente) y se falsificaban las planillas de las operaciones.

El público no sabía nada de todo eso... hasta el 27 de junio de 2000. Esa mañana, el centro de servicio al cliente para el occidente del Japón recibió una queja de que la leche producida en la fábrica de Osaka estaba provocando casos de náusea y vómito. Después de la primera queja vinieron muchas más, pero Osaka no hizo nada. No se puso en contacto con las oficinas principales en Tokio y continuó con las entregas en D-0 durante dos días más.

Al día siguiente, el 28 de junio, la oficina de salud pública de Osaka recibió un informe de un médico concerniente a intoxicación alimentaria, aparentemente debido a la leche baja en grasa de Snow Brand. Los funcionarios de salud pública iniciaron rápidamente la investigación de la fábrica de Osaka, aunque la leche contaminada permaneció en las estanterías de los almacenes. Coincidió con que el 28 de junio era también el día de la reunión de accionistas de Snow Brand Milk. La fábrica no informó nada ni a la oficina para el occidente del Japón ni a las oficinas corporativas.

La alta gerencia recibió finalmente en la mañana del 29 de junio la información de que la leche de la planta de Osaka estaba causando intoxicaciones. A las 4:00 de la tarde de ese día, la Ciudad de Osaka anunció que la leche Snow Brand había sido la causante de un brote que había afectado a más de doscientas personas. Finalmente, a las 9:45 de la noche, cerca de sesenta horas después de presentarse los primeros informes, el presidente de la sucursal del occidente de Japón convocó a una rueda de prensa donde reconoció la responsabilidad de la compañía por la intoxicación. La leche Snow Brand permaneció durante todo este tiempo en las estanterías y en los refrigeradores de los clientes, exponiendo a más personas al producto contaminado.

Ya para el 1 de julio habían enfermado más de seis mil personas, y tanto los consumidores como los medios estaban enardecidos por el hecho de que los altos ejecutivos de Tokio ni siquiera hubieran reconocido el incidente y menos aún asumido la responsabilidad. Durante una conferencia de prensa sostenida tarde en la noche tres días después, el presidente de Snow Brand Milk, Tetsuro Ishikawa, súbitamente se negó a seguir respondiendo a las preguntas y salió corriendo hacia el ascensor. Ante la persecución de los reporteros que exigían su presencia en la conferencia de prensa, les gritó airadamente desde el ascensor: "¡No he dormido!", a lo cual un reportero respondió: "¿Y qué? ¡Tampoco nosotros hemos dormido! ¿Tan siquiera ha pensado en los pobres niños que están sufriendo en el hospital?"

Ishikawa no encontró contestación y aceptó en silencio regresar a la sala de la conferencia. Esta escena registrada por las cámaras salió al aire una y otra vez por la televisión nacional y enfureció no sólo a los consumidores de Osaka sino a los consumidores, los distribuidores y hasta los empleados de Snow Brand de todo el Japón. Ishikawa anunció su renuncia dos días después.

Las prácticas antihigiénicas y mal concebidas de la planta de Osaka salieron a la luz durante las investigaciones ulteriores. En total, trece mil personas enfermaron en este incidente, el peor del Japón desde la Segunda Guerra Mundial. Las ventas de la leche Snow Brand cayeron un 88% en julio en comparación con el año anterior. La participación en el mercado se redujo de casi un 40% en junio a menos del 10%. La compañía pasó de tener utilidades netas de 3 300 millones de yenes en el año fiscal de 1999 a registrar una pérdida de 51 600 millones de yenes en el año fiscal de 2001.

El desastre golpea... nuevamente

Snow Brand Milk constaba de varias subsidiarias además del negocio central de la leche. Una de esas empresas era Snow Brand Foods, importante productora de carne, pollo y cerdo. En septiembre de 2001, la encefalopatía espongiforme bovina (la enfermedad de la vaca loca) golpeó el negocio de la carne en el Japón. El Ministerio de Agricultura, Silvicultura y Pesca reaccionó rápidamente para proteger la industria de la carne y al mes siguiente inició un programa para comprar la producción nacional de carne que debía destruirse por temor a la contaminación.

Ante la rápida declinación de las ventas y la misma presión para cumplir con las metas que la compañía había experimentado anteriormente con Snow Brand Milk, surgió nuevamente la tentación de tomar atajos. La siguiente es la estratagema que Snow Brand Foods decidió utilizar: compró carne más barata en Australia y le puso etiqueta japonesa para presentarla al programa del Ministerio, guardándose la diferencia. Infortunadamente para Snow Brand Foods, el gobierno inspeccionó uno de los centros de procesamiento de la compañía en el mes de enero y encontró 13,8 toneladas de carne mal etiquetada. Ante la presión del gobierno y los consumidores, tres días después la compañía suspendió voluntariamente las ventas de carne y productos cárnicos procesados. Las investigaciones subsiguientes revelaron que la compañía no sólo había adoptado prácticas semejantes en otros centros de procesamiento sino que había disfrazado el origen de la carne y del cerdo desde tiempo atrás a fin de lograr unos precios de venta más altos.

No pasó mucho tiempo antes de que el gobierno japonés descargara el mazo. El 1 de febrero de 2002, aquél levantó cargos de fraude y la policía allanó las oficinas principales y otras sucursales a fin de recoger evidencia adicional. Después del desastre de la intoxicación con la leche acaecido apenas dos años antes, la compañía había agotado su reputación y terminó cerrando la subsidiaria de Snow Brand Foods en su totalidad, tres meses después. Snow Brand Milk buscó los medios para aislar el daño e independizó algunas operaciones de negocios para convertirlas en empresas de riesgo compartido, incluida la producción y la venta de leche en polvo para lactantes. Sin embargo, el precio de las acciones descendió a 150 yenes en mayo de 2002 (de un nivel de 600 yenes el año anterior) antes de recuperarse ligeramente. Es probable que Snow Brand Milk pueda sobrevivir, pero el daño está hecho.

¿Cómo pudo suceder?

En retrospectiva, fue casi como si la gerencia de Snow Brand hubiera operado en un vacío. Entregar leche según un programa de D-0 es una estrategia tan arriesgada como ninguna en una industria en la cual es indispensable un 100% de confiabilidad y de seguridad. Un error ya es demasiado. En contraste con otras organizaciones donde la confiabilidad es primordial, como sucede con los ejércitos, las plantas de energía nuclear y los fabricantes de aeronaves, la ausencia de controles de producción parece impensable. En Snow Brand hubo un intento deliberado por evitar y esquivar los controles que habían existido siempre. ¿Por qué?

Hay tres razones principales. En primer lugar, la presión por resultados había crecido hasta tal punto que los gerentes de planta se vieron imposibilitados para evitar unas actuaciones más arriesgadas que, con el tiempo, terminarían atentando contra la ética e infringiendo la ley. ¿En qué momento se pasa de la raya el afán por la eficiencia? ¿Cómo saben los gerentes dónde trazar la línea en medio de un ambiente de alta presión? Quizás en esto radique la razón por la cual las revelaciones sobre fechorías, o por lo menos sobre chapucerías, continuaran saliendo de Enron, WorldCom y Tyco mucho después de que se destapara el "escándalo" inicial. Por ejemplo, meses después de la renuncia de Kozlowski, el director ejecutivo de Tyco, continuábamos leyendo noticias en *The Wall Street Journal* sobre la manera como la subsidiara ADT de la compañía contabilizó los contratos cancelados de las alarmas de seguridad. Y durante un tiempo pareció como si la totalidad de los "errores" contables de WorldCom seguiría aumentando semana por semana. Cuando la cultura anda mal, impregna toda la organización y llega tan al fondo que pueden pasar años antes de que terminen de llover cosas.

En toda la historia de Snow Brand estuvo ausente la plana mayor, es decir, las personas que no sólo pueden elevar la rentabilidad sino establecer normas éticas incuestionables y servir de luz para guiar a la organización a fin de alcanzar esas metas elevadas. Ante la falta de unas pautas claras sobre lo apropiado y lo inapropiado, algunas personas podrían pasarse de la raya. Y otras podrían imitarlas en medio de un ambiente competitivo duro y la presión intensa por mostrar resultados. Los mandos medios de Snow Brand se vieron atrapados por una fuerza centrífuga poderosa de la cual no pudieron liberarse.

En segundo lugar, la cultura de Snow Brand no era de las que permitiera cometer o reconocer errores. Se trataba de una compañía exitosa, realmente estelar, que había construido una reputación de excelencia. Cuando ocurrió el desastre de la intoxicación, en Osaka hubo gran desconcierto. Pero en lugar de reconocer que algo había salido muy, pero muy mal, Osaka inventó la idea de que podía resolver el problema por sí sola. Su renuncia a informar a las oficinas principales acerca de la intoxicación masiva dice mucho acerca de la seguridad que tenía de poder resolver el problema y del temor abrumador de reconocer que la leche producida en su planta estaba mala. La noción de que la oficina principal estaba ocupada con la reunión de los accionistas fue sencillamente una excusa para no informar a los jefes. Pero mientras la planta de Osaka buscaba la manera de manejar el desastre por su cuenta, sus productos permanecieron en las estanterías y en los refrigeradores e infectaron a más personas sin justificación.

Por último, tanto en el caso de la leche como de la carne, las prácticas y las actividades ilegales venían ocurriendo desde algún tiempo antes de que se detectaran. En efecto, podrían haber continuado de no haber sido por la intoxicación con la leche o por las visitas del gobierno a las plantas de cárnicos. No fueron violaciones que se presentaran una sola vez sino un patrón constante de conductas inapropiadas. Estas prácticas no habrían podido continuar si los gerentes se hubieran detenido a cuestionar lo que hacían. Pero a la gerencia de Snow Brand nunca se le pasó por la mente que la compañía pudiera caer. La suya era una marca estelar con una reputación magnífica entre los clientes. No podían hacer nada malo... de modo que lo hicieron. La reacción de la compañía frente a las denuncias sobre la intoxicación con la leche dice mucho. No admitieron la responsabilidad, no adelantaron investigaciones formales y el director ejecutivo dio el golpe de gracia a las relaciones públicas al no mostrar ni un ápice de compasión. Entre tanto, nada de esto les caló a los ejecutivos de Snow Brand Foods, quienes procedieron a repetir virtualmente el mismo desastre en el negocio de la carne apenas unos cuantos meses después. No fue que no aprendieran la lección sino que se negaron a aprenderla.

El colmo de esta renuencia a aprender, incluso ante una evidencia clara de que debían hacer lo contrario, es quizás el caso de los Medias Rojas de Boston. Y a diferencia de casi todos los demás casos investigados, muchas de las personas con quienes hablamos en este caso, entre ellas el primer lanzador negro de los Medias Rojas ("Pumpsie" Green) y la señora de Jackie Robinson, exigieron que no se les mencionara por su nombre, aun a pesar de haber participado en muchas entrevistas. ¿Por qué tanta sensibilidad? Porque la historia sobre las razones por las cuales los Medias Rojas tardaron tanto en superar la barrera del color en las ligas mayores del béisbol es en realidad una historia sobre racismo y quizás el ejemplo por excelencia de un comportamiento irracional.

Los Medias Rojas de Boston y la integración de los jugadores afroamericanos

Al aficionado le tiene sin cuidado la rama de la especie humana de la cual haya salido el jugador, mientras pueda mostrar resultados. El irlandés, el judío, el italiano, el holandés y el chino, el cubano, el indio, el japonés, el llamado anglosajón, no importa cuál sea su nacionalidad si sabe lanzar, o batear o ser buen jardinero. En el béisbol organizado nunca había habido distinciones, salvo el acuerdo tácito de que un jugador de ascendencia etíope no es elegible, cuya sensatez no pensamos discutir salvo para decir que ha sido en virtud de esa regla que se les ha negado la oportunidad a algunos de los jugadores más extraordinarios de este deporte.

—Editorial sin firma, *Sporting News,* 6 de diciembre de 1923

El 21 de julio de 1959, Elijah "Pumpsie" Green hizo su aparición como suplente de emergencia para los Medias Rojas de Boston en el Comiskey Park de Chicago, convirtiéndose en el primer afroamericano en usar el uniforme de este equipo en una temporada regular. Habían transcurrido exactamente doce años desde que Jackie Robinson ingresara al béisbol con los Dodgers de Brooklyn. Los Medias Rojas de Boston fueron el último equipo de las ligas mayores en hacer la integración racial. A finales de los años 40, los Medias Rojas eran uno de los equipos dominantes de la Liga Americana, con un promedio de 94,6 victorias entre 1946 y 1950, un banderín a su haber y dos finales en el segundo puesto de las divisiones. Sin embargo, a partir de 1951, la suerte del equipo se deterioró rápidamente. Entre 1951 y 1959, los Medias Rojas lograron tan solo 80 victorias y terminaron en los últimos lugares de la liga estadounidense.

Si bien este retroceso pudo deberse a diversas razones, uno de los factores decisivos fue la renuencia de los gerentes de los Medias Rojas a proceder a la integración racial del equipo. Las preguntas emanadas de esta historia llegan directamente al corazón de los líderes y al meollo de nuestra tesis. ¿Por qué los Medias Rojas no integraron afroamericanos sino doce años después de que lo hiciera por primera vez un equipo de las ligas mayores? ¿Por qué los administradores del equipo prefirieron no enfrentar la dinámica cambiante del mercado de talentos? Y, lo que es más extraño, ¿por qué adoptaron esta postura a pesar del costo aparente para el rendimiento y la reputación del equipo?

La historia de la integración y del surgimiento de las ligas negras

El racismo estuvo arraigado en el béisbol organizado desde un comienzo. Ya en 1867, la primera liga organizada del país —la Asociación Nacional de Jugadores de Béisbol— rechazó la solicitud de un equipo afroamericano que buscaba la condición de club. Aunque sesenta deportistas afroamericanos jugaron en las mayores antes de 1900, un "acuerdo de caballeros" entre los propietarios del béisbol hizo realidad la segregación en el béisbol profesional, siendo Moses Fleetwood Walker, catcher de los Mudhens de Toledo, equipo de la Asociación Americana, el último afroamericano en jugar en las ligas mayores hasta la aparición de Jackie Robinson.

El resultado de esta segregación informal fue que hacia los años 20 comenzaron a operar las "ligas negras" como ligas regulares, aunque con limitaciones financieras severas y poca estabilidad organizacional en comparación con las ligas mayores establecidas. La mayoría de los equipos negros organizados sobrevivieron recorriendo los pueblos pequeños de todo el país, a veces jugando varios partidos en un solo día. Tal como lo describiera posteriormente James "Cool Papa" Bell, una de las estrellas de la liga negra de los años 30 y 40, "con frecuencia jugábamos dos o tres partidos al día. Jugábamos el primero antes del amanecer, viajábamos cuarenta millas y jugábamos otro partido bajo las luces". A pesar de la naturaleza desorganizada de las ligas negras, el interés era grande y la asistencia llegó a su nivel más alto en 1942, con más de tres millones de aficionados. Sin embargo, quienes impulsaron el llamado a la integración racial fueron los afroamericanos que pelearon en grandes números durante la Segunda Guerra Mundial. Organizaron manifestaciones afuera del Yankee Stadium durante las cuales proclamaron: "Si podemos parar balas, ¿por qué no bolas?" Aunque varios de los equipos de la liga mayor ya habían manifestado su interés en las estrellas de la liga negra para 1942, fue sólo hasta la muerte dos años después de Kenesaw Mountain Landis, comisionado para el béisbol y enemigo acérrimo de la integración racial, que se logró algún progreso.

En 1945, Branch Rickey, gerente general de los Dodgers de Brooklyn, hastiado del costo elevado de desarrollar jugadores, recurrió a las ligas negras en busca de talento a menor precio. Esto le manifestó al secretario que viajaba con él: "Hijo, la fuente más grande de materia prima sin explotar en la historia de nuestro juego es la raza negra. Los negros nos traerán las victorias en los años por venir. Y por eso soportaré con alegría ser un defensor de causas perdidas, un ingenuo filántropo y toda esa basura humanitaria". El resultado: en abril de 1947, Jackie Robinson cayó como una bomba en el campo como primer jugador de las ligas mayores. Dos años después se convertiría en el "jugador más valioso", iniciando un recorrido en el cual nueve de los siguientes once jugadores que recibieron este premio serían afroamericanos.

Los Medias Rojas y la integración

Uno de los equipos más antiguos de la Liga Americana, aquél que con el tiempo se convertiría en los Medias Rojas de Boston, nació en 1901, llegando a ocupar un puesto dominante en poco tiempo, con cinco victorias en la Serie Mundial entre 1903 y 1918. Después de vender a Babe Ruth una vez terminada la temporada de 1919, durante años la famosa "maldición del Bambino" relegó a los Medias Rojas a la condición de segunda división. Sin embargo, en 1946, el club remontaba nuevamente hacia el escalón superior de la Liga Americana al ubicar a ocho de sus jugadores en el equipo de All Star y avanzaba hacia la Serie Mundial antes de perder en siete juegos contra los Cardenales de Saint Louis. Durante los cuatro años que siguieron, los Medias Rojas se establecieron como uno de los equipos más importantes de la Liga Americana, con unos aficionados que todos los años esperaban verlos participar en la contienda por el título.

Sin embargo, al igual que los demás equipos de las ligas mayores, los Medias Rojas se vieron puestos a prueba por el hecho de que los Dodgers hubieran contratado a Jackie Robinson. Cuando el debate sobre la integración racial surgió por primera vez en los años 30, la organización de los Medias Rojas mostró poco interés. El racismo, sutil y no tan sutil, parecía impregnar al club de pelota. Tal como escribe David Halberstam en *Summer of '49*, "las directivas de los Medias Rojas eran en su mayoría de origen irlandés, el grupo más poderoso en Boston. Habían establecido su propio orden de prioridades para la selección de los jugadores, según el cual a los anglosajones se los veía con respeto y se los admiraba a regañadientes por estar donde estaban; los judíos eran objeto de admiración y suspicacia por ser inteligentes, quizá demasiado; y a los italianos se los veía con desdén por ser inmigrantes y católicos, pero no irlandeses. Los negros estaban muy por debajo de los italianos".

Irónicamente, los Medias Rojas tuvieron la oportunidad de contratar a Robinson cuando acudió a Fenway Park para una prueba con Sam Jethroe y Marvin Williams, compañeros de la liga negra, el 16 de abril de 1945. Sin embargo, la prueba quizás tuvo más que ver con el deseo de los Medias Rojas de aplacar a Isadore Muchnick, proponente de la integración racial quien, como miembro del Concejo Municipal de Boston, podía vetar la rentable práctica de programar los juegos el día domingo. Un seleccionador de los Medias Rojas que asistió a la prueba comentó que Robinson mostró tanto potencial como cualquier otro jugador, pero la gerencia de los Medias Rojas aparentemente decidió que los jugadores no estaban todavía listos para las ligas mayores y que sería difícil asignarlos a la filial AAA de los Medias Rojas en Louiseville, ciudad donde prevalecía la hostilidad racial.

Willie Mays también se les escapó. Mays, reconocido actualmente como uno de los más completos y mejores jugadores del béisbol de todos los tiempos, jugaba en 1949 para un equipo de la liga menor conocido como los Barones Negros de Birmingham. Los Barones Negros jugaban en el mismo estadio que los Barones de Birmingham, un equipo afiliado a los Medias Rojas de Boston. George Digby, el seleccionador local de los Medias Rojas, quedó impresionado con el talento excepcional de Mays y llamó inmediatamente a Joe Cronin, gerente general de los Medias Rojas, para decirle que Mays "es el muchacho más prometedor que he visto en todo el año"; los derechos para el contrato estaban disponibles por 5 000 dólares. Cronin envió posteriormente a otro seleccionador para ver a Mays, pero éste informó que Mays "no es del tipo de los Medias Rojas". Así, el club dejó pasar una oportunidad de oro para contratar a un jugador que más adelante estaría en el Hall de la Fama.

Aunque "Pumpsie" Green finalmente rompió la barrera del color en los Medias Rojas en 1959, la organización no facilitó las cosas. Green, contratado en 1956, había ascendido por el sistema de los Medias Rojas e integrado algunos equipos en su ascenso. Cuando comenzaron los entrenamientos de primavera, antes de la temporada de 1959, aumentaba la presión para que los Medias Rojas mantuvieran a Green en la lista de la liga mayor. Con la integración de Ozzie Virgil a los Tigres de Detroit en junio de 1958, los Medias Rojas eran el último equipo de la liga mayor en ponerle su uniforme a un jugador afroamericano. Green tuvo una temporada de primavera verdaderamente extraordinaria, lideró en bateo y se constituyó en el novato del año en entrenamiento, según la opinión de los escritores de Boston. El Boston Globe escribió: "El desempeño de 'Pumpsie' Green esta primavera le hará merecedor de un puesto en la primera categoría de los Medias Rojas". Sin embargo, el gerente Mike Higgins envió a Green de regreso a las ligas menores al terminar el entrenamiento, con la explicación de que "sencillamente no está listo".

El retroceso produjo un alud de críticas. El capítulo local de la NAACP, la Asociación Nacional para el Avance de las Personas de Color, consideró que la medida era "ultrajante" e incitó a las protestas. Los aficionados enardecidos marcharon delante del Fenway Park arengando "Queremos un trofeo, no un equipo de blancos". La Comisión de Massachusetts contra la Discriminación también inició una investigación, la cual terminó cuando el gerente general de los Medias Rojas, Bucky Harris, prometió integrar racialmente los alojamientos en las instalaciones de entrenamiento de primavera de su equipo en Scottsdale, Arizona, y tratar de poner fin a la segregación. No obstante, Green no sería ascendido a las ligas mayores sino hasta cuando Higgins fue despedido y reemplazado por Billy Jurgens más adelante durante ese mismo verano.

¿Habría sido mejor el desempeño de los Medias Rojas con jugadores afroamericanos?

No es nada nuevo decir que el racismo ocupó el centro de la historia de los Medias Rojas de Boston durante la era de la integración racial. ¿Pero fue el racismo el causante del pésimo historial de victorias y derrotas del equipo durante ese tiempo? Para responder a esta pregunta recopilamos datos sobre los equipos de las ligas mayores entre 1947 y 1959 a fin de evaluar la relación entre la presencia de jugadores negros en sus listas y el éxito de los equipos.

Primero, identificamos a todos los jugadores afroamericanos que estaban en las ligas mayores del béisbol entre 1947 (cinco jugadores) y 1959 (setenta y cinco), y los equipos a los cuales pertenecían. Después, hicimos la prueba estadística de si la presencia de los jugadores negros en cada uno de los equipos había influido sobre sus registros de victorias y derrotas. Descubrimos lo siguiente: el número de jugadores negros en relación con los promedios de la liga presentó una correlación positiva con el porcentaje de victorias y derrotas. Además, trece de dieciséis equipos mejoraron sus registros tras incluir a los jugadores negros y, en general, los equipos que contaban con más jugadores afroamericanos tuvieron porcentajes más elevados de victorias comparados con aquéllos que tenían menos jugadores negros.

Manejo del comportamiento "irracional": ¿Por qué los Medias Rojas se negaban a integrarse?

Nuestra evidencia cuantitativa es clara: los equipos de béisbol que optaron por no incluir en sus nóminas a los jugadores afroamericanos, o que demoraron más en hacerlo que sus competidores, tuvieron unos resultados inferiores de victorias y derrotas. Dicho de otra manera, las organizaciones que adoptaron una estrategia de segregación racial aplicaron una estrategia irracional, si suponemos que es irracional que los equipos de béisbol adopten estrategias de bajo desempeño. ¿Por que sucedió así? ¿Por qué actuaron de manera irracional los Medias Rojas de Boston?

La respuesta corta, naturalmente, es que el racismo es irracional. Pero aun no responde la pregunta de por qué las personas de las organizaciones optan por adoptar estrategias diseñadas para destruir valor. Éste es un caso clásico de "cabezas de palo". Si eliminamos el odio de la ecuación, vemos que la estrategia no es muy diferente de otras estrategias irracionales, destructoras del valor que han adoptado compañías que van desde Motorola hasta Wang Labs. En cada uno de los casos, hay una serie de decisiones —tomadas a veces por una persona y frecuentemente por muchas— que crean una desventaja competitiva de la cual las compañías tardan años en recuperarse. Una vez que Motorola quedó rezagada en los teléfonos móviles, toda la compañía entró en una caída libre que la relegó a una posición de segunda división, condición improbable (¿y de corta duración?) para una compañía de tanto éxito y renombre. Wang Labs no se recuperó nunca, vivió en tierra de nadie bajo el capítulo 11 durante un decenio, hasta que se vendió. Y la decisión de los Medias Rojas de Boston de dejar pasar a Jackie Robinson y después a Willie Mays, y esperar hasta que transcurrieron doce años desde que sus competidores comenzaran a cambiar de estrategias, ha sido sin duda la peor decisión en la historia del equipo.

Los Medias Rojas de Boston sufrieron dos enfermedades relacionadas que hicieron posible que se arraigara el comportamiento irracional. Primero, el liderazgo de Tom Yawkey, el propietario, carecía de lógica y supervisión y, segundo, el sistema organizacional creado para identificar y evaluar el talento se corrompió a causa de los prejuicios individuales.

Son pocas las personas que creen que Tom Yawkey haya abrigado una fuerte creencia racista y, no obstante, estaba al frente de una organización en donde las actitudes y los actos racistas encontraron poca resistencia. Es indudable que el director ejecutivo tiene la responsabilidad no sólo de marcar el rumbo moral de una organización sino la lógica dominante. Lo mismo que muchos directores ejecutivos, Yawkey se apoyó en su organización para hacer las cosas; no obstante, esa organización de cuyo desarrollo y liderazgo coherente era responsable, optó por evitar la integración racial. Algunas personas han afirmado que, una vez que aquélla se consolidó, Yawkey impulsó a su sistema de seleccionadores a identificar jugadores negros en potencia. La reacción de los seleccionadores veteranos fue, muchas veces, la de evitar a los negros con potencial y, cuando finalmente acudían a ver jugar a alguno, por lo general le daban una mala calificación, consiguiendo cerrar todas las oportunidades a medida que se presentaban. Tal como dijo Glenn Stout, historiador del béisbol, en una entrevista con Gordon Edes del *Boston Globe*: "Se dice que Yawkey increpaba a los seleccionadores de los Medias Rojas con estas palabras: '¿Cómo es que no tienen jugadores afroamericanos?' Y ellos respondían: 'No encontramos ninguno', a lo cual replicaba Yawkey: 'Bueno, si no los hay, no los hay'".

Además del muro erigido por los seleccionadores, Yawkey también tendía a depender demasiado de una cómoda red de "viejos muchachos", puesto que solía mezclar su vida personal con su vida profesional, contratando a los amigos para trabajar en los Medias Rojas. La camaradería que se desarrolló fue nociva para el club, puesto que eran los sentimientos de los amigos en lugar de unos indicadores objetivos y corroborados los que influían sobre las decisiones administrativas y de contratación. Esta combinación de liderazgo débil y un sistema organizacional inclinado a aprovechar estas debilidades para respaldar sus propios prejuicios fue la que obstaculizó el cambio en los Medias Rojas. Sin una brújula moral para romper las barreras ni una lógica dominante para elevar las metas de la organización por encima de las personales, la organización de los Medias Rojas de Boston optó por adoptar una estrategia "irracional" con consecuencias graves y nocivas de largo alcance.

El mundo cambió para los Medias Rojas durante los años que siguieron a la Segunda Guerra Mundial, pero ellos no pudieron cambiar en consecuencia. Sin embargo, este hecho pasa por alto una de las lecciones más importantes emanadas del estudio de este triste capítulo de la historia del deporte. La evidencia apunta claramente hacia la culpabilidad del director ejecutivo y del personal clave de gerencia; la de los Medias Rojas bien podían ser una organización compleja con unas rutinas y sistemas arraigados, pero fueron las personas, los seres humanos, quienes optaron por no adaptarse a la ola de integración racial del béisbol de las grandes ligas. Optaron por no tomar el toro por los cuernos, ni siquiera ante el deterioro del desempeño del equipo (y la evidencia de que los equipos que se habían apresurado a efectuar la integración racial eran mejores). Si bien la irracionalidad del racismo salta a la vista de la mayoría de los observadores, en otras organizaciones en las cuales el hecho de optar por no adaptarse puede adoptar formas menos ofensivas pero igualmente equivocadas —por ejemplo, la obstinación de mantener participación en el mercado ante las tecnologías nuevas que pueden significar un gran salto por encima de las posiciones establecidas—, las actuaciones o las omisiones de la gerencia pueden tener efectos igualmente calamitosos. Y lo mismo que en el caso de los Medias Rojas, las raíces de esa clase de error humano están en el punto de intersección entre los líderes y la organización y, por ende, están presentes en todas las compañías.

El retorno de la estrategia: una búsqueda de las lecciones

¿En qué momento se echa a perder una estrategia? Tal como hemos señalado, hay unas fallas fundamentales que se ocultan justo debajo de la superficie de muchas compañías y que pueden aflorar para dar al traste con las iniciativas estratégicas. Aspectos vulnerables como son la mentalidad errada de los ejecutivos, las actitudes engañosas, las fallas de la organización y las patologías de los líderes pueden descarrilar la estrategia. Pero antes de llegar a la autopsia, podemos reducir los errores de estrategia a dos cosas: una idea equivocada y un mal manejo de la idea. Una idea "equivocada" no es sólo una mala idea sino una idea mal concebida que nunca debió surgir pero que lo hizo a causa de una interpretación fundamentalmente errónea del panorama competitivo. En muchos sentidos, la idea es casi absurda y quienes la conciben (entre quienes se cuentan no sólo los directores ejecutivos sino los gerentes encargados de dar vida a la idea) se ponen en una situación todavía peor cuando tratan de hacer funcionar la insensatez.

Es la razón por la cual Wang Labs es un ejemplo tan clásico de una estrategia fallida. La idea de que Wang pudiera controlar todos los aspectos de su existencia mientras desarrollaba una estrategia para destruir a la IBM estaba mal concebida; no sólo era imposible de lograr sino que también desviaba la atención de aquello que el mercado y los clientes exigían. El gestor de esa idea —An Wang con su dictadura benévola— siguió una lógica de la acción que en lugar de ayudar a la compañía a competir, la obstaculizó. Al interpretar erróneamente lo que los clientes deseaban, es decir, depender de un sistema propio y restringir la propiedad sobre el capital, se agravaron los efectos de una mala idea hasta el punto en que la estrategia de Wang sencillamente se desmoronó. Otras compañías como Snow Brand, los Medias Rojas de Boston, General Motors en los años 80, Mattel y Schwinn vieron cómo sus estrategias colapsaban de manera semejante al depender de unas ideas mal concebidas y una dirección ineficaz. Veamos las lecciones emanadas de historias como éstas.

Interpretar erróneamente el panorama competitivo

Wang Labs subestimó el poder del PC de la IBM y puso demasiado énfasis en la importancia de los sistemas propios (no fue la única en cometer este error, como puede verse en el caso de Apple Computer hacia 1980). Los Medias Rojas no reconocieron que los esfuerzos de integración de otros equipos repercutían favorablemente en la calidad de los mismos. Y Snow Brand, con un giro ligeramente distinto, no reconoció la manera como las presiones de entregar productos frescos el día cero podrían socavar todo su negocio.

Uno de los efectos más nocivos de la interpretación errónea de la competencia y, por ende, de una estrategia que jamás debió aceptarse, está en el ejemplo de General Motors en los años 80. Si bien la declinación de GM es una historia conocida, no se ha reconocido lo suficiente el grado de daño provocado por esta interpretación errónea del panorama competitivo.

GM se enfrentaba a dos realidades en los años 80. En primer lugar, las importaciones de alta calidad y bajo costo provenientes del Japón comenzaban a afirmarse en el mercado estadounidense. Y, en segundo lugar, las relaciones laborales de la compañía eran horrendas. ¿Qué hacer? No es difícil reconstruir las preguntas que se hiciera Roger Smith, director ejecutivo de GM. ¿Cuál era el renglón de gastos más alto en el balance de GM? La mano de obra. ¿Quiénes impedían mejorar la velocidad de producción con sus amenazas de huelga? Los trabajadores. ¿Quiénes cometían los errores de producción que se traducían en vehículos defectuosos? Los trabajadores. ¿Quiénes le dificultaban la vida a la gerencia al negarse a seguir instrucciones? Los trabajadores.

La solución de Roger Smith fue audaz y brillante por su simplicidad, pero poco más que descabellada, si se la mira en retrospectiva. Resolvería todo sus problemas de un solo golpe si eliminaba a los trabajadores. La visión que le inspiró fue la de una fábrica que operara a alta velocidad, día y noche, donde no hubiera necesidad de pagar salarios y tampoco hubiera quejas, ni huelgas, ni errores humanos. ¿Cómo la haría realidad? Con robots.

Roger Smith eliminaría a los trabajadores de GM reemplazándolos por robots. Así vencería.

No era del todo una locura. La robótica había venido mejorando rápidamente y los japoneses ya la utilizaban extensamente. La idea de salirles adelante a los japoneses a la hora de instalar los robots sonaba bien. Ante todo, la visión de Roger Smith sobre la fábrica del futuro fue como una especie de Tierra Prometida para los ejecutivos de la empresa automovilística. No veían el momento en que Smith los guiara hacia ella.

El problema radicó en el falso supuesto sobre el cual se basó la estrategia de la automatización, a saber, que al reemplazar a las personas por máquinas se podría revertir el ataque japonés y devolver a GM el dominio de la industria automovilística global. En lugar de adoptar las técnicas de producción ágil que aún hoy definen el sistema de producción de Toyota, GM se entregó a una obsesión literal por los robots. Al no comprender la manera de integrar eficazmente la mano de obra con las máquinas, GM interpretó mal la esencia del éxito de Toyota con la producción a bajo costo. Phil Benton, ex presidente de Ford, lo explicó de esta manera: la automatización no ocuparía un lugar en la lista de los problemas más apremiantes a los cuales se enfrentaba la industria automovilística en los años 80. Antes de la automatización era necesaria la coherencia en la producción. Toyota no tiene el mismo grado de automatización que Nissan, por ejemplo, pero su éxito es mayor. "Todo se devuelve a la gerencia. Lo que hay que hacer es diseñar la ingeniería del producto en consonancia con las destrezas de la fuerza laboral".

Los japoneses también sobresalían en los demás componentes fundamentales de la producción ágil, entre ellos el inventario justo a tiempo, la integración de la cadena de abastecimiento y la gestión de la calidad. "La automatización no era la salvación de la compañía porque GM de todas maneras necesitaba gente", explicó Charles McElyea, ingeniero de automatización de la planta. El simple hecho de utilizar la tecnología sin una fuerza laboral preparada lleva simplemente a "automatizar la confusión". Robert

Lutz, quien ha presenciado de primera mano muchos de los cambios de la industria automovilística a través de los años en calidad de alto ejecutivo de Ford, Chrysler y últimamente de GM, hizo el siguiente análisis:

> *Con estas instalaciones totalmente automatizadas se pierde toda la flexibilidad y además se exige un uso muy intensivo del capital. Eran prisioneros del gran sistema estadounidense de contabilidad de los costos de manufactura, según el cual, si se elimina la mano de obra, los costos disminuyen. Pero lo que olvidaron fue que se deshacían de mano de obra directa para reemplazarla por mano de obra indirecta y unos costos de capital enormes. Los costos eran altos porque los técnicos y el resto del personal necesarios en una planta automatizada son mucho más costosos que los operarios rasos. Es necesario considerar a cada trabajador. Considerar el tiempo que aporta en valor agregado en comparación con el tiempo de espera, y organizar el flujo de producción de manera tal que el tiempo de valor agregado se optimice y se reduzca el tiempo de espera de cada trabajador. El centro de atención es el trabajador, no la maquinaria. La automatización debe utilizarse sólo donde es necesaria.*

Al final, General Motors invirtió más de 45 mil millones de dólares en automatización durante los años 80, suma que habría sido suficiente para adquirir tanto a Toyota como a Nissan. La investigación de Marvin Lieberman y Rajeev Dhawan de la UCLA relativa a las tendencias de la productividad en la industria automovilística entre mediados de los años 60 y los años 90 confirma la historia: la productividad de la planta de GM, la cual había permanecido rezagada con respecto a Toyota durante años, en realidad declinó todavía más entre 1984 y 1991, período que ha debido reflejar los beneficios de la automatización.

Enceguecidos por la luz: creyentes fervientes en dificultades

Todos nos sentimos motivados por un deseo natural de evitar la incertidumbre, de manera que cuando reconocemos la certeza en un rumbo y una determinada acción —ciertamente en la estrategia— nos impresionamos. Pero la certeza no es todo lo que promete ser. ¿Cuántas veces hemos visto a los ejecutivos y a las organizaciones inmersas totalmente en un mundo de su propia invención... mientras el resto del mundo camina en otra dirección? Las estrategias de las compañías reseñadas en este capítulo tienen ese atributo en común. Provienen de creyentes fervientes metidos en dificultades.

Wang, al igual que otras de las compañías controladas por sus fundadores a las cuales nos referimos en el capítulo 2, encontró poca oposición en su mundo. Mientras sus instintos y sus actos dieran en el blanco —como sucedió durante los primeros años de la compañía— todos prosperarían. Pero al complicarse la dinámica de la industria, el estilo de Wang ya no funcionó igualmente bien.

En GM, el problema de la vigilancia fue doble. Por una parte, Roger Smith era tan poderoso que tan sólo permitía que se alzaran muy pocas voces independientes. Sin embargo, al mismo tiempo, la junta directiva no era la apropiada para supervisar la factibilidad de las iniciativas de gran envergadura, tal como el esfuerzo de los 45 mil millones de dólares en robótica.

Snow Brand estaba tan preocupada por cumplir sus metas de rentabilidad que los gerentes sintieron que no tenían límites. Era aceptable tomar atajos y la alta gerencia tenía poca interacción con lo que sucedía en las plantas de producción. Aun después de que el escándalo de la leche se hubo confirmado plenamente, el director ejecutivo de Snow Brand dejó que otros ejecutivos asumieran la responsabilidad y no puso el pecho.

Por último, los Medias Rojas de Boston crearon una organización que se aferró a sus tendencias racistas mientras otros equipos se adaptaban lentamente. Lo que faltaba era una señal clara de arriba en el sentido de que esa clase de comportamiento ya no era aceptable o, cuando menos, sería visto como contraproducente. Sin un control real sobre la manera como las personas debían conducir su evaluación de los jugadores afroamericanos, no es sorprendente lo que sucedió finalmente.

Cada uno de estos casos encierra una advertencia para todas las personas que buscan un mundo de certeza. Tal como lo anotamos en capítulos anteriores, el statu quo encierra un verdadero peligro, y el riesgo es mayor cuando los creyentes fervientes asumen el poder en la organización. Estas historias son un argumento en favor de la flexibilidad y la mente abierta, dos de los principios fundamentales para la estrategia y el liderazgo, sobre los cuales volveremos más adelante.

La mente del estratega

Al hablar de estrategia, es claro que debemos hablar también de los estrategas. Buena parte de lo que se considera análisis estratégico en las compañías se basa en las evaluaciones de los atributos y las actuaciones de los competidores, así como también en los desarrollos económicos, demográficos y tecnológicos, y las fortalezas y las debilidades internas. ¿Con cuánta frecuencia incluimos también en el análisis a los estrategas clave? ¿Con cuánta frecuencia evaluamos las jugadas de los competidores prestando atención a la persona del timonel? A pesar de estas omisiones, ¿acaso hemos visto alguna organización donde no haya personas que tomen o dejen de tomar decisiones? Cuándo los estrategas eligen un camino, lo hacen con base en su experiencia, sus valores y su personalidad, y cuanto más se sepa sobre ellos, más fácil será comprender la razón por la cual las compañías hacen lo que hacen.

Combinemos esta idea con una noción planteada en el capítulo 3, a saber, que la historia también cuenta. La cultura de una compañía, junto con los estrategas encargados de mover las palancas, son dos "puntos débiles" en el análisis estratégico pero que constituyen indicadores importantes de la acción o la inacción. Si comprendemos a An Wang y sus demonios, comprendemos mucho acerca de lo que Wang Labs pretende hacer. Si comprendemos la historia y la cultura de los Medias Rojas de Boston, es menor la sorpresa al saber que fueron el último equipo de las ligas mayores en efectuar la integración racial. Observe atentamente su cultura y a sus estrategas: ellos son el verdadero reflejo de la estrategia de su compañía.

Gerencia por desesperación

Observamos un patrón de oportunidades desaprovechadas y compromisos cada vez más fuertes en compañías como Iridium, General Magic, Motorola y Saatchi & Saatchi. Pero también vimos en muchas más compañías de lo que hubiéramos previsto algo que sucedió antes de su caída final: unas medidas casi desesperadas por enderezar el barco antes de que se hundiera. Esto suele suceder cuando los mercados se vuelven en contra y cobran venganza por metas no cumplidas y estrategias incoherentes. ¿Cómo más explicar los anuncios de Tyco en 2002 en el sentido de que abandonaba la estrategia medular de crecimiento que había servido de motor a su evolución hacia un conglomerado exitoso? La presión no cedía, surgían con regularidad cuestionamientos contables, la economía estaba en recesión y las acciones de Tyco se desplomaban. No mucho después, cuando el director ejecutivo Dennis Kozlowski anunció la escisión, la prensa y el mercado fueron implacables. Esto es lo que se llama gerencia por desesperación, un intento de último momento de Cy Young por batear un jonrón para entrar cinco carreras.

Si bien los mercados y los clientes suelen ser apenas accesorios en la gerencia por desesperación, son los líderes quienes tiran del gatillo. Esto fue así en Tyco y también en Bristol-Myers Squibb (BMS) cuando adquirió intereses en ImClone, empresa de biotecnología, en 2001. Peter Dolan, director ejecutivo, se apropió de una compañía que había permitido el colapso de su fila de productos en desarrollo y se encontraba bajo grandes presiones para hallar su siguiente producto estrella. A la hora de pagar un precio muy alto por la compañía, omitió ver incontables señales de alerta, como el historial de problemas de Sam Waksal, presidente ejecutivo de ImClone, además de las dudas de si la FDA en realidad aprobaría el Erbitux, la droga de ImClone para el cáncer.

La gerencia por desesperación puede llevar a las compañías a saltar de solución en solución, sin jamás acertar en el proceso. Por ejemplo, Kmart pasó de la diversificación (Office Max, Sports Authority, etc.) a la informática, en un intento por ganarle la partida a Wal-Mart.

En WorldCom, la vieja fórmula de deuda y adquisiciones perdió vigencia cuando reventó la "burbuja" de las telecomunicaciones. Quizás fuera el deseo de evitar el desastre inminente el que indujo a algunas personas de la compañía a registrar miles de millones de dólares de gastos corrientes como gastos de capital para incrementar las utilidades.

Finalmente, los gerentes de Snow Brand en la planta de Osaka, desesperados por encontrar la cura, terminaron causando más daño por no informar a las autoridades sobre lo que habían descubierto y dejar la leche contaminada en las estanterías de las tiendas, con lo cual destruyeron la marca. Todos estos ejemplos tienen en común una estrategia empeorada por quedarse tan rezagada que la única salida posible era encomendarse a la Virgen María. Hay dos lecciones que saltan a la vista: para los directores ejecutivos, no obsesionarse con la estrategia hasta el punto de hacer caso omiso de las oportunidades para corregir el rumbo, y para las juntas directivas, no permitir que el director ejecutivo tome el bate al final de la novena entrada cuando ha salido del juego todos los días durante los últimos cuatro meses.

A veces sencillamente la enfermedad abarca mucho

En una era de fechorías y ética cuestionable de los directores ejecutivos de las compañías, el deseo de deshacerse de un solo golpe de todo lo malo es abrumador. El método usual es despedir al director ejecutivo, y las juntas directivas han recurrido cada vez más a esta táctica algo brusca para efectuar los cambios. Aunque la lista de los personajes usuales es larga —Arthur Andersen LLP, Global Crossing, Qwest Communications, Conseco, Enron, WorldCom, Tyco, Adelphia, Vivendi, Lernout & Hauspie, Kmart— la verdad es que una serie notable de compañías bien conocidas y de muy diversa naturaleza han depuesto a sus directores ejecutivos en los últimos cinco años. Entre ellas están Mattel, Snow Brand, McDonald's, Ford, Bristol-Myers Squibb, CMS Energy, Webvan, ImClone, Gap, Deutsche Telekom, AOL, Time Warner, Bertelsmann y Lucent Technologies, entre otras.

El que se produzca un giro radical una vez eliminado el chivo expiatorio no es una conclusión sacada de antemano. En algunos casos, el daño para la organización es tan profundo, o se ha difundido hasta tal punto la práctica de una lógica errada, que el simple hecho de reemplazar al director ejecutivo no es la cura. Esto lo vemos en las ligas mayores de los deportes, donde se despide al entrenador de un equipo de mal desempeño en un intento por sacar a los jugadores de su caída en picada. La evidencia sobre el éxito de este enfoque no es particularmente alentadora, pero la táctica se mantiene porque no es posible cambiar a todo el equipo. Aun así, es grande el riesgo de confiar en que el cambio del director ejecutivo ha de resolver los problemas de una compañía, especialmente cuando los problemas no sólo han invadido toda la organización sino que han nacido de la gente y de la cultura corporativa en la cual viven.

La historia de Snow Brand ilustra perfectamente esta trampa. Cuando se produjo el escándalo de la leche contaminada, quedó claro que el director ejecutivo no era ni mucho menos un líder eficaz para una situación de crisis. Su reacción infortunada en la conferencia de prensa de julio lo convirtió en el chivo expiatorio perfecto, pero la compañía no cambió en lo absoluto después de su salida. A los pocos meses, el negocio de la carne caía en una situación semejante. Es como si se detectara el cáncer en la organización, se extirpara al director ejecutivo para frenar la enfermedad, pero ésta ya hubiera invadido todas las filas de la gerencia.

¿Significa esto que no pueda esperarse nunca un giro radical después de despedir a un director ejecutivo? Por supuesto que no. Hay muchos casos en donde la junta directiva debe tomar esta clase de decisión dura. Y después de leer el capítulo 9, pocos lectores pensarán lo contrario. Sin embargo, el mensaje clave aquí es que el despido del director ejecutivo, aunque esté justificado, algunas veces no resuelve el problema, y debemos tener cuidado de no suponer lo contrario. Sin tomar en consideración el cuadro completo, el cual puede incluir fisuras culturales que influyeron sobre la gestión del director ejecutivo y sobre las cuáles éste influyó también, las partes interesadas como son las juntas, los inversionistas, los empleados y los clientes podrían verse abocados a una gran desilusión.

Hacia adelante

Despedir al director ejecutivo puede ser la medida acertada, pero no hay garantía de que con ella se logre el giro deseado. Éste es el peligro real al considerar a las compañías cuyas estrategias salen mal, y es una señal importante de alerta para todos. Es necesario un diagnóstico más a fondo para descubrir las causas subyacentes del fracaso de las estrategias. ¿Es una mala idea del director ejecutivo, o tiene la organización misma alguna responsabilidad? ¿Cómo es la mentalidad de los ejecutivos y con cuánta exactitud refleja el mundo? ¿Están dispuestos los ejecutivos a cuestionar lo que sale mal y lo que sale bien? ¿Acaso los sistemas y los procedimientos de la organización limitan a la compañía en su capacidad para enfrentar sus dificultades? Para responder esta clase de preguntas se necesita un análisis más profundo que permita revelar las causas verdaderas del fracaso. Por consiguiente, es hora de dejar de lado el análisis de lo que sale mal en cada una de las transiciones y etapas importantes de la organización —trátese de empresas nuevas, desafíos de innovación, fusiones y adquisiciones o la creación de la estrategia para competir— y de enfocar nuestro lente sobre las causas subyacentes del fracaso, presentes en todos los tipos de transiciones y de etapas.

Al centrar nuestra mente y nuestro análisis en las causas del fracaso, tengamos presente no sólo las lecciones aprendidas sobre cómo manejar las transiciones y las etapas de un negocio sino también las preguntas que aún no hemos dilucidado. ¿Por qué siguen ocurriendo errores fundamentales de ejecución? ¿Por qué les es tan difícil a las compañías exitosas cuestionar sus propias actuaciones? ¿Por qué las organizaciones adoptan sistemas y procedimientos que destruyen el valor en lugar de crearlo? ¿Por qué hay tantos líderes incapaces de enfrentar el cambio y a la vez renuentes a hacerlo? ¿Cuáles son las pistas que pueden alertarnos ante la posibilidad de que surjan problemas? ¿Por qué les es tan difícil a los líderes y a las organizaciones aprender de su experiencia? Y, por encima de todo, ¿cómo desarrollar líderes y organizaciones que no continúen cometiendo estos errores, que no caigan en las trampas existentes en todas las organizaciones y que puedan elevarse por encima del ruido, la confusión y el caos de lo cotidiano a fin de sobresalir en lugar de fracasar? Encontraremos las respuestas en la segunda parte del libro.

Cosas para recordar sobre la estrategia y el manejo de las amenazas de la competencia

- La competencia no es más que un grupo de personas de otra compañía convencidas de poder ofrecer a los clientes algo mejor de lo que usted ofrece actualmente. Es crucial prestar atención a lo que hacen esos competidores por sus clientes.
- Hay muchas maneras de evaluar su posición estratégica en un mercado, pero un marco general simple como el "quién, qué y cómo" puede ser muy poderoso. ¿A quiénes les vende, qué les vende y cómo se los vende?
- A fin de comprender la estrategia de una compañía, usted debe comprender a los estrategas. Sin conocer la historia de An Wang, ¿cree usted realmente que podría comprender las razones por las cuales su compañía tomó las decisiones que tomó?
- ¿Ve a sus competidores como contrincantes de consideración? Tenga cuidado con el exceso de confianza emanado del hecho de ser el líder del mercado. Hay un sinnúmero de ejemplos de líderes de la industria que han perdido su puesto ante los recién llegados a quienes no trataron con el debido respeto.
- Oiga a todas las fuentes de información que pueda encontrar al deliberar sobre su estrategia, especialmente a los vendedores, quienes están en contacto directo con los clientes todos los días. El acceso a distintas fuentes de información es útil para evitar convertirse en una compañía de creyentes fervientes que optan por no tomar en cuenta la información que pinta otro panorama.

- Los ejecutivos que se meten en problemas tienden a depender excesivamente de sus preferencias personales sin tener suficiente evidencia en la cual apoyarse. La solución de la robótica en GM se basó en supuestos que no habrían tenido piso alguno de haberse debatido abiertamente.
- Preste atención especial a los directores ejecutivos que tratan desesperadamente de salvar una situación con una iniciativa o una decisión oportuna. Muchas veces, el resultado será peor.
- No suponga que si a los gerentes se los deja solos para que implanten una estrategia venida de arriba lo harán según la intención original. Tal como sucedió en los Medias Rojas de Boston y en Snow Brand Milk, las metas, los motivos y los métodos de los gerentes pueden apartarlos mucho del camino. El liderazgo en las altas esferas es una de las mejores maneras de establecer principios comunes de los cuales los gerentes puedan depender durante el desempeño de su trabajo.

SEGUNDA PARTE

LAS CAUSAS DEL FRACASO

※

Mientras en la primera parte nos centramos en documentar una serie de casos para ilustrar lo que puede salir mal durante los momentos críticos de una empresa, en la segunda parte identificamos las causas subyacentes del fracaso, las cuales se hacen evidentes en distintos tipos de errores corporativos. Como tal, la segunda parte ofrece un análisis más profundo de los patrones comunes de comportamiento manifiestos en los ejecutivos de las compañías que han fracasado. Los cuatro síndromes destructivos que descubrimos eran fisuras en la manera como los ejecutivos percibían la realidad para sus compañías, la manera como las personas de la organización enfrentaban esa realidad, la manera como se manejaron mal los sistemas de información y control en las organizaciones y la manera como los líderes adoptaron hábitos espectacularmente defectuosos. En cada uno de los cuatro capítulos de la segunda parte se examina uno de estos factores de base relacionados con el fracaso, a fin de comprender mejor qué es exactamente lo que hay detrás de las historias reseñadas en la primera parte y que aún seguimos observando en nuestra vida diaria.

Las teorías usuales sobre el fracaso sencillamente no explican los fiascos que vimos en la primera parte. La causa del fracaso no está en la falta de inteligencia de los ejecutivos; no hay que conocer personalmente a An Wang, George Shaheen, Bary Bertiger, Marc Porat, Kun-Hee Lee, William Smithburg, Maurice y Charles Saatchi, Wolfgang Schmitt y a los demás, para reconocer su inteligencia. Las causas del fracaso no están en los sucesos previsibles; como vimos en la primera parte, compañías como Schwinn, Motorola, J&J, Rubbermaid, Wang Labs y los Medias Rojas de Boston en realidad sabían lo que les venía pierna arriba pero optaron por no hacer mayor cosa al respecto. Las causas del fracaso no están en ninguna de las explicaciones simples encaminadas a cuestionar la motivación de los ejecutivos, la capacidad de liderazgo, la honestidad, la habilidad para ejecutar o la abundancia de recursos. La historia real es mucho más compleja que cualquiera de estas explicaciones y mucho más fascinante.

CAPÍTULO 6

La ejecución magistral de una visión equivocada

Cómo las fallas en la mentalidad de los ejecutivos llevan a las compañías al borde del abismo... y más lejos

Las Fuerzas Especiales avanzaron con eficiencia asombrosa. Cada una de las fases de la operación se había planeado de antemano. Los soldados no podían saber exactamente cómo respondería el enemigo, pero se habían repasado minuciosamente los más variados escenarios. Cada vez que surgía un obstáculo inesperado, el equipo sabía cómo manejarlo. Su sistema de comunicaciones de alta tecnología les permitía mantenerse en contacto constantemente. Su armamento era mortífero. Al terminar la operación, habían matado o capturado a todas las personas de la base atacada, sufriendo pocas bajas. Sólo había un problema, la base capturada pertenecía a fuerzas amigas. Las Fuerzas Especiales habían neutralizado a las personas a quienes debían apoyar.

¿Cómo pudo suceder semejante cosa? Una idea es que las Fuerzas Especiales saltaron del avión sobre la ciudad equivocada. Otra idea es que el blanco se había elegido con base en el reconocimiento aéreo sin que en tierra hubieran verificado su validez. Otra idea es que la base había sido ocupada anteriormente por fuerzas enemigas, pero la línea de batalla había cambiado recientemente.

Cualquiera que hubiera sido el origen del error, el hecho es que los soldados realizaron la operación magistralmente. Sencillamente operaron con base en una imagen de la realidad seriamente inexacta.

La mayoría de los fracasos de las empresas son parecidos. En el sinnúmero de casos investigados para este libro, no hubo un solo descalabro significativo provocado por operaciones mal realizadas. En todos los casos, el problema fue que las compañías realizaron las operaciones *equivocadas*.

Claro está que cuando el descalabro de una empresa ha avanzado lo suficiente, las operaciones regulares comienzan a desmoronarse también. Muchas de las compañías estudiadas llegaron finalmente a un punto en el cual, al parecer, no podían ya hacer nada bien. Pero la incapacidad para ejecutar eficazmente las operaciones era un *síntoma* del deterioro, el cual, por lo general, aparecía tardíamente. No era una causa del deterioro. Es posible manejar los errores de ejecución hasta el cansancio —y no cabe duda de que exigen atención— pero a fin de protegerse y proteger a la compañía, es crucial comprender y aprender a evitar las fisuras más fundamentales que explican a las Motorola, las Wang y las Webvan reseñadas en este libro.

Las causas reales de casi todos los descalabros empresariales significativos son aquellas cosas que ponen a la compañía en el camino equivocado y le impiden dar marcha atrás. Por lo general son varias las cosas que deben salir mal en la empresa antes de que el descalabro de gran envergadura sea inevitable. Pero hay un punto ciego que aparece casi en el centro de la mayoría de los desastres empresariales grandes: una percepción seriamente imprecisa de la realidad por parte de los ejecutivos.

¿De dónde provienen estas imágenes erradas de la realidad? Para comprender un poco las fallas de mentalidad de los ejecutivos y su efecto nocivo sobre una compañía, conviene estudiar algunas de las variedades más comunes. Estos ejemplos suelen verse como casos de locura temporal. Pero aunque sacudamos incrédulos la cabeza, es importante apreciar cuán fácilmente puede un ejecutivo caer en esas trampas.

Intención estratégica errada

Una de las ideas más importantes salida del manual de los sabios en estrategia de los años 90 fue la de la intención estratégica. La idea es suficientemente clara. Se trata de enfocarse en una meta clara y poderosa que defina lo que la victoria representaría para la compañía; canalizar todos los recursos en esa dirección y no dudar ni por un instante. En principio, la intención estratégica es una idea poderosa. En la práctica, bueno... al parecer la gente la obstaculiza. La intención que parece lógica se fractura cuando los ejecutivos se dejan obsesionar con la falacia de "la única gran idea" sin tomar en cuenta los límites naturales y prácticos de la lógica. Vimos tres patrones comunes de intención estratégica errada en las compañías estudiadas, cada uno de los cuales evocaba nítidamente una metáfora: la búsqueda de la respuesta mágica, la búsqueda del Santo Grial y la obsesión por unos indicadores equivocados.

La respuesta mágica

La más seductora de todas las intenciones estratégicas erradas es la "respuesta mágica". Por ella los gerentes se dejan arrastrar cuando permiten que todas sus decisiones tengan como guía sólo un principio que, para ellos, es el secreto del éxito. Perseguir la respuesta mágica hace que los gerentes centren su atención en un principio o en un modelo a expensas de todos los demás. Induce a apostarlo todo a una sola causa, la cual suele ser la equivocada.

La mayoría de las respuestas mágicas atribuyen importancia excesiva a un solo factor causal. Implican un plan o un modelo parcialmente válido, pero sencillamente demasiado incompleto para representar una imagen precisa de lo que está sucediendo o de lo que es posible. Muchos de los fracasos examinados en este libro se debieron al hecho de que las compañías se enfrascaron en respuestas mágicas y dejaron de lado otras prioridades más urgentes. La respuesta mágica para General Motors bajo la dirección de Roger Smith en los años 80 fue la robótica. Esto hizo que GM invirtiera decenas de miles de millones de dólares en automatización, pese a que sus problemas tenían mayor relación con los procesos de producción que con los temas laborales. Sony creía que la respuesta mágica para tener éxito con los nuevos equipos electrónicos de consumo era la disponibilidad del software compatible. Esto indujo a la compañía a subestimar la importancia de las alianzas con los fabricantes de hardware, de tal manera que sus productos electrónicos sencillamente no fueron compatibles con un número suficiente de equipos diferentes.

Long-Term Capital Management (LTCM) es el ejemplo más espectacular de todos. El fondo de cobertura tenía una respuesta mágica tan seductora que sus ejecutivos se sentían invulnerables, a pesar de haber acumulado los pasivos más altos de la historia del mundo empresarial. Se comportaron como tahúres convencidos de tener el sistema perfecto para ganar en las mesas de juego. ¿Por qué semejante seguridad? Porque tenían un *teorema*.

Los ganadores del premio Nobel que servían de puntales a la compañía supuestamente tenían la prueba matemática de que se podía garantizar una utilidad al invertir en ciertas parejas de títulos valores. La base de la prueba era la idea de que los precios de los títulos valores que tenían, en últimas, la misma tasa de rendimiento, tendrían que converger con el tiempo. Después de todo, en la fecha en que todos los títulos vencieran, tendrían el mismo valor. Lo único que LTCM debía hacer era apostar a que el título valor de mayor precio bajaría y al mismo tiempo apostar a que el titulo de menor precio subiría. Cuando los títulos convergieran en su valor, LTCM ganaría dinero, independientemente de si aspectos tales como los tipos de cambio hubiesen provocado el alza o la baja en el valor real de los títulos. Desde el punto de vista del negocio, la fórmula de LTCM para fijar el precio a las opciones parecía mejor que una máquina de movimiento perpetuo porque no había necesidad de dilucidar cómo manejar el producto de la misma. Era sólo cuestión de recoger las utilidades, confiados en el conocimiento de que las matemáticas habían demostrado que el dinero no dejaría de fluir.

Las campanas de alerta han debido sonar tan pronto como la primera persona utilizó el vocablo *teorema* en conexión con una operación de negocios. Un teorema es una proposición deductivamente cierta dentro del contexto de un sistema abstracto hipotético. El hecho de que un teorema sea "cierto" no nos dice nada acerca de si el sistema hipotético realmente tiene su correspondencia en el mundo real.

LTCM perdió totalmente de vista esta diferenciación. Sucedió así porque el modelo de precios para las opciones que formaba el corazón de su operación en efecto tenía correspondencia cercana con la realidad, pero sólo en determinados contextos de mercado y bajo ciertas condiciones. Ante todo, la gerencia de LTCM supuso que los títulos valores seguirían transándose y que los mercados seguirían funcionando. Hicieron caso omiso de las perturbaciones que las fuerzas externas podrían provocar en los mercados del mundo real. En efecto, centraron hasta tal punto su atención en su respuesta mágica que olvidaron un sinnúmero de supuestos restrictivos necesarios para que la respuesta mágica funcionara. Cuando finalmente se desmoronó la imagen de la realidad que LTCM tenía —debido a los sucesos del mundo real—, por ser seriamente inadecuada, los efectos fueron nefastos. Las pérdidas ascendieron a más de mil millones de dólares y el fondo de cobertura perdió el 92% de su capital.

El Santo Grial

Mientras unas empresas toman la dirección equivocada al aplicar la respuesta mágica universalmente, otras hacen lo mismo al perseguir el "Santo Grial". En términos empresariales, un "santo grial" es una estrategia eternamente inalcanzable. A diferencia de la respuesta mágica, la cual atribuye importancia excesiva a un solo factor causal, el santo grial atribuye una importancia desproporcionada a un factor causal *que ni siquiera existe*.

El santo grial más atrayente de la historia empresarial reciente fue la "ventaja del primero en llegar". ¿Recuerda la retórica que fomentó tantas inversiones en los primeros años de la Internet? "¡Es una mina! ¡La fiebre del oro de la alta tecnología! ¡Demarquen su territorio ya!" El principal factor que impulsó a tantos caballeros a lanzarse a todo galope al campo fue esta visión de la ventaja del primero en llegar. Parecía flotar siempre en el aire, pero fuera del alcance de todos. Empujó a todo el mundo en estampida, primero en una dirección, después en otra. Pero se mantuvo escurridiza hasta la exasperación. ¿Por qué?

La ventaja del primero en llegar, cuando existe, se origina en tres cosas. En primer lugar, los primeros en moverse toman la delantera en la curva de aprendizaje, impidiendo a los rezagados igualarlos en pericia. En segundo lugar, los primeros en moverse se apoderan de los activos fijos más productivos, dejando a los rezagados los menos productivos. En tercer lugar, mantienen cautivos a los posibles clientes y proveedores al hacer que les sea costoso cambiarse más adelante.

Los empresarios de la Internet utilizaron prontamente el argumento de la curva de aprendizaje. "Llevamos más tiempo en esto", se ufanó un alto gerente de eToys, cuando el auge de la Internet llevaba un par de años. "Se necesita mucho tiempo para acertar en este negocio. Ellos no nos pueden alcanzar". En su caso, "ellos" eran Toys"R"Us. Si bien Toys"R"Us era novata en los procedimientos específicos del comercio electrónico, llevaba años remontando la curva de aprendizaje de la venta de juguetes en volúmenes grandes y a bajo costo a los mercados masivos. En el juego más amplio del comercio, eran eToys y las otras empresas virtuales las que iban rezagadas en la curva de aprendizaje.

La idea de que las empresas virtuales estaban capturando los activos más productivos por llegar primero, también era equivocada. Los "bienes raíces" en la Internet no tenían un número limitado de "ubicaciones ideales". Era posible crear espacio cibernético a medida que fuera necesario.

Por último, la idea de "mantener cautivos" a los clientes y proveedores demostró ser casi una completa ilusión en este mundo de las empresas virtuales. Los clientes que le compraban a una empresa virtual no se estaban comprometiendo con ningún sistema en particular. La única dificultad y el único costo de cambiar de empresa proveedora estaban en mover el "ratón". Tampoco era posible mantener cautivos a los proveedores. Pocos estaban dispuestos a hacer concesiones a una empresa virtual que pudiera poner en peligro sus canales de venta de vieja data. Lo mismo sucedía del lado de la oferta, con una serie aparentemente interminable de compañías de comercio para empresas que aparecían en la Red para ofrecer... exactamente el mismo servicio. Por la época del punto culminante del auge de la Internet en el año 2000, *BusinessWeek* calculó que había entre 800 y 1 400 negocios para empresas en la Internet. No suena como una gran ventaja para los primeros en llegar, ¿o sí?

Todo el tema de la ventaja del primero en llegar debió llamar la atención sobre la vulnerabilidad de la mayoría de las empresas de Internet. En realidad eran las empresas convencionales, establecidas de tiempo atrás, las que tenían la ventaja de haber sido las primeras. En la medida en que los negocios en la Internet representaban algo realmente nuevo, era un mundo en el cual la ventaja del primero en llegar no existía o debía materializarse de maneras completamente distintas. "La buena noticia", anotó J. William Gurley, capitalista de riesgo, "es que uno puede construir un portal de la noche a la mañana; la mala noticia es que el resto de la gente puede hacer lo mismo".

¿Entonces por qué tantas personas inteligentes corrieron desbocadas tras ese santo grial de la ventaja del primero en llegar en los negocios de Internet? En parte fue por temor de quedarse atrás, de no estar presentes en la revolución de las nuevas empresas. Pero en parte fue a causa de la visión del grial mismo. Los santos griales que obsesionan periódicamente a la gente de empresa son deslumbrantes, pero generalmente inexistentes.

Los indicadores equivocados

Se pueden evitar las tentaciones de la respuesta mágica y el "santo grial" y aún así ir tras la meta equivocada. Eso es lo que sucede cuando una compañía utiliza "los indicadores equivocados". Los indicadores equivocados se refieren sencillamente a una manera inapropiada de medir el éxito. Una compañía que utiliza los indicadores equivocados podría tener una idea bastante acertada de lo que trata de hacer en otros sentidos, pero ha elegido la tabla de resultados equivocada para juzgar su desempeño. Cada vez que los ejecutivos de una compañía ponen demasiado énfasis en un barómetro que no refleja con exactitud su verdadero nivel de éxito, la compañía corre el riesgo de perjudicarse. Cuando la compañía va más allá y utiliza esa tabla equivocada a expensas de todos los demás indicadores, va directo al desastre.

El ejemplo más común de los indicadores equivocados es la participación en el mercado. Claro está que, en muchos contextos, la participación en el mercado es un indicador importante de cuán bien está la compañía. Sin embargo, no mide el valor que crea en realidad la compañía, ni el valor que puede capturar. Más aún, la participación en el mercado no se traduce necesariamente en rentabilidad, puesto que por lo general se necesitan inversiones considerables para llegar a obtener el primer lugar. Sony fue un buen ejemplo de esa situación cuando adquirió a Columbia Pictures. Por su afán de ejercer vigilancia sobre el estudio de cine, permitió que la participación en el mercado adquiriera preponderancia sobre los demás aspectos de la operación cinematográfica, incluido el nivel de gastos destinados a conseguir participación en el mercado. El resultado fue que Columbia produjo películas que atrajeron público en masa, pero a un costo tan alto que también sufrió pérdidas enormes.

Algunas veces las compañías eligen unos indicadores equivocados menos comunes. Cuando los ejecutivos reciben elogios por una fortaleza específica, terminan prestando demasiada atención a esa fortaleza. Si hay alguna cifra que pretenda medir esa área de excelencia, comienzan a observarla atentamente. Esto lleva a los ejecutivos a utilizar una tabla de resultados que, con el tiempo, casi seguramente termina siendo equivocada.

En el caso de Rubbermaid, el indicador equivocado era la tasa de lanzamiento de productos nuevos. Durante los años en que fue una de las compañías más admiradas de los Estados Unidos, Rubbermaid recibía permanentemente elogios por la velocidad extraordinaria con la cual innovaba productos y diseños. Los periodistas solían llamarla "la máquina de productos nuevos". Los sabios de la administración de empresas citaban con deleite el número asombroso de productos nuevos lanzados por Rubbermaid cada año anterior. La compañía misma adoptó gradualmente esa clase de descripciones en sus declaraciones públicas y sus informes anuales. Al evaluar su rendimiento, Rubbermaid permitió que la tasa de innovación de productos nuevos tomara precedencia sobre prácticamente todo lo demás.

No sólo era un indicador equivocado, sino que empujó a Rubbermaid a agregar la innovación a las capacidades que ya tenía en abundancia, descuidando las capacidades que nunca se había molestado en desarrollar. Al correr al mercado con productos nuevos no tenía mucho tiempo para hacer investigación ni pruebas en el mercado. El resultado fue que Rubbermaid perdió cada vez más contacto con la realidad de sus clientes, los cuales por lo general deseaban precios bajos. Entre tanto, la estrategia de ser siempre la única productora de cada producto nuevo implicaba que Rubbermaid tenía tan fija su atención en la tasa de lanzamientos nuevos que ni siquiera sabía cuál era su posición en otros indicadores tales como el costo por unidad en comparación con la competencia. ¿Está bien sobresalir sólo en una función medular? Sin duda alguna, siempre y cuando sea la excelencia en esa función la que les interese a los clientes.

Estas historias que ilustran la intención estratégica equivocada deben obligarnos a hacer una pausa. Los ejecutivos brillantes saben cuán importante es proyectar un futuro atrayente, pero en su afán de diseñar una meta persuasiva y "exigente", muchos caen víctimas de las tres trampas fundamentales a las cuales nos hemos referido. Ojalá todos podamos aprender de los errores de los ejecutivos reseñados en esta sección pero, aunque así sea, no habremos llegado al final del camino. Además de la intención estratégica equivocada está un fenómeno que vimos tantas veces durante nuestra investigación que decidimos presentarlo en todas sus formas a fin de ayudar a los gerentes a evitar los mismos errores en sus organizaciones. El fenómeno se llama la "transferencia negativa".

Transferencia negativa: buen talento en el lugar equivocado

¿Cuántas veces hemos oído a los ejecutivos, los consultores y los académicos referirse a las "competencias medulares", la "gestión del conocimiento" y las "organizaciones que aprenden"? No hay duda de que durante los últimos quince años muchas compañías han concentrado sus recursos en una pocas capacidades medulares (siguiendo el ejemplo de triunfadores tales como Intel, Microsoft, Goldman Sachs, Merck y GE), aprovechando el beneficio enorme de desarrollar activos intelectuales, los cuales cuentan con un valor muy elevado en el mercado. Infortunadamente, si bien hay una serie de compañías que han logrado dominar esta estrategia, un número sorprendente de las compañías estudiadas ha trastabillado en el mismo terreno, a veces con gran perjuicio para ellas. Pero en lugar de plantear que la estrategia no es válida, creemos que nuestra investigación demuestra que son muchas las trampas que hay en el camino y que la principal de ellas es la transferencia negativa.

Identificamos cuatro fallas de la mentalidad de los ejecutivos que dan en el blanco de por qué las estrategias basadas en los activos intelectuales no siempre funcionan. En cada caso, los ejecutivos brillantes se basaron en supuestos imperfectos acerca de lo que funcionaba y lo que no —ya fuera para sus compañías o para la competencia—, los cuales los llevaron a tomar medidas estratégicas inapropiadas. Al leer las páginas siguientes, piense en la manera como ve su propio mundo —tanto en los negocios como en otros aspectos— y trate de determinar si algunos de sus supuestos acerca de lo que funciona y lo que no en realidad pasan y salen airosos ante el escrutinio.

La respuesta de ayer

En lo que se refiere a una empresa, la respuesta de ayer es toda imagen de la realidad que funcionó alguna vez pero ha dejado de ser válida. Lo que seduce de la respuesta de ayer es que, al parecer, ya pasó la prueba de la aplicación práctica. Quienes defienden la respuesta de ayer invariablemente hacen notar el éxito que tuvo. "No se puede pelear con el éxito", manifiestan tácita, si no, directamente. Pero las compañías que operan con base en la respuesta de ayer suponen que una fórmula exitosa del pasado continúa siendo válida. En un mundo de cambio acelerado, esto por lo general no es verdad.

Muchas de las respuestas de ayer se resumen en la afirmación: "Sabemos lo que nuestros clientes desean". Barneys, la tienda de ropa de Nueva York, constituye un ejemplo especialmente notable. Los hermanos Pressman, herederos de la tienda, creían saber sin lugar a dudas lo que sus clientes deseaban y aquello por lo que estaban dispuestos a pagar precios más altos. Se trataba de la exclusividad, y la mejor manera de proyectar esa aura era haciendo grandes inversiones en la decoración más lujosa posible para sus tiendas. Joshua Levine, cronista del ascenso y la caída de Barneys, describe este concepto empresarial como "La ley de Pressman", es decir, "la idea de que todo lo que se invierta en decoración de interiores se ha de recuperar a través de ropa de alto precio". Este concepto fue la base de la enorme prosperidad de Barneys durante los años 60 y 70.

El problema fue que los tiempos cambiaron hacia mediados de los 80. Los gastos requeridos para crear la atmósfera de lujo habían sido considerables, especialmente para una tienda por departamentos del tamaño de Barneys. Entre tanto, las boutiques de los diseñadores de moda habían comenzado a ofrecer experiencias de compra más emocionantes a los mismos clientes, proporcionando la exclusividad que una tienda por departamentos no puede ofrecer por magnífica que sea su decoración. Pero la reacción de los Pressman, en la medida en que reconocieron el problema, fue invertir todavía más en la respuesta de ayer, en una especie de transferencia negativa.

Las respuestas de ayer más comúnmente utilizadas son unos productos bien diseñados y bien producidos destinados a satisfacer las necesidades pasadas de los clientes pero que ya no son lo que éstos esperan. Por lo general, el orgullo que un fabricante siente por su producto suele impedirle reconocer que sus clientes preferirían algo distinto a medida que pasa el tiempo. Schwinn ofreció esta clase de respuesta de ayer cuando insistió en construir bicicletas tradicionales en lugar de bicicletas de montaña, de sendero, de acrobacia y las demás bicicletas especializadas que la gente comenzaba a preferir cada día más. Motorola hizo lo mismo cuando continuó desarrollando teléfonos análogos cada vez más atractivos, en lugar de la variedad digital que sus clientes pedían a gritos. El hecho de tener marcas famosas o de mejorar periódicamente sus productos sólo sirve para distraer a esas compañías e impedirles reconocer que han perdido contacto con las necesidades de sus clientes.

Incluso cuando las compañías saben en realidad lo que sus clientes desean, pueden producir mucho daño al aplicar la respuesta de ayer para satisfacer ese deseo. En el caso de la tecnología nueva, esto a veces salta a la vista, por lo menos al mirarse en retrospectiva. No hay mejor demostración de este hecho que las compañías estadounidenses del acero, las cuales continúan dependiendo de las siderúrgicas gigantes, aún después de haberse desarrollado las minisiderúrgicas. Sin subsidios enormes en forma de aranceles, tenían pocas esperanzas de sobrevivir. Continuar con la tecnología del pasado cuando el mundo la ha dejado atrás es una buena fórmula para el fracaso. Pero la respuesta de ayer puede ser cualquier práctica empresarial que no satisface las necesidades de los clientes de la misma manera o a menor costo que las prácticas nuevas.

Los Medias Rojas de Boston cometieron el error de apoyarse en la respuesta de ayer al momento de satisfacer los deseos de sus clientes. No tenían confusión alguna sobre el hecho de que sus aficionados querían ver al equipo jugar béisbol magistralmente y ganar los partidos. Pero los gerentes y los propietarios del equipo pensaron que podían satisfacer esa necesidad sin contratar deportistas afroamericanos. Durante doce años, los equipos a los cuales se enfrentaban atraían cada vez a un mayor número de jugadores afroamericanos para ser más competitivos en el campo, mientras que los Medias Rojas de Boston se aferraban a su respuesta de ayer, perdiendo de paso partidos, aficionados y dinero.

Una manera igualmente eficaz de destruir una compañía consiste en aplicar la respuesta de ayer a la hora de negociar. El error más común consiste en suponer que el poder de negociación de una compañía no se modifica a pesar de las condiciones cambiantes del mercado. Las compañías que caen en ese error suelen pensar: "Es tanta la necesidad que tienen de nosotros que tendrán que plegarse a nuestra manera de hacer las cosas".

La experiencia de la Enciclopedia Británica con relación a este aspecto fue especialmente dramática puesto que sus altos ejecutivos destruyeron gran parte del valor de la compañía con sólo aplicar la respuesta de ayer en sus negociaciones con los proveedores de software. Los CD-ROM, los discos duros de alta capacidad y la Internet permitieron buscar y presentar la información de las enciclopedias de manera más conveniente y a un costo mucho menor que antes. Un sinnúmero de personas que nunca antes habían podido adquirir una enciclopedia estarían dispuesta a pagar una suma modesta por una versión electrónica. Por consiguiente, Britannica poseía un activo de valor enorme, pero sólo en la medida en que quisiera aceptar una participación mucho menor en un volumen de ventas mucho mayor. Las compañías como Microsoft que estaban interesadas en producir una versión electrónica de la famosa enciclopedia comprendían la situación. Pero Britannica les presentó la respuesta de ayer, suponiendo que su mejor estrategia era llevarse la mayor tajada de un producto costoso. Cuando se dañaron las negociaciones, Britannica produjo su propia versión en CD-ROM, pero a un precio que casi nadie querría pagar. Aún hoy, años después de que el CD-ROM y la Internet se convirtieran en la norma, Britannica todavía se esfuerza en comercializar una enciclopedia electrónica que pueda hacerles frente a la Encarta de Microsoft y a los productos de otros competidores.

Los ejecutivos que se apoyan en la respuesta de ayer al diseñar los productos de sus compañías también cometen el pecado de emplear la respuesta de ayer en sus negociaciones. Por ejemplo, Schwinn creía en la fidelidad a toda prueba de sus clientes y, por esa razón, pensaba que controlaba a proveedores como Giant

Bicycle y CBC. En realidad, la relación se había invertido al punto en que Schwinn era el socio dependiente. Los proveedores, al fabricar un producto más parecido al que deseaban los clientes de Schwinn, y a menor precio, pudieron saltar por encima de la compañía y llegar directamente al mercado.

Un juego diferente

La percepción que tiene una compañía de la realidad suele quedar obsoleta no porque los tiempos cambien sino porque la compañía ha pasado a un campo nuevo donde su versión de la realidad ya no es válida. Muchas veces, la compañía ha alcanzado gran éxito en un mercado que no permite mayor espacio para crecer. En un intento por apalancar sus competencias medulares, trata de aplicar esas competencias en otro mercado muy parecido en apariencia. Pero pierde de vista las diferencias que están bajo la superficie, que exigen un enfoque muy diferente.

Una compañía en esa situación ha comenzado a jugar un "juego diferente", aunque sus ejecutivos no lo hayan reconocido. Por lo general, los ejecutivos sencillamente suponen que las destrezas y las fórmulas que arrojaron buenos resultados anteriormente seguirán haciéndolo en el nuevo mercado o en el caso del producto nuevo. "Somos los expertos en esto", le aseguran a cualquiera que cuestione su manera de manejar las cosas. Por ejemplo, Toro pasó de construir podadoras de césped a fabricar lanzadores de nieve, una extensión natural del producto dirigida a clientes que podrían ser similares. Sin embargo, las semejanzas aparentes —mercado estacional, precio intermedio, hogares— ocultaban una diferencia simple y, no obstante, fundamental. El césped crece constantemente, pero la nieve no cae todos los días. Después de un invierno sin nieve, Toro insistió de todos modos en fabricar lanzadores de nieve, sólo para recibir el golpe de otra estación sin nieve. Tal como dijera David McLaughlin, ex director ejecutivo de Toro: "No quisimos ver el riesgo".

Las compañías pueden caer en un juego diferente cuando se amplían para abarcar otra zona geográfica, o se mudan adonde las cosas se parecen mucho pero no son iguales. Esto fue lo que le sucedió a la cadena Food Lion de tiendas de abarrotes. Mientras permaneció en el sudeste de los Estados Unidos pudo satisfacer a sus clientes con su formula de costos reducidos y precios bajos. Pero tan pronto como se mudó al sudoeste, tuvo problemas. Aunque en la superficie todo parecía igual, los clientes del sudoeste esperaban variedad de surtido y un nivel de servicio que Food Lion no sabía cómo proporcionar. Sobresalir en la reducción de los costos en ese juego diferente se convirtió en la fórmula para el fracaso.

Una compañía puede encontrarse en medio de un juego diferente sin pasar a un territorio geográfico distinto, como fue el caso de Quaker cuando se amplió más allá de Gatorade para apropiarse de la marca Snapple. El modelo de Gatorade, sin embargo, no funcionaría para Snapple porque los ejecutivos de Quaker nunca comprendieron las diferencias relativas a la imagen de la marca y la distribución. Era un juego diferente.

Una falsa imagen de sí mismas

Equivocarse con respecto a las propias capacidades puede ser tan destructivo como equivocarse acerca del juego que se está jugando. En efecto, si una compañía tiene una "falsa imagen de sí misma", tenderá a meterse en el juego equivocado al hacer cualquier expansión o cambio de actividad. La compañía tratará de apalancar sus capacidades. Pero al tener una idea falsa de lo que es, tratará de hacer algo en lo que no es buena realmente, transfiriendo de cierta manera intelecto que en realidad no tiene. Entre tanto, descuidará o hasta despilfarrará sus verdaderas fortalezas.

Esto les sucede con regularidad a las compañías que han gozado de un gran éxito pero sin comprender la razón del mismo. Por ejemplo, una compañía se dedica a fabricar zapatos o a manejar campañas de publicidad. En algún punto del camino realiza tan bien una actividad relacionada con su objeto social que salta a otro nivel de éxito. Pero la imagen que la compañía tiene de sí misma por lo general se basa en su objeto social y no en la actividad particular que la llevó al éxito.

L. A. Gear es un ejemplo perfecto. Cometió el error de pensar que fabricaba y vendía zapatos deportivos. "Un momento", podría decir usted. "L. A. Gear *era* productora y comercializadora de zapatos deportivos". Pues bien, en efecto, eso fue lo que se dispuso a ser en un comienzo. Pero aquello que la lanzó en cinco años desde un nivel de ventas de 11 millones de dólares a uno de 820 millones fue en realidad una revelación con respecto a la moda de las adolescentes. El empresario Robert Greenberg se dio cuenta de que las amigas adolescentes de sus hijas utilizaban zapatos deportivos masculinos de caña alta. En lugar del zapato de lona que estaba vendiendo, Greenberg introdujo zapatos femeninos para baloncesto, de caña alta y cerrados, pero con guarnición rosada, turquesa y plateada. Cuando pegaron, añadió zapatos con brillantes, siluetas de palmeras y otros detalles de diseño. La promoción se hizo en televisión con comerciales en los cuales aparecían jóvenes seductoras y deportistas disfrutando de un estilo idílico del sur de California. L. A. Gear no tardó en comenzar a vender más zapatos deportivos que cualquier otra compañía, a excepción de Nike y Reebok.

El problema estuvo en que Robert Greenberg pensó que L. A. Gear dominaba la manufactura y la comercialización de zapatos deportivos, cuando lo que en realidad sabía hacer era producir accesorios de moda para jovencitas. Esa idea equivocada llevó a la compañía a agregar a la línea de moda para adolescentes otra línea de zapatos deportivos de alto desempeño para hombres. Las tecnologías y las estrategias requeridas para el nuevo tipo de producto eran diferentes, como también lo eran los clientes. Pero L. A. Gear se lanzó tras el nuevo mercado con zapatos de hebillas chillonas al estilo de Michael Jackson y otros adornos más apropiados quizás para "chicas de trece años del valle californiano". De paso socavó por completo su imagen genial. Los percances cómicos alcanzaron su punto máximo en un juego de baloncesto televisado durante el cual los zapatos de cortesía entregados a los jugadores por L. A. Gear se desbarataron literalmente antes los ojos de los televidentes. Lo que no fue cómico fue el efecto sobre las ventas, las cuales cayeron un 80%, y sobre los inventarios de zapatos no vendidos los cuales no tardaron en alcanzar la cifra de doce millones de pares. La imagen falsa que tenía L. A. Gear de sí misma ayudó a empujarla hacia la quiebra.

El error del productor de cine

Cometer "el error del productor de cine" significa no tomar nota suficiente de los atributos específicos y a veces únicos que hacen que un determinado negocio sea tan exitoso. Lo llamamos el error del productor de cine porque no hay otro grupo de empresarios que cometa esta clase de error de manera más espectacular, más frecuente y más pública que el de los productores de cine y de televisión. Por cada gran éxito que llega a la pantalla grande o a la pantalla chica, hay decenas de fiascos costosos que no habrían tenido por qué producirse... salvo por el hecho de tener alguna cualidad superficial en común con el éxito. Si una película adaptada a partir de las historietas de algún superhéroe se convierte en un gran éxito, por lo general se producen otras que no tienen nada a su favor, salvo el hecho de haber sido adaptadas a partir de la historieta de algún superhéroe. Si un programa de televisión sobre las investigaciones criminales recibe una gran acogida, aparece toda una sarta insípida de series, programas piloto y películas sobre el tema de las investigaciones criminales, hechos especialmente para la televisión.

SmithKline Beecham y Eli Lilly, gigantes de la industria farmacéutica, cometieron el error del productor de cine cuando su rival Merck las sorprendió con la adquisición de una PBM (lo que en América Latina se conoce como ABF, es decir, Administradora de Beneficios Farmacéuticos). Era algo nuevo que no había formado parte de la estrategia de ninguna de las dos compañías. En efecto, el director financiero de Eli Lilly manifestó posteriormente que "vimos la jugada de Merck y nos preguntamos qué diablos era una PMB". Pero las dos compañías pensaron que Merck debía saber lo que hacía y, si Merck tenía una de esas empresas, ellas también deberían hacerlo. Así, al año siguiente, SmithKline Beecham compró una por 2 300 millones de dólares y Eli Lilly compró la suya por 4 mil millones. El raciocinio para la compra fue que una PMB les permitiría tener un mayor control sobre la distribución y la comercialización. Pero se trataba de una estrategia que no habían sometido a prueba y tenía menos sentido para los dos gigantes que para Merck, la cual ya había elaborado unos planes detallados para la adquisición. Pocos años después, las dos imitadoras habían vendido sus adquisiciones con un descuento apreciable y hasta la propia Merck estaba en el proceso de formar una compañía independiente, Merck-Medco. Otras industrias como la de la banca y la del entretenimiento pasaron por una racha de fusiones copiadas a finales de los años 90 y todavía están sufriendo las consecuencias.

Las compañías que cometen el error del productor de cine no tratan necesariamente de reproducir el éxito de una compañía rival. Muchas veces copian la jugada de un rival exitoso aunque no tengan razón para pensar que haya sido una buena jugada. Después de que America West adquiriera los derechos para ostentar su logotipo en la sede de los Suns de Phoenix en 1989, otras *siete* aerolíneas norteamericanas compraron los derechos para pasar su nombre en varios estadios de béisbol y de otros deportes. ¿Pero cuántos de esos gastos representaron una utilización óptima de los fondos promocionales de unas compañías que lo que buscan es llenar las sillas de sus aviones? Las personas que vuelan a otras ciudades para asistir a eventos deportivos no son ni mucho menos una porción importante del mercado de los viajes aéreos. ¿Entonces por qué cayeron tantas aerolíneas en el error del productor de cine? La mayoría de ellas reconocía muy a su pesar que el desempeño de America West era mejor que el suyo pero no sabían cómo imitarla en un plano más sustancial, de manera que la imitaron en la superficie.

La industria de las aerolíneas es el escenario de uno de los intentos más descarados y fallidos por reproducir una estrategia triunfadora sin comprender la razón de su triunfo. Después de años de dominar el mercado del sur de California, en 1994 United Airlines se encontró muy rezagada con respecto a Southwest Airlines, la cual predominaba a causa del servicio a los clientes, la rapidez de salida de sus aviones y sus precios bajos. La solución de United fue imitar a Southwest. Entonces apareció el personal en tierra luciendo pantalón corto y camiseta de golf, y se instauraron los precios bajos y el servicio frecuente. Infortunadamente, el verdadero secreto del éxito de Southwest estaba en su gente —personas leales, llenas de energía, motivadas, desde el piloto hasta los auxiliares de vuelo— mientras que United era todavía una compañía cuyos propios empleados decían cosas como: "Siempre nos han tratado como a niños malcriados que no merecen lo que reciben". Fue el ejemplo clásico de la transferencia negativa: United trató de reproducir algunos elementos de la estrategia de Southwest sin comprender realmente la esencia de la misma: la gente.

Las empresas pueden caer en el error del productor de cine no sólo cuando no reconocen las razones de fondo que explican el éxito de sus rivales, sino cuando no comprenden las razones de fondo de su propio éxito. Cuando esto sucede, una compañía que ha sido exitosa en un negocio se embarca en otros parecidos, convencida de que "ésta es la clase de cosa que sabemos hacer". Sony, por ejemplo, tuvo gran éxito con su adquisición de CBS Records. Esto hizo que sus gerentes supusieran equivocadamente que contaban con las políticas y las capacidades acertadas para adquirir y dirigir otra compañía de la industria del entretenimiento de los Estados Unidos. El resultado, irónicamente, fue que el error del productor de cine indujo a Sony a incursionar en el negocio de la producción cinematográfica.

Así terminan nuestras historias de transferencia negativa. Es probable que muchos lectores se vean reflejados a sí mismos o a sus empresas en ellas, y de eso se trata precisamente. La transferencia negativa es un aviso de alerta que ofrece una lección crítica: el conocimiento y el intelecto no sólo no son siempre valiosos, sino que pueden ser tóxicos. La transferencia negativa adopta distintas formas y a veces aparece tras una máscara de lógica impecable de competencia medular, de tal manera que debemos estar especialmente alertas a la manera como la lógica puede matar cuando se aplica superficialmente. La siguiente sección va más allá de la transferencia negativa para enfocar el lente sobre los últimos tres tipos de fallas de mentalidad que observamos en nuestra investigación, todos ellos ejemplos de "mentalidad unívoca".

Mentalidad unívoca

¿Alguna vez ha trabajado en una organización que parece tener siempre la misma respuesta para todos los problemas? ¿Alguna vez ha vuelto sobre una decisión importante que haya tomado y se ha preguntado por qué los demás no pensaron lo mismo que usted? ¿Alguna vez le ha sorprendido que los clientes, los socios, los empleados y otros interesados de peso sencillamente no comprendan? Quizás no sea cuestión de que los otros no comprenden, sino que usted opera con base en unos supuestos increíblemente miopes relativos a lo que es posible y a la manera como la gente debe comportarse.

El mundo pequeño

Con la ventaja de la retrospección, los errores de las empresas parecen *tan obvios* que es difícil comprender cómo alguien pudo equivocarse de esa manera. "¿En qué estaban pensando?", exclama la gente sin poderlo creer. "¿Cómo pudieron imaginar, aunque fuera por un segundo, que semejante cosa podría tener éxito?" La respuesta en muchos de estos casos es alguna variación de la idea de que "es un mundo pequeño". Esto es lo que sucede cuando los ejecutivos de las compañías, los ingenieros principales y otros basan su evaluación de la realidad en experiencias que han tenido pero que sencillamente no son representativas del mundo en general.

Una de las maneras como entra a operar la idea del mundo pequeño es cuando a un grupo de ejecutivos con altos conocimientos tecnológicos de una compañía que opera en función de la tecnología se les mete en la cabeza la idea de "lo más nuevo"... y no dan marcha atrás sin importar cuánto termine costando. Después de todo, ¿qué fue Iridium? Una idea concebida por un ingeniero talentoso que decidió resolverle a su esposa el problema de no poder llamar desde sitios remotos. Así lo vio un observador sagaz: Motorola se lanzó a "diseñar, construir y poner en marcha el sistema de radio más extraordinario del mundo... de manera que se trataba de una fantasía que debía materializarse a pesar de la irracionalidad enorme asociada con ella. Eso no es estrategia… sino fantasía e histeria".

Cuando pensamos que los ejecutivos que reciben jugosos salarios y tienen cuentas de gastos generosas imaginan que es mucha la gente que comparte sus valores, intereses y prioridades, es más fácil comprender el origen de Iridium. Por ejemplo, los ejecutivos y los ingenieros de diseño de Iridium creían que habría 500 000 personas dispuestas a pagar 3 000 dólares, más 8 dólares por minuto para hacer llamadas con un aparato estorboso desde sitios remotos. ¿En quiénes estaban pensando? Estaban pensando en locos de la tecnología como ellos que pierden el seso por la última innovación, y en otros ejecutivos con dinero para botar. ¿Acaso a Ed Staiano, director ejecutivo de Iridium le molestaría que el teléfono fuera pesado y estorboso? No. No tendría que transportarlo, porque alguno de sus asistentes lo haría. ¿Pensaría Staiano que el minuto a 8 dólares era un gasto fuerte? No. Ganaba tanto por minuto que los 8 dólares le parecían insignificantes. ¿Y el cargo de 3 000 dólares? Sin duda la compañía se haría cargo del costo como rubro corriente de la cuenta de gastos. Y en caso de que alguien preguntara, Iridium podría alegar que permitir unas líneas de comunicación más directas, aunque fuera unos pocos días al año, seguramente representaría mucho más que los 3 000 dólares. En pocas palabras, lo que parecía razonable en el pequeño mundo de Staiano estaba lejos de lo que podría parecer razonable en el mundo donde vive la mayoría de las personas.

Los ejecutivos que viven en determinados lugares geográficos pueden estar tan desconectados como los ejecutivos que viven en las estratosferas de la riqueza y el poder. La familia que tenía el control de Barneys, por ejemplo, supuso que los gustos y estilos que gustaban en su medio de Manhattan gustarían también en otras ciudades de los Estados Unidos. Cuando Thomas Shull, quien fuera presidente de Barneys posteriormente, echó una mirada retrospectiva al intento fallido de la compañía por expandir sus operaciones a sitios como el sur de California y el oeste medio, dijo: "Barneys transplantó una tienda de Nueva York a otras ciudades sin realmente considerar las necesidades y los deseos del mercado". A la compañía no se le pasó nunca por la mente que la que parecía la gran moda en Manhattan podría parecer pretenciosa o sencillamente inapropiada en las atmósferas sociales y físicas diferentes de otras ciudades.

A pesar de enviar sus productos directamente a todos los sitios de los Estados Unidos, los medios de comunicación caen constantemente en el error de juzgar erróneamente, basados en su visión sesgada de mundo pequeño. Los programas y segmentos originados desde Washington suelen aburrir o irritar a sus públicos nacionales al presentar historias dirigidas muy exclusivamente a personas que están en su órbita particular. Las editoriales de Nueva York suelen pasar por alto temas de interés obsesivo para las personas que habitan en los estados del oeste medio, el sur y las Montañas Rocosas, mientras que a veces pagan millones en anticipos sobre libros de interés sólo para segmentos reducidos de la sociedad neoyorquina. Los escritores de las revistas que tienen su sede en Nueva York y Los Ángeles por lo general escriben artículos que transpiran superioridad sobre las actitudes sociales, la moda, la música y los pasatiempos codiciados que encantan al resto del país.

Las reglas del campo de juego de cada quien

Cuando las compañías abren operaciones en regiones, países o medios culturales diferentes, la noción de "mundo pequeño" es sólo uno de los supuestos que deben abandonar. Muchas veces, las reglas básicas para hacer negocios —por ejemplo las ideas acerca del juego limpio y la diligencia debida— son muy distintas. Si las compañías no reconocen esas diferencias, pueden fácilmente caer víctimas de las "reglas de la casa matriz". Esto sucede cuando los ejecutivos dan por sentado que sus homólogos de otros lugares han de jugar de acuerdo con las reglas que ellos aplican. No reconocen que el campo de juego ahora es *ajeno* y que las reglas que se aplican allí son diferentes.

Los estadounidenses y los europeos están acostumbrados a ver este problema como algo que deben enfrentar cuando tratan de hacer negocios por fuera del mundo occidental. Pero existe la probabilidad de que otros encuentren ese mismo problema cuando tratan de hacer negocios con los Estados Unidos o con Europa.

Cuando Sony adquirió a Columbia Pictures, los jefes japoneses de Sony supusieron que los empresarios estadounidenses operarían conforme a su mismo código de ética. Uno de los elementos más importante de ese código de ética es el asociado con el *giri*. No hay una traducción literal de este término, pero se refiere a la obligación moral frente a los superiores y a las metas de orden superior. En efecto, los gerentes japoneses supusieron que la gerencia americana de Columbia Pictures sentiría el mismo tipo de obligación moral hacia su nueva casa matriz (un tipo de *giri*) que ellos sentirían. Nunca pensaron que los gerentes estadounidenses procederían como si *no tuvieran* obligación alguna, anteponiendo descaradamente sus intereses personales a las metas de la compañía. Pero eso fue lo que sucedió, a una escala de pantalla grande.

Además de las diferencias culturales básicas, había razones especiales por las cuales las reglas locales de Columbia Pictures distaban de las que Sony pensó que se aplicarían. Una de ellas es que la naturaleza propia de la industria cinematográfica de Hollywood deja poco espacio para la lealtad o las relaciones corporativas de largo plazo. Otra razón es que los gerentes que Sony eligió para que dirigieran a Columbia Pictures tenían fama de hacer negocios grandes de alto riesgo y carecían de la disciplina para acompañar los proyectos hasta el final. Por último, la adquisición de Columbia Pictures por parte de Sony ocurrió durante una ola de sentimiento antinipón. Los empresarios japoneses habían venido comprando compañías símbolo de los Estados Unidos, ufanándose de su éxito y sermoneando a los estadounidenses sobre la necesidad de seguir su ejemplo. A nadie en Hollywood se le ocurrió que los japoneses necesitaran o merecieran protección especial contra los buscavidas estadounidenses.

Fiebre de expansión

La tercera falla a la cual es susceptible nuestro ejecutivo de mentalidad unívoca difiere un poco de las anteriores, pero es igualmente importante. Se trata de un tipo de falla específica y asombrosamente común. La llamaremos "fiebre de expansión". Es la enfermedad que aflige a la compañía que se empeña en expandirse rápidamente a expensas de la rentabilidad y sin controlar los pasivos. La fiebre de expansión suele ir acompañada de una falla de mentalidad mucho más seria que el error de no utilizar los indicadores correctos del éxito. Los gerentes afectados por la fiebre de expansión ven todas las cifras o los hechos en lo relacionado con su efecto sobre la capacidad de continuar creciendo. De lado queda el propósito de crear valor para la gente, hacer algo que valga la pena o tan siquiera generar utilidades. Para mantener una tasa de crecimiento elevada o acelerada, los ejecutivos febriles suelen destruir el valor, hacer cosas a sabiendas de que no benefician a nadie y operar a pérdida.

Cuando Maurice y Charles Saatchi cayeron enfermos con la fiebre de expansión, ilustraron prácticamente todos los pasos en falso que ocurren cuando crecer a un ritmo acelerado adquiere prioridad sobre todo lo demás. Se dedicaron a perseguir adquisiciones nuevas sin detenerse a considerar la manera de integrar esas empresas dentro de las operaciones existentes de la compañía. En varios casos pagaron más que lo que las utilidades derivadas de la adquisición podían justificar y, de paso, acumularon deudas enormes y otros pasivos. Una vez adquirida una compañía, no hacían mayor cosa por asegurarse de sacarle el mayor valor posible. A medida que fue pasando el tiempo, comenzaron a incursionar en campos como la consultoría empresarial, los cuales exigían unos procedimientos de gerencia diferentes de los existentes. Ninguno de esos pasos en falso se debió a una falta de habilidad gerencial de los hermanos Saatchi o sus altos ejecutivos. Sencillamente estaban obsesionados hasta tal punto con el crecimiento que olvidaron pensar en la rentabilidad.

Oxford Health Plans, la organización administradora de salud de Nueva York, tuvo un acceso todavía más grave de fiebre de expansión. Bajo la dirección de su fundador y director ejecutivo Stephen Wiggins, crecer por el simple hecho de crecer prevaleció por encima de todo lo demás, hasta de la administración sensata de los pasivos. Tras prosperar con una clientela de profesionales que no enfermaban a menudo, Oxford Health Plans amplió su radio de acción para incluir a la población obrera y a los pacientes de Medicare y Medicaid (grupos que implicaban unos costos de salud más elevados) sin considerar si era un campo rentable en el cual debían operar. Esta expansión rápida hizo que los sistemas de cómputo y el resto del aparato administrativo se rezagaran cada vez más. Un alto ejecutivo describió la situación de la siguiente manera: "Perdimos el control. Se emitían cheques idénticos dos veces". Pero la compañía no frenó su ritmo de crecimiento ni siquiera cuando el intento por instalar un sistema de software completamente distinto falló con estrépito, provocando un estado cercano al caos en la facturación a los clientes y las solicitudes de reembolso. Insistió en seguir adelante con más planes y otra adquisición grande como si tuviera todo bajo control.

He ahí la situación. La intención estratégica errada, la transferencia negativa y la mentalidad unívoca son las causas de muchos de los descalabros empresariales que usted ha presenciado, sobre los cuales ha leído o en los cuales quizás ha participado. ¿Qué hacer para evitar esas situaciones en el futuro?

Asegúrese de que sea válida la manera como su compañía ve la realidad

En todos estos ejemplos en donde las percepciones erradas de la realidad sirvieron de base para guiar a las compañías grandes, se repite una paradoja importante: aquello que se manifiesta a las claras como *falso* en retrospectiva, parecía *claramente verdadero* en su momento. En efecto, en la mayoría de los casos, la falsa realidad parecía *tan* claramente verdadera que *a nadie se le ocurrió cuestionarla*.

Ésta es quizás la lección más importante de todas. Si desea alertar a su compañía antes de que una imagen errada de la realidad cause mucho daño, debe hacer una pausa y cuestionar las cosas que parecen obvias. Es necesario examinar detenidamente los supuestos prevalecientes, las cosas "que se caen de su peso", a fin de determinar si en realidad son ciertas.

¿Pero cómo hacerlo? Cada una de las fallas que hemos descrito apunta a una pregunta fundamental que toda compañía se debe plantear periódicamente. La lista resultante de preguntas puede usarse como instrumento para escudriñar cada uno de los aspectos clave de la percepción que la compañía tiene de la realidad.

¿Es válida la percepción que tiene su compañía de la realidad?

Diez preguntas para asegurarse de ello

INTENCIÓN ESTRATÉGICA ERRADA

1. ¿Corre el peligro de concentrarse en un solo principio o modelo y descuidar todos los demás? (La respuesta mágica)
2. ¿Es posible que esté aplicando una estrategia imposible de alcanzar? (El Santo Grial)
3. ¿Podría estar utilizando el barómetro equivocado para medir el éxito? (Los indicadores equivocados)

TRANSFERENCIA NEGATIVA

4. ¿Está suponiendo que lo que ha surtido efecto en el pasado es lo que continúan necesitando hoy? (La respuesta de ayer)
5. ¿Ha incursionado en un campo que exija un enfoque diferente al que ha empleado con éxito en otros campos? (Un juego diferente)
6. ¿Es posible que tenga una idea imprecisa de sus propias competencias, en comparación con los competidores? (Una falsa imagen de sí misma)
7. ¿Corre el peligro de equivocarse al explicar los éxitos del pasado o los éxitos de los competidores? (El error del productor de cine)

> **MENTALIDAD UNÍVOCA**
>
> 8. ¿Ha basado sus ideas acerca de las necesidades de sus clientes en experiencias o modelos limitados? (El mundo pequeño)
> 9. ¿Está intentando operar en una cultura cuyos códigos tácitos quizás no ha comprendido del todo? (Las reglas del campo de juego de cada quien)
> 10. ¿Se ha dejado llevar por el deseo de crecer rápidamente a expensas de la verdadera rentabilidad? (Fiebre de expansión)

Predicción del cambio

Cuando haya verificado, según su mejor saber y entender, que su percepción de la realidad es exacta, habrá dado un gran paso para evitar un fracaso de consecuencias mayores. Pero es necesario considerar algo más a la hora de evaluar las imágenes de la realidad: durante cuánto tiempo *seguirá siendo* válida esa realidad.

Es posible percibir la realidad sin sesgo alguno, pero si el entorno está a punto de dar un vuelco dramático y la compañía no está preparada para ese cambio, el desastre estará a la vuelta de la esquina. Para prosperar durante un período de tiempo prolongado, una compañía debe comprender los elementos de la realidad que pueden estar sujetos al cambio. ¿Cuáles son los errores más comunes relacionados con la percepción de la realidad?

La falacia de la tormenta perfecta

Sebastian Junger describe en su libro *The Perfect Storm* la manera como tres sistemas de tormentas relativamente comunes convergen en el Atlántico Norte para producir una sola tempestad especialmente feroz. La "falacia de la tormenta perfecta" consiste en creer que, puesto que es bastante improbable que se produzca cada uno de los sucesos conducentes a esa clase de tormentas, también es poco probable que converjan dos o más sucesos que pudieran provocar una tormenta perfecta.

Sin embargo, las tormentas perfectas son mucho más frecuentes de lo que la gente supone, ya sea en el mar o en las empresas, debido a que el número total de sucesos que podrían contribuir a una tormenta perfecta suele ser muy grande, como sucede con el número total de combinaciones de esos sucesos y el número total de oportunidades para que se produzcan. Por tanto, si bien la probabilidad de que una determinada combinación produzca la tormenta perfecta es muy reducida, la probabilidad de que se produzca una combinación no especificada que pudiera dar lugar a una tormenta perfecta no especificada podría ser muy grande.

Esto podría sonar bastante obvio expresado así, pero hasta los expertos en riesgo y probabilidad se equivocan con regularidad. LTCM demostró que personas verdaderamente inteligentes y expertas en la teoría de la probabilidad pueden sucumbir ante la falacia de la tormenta perfecta. Los ejecutivos y asesores de la compañía sabían que sus inversiones podrían verse amenazadas por una perturbación del mercado a gran escala, especialmente una devaluación o un incumplimiento de grandes proporciones. Por consiguiente, incluyeron en sus cálculos la posibilidad de que se produjera ese suceso. Pero no contemplaron la posibilidad de que sucedieran *dos o más* de esos sucesos. Y por supuesto que sucedieron. Los valores garantizados por hipotecas se desplomaron y Rusia incumplió el pago de su deuda. Entonces, una serie de sucesos menores que parecían improbables comenzaron a afectar adversamente a LTCM, uno tras otro. Los títulos valores demostraron ser muy difíciles de descargar, contrariamente a lo esperado. Los socios en las transacciones bursátiles se mostraron inesperadamente agresivos a la hora de aprovecharse del aprieto en el que se encontraba LTCM. Los ejecutivos de LTCM comenzaron a cometer errores inesperados. Parecía una racha inverosímil de mala suerte.

Una vez que las cosas comenzaron a salir mal, cada uno de los tropiezos de LTCM contribuyó a provocar más desgracias. Los sucesos especialmente perturbadores que afectaron a LTCM podrían haber sido probables cada uno por separado. Pero durante un lapso prolongado, era casi inevitable que se produjeran *algunos* sucesos perturbadores capaces de provocar consecuencias similares para LTCM. Los expertos en probabilidades que se encontraban al frente de LTCM calcularon mal. Claro está que no se necesita la ayuda de unos ganadores del premio Nobel para equivocarse de lleno al calcular las probabilidades de que ocurra una tormenta perfecta. Son muchas las compañías que agudizan sus tribulaciones al subestimar la probabilidad de que converjan unos sucesos improbables. Por ejemplo, Oxford Health Plans subestimó el número de cosas que podrían salir mal cuando quiso poner en marcha un nuevo sistema de cómputo durante una época de expansión acelerada. Mossimo, la compañía de Irvine que produce una ropa de moda cuya característica de frescura y libertad contribuyó a definir la cultura de la ropa de playa del sur de California, subestimó la cantidad de cosas que podrían salir mal cuando, a mediados de los años 90, quiso ampliar su gama de diseños, aumentar la producción y cumplirles a unos clientes nuevos, todo al mismo tiempo. Chrysler subestimó hasta dónde podrían comenzar a cambiar al mismo tiempo un sinnúmero de condiciones comerciales, de manera que tuvo que responder a todas ellas simultáneamente. Tal como sugieren estos ejemplos, las tormentas perfectas no son tan raras como quieren creer algunos ejecutivos. Al contrario, son indicadores contundentes de los defectos de mentalidad de los ejecutivos.

El error de la guerra de las galaxias

Si la falacia de la tormenta perfecta induce a la gente a pensar que las cosas *no* pueden suceder, el "error de la guerra de las galaxias" induce a la gente a pensar que las cosas *sí* pueden suceder. El gobierno federal proporcionó el ejemplo clásico a partir del momento en que la administración del presidente Reagan trató de encontrar una mejor manera de defender al país contra los misiles del imperio del mal. Los altos funcionarios, entre ellos el presidente, tenían la mente puesta en la gran iniciativa tecnológica que permitió la llegada del hombre a la Luna. Las películas de la *Guerra de las galaxias,* con sus armas futuristas de rayos de luz, también estaban frescas en la mente de la gente. Fue así como la administración Reagan decidió lanzar una gran iniciativa tecnológica de la cual salieran armas de rayos de luz para derribar misiles balísticos. Convertirían la ciencia ficción en realidad, tal como lo había hecho la administración Kennedy.

El único problema con esa iniciativa estratégica de defensa fue que los principios científicos que la convertirían en realidad no se habían descubierto todavía. Por malo que hubiera sido, el programa espacial a la Luna se había basado por completo en unos conocimientos científicos existentes. Por su parte, la iniciativa estratégica de defensa no podía prosperar sin unos avances científicos verdaderamente revolucionarios. Esto hizo que fuera prácticamente imposible establecerle un cronograma y un presupuesto. Apenas ahora estamos cerca, veinte años después y tras haber gastado miles de millones de dólares. Pero en el caso de las empresas que deben mostrar un rendimiento razonable sobre la inversión, tener que esperar veinte años para entrar en operación (sin hablar de rentabilidad, naturalmente) es bastante complicado de justificar.

El error de la guerra de las galaxias sucede cuando las compañías no logran ver la diferencia entre las actividades que exigen una ingeniería de rutina y aquéllas que exigen descubrimientos nuevos. Ocurre cuando las compañías esperan que los equipos de investigadores se ajusten a los cronogramas y los presupuestos establecidos al tratar de hacer algo auténticamente nuevo. Más importante aún, ocurre cuando las empresas hacen inversiones grandes en sistemas costosos antes de haberse demostrado la capacidad de funcionamiento de todos los componentes de esos sistemas. Iridium, por ejemplo, fracasó en parte a causa del error de la guerra de las galaxias. Las personas que planearon el proyecto en 1991 pensaron que, para cuando fuera operativo, habría una nueva tecnología que permitiría tener unos aparatos más económicos y menos aparatosos.

El error de la guerra de las galaxias afecta muchas veces a las grandes corporaciones cuando basan sus estrategias en descubrimientos fundamentales que todavía no se han materializado. Pero la mayor parte de las empresas que quiebran debido totalmente al error de la guerra de las galaxias son ese sinnúmero de compañías pequeñas nuevas que piensan estar apostándole a la tecnología emergente cuando en realidad le están apostando a la investigación básica emergente.

La ilusión del cuadro completo

Uno de los mayores peligros a la hora de visualizar el cambio es el que podemos describir como la "ilusión del cuadro completo". Es la trampa en la cual caen los ejecutivos cuando adoptan una estrategia que tiene sentido a nivel del cuadro completo pero que se desbarata en el nivel de menor escala donde debe ponerse en marcha. La señal más patente de que alguien es proclive a caer en la ilusión del cuadro completo es el desdén por los detalles. "Sólo deseo escuchar el resumen ejecutivo", suelen decir, impacientes, estos líderes. "Debo concentrarme en el panorama general".

El exceso de atención al cuadro completo, a expensas de los detalles, entre ellos las sinergias y la integración, está detrás de una gran parte de las adquisiciones fallidas que se dan cada año, como le sucedió a Quaker. Antes y después de la adquisición, Quaker no prestó atención suficiente a los detalles exactos de los contratos y las relaciones que tenía Snapple con sus distribuidores. El resultado fue que los altos ejecutivos de Quaker quisieron hacer unos cambios en sus políticas de distribución que ni siquiera eran posibles desde el punto de vista contractual a nivel de los distribuidores individuales.

Las compañías no necesitan estar inmersas en adquisiciones o reestructuraciones corporativas para ser víctimas de la ilusión del cuadro completo. Cualquier intento deliberado por renovar las operaciones puede fallar si los altos ejecutivos no reflexionan detenidamente acerca de sus implicaciones exactas a nivel de la más pequeña de las unidades operativas, de los empleados especializados y de las relaciones existentes con los clientes y los proveedores. El esfuerzo de automatización de GM fue un desastre todavía mayor de lo que habría sido porque sus altos ejecutivos no determinaron desde un principio cuáles eran exactamente las capacidades que necesitaban los distintos componentes de la compañía para poderse automatizar. Rubbermaid agravó sus problemas porque cuando finalmente reaccionó frente a las dificultades que enfrentaba, sus ejecutivos trataron de imponer políticas que la organización no estaba en capacidad de implantar.

Ninguno de estos casos fue una falla de ejecución. Todos son de compañías que adoptaron políticas que *no* podían ejecutarse por extraordinario que fuera el trabajo de los gerentes de nivel medio. Las estrategias que sonaban tan convincentes en la cima de la organización sencillamente no podían llevarse a la práctica.

Es aterrador ver hasta dónde los gerentes pueden sucumbir ante la ilusión del cuadro completo. Por ejemplo, la fusión de DaimlerChrysler, por donde se la mire, no pudo ser operante durante años. Destruyó un valor casi igual al precio total de la compra de Chrysler Corporation. Pero aún después de *reconocer* esas consecuencias desastrosas, Jürgen Schrempp, el director ejecutivo, continuó defendiendo la fusión como "una estrategia absolutamente perfecta".

Los competidores equivocados

Una de las maneras más sencillas de que las compañías se equivoquen al predecir el cambio consiste en centrar su atención en los competidores equivocados. Esto suele suceder porque los ejecutivos suponen que aquéllos que han sido sus grandes competidores en el pasado seguirán siendo sus principales competidores en el futuro. Esto les lleva a subestimar los efectos de los competidores nuevos que llegan al mercado y a pasar por alto la posibilidad de que los pequeños se conviertan en grandes de un día para otro. Los ejecutivos de las empresas que han liderado el mercado durante cierto tiempo o que han participado en una competencia intensa con un grupo muy reducido de rivales tienen gran predisposición a cometer este error. Mientras más se concentra una compañía en ganar las batallas competitivas en las cuales ya está trenzada, menor es la probabilidad de que esté preparada para batallas futuras con competidores completamente diferentes.

Usted podría pensar que conoce demasiado bien su espacio competitivo como para cometer el error de concentrarse en los competidores equivocados. Pero son precisamente las compañías que parecen haber dominado un determinado espacio competitivo las más susceptibles a equivocarse en identificar a sus futuros competidores. No cabe duda de que Schwinn era el maestro en su espacio competitivo. Pero fue por eso mismo que pasó por alto la posibilidad de que sus proveedores extranjeros penetraran el mercado de los Estados Unidos con productos de menor precio. Varios de los comerciantes virtuales dominaron su espacio competitivo, pero eso hizo que subestimaran la amenaza de los comerciantes tradicionales que se habían limitado a observar las batallas de la Internet desde la barrera.

Un modelo de negocios estático

Otra manera parecida pero más dramática de equivocarse al predecir el cambio es que los ejecutivos supongan que en su industria prevalece un "modelo de negocios estático". Esto significa que se comportan como si las operaciones de negocios del futuro se han de regir por los mismos modelos del pasado. Se descuidan y no consideran las distintas maneras como su industria podría transformarse completamente o quedar obsoleta como consecuencia de tecnologías o prácticas de negocios enteramente nuevas. Cuando sobreviene un gran cambio que le exige a la compañía adoptar un modelo de negocios nuevo, toma totalmente por sorpresa a los ejecutivos.

Fruit of the Loom es un caso clásico de una compañía que supuso que su modelo de negocios debía ser estático en un momento de cambio. La ley de libre comercio de América del Norte (NAFTA) de 1995 eliminó las barreras comerciales con México. Eso significó que ya no era rentable fabricar en masa productos tales como camisetas, medias y ropa interior en los Estados Unidos. Las empresas tales como la unidad Hanes de Sara Lee estaban preparadas y llevaron rápidamente su producción al exterior. Fruit of the Loom, sin embargo, se demoró en reaccionar. Con el tiempo tuvo que apresurarse a cerrar sus fábricas de los Estados Unidos y abrir al mismo tiempo otras en América Central. Los problemas de logística y abastecimiento que sobrevinieron fueron tan descomunales que contribuyeron a que la compañía se acogiera al capítulo 11 de la ley de quiebras de los Estados Unidos en 1999.

Una compañía no tiene que ser antigua y bien establecida para sufrir del modelo de negocios estático. Iridium fue víctima de él desde antes de entrar de lleno en operación. Supuso que tan pronto como las personas salieran de las zonas densamente pobladas de las naciones ricas de Occidente no tendrían cobertura de telefonía celular en los sitios a donde fueran. También supuso que sería difícil organizar el *roaming* entre los distintos sistemas de telefonía celular. Pero durante los años de desarrollo e instalación de Iridium, los servicios de telefonía celular crecieron a gran velocidad, llegaron a muchos países por fuera de Occidente y lograron establecer convenios complejos entre sistemas. El ambiente en el cual debía competir Iridium y las cosas que debía hacer para agregar valor cambiaron drásticamente. Los ejecutivos de Iridium estaban plenamente conscientes de estos cambios, pero habían comenzado con una imagen de la realidad en el cual no encajaban las maneras como podía cambiar esa realidad. Quedaron atrapados en un modelo de negocios estático, sin saber como salir de él.

Asegurar la concordancia entre la realidad y las predicciones de la compañía acerca del cambio

Las compañías deben someter a prueba sus ideas sobre las cosas que podrían cambiar, valiéndose de preguntas diferentes a las que utilizan para someter a prueba su imagen de la realidad. Asegurarse de tener una imagen exacta de la realidad significa verificar que los hechos considerados como ciertos en realidad *lo sean*. Asegurarse de tener una idea exacta de lo que podría cambiar significa dejar un margen para aquello que es imposible saber. Significa distinguir entre las condiciones que, para bien o para mal, podrían permanecer iguales y aquéllas, que para bien o para mal, podrían cambiar en el entorno de los negocios.

Hay cinco preguntas que pueden ayudar a verificar si la compañía está acertando en su manera de predecir el cambio. Responder a estas preguntas es menos cuestión de recoger información nueva que de estar abiertos a nuevas posibilidades.

> ### ¿Tiene su compañía una imagen adecuada de lo que podría cambiar en el futuro?
>
> *Cinco preguntas para asegurarse de ello*
>
> 1. ¿Ha considerado la posibilidad de que varios sucesos improbables ocurran al mismo tiempo? (La falacia de la tormenta perfecta)
> 2. ¿Ha establecido la diferencia entre los proyectos de innovación basados en la ingeniería y los que exigen descubrimientos nuevos? (El error de la guerra de las galaxias)
> 3. ¿Ha prestado atención suficiente a la pequeña escala en la cual deben implantarse los cambios de gran escala? (La ilusión del cuadro completo)
> 4. ¿Centra su atención en los competidores indicados, especialmente los recién llegados? (Los competidores equivocados)
> 5. ¿Ha reflexionado detenidamente acerca de las maneras como podría transformarse o quedar súbitamente obsoleta toda su industria? (El modelo de negocios estático)

Las falsedades engendran falsedades

Una de las cosas más asombrosas sobre las imágenes de la realidad a las cuales se remiten las empresas que fracasan es la manera como una imagen falsa tiende a engendrar otras imágenes falsas. Por ejemplo, Saatchi & Saatchi cometió el error del productor de cine al pensar que su éxito en la publicidad demostraba su destreza para manejar servicios administrativos. No necesitó mucho más que eso para crear una falsa imagen de sí misma, la cual la indujo a creer que era una consumada compañía de servicios administrativos. Esta falsa imagen de sí misma reforzó a su vez su fiebre de expansión, agravando las distorsiones creadas por las fallas de mentalidad de los ejecutivos.

La manera como Sony perdió contacto con la realidad en su aventura cinematográfica podría servir casi como un resumen de lo que sucede cuando las compañías adoptan una idea distorsionada de la misma. Sony ingresó inicialmente a la industria del entretenimiento porque los ejecutivos creyeron haber descubierto una respuesta mágica, a saber, el software compatible. Inicialmente, cuando parecía que habían tenido éxito, los ejecutivos desarrollaron una falsa imagen y cometieron el error del productor de cine de pensar que dominaban la administración de las compañías de entretenimiento. La adquisición de Columbia Pictures se debió en parte a su ilusión del cuadro completo de que habría sinergias entre la compañía cinematográfica y otros componentes del imperio de Sony, cuando en realidad no las había. Entre tanto, basada en otras nociones equivocadas, la compañía puso su atención en el indicador equivocado —la participación en el mercado— y cayó víctima de las reglas de su propio campo de juego al esperar que los ejecutivos estadounidenses dieran muestras de su lealtad a la compañía en lugar de velar por sus intereses particulares de corto plazo. A medida que el desastre financiero crecía, Sony fue sucumbiendo ante la falacia de la tormenta perfecta, al subestimar el número de cosas improbables que podían salir mal. Como puede verse a partir de esta crónica de errores, una vez que una empresa adopta una imagen equivocada de la realidad en un aspecto, se produce un sesgo general en su manera de ver la realidad en otros.

El gran misterio

El gran misterio en todo esto es obvio: ¿por qué se permitió que prevalecieran esas mentalidades a veces tortuosas de los ejecutivos? ¿Por qué no se reemplazaron esas imágenes equivocadas de la realidad por otras más exactas tan pronto como se vio que los resultados no eran los esperados?

No fue falta de buena información. La mayoría de las compañías enceguecidas por una imagen desastrosamente imprecisa de la realidad tenían los datos necesarios para reconocer esa equivocación y cambiar esa imagen por otra mejor. La mayoría de las compañías reseñadas aquí —tan diversas como GM, eToys, Sony, Motorola, Saatchi & Saatchi, Barneys, LTCM, Quaker, Cabletron, Oxford Health Plans, Food Lion, L. A. Gear, Rubbermaid, los Medias Rojas de Boston y Schwinn— recibían de *sus propias* operaciones montañas de información que han debido permitirles ver que sus supuestos básicos para hacer negocios estaban equivocados. Lo sorprendente es que esos datos al parecer no surtieron ningún efecto.

Para comprender la razón por la cual nadie gritó que el emperador iba desnudo, es crucial mirar las políticas internas de las empresas en cuestión. Las medidas tomadas por estas compañías para alentar y conservar estas imágenes erradas de la realidad fueron verdaderamente notables. En efecto, por insignes que hayan sido muchos de los ejemplos de este capítulo, no hay un solo caso donde haya sido *sólo* la mentalidad de los ejecutivos la fuerza que llevó a estas compañías al fracaso. No. Hace falta más que una apreciación errada de la realidad para caer. De cierta manera, es necesario querer fracasar o, por lo menos, hay que crear, construir, propagar o elaborar una cultura miope que no permita hacer algo respecto de las fallas de mentalidad. ¿Hay en realidad organizaciones en las cuales las personas suelen dejarse llevar por el delirio de que todo está perfectamente? En el capítulo siguiente respondemos esa pregunta.

CAPÍTULO 7

Delirios de la compañía perfecta

Cómo los ejecutivos evitan enfrentar la realidad

Es el sueño de la mayoría de los gerentes. Desde el momento en que uno cruza el umbral percibe la sensación de orgullo y vitalidad. Estas personas son las mejores de su industria, y lo saben. No aspiran a alcanzar el éxito, es su deber hacerlo. Esta compañía define la excelencia: lidera, y espera que las demás de su industria la sigan.

La compañía tiene una visión firme de lo que hace y lo que desea lograr. Sus empleados son profundamente fieles a los productos que pasaron la prueba y contribuyeron al arraigo de la marca. No necesitan esperar a que los clientes les digan lo que necesitan.

Tiene una fuerza de ventas que no acepta las negativas. Tiene, en todos lo niveles, empleados que hacen lo que sea por cumplir con su trabajo, y unos gerentes que se ocupan de que las cosas marchen constantemente sin tropiezos. Cuando los periodistas y los empresarios la mencionan como una de las compañías más admiradas del país, nadie se sorprende. Y, no obstante, a pesar de la imagen positiva que la compañía tiene de sí misma, se esfuerza permanentemente por mejorar. Tiene siempre presente a su competidor más cercano y está constantemente alerta a mejorar sus parámetros internos de medición. No se toleran en lo absoluto las equivocaciones graves.

Lo más sorprendente de todo es el extraordinario espíritu de equipo que impregna a la compañía. Del director ejecutivo para abajo, todas las personas se identifican de manera excepcional con la compañía. No hay rotación en las filas de la alta gerencia. Los empleados por lo general se quedan en la compañía durante toda su vida profesional. Manejar las relaciones públicas de esta compañía es un verdadero placer. Cada uno de los empleados promueve constantemente las metas de la compañía y no hay notas discordantes. En caso de producirse algún tipo de ataque o amenaza contra uno de los componentes de la compañía, los demás acuden en su defensa.

¿Le parece que una compañía así parece demasiado buena para ser verdad? ¿Algo a lo que se puede aspirar pero que en realidad es inalcanzable?

Si respondió afirmativamente, tenga cuidado. Esa compañía existe. En realidad hay muchas que encajan con esta descripción y algunas de ellas pueden formar parte de su industria.

Pero el peligro *no* está en que su empresa *tenga que competir* con ellas. El peligro es que su empresa *llegue a ser* como ellas. Esta compañía no es un buen modelo al cual imitar. Es un desastre en potencia. En efecto, puede ser un desastre *cumplido*, un cadáver ambulante que no sabe que ya está muerto.

Empresas zombis

¿Cómo puede ser eso? ¿Acaso no *deseamos* esforzarnos para tener todas las características de esta compañía modelo?

Bueno, sí, pero sólo si hay también determinados factores moderadores. Si estas cualidades son demasiadas, o si están todas presentes, forman los ingredientes para un desastre de grandes proporciones. ¿Por qué? Porque esta clase de compañía ha creado una cultura blindada que *ahuyenta sistemáticamente toda información que pudiera ir en contra de la imagen imperante de la realidad.*

Las compañías que cultivan estas cualidades positivas hasta el extremo se convierten en "empresas zombis". Quizás continúen operando como siempre lo han hecho. Quizás obtengan resultados extraordinarios. Pero si surge un problema y las cosas dejan de marchar como siempre, los gerentes no tienen manera de comprender las razones, porque permanecen aislados de la información externa que necesitan.

Estas empresas son muy engañosas porque generalmente son zombis *felices*. Saben plegarse tan bien sobre sí mismas para no recibir la información indeseada, que no tienen ni la menor idea de que se han convertido en zombis. Las personas que trabajan para estas empresas hacen pronunciamientos entusiastas acerca de sus grandes perspectivas cuando ya van camino del colapso. Si se trata de los altos ejecutivos, posteriormente parecerá como si hubieran estado tratando de estafar al público. Si se trata de los empleados de niveles inferiores, parecerá como si hubieran tenido los ojos tapados. Hacia el final, es probable que se produzcan actos deliberados de engaño cuyo propósito es ocultar lo que está sucediendo. Sin embargo, en su mayor parte, las personas de una compañía zombi permanecen dichosas en su ignorancia y sólo reconocen que están en medio de un desastre de grandes proporciones cuando éste se desenvuelve. En lugar de reaccionar y adaptarse a los problemas cuando se presentan, los gerentes de las empresas zombis se acogen el delirio de tener la compañía perfecta.

Una de las cosas más interesantes acerca de las empresas zombis es que las personas que trabajan para ellas no son zombis. Los ejecutivos por lo general son brillantes, dinámicos y tienen una capacidad asombrosa para mantenerse en sintonía con lo que sucede a su alrededor. El personal técnico suele comprender a la perfección su campo de especialización. Prácticamente todos los empleados de la compañía realizan su trabajo con idoneidad e inteligencia.

El mecanismo que convierte a la compañía en zombi consta de unas "políticas y actitudes de la compañía" que terminan por adormecer la mente en una especie de efecto acumulativo de muchas políticas menores y aparentemente benignas que acaban siendo destructivas.

La compañía no tiene que ser totalmente zombi para que los efectos sean devastadores. Basta con que sean zombis los miembros de la alta gerencia, el equipo de marketing o el departamento de diseño de los productos, o que las actitudes zombis impregnen algún otro componente esencial. Pero una vez que un componente importante de la compañía se convierte en zombi, el síndrome tiende a ser contagioso. Para cuando la compañía que solía ser exitosa reconoce unas pérdidas enormes e irrecuperables, la autopsia por lo general revela características zombis diseminadas por todas partes.

"Observen cómo lo hacemos"

Las primeras señales de que una compañía va por el camino de convertirse en zombi podrían parecerse a las señales de una salud a toda prueba. La compañía florece, por lo menos en un aspecto importante, y sus ejecutivos están orgullosos de su éxito, y con razón. Dejando de lado la falsa modestia, la compañía se anunciará como "la número uno" en su industria en cuanto a crecimiento o tamaño o participación en el mercado o tecnología o rentabilidad o satisfacción de los clientes, o algún otro indicador importante. Para convertir ese logro en factor de motivación, la compañía entonces expresa su determinación de mantener ese nivel de éxito o superarlo. Y lo que es más importante, incorpora ese nivel de éxito como parte de su identidad.

Casi todas las compañías cuyos fracasos analizamos en este libro eran célebres por ser las "primeras" en alguna categoría y convirtieron esa gloria en parte de la imagen de sí mismas. La mayoría de las compañías fueron elogiadas en los artículos centrales de las revistas, glorificadas por los sabios de la administración de empresas y ubicadas por las encuestas dentro del grupo de las corporaciones más admiradas del país. Trátese de Rubbermaid en la revista *Fortune*, de Enron como ejemplo ideal de lo que puede hacer McKinsey & Company o de Motorola con el premio Baldrige, estas perdedoras fueron triunfadoras alguna vez. Lo más importante es que todas ellas proclamaron su condición de aventajadas a través de sus lemas, sus exhibiciones, sus logotipos, sus anuncios publicitarios y sus informes anuales. Se cuidaron de recordarles siempre a sus empleados que trabajaban para la primera compañía de la industria e incluso para la líder de muchas industrias. Enron es un ejemplo especialmente notable. Tenía de hecho un aviso en la entrada de la sede corporativa que decía: "La primera compañía energética del mundo". Posteriormente se cambió ese aviso por este otro: "La mejor compañía del mundo". Todas las demás compañías y organizaciones reseñadas aquí hicieron afirmaciones semejantes antes de caer, aunque no siempre en términos tan grandilocuentes. Es tentador pensar que esas afirmaciones eran fraudulentas. Pero la verdad es que, casi todas ellas eran fundadas, por lo menos hasta cierto punto.

El problema es que cuando una compañía integra en la imagen de sí misma esa condición de ser "la número uno", el comportamiento que le permitió alcanzar esa posición comienza a cambiar. En lugar de tratar de lograr algo para superarse a sí misma, la compañía comienza a hacer esfuerzos para mantener su posición. Las consecuencias de ese repliegue se pueden apreciar casi inmediatamente en la manera como los empleados de "la número uno" comienzan a tratar a las personas de afuera. Son corteses pero condescendientes. En lugar de escuchar y tratar de aprender de los de afuera, por lo general no pierden oportunidad de demostrar la superioridad de su conocimiento. Saben que no necesitan escuchar con mucha atención a los demás porque son mejores, y lo demuestran.

Muchos de los ejecutivos cuyas empresas destacamos en este libro no sólo eran arrogantes sino que se ufanaban de serlo. Las personas que tuvieron tratos con General Motors y la IBM en sus días de gloria recuerdan vívidamente la condescendencia con la cual estas compañías miraban a todos los demás seres ajenos a sus filas. Más recientemente, Daimler-Benz tuvo la misma reputación. Es probable que Saatchi & Saatchi fuera la agencia de publicidad más arrogante que haya existido en el mundo. El crecimiento explosivo de Mossimo, Oxford Health Plans y L. A. Gear se debió en parte a la convicción de que estaban "cambiando por completo el rostro" de sus industrias y, por lo tanto, no tenían mayor cosa que aprender de los demás. Webvan, eToys y la mayoría de las empresas virtuales no se cuidaron de ocultar su desdén por las empresas tradicionales. Cabletron, Motorola y Wang creían que poseían la única tecnología digna de tomarse en serio en su industria. La arrogancia de Iridium era verdaderamente estratosférica y llegó, de hecho, al espacio. En LTCM, en una ocasión en que un joven comercializador de derivados le dijo a Myron Scholes, cofundador de la compañía y ganador del premio Nobel, que su modelo de negocios no podría producir las utilidades que le estaba prometiendo como parte de sus argumentos de venta, Scholes se inclinó hacia adelante y replicó: "Usted es la razón. Es gracias a tontos como usted que sí podemos".

La actitud que estas compañías asumieron frente al mundo exterior se resume en la manera como Schwinn recibió a Gary Fisher cuando éste le mostró un novedoso diseño para una bicicleta de montaña: "Este tipo de cincuenta años me miraba con desprecio como si yo fuera un niño estúpido que no supiera nada. Los ingenieros de Schwinn decían: 'Sabemos de bicicletas. Todos ustedes son aficionados. Sabemos más que cualquiera'".

El aire de superioridad que estas compañías adoptan afecta gradualmente el comportamiento de sus empleados, hasta entre ellos mismos. Muchas veces, los empleados sienten que han entrado a formar parte de una hermandad exclusiva y se comportan como si las expectativas comunes de todo negocio no se aplicaran a ellos porque su norma está por encima de la de los demás. No sienten la necesidad de recurrir a tantas salvaguardias, verificaciones y opiniones externas. Sin embargo, al mismo tiempo, invierten tiempo y recursos en alcanzar objetivos operativos que parecerían excesivos o raros en opinión de la mayoría de las empresas.

El resultado en casi todos los casos es una estrategia de aislamiento sin ningún tipo de control. Las compañías se aferran a su propio rumbo, independientemente de lo que hagan las demás. Y al engañarse deliberadamente con la idea de que todo marcha a la perfección, no enfrentan la realidad.

"Somos mejores que los demás y punto"

Las compañías que ven las cosas de esta manera no pueden aprender de los éxitos de los demás. Incluso cuando otras compañías lanzan innovaciones notables, las líderes, convencidas de su primacía, las califican de intentos desesperados por compensar otras deficiencias. Por ejemplo, Schwinn consideró que las bicicletas de montaña y otros modelos novedosos de sus competidores eran "tan sólo estratagemas" a las cuales ellos *debían* recurrir al no poder ofrecer la calidad superior y el reconocimiento de marca de Schwinn. An Wang y sus ingenieros sacudían la cabeza y descalificaban todos los productos nuevos de la IBM por considerarlos técnicamente muy inferiores a los suyos. Cabletron veía en Cisco un competidor débil que se veía obligado a adquirir las tecnologías de otras compañías por carecer de la capacidad para desarrollar por su cuenta los componentes necesarios.

Además de ser incapaces de aprender de los éxitos de otras empresas, las compañías que tienen esta actitud no pueden aprender tampoco de los fracasos de las demás. Atribuyen esos fracasos a la inferioridad general de las otras empresas. No reconocen que esos fracasos se deben muchas veces a errores que cualquier empresa puede cometer y que deben evitarse deliberadamente. Por tanto, no hacen ningún esfuerzo por protegerse de las mismas trampas. Las empresas virtuales proporcionaron algunos ejemplos dramáticos de esta situación. Mientras otras empresas virtuales se desmoronaban a su alrededor, muchas de las que poseían mejor financiación optaron por no tomar medidas correctivas con base en las experiencias de sus compañeras. Las empresas virtuales habían llegado a creer que eran "especiales", de tal manera que no había nada que pudieran aprender de otros.

"Confía en nosotros: sabemos lo que hacemos"

Cuando una compañía tiene una visión firme de lo que hace y lo que desea lograr, esa visión adquiere fácilmente su propia inercia. Después de un tiempo, la compañía tiende a hacer las cosas, no porque tengan sentido desde el punto de vista de la rentabilidad, sino porque cumplen con la visión.

Ninguna compañía tenía una identidad más clara o una marca mejor establecida que Levi Strauss. *Levi's* y *jeans* son casi sinónimos. Mejor aún, la gente considera que los Levi's son los *jeans* "más auténticos". Es sorprendente hasta qué punto son el símbolo de todo un espectro de la cultura popular del oeste estadounidense, desde John Wayne hasta Jerry García. Levi Strauss consiguió esa posición por su compromiso con un producto de calidad claramente diferenciado que cambiaba poco de decenio en decenio. Sin embargo, ese compromiso fue también su caída. La compañía insistió en vender sus productos tradicionales a pesar de la carga de evidencia de que las expectativas de los clientes estaban cambiando. El director ejecutivo de una de las compañías más grandes entre los clientes de Levi's dijo: "Les mostramos nuestras cifras. Les informamos acerca de lo que los jóvenes estaban pidiendo. Hasta estuvieron presentes en algunos de nuestros grupos focales. Pero no quisieron creerlo". Tal como explicara un vocero de la compañía en otro artículo de prensa: "Tenemos un producto básico constante y consideramos que atrae a nuestros clientes básicos". Entonces, no fue sólo que Levi Strauss tuviera una imagen errada de la realidad sino que tampoco quiso cuestionarla y ello le costó la caída dramática de su marca.

Mientras mayor haya sido el éxito de una compañía en el pasado, más difícil le será cambiar el modelo que le dio el éxito. Por ejemplo, son muchos los lemas que se utilizan para estimular a la compañía a seguir haciendo lo que ya viene haciendo, y el más popular de todos es: "No se puede pelear con el éxito". Estos lemas se invocan frecuentemente a fin de sofocar cualquier discusión que pueda llevar a la compañía a emprender cambios importantes. Y mientras parezca que la compañía es exitosa, la motivación para cambiar es escasa. Sin embargo, cuando salta a la vista que el modelo ya no funciona o no se recuperará en el futuro cercano, la fortuna de la compañía muchas veces es imposible de salvar. Esto es precisamente lo que hay detrás de algunas de las fallas de mentalidad presentadas en el capítulo 6. Por ejemplo, la imagen errada de la realidad a la cual denominamos "la respuesta de ayer" se desarrolla en compañías cuyos ejecutivos responden a todas las críticas o preguntas con la actitud de "sabemos lo que hacemos".

Es sorprendente hasta cierto punto que ese mismo sentido de misión que puede llevar a una compañía a resistirse al cambio, pueda empujarla a hacer cambios que nadie ha pedido. Las compañías tradicionales de baja tecnología, como es el caso de Schwinn, muchas veces implantan un sinnúmero de cambios menores con el objeto de perfeccionar un producto que es cada vez más impertinente. Por ejemplo, las bicicletas de cada año tienen características o cualidades que, en opinión del fabricante, las mejoran con respecto al año anterior. Sin embargo, a veces es difícil identificar lo que se logra con esas innovaciones, aparte de cumplir la visión del fabricante.

Otras compañías de alta tecnología, como en el caso de Motorola, son culpables de lo mismo pero en proporciones mucho mayores. Motorola mejoraba continuamente sus teléfonos análogos. Sus ingenieros cumplían eficazmente con su visión del producto análogo perfecto. El único problema era que no se daban cuenta de que toda la categoría del producto estaba perdiendo aceptación rápidamente. La manifestación extrema de este sentido irracional de misión es una estrategia a la que podría llamarse: "Sólo es cuestión de producir para que aparezcan compradores". Una compañía como Iridium avanza firme, cumpliendo su visión de lo que desea lograr, sin detenerse a considerar si esa visión todavía tiene sentido. Desde afuera, esta ansia compulsiva de mejorar productos anacrónicos y de culminar proyectos obsoletos parecería una locura. Pero desde adentro, parece lealtad a la visión a la cual debe su grandeza la compañía.

"No necesitamos que los clientes nos digan cómo manejar nuestro negocio"

El peor aspecto de este exceso de lealtad hacia la misión de la compañía es que impide escuchar lo que los clientes tratan de decir. Las compañías que creen desmesuradamente en sus misiones siempre corren el peligro de convertirse en misioneras. En lugar de dejar que los clientes expresen sus necesidades, tienden a *decirles* a éstos lo que necesitan.

En estos casos, cuando los intermediarios u otros colaboradores tratan de señalar las diferencias entre lo que la compañía ofrece y lo que los clientes piden, los ejecutivos de la compañía tienden a mostrarse indiferentes. No sólo afirman: "Sabemos lo que nuestros clientes desean", sino que van más allá para sostener, en efecto: "Sabemos *mejor* que nuestros clientes lo que ellos desean y, con el tiempo, ellos mismos lo reconocerán". Ésta fue exactamente la actitud que llevó a compañías como Motorola y Schwinn a desechar las preferencias de los clientes.

Una vez que las compañías adoptan esta mentalidad, tienden a suponer que lo que los clientes desean es cualquier cosa que ellas tengan para ofrecer. Cuando Barneys planeaba ampliar sus operaciones por fuera de Nueva York, hubo quienes le sugirieron realizar un estudio de mercado a fin de cerciorarse de que sus productos fueran atractivos para los distintos mercados locales. Bob Pressman, quien dirigía la compañía, pensó que la idea era ridícula. "¿Estudio de mercado?" exclamó incrédulo. "¿Para qué necesitaríamos un estudio de mercado? ¡Somos Barneys!"

Es sorprendente ver hasta dónde las compañías de alta tecnología permiten que esta actitud moldee su comportamiento. Los vendedores de Cabletron, por ejemplo, *sermoneaban* a sus clientes sobre lo que debían comprar. Y lo que es peor, lo hacían sin percatarse de que sus clientes no deseaban productos "tecnológicamente superiores"; deseaban la mejor solución total. Motorola insistía en que sus teléfonos análogos eran el mejor producto, resaltando todas las nuevas capacidades tecnológicas que había incorporado en ellos. Ninguna de las dos compañías comprendió cómo satisfacer las necesidades de sus clientes en el largo plazo, aunque éstos les manifestaran claramente esas necesidades y hasta les rogaran que las satisficieran.

Esta cultura de "somos los expertos" es un problema que puede afligir a cualquier tipo de compañía, de alta tecnología o tradicional, cuando su visión cobra vida propia. Hasta Starbucks, la cual ha esquivado hasta ahora las cualidades de una empresa zombi, estuvo cerca de contagiarse de esta clase de mentalidad hace algunos años cuando los clientes comenzaron a pedir leche descremada para el café. Los altos ejecutivos sostenían que el café tostado fuerte de alta calidad de Starbucks no sabía bien con leche descremada. Un ejecutivo llegó a decir que ofrecer leche descremada "no concuerda con la calidad del café. Es como restarle linaje. Es llegar al punto de hacer cualquier cosa que los clientes nos pidan". Howard Behar, uno de los "tres grandes" de Starbucks, pero relativamente nuevo en la compañía, fue quien reconoció la locura de desafiar los deseos de los clientes. "¿Están locos?", exclamó finalmente. "¡Por supuesto que haremos lo que nos pidan!"

Las empresas que permiten que su sentido de la misión cobre preponderancia por encima de todo lo demás, no sólo no prestan suficiente atención a sus clientes, sino que tampoco prestan suficiente atención a sus proveedores, lo cual puede ser un problema igualmente grande. L. A. Gear no consultó lo bastante a sus proveedores sobre si sería posible fabricar los zapatos del nuevo diseño para alto rendimiento de una manera que los hiciera suficientemente durables. Schwinn no reconoció el hecho de que las propuestas que recibía de sus proveedores demostraban que éstos estaban listos para entrar a competir en el mercado estadounidense. Lawrence Livermore National Laboratory contribuyó a la falta de sensatez alrededor de la iniciativa estratégica de defensa al negarse a oír lo que sus proveedores, incluidos los laboratorios y los investigadores, decían acerca de las posibilidades reales de utilizar los rayos láser. Muchas empresas virtuales prestaron oídos sordos a lo que les decían sus clientes sobre los costos de entregar efectivamente lo que vendían. Al igual que cientos de compañías cegadas por su propia visión, cada una de estas organizaciones avanzó inexorablemente hacia unos desastres que habrían podido mitigarse o evitarse si los ejecutivos se hubieran dignado escuchar a los proveedores.

La rapidez con la cual las compañías son llamadas a pagar por no oír a sus clientes y proveedores depende de la competencia. Si una compañía está sola en el campo de juego, podría sobrevivir durante un tiempo en medio de sus delirios solitarios. Pero tan pronto como llega un competidor con una mejor oferta, el aparente dominio del mercado puede evaporarse de la noche a la mañana. Johnson & Johnson fue la prueba dramática de esta verdad con su negocio de los *stents*. Sus clientes, los cardiólogos, solicitaban prótesis circulatorias comparativamente fáciles de manipular, flexibles y de distintas longitudes. Pero la participación del 90% del mercado junto con la cultura de ser "los expertos" impidieron que J&J prestara atención suficiente a las solicitudes de sus clientes. La compañía se salió con la suya durante unos dos años porque no tenía competidores de verdad. Pero tan pronto como Guidant, su rival, lanzó un producto más parecido al que venían pidiendo los cardiólogos, tardó tan sólo 45 días en adueñarse del 70% del mercado. Al preguntarles a los cardiólogos y administradores de los hospitales cómo fue que J&J perdió su liderazgo casi invencible, éstos mencionaron la arrogancia de la compañía, la falta de respeto por las ideas de los clientes y la incapacidad de oír.

"Aquí tenemos una actitud positiva"

Cuando las empresas comienzan a perder contacto con la realidad debido a su arrogancia de creerse superiores y creer ciegamente en su misión, tienden a adoptar una actitud positiva preponderante. Mientras más insular la mirada de la compañía, más alegres tienden a sentirse sus gerentes con respecto a las perspectivas.

Una actitud decididamente positiva, una vez afianzada, adquiere impulso con rapidez. Las creencias que promovieron la actitud positiva se refuerzan constantemente porque el hecho de adoptar un enfoque positivo y alegre implica endosarlas tácitamente. La actitud positiva ayuda a mantener satisfecho a todo el mundo. Nadie, y menos aún los ejecutivos, desea perturbar la atmósfera positiva siendo negativo. Además de mantener feliz a la gente, la actitud positiva empuja a los empleados de todos los niveles a hacer cualquier cosa que la compañía les pida.

Puesto que la actitud positiva facilita el manejo de la gente, los ejecutivos que tratan de implantar políticas cuestionables muchas veces hacen hasta lo imposible para instilarla en sus empleados. Por ejemplo, cuando Saatchi & Saatchi se embarcó en su programa altamente cuestionable de expansión acelerada, creó deliberadamente un culto de convicción entre los empleados, exigiéndoles poner en práctica el "pensamiento positivo" hasta el punto en que se convirtiera en un acto de fe. Recordemos el poema del capítulo 4 que se difundió por toda la compañía. Describía la manera como los empleados "llegaban hasta el borde", saltaban y echaban a volar.

El problema es, por supuesto, que una empresa sana no quiere que sus empleados se lancen al vacío sin pensarlo. Desea que sus empleados tomen conciencia de cada peligro, por insignificante que sea, y adopten las medidas necesarias para evitarlo. Muchos de los desastres empresariales reseñados en este libro habrían podido evitarse o mitigarse si, en lugar de asumir un enfoque positivo incuestionable, un alto gerente hubiera adoptado conscientemente un enfoque negativo, sencillamente para ver lo que pudiese revelar. Por ejemplo, William Smithburg, director ejecutivo de Quaker Oats, se lamentó profundamente de que alguien no hubiera planteado los argumentos en contra de la adquisición de Snapple. De haber sucedido así, Quaker quizás hubiera procedido con la adquisición de todas maneras, pero los gerentes habrían manejado las cosas de manera diferente. Las actitudes positivas son una manera maravillosa de evitar el enfrentamiento con la realidad.

"Nada de retroalimentación negativa, por favor"

Una actitud positiva imperturbable cierra las puertas a la información crítica proveniente del exterior. Esto es especialmente notorio en el personal de ventas. Quizá suene atractivo tener "una fuerza de ventas que no acepta negativas", pero es la manera de eliminar la mejor fuente de información que puede tener la compañía acerca de las necesidades y deseos de sus clientes. Los vendedores con una actitud demasiado positiva tienden a percibir las críticas de los clientes y los proveedores como "resistencia a la venta", y no como una fuente de información que podría servir para modificar las actividades comerciales y los resultados. Cabletron, por ejemplo, desconoció la necesidad de sus clientes de contar con soluciones más flexibles y completas, en gran medida debido al enfoque agresivo adoptado por su personal de ventas. Rubbermaid no reconoció la necesidad de mantener un nivel bajo de precios en parte porque los equipos de vendedores estaban demasiado seguros de que sus productos eran los que la gente más necesitaba. Mattel no reconoció hasta qué punto los comerciantes comenzaban a adoptar las entregas justo a tiempo y la rotación rápida del inventario porque sus vendedores se confiaron excesivamente en la durabilidad de las marcas clave de Mattel. Esta clase de compañías no está en capacidad de recoger a través de sus vendedores la información que más necesitan a menos que busquen la manera de liberar a esas personas del peso de tener que mostrarse siempre positivas acerca de los productos y las políticas de la compañía.

Además de cerrarle el paso a la información crucial de afuera, la actitud positiva imperturbable suprime también la información más crucial emanada desde adentro. Las personas se cuidan de no mencionar información o ideas preocupantes porque sería negativo hacerlo. Nadie quiere ser el ave de mal agüero. No hay una tranquilidad que sirva de contrapeso a la renuencia natural del empleado a ser el portador de malas noticias. Si una compañía tiene por costumbre asignar culpas por los fracasos, nadie querrá hablar cuando detecte un problema. Por ejemplo, cuando se dijo que la bebida de la planta de Coca-Cola en Bélgica estaba enfermando seriamente a la gente, los empleados de la compañía no reaccionaron diligentemente para investigar e informar a la alta gerencia.

Con el tiempo, la actitud positiva imperturbable cambia por completo la manera como funciona la empresa. Se convierte en una compañía de personas que dicen sí a todo. Los empleados cumplen con todo lo que la gerencia les exige, pero nadie se hace oír cuando lo que se les exige no es lo indicado. Los ejecutivos pueden mantener un pulso firme, pero son incapaces de introducir las innovaciones perturbadoras que son necesarias para lograr que la compañía sea competitiva en el largo plazo. Cualquier innovación que pudiera dar lugar a un gran salto hacia adelante tendrá que venir de la alta gerencia porque el resto de la gente estará dedicada a hacer lo que se ha pedido que haga, sin cuestionar nada. Pero la alta gerencia carecerá de la información necesaria para tomar las medidas imaginativas requeridas porque nadie querrá tomar la vocería para anunciar que las cosas no marchan tan bien como se esperaba.

¿Suena exagerado todo esto? ¿No es un poco traída de los cabellos la idea de que una compañía pueda suprimir la información crítica? Lo vimos suceder en cada uno de los casos que estudiamos. Por ejemplo, en Advanced Micro Devices (AMD), productora de circuitos integrados, los empleados se empeñaban hasta tal punto en mantener una actitud positiva en su trato con el director ejecutivo Jerry Sanders, que éste nunca se enteró de las demoras serias que afectaban adversamente la producción del circuito crucial de la compañía, el K5. Incluso cuando los problemas se hicieron manifiestos en los niveles inferiores, cada uno de los pisos de la jerarquía hizo lo posible por darle un giro positivo a la información que llegaba de abajo. Finalmente, tal como anotara un antiguo empleado: "Todo el mundo sabía que las cosas iban mal en la compañía menos Jerry", el director ejecutivo.

"Anunciarlo a los cuatro vientos sólo servirá para empeorar las cosas"

Cuando la gente teme atraer la atención a una información indeseable, corre el gran riesgo de involucrarse en actos de connivencia. Este problema de la connivencia es mucho más generalizado de lo que las empresas querrían reconocer, en parte porque la actitud obscenamente positiva que conduce a ella también hace que se busque ocultarla. Hasta las organizaciones que dependen por completo de unos datos técnicos exactos pueden terminar ocultando información si los datos tienen implicaciones negativas. Cuando el Lawrence Livermore Laboratory estaba trabajando en la tecnología láser, por ejemplo, los investigadores se abstenían de informar a sus superiores administrativos cada vez que se atrasaban en los tiempos del proyecto. Entonces, como el Secretario de Energía Bill Richardson había proclamado públicamente que el proyecto se encontraba "dentro del tiempo y el presupuesto previstos", cada vez fue más difícil reconocer lo sucedido. Los costos se desbordaron y el proyecto, en lugar de ponerse al día, se rezagaba cada vez más. Cuando finalmente se destapó la situación, la investigación consiguiente atribuyó la mayor parte de la culpa a la cultura del laboratorio que desalentaba a los científicos a ventilar los problemas, en una postura bastante sorprendente si se considera la ética científica.

En las compañías que se transan en la bolsa, el deseo de mantener los precios de las acciones refuerza las otras tendencias de suprimir cualquier mala noticia que pueda interferir con el panorama positivo. Por ejemplo, cuando Boston Market fue el blanco de los ataques hace algunos años, los dueños mayoritarios despidieron a Larry Zwain, el director ejecutivo, a fin de que no recayera en ellos la responsabilidad y de dar la idea de que tenían la casa en orden. Infortunadamente, Zwain era una de las pocas personas de la cúpula que comprendía las operaciones de los restaurantes y, con su caída, ya no hubo nada que frenara el desangre. No sorprende que la compañía haya terminado acogiéndose poco tiempo después al capítulo 11 de la ley de bancarrotas de los Estados Unidos, considerando que sus problemas tenían mucho más que ver con las manipulaciones financieras que con las operaciones.

"No contentarse nunca con algo que no sea perfecto"

La gente suele suponer que si una compañía se considera modelo de su industria, cree firmemente en su visión y demuestra siempre una actitud positiva, inevitablemente terminará durmiéndose sobre sus laureles. Por otra parte, si una compañía se esfuerza constantemente por mejorar, tiende a suponer que es fundamentalmente sana y que va por buen camino. En realidad, ninguna de estas suposiciones tiene asidero. Una compañía puede tener todas las cualidades de una empresa zombi y esforzarse más que nunca.

En efecto, una de las características de casi todas las empresas zombis es una especie de perfeccionismo colectivo.

Cuando las compañías adoptan parámetros internos de medición, tienden a caer en un perfeccionismo casi irracional. Buscan cumplir con las normas más elevadas en todas las operaciones sin detenerse a preguntar si son las normas apropiadas. "Hacemos las cosas bien", dan a entender, "porque, siendo los mejores, cualquier cosa que sea menos sería inapropiada". Esta obstinación por sobresalir sin importar si tiene sentido desde el punto de vista de los resultados, puede salirse fácilmente de control. En casos extremos, puede llevar a unos gastos exorbitantes, como en el caso de las directivas de Barneys que importaron artesanos europeos para instalar los pisos de mármol de su tienda de Madison Avenue. Tal como dijo Lou Gerstner, ex director ejecutivo de la IBM, al evaluar los problemas que azotaron a la compañía al entrar en su período de declinación: "Mi opinión es que la compañía fue tan exitosa durante tanto tiempo que dejó de compararse con sus competidores y comenzó a medirse de acuerdo con unos parámetros internos. Ésa es una fórmula para meterse en problemas".

El peor aspecto de este perfeccionismo es la manera como empuja a los ejecutivos a esperar una tasa de fallas demasiado baja para ser real. En principio, debe lograrse una tasa de fallas extremadamente baja en las operaciones diarias de producción, mientras que en los proyectos de prototipos debe dejarse mayor espacio para el fracaso. Pero las compañías que se encuentran en las garras del perfeccionismo pierden rápidamente de vista esa diferencia. Hablan muchas veces de "permitir la experimentación" y "dar espacio para los errores instructivos". Pero en la práctica, las compañías que se consideran el modelo de sus industrias generalmente no logran permitir ni siquiera los fracasos más innovadores.

Esta intolerancia al fracaso de cualquier tipo priva a las compañías de la mejor oportunidad para someter a prueba otras imágenes de la realidad empresarial. La única manera de averiguar si un producto nuevo o un modelo de negocios diferente ha de funcionar, es ensayándolo. Las compañías víctimas del perfeccionismo son incapaces de reconocer eso. No pueden distinguir entre los fracasos debidos a la negligencia y los debidos a una idea innovadora que todavía no rinde sus frutos. Por consiguiente, tienden a castigar los "fracasos" relacionados con la exploración de posibilidades nuevas, los riesgos razonables y las soluciones innovadoras. En el peor de los casos, estas compañías adoptan la costumbre de encontrar chivos expiatorios para cada fracaso. Estas políticas desalientan el tipo de innovación tan necesaria para conservar la competitividad y la rentabilidad. Además, generan unas ineficiencias enormes porque los empleados gastan toda su energía en asegurarse de que no sean culpados, en lugar de dedicarse propiamente al trabajo. Uno de los ejecutivos entrevistados describió cómo operaba esa situación entre la alta gerencia de una compañía para la cual había trabajado anteriormente: "Dedicábamos más tiempo a decidir quién sería culpado en caso de que salieran mal las cosas que a crear una estrategia real".

"Pase lo que pase, no es mi culpa"

Es una ironía que mientras más encumbrada la persona en la jerarquía de la compañía, más tiende a complementar su perfeccionismo con excusas, y peores suelen ser los directores ejecutivos. Por ejemplo, en una de las organizaciones estudiadas, el director ejecutivo dedicó los cuarenta y cinco minutos de la entrevista a explicar todas las razones por las cuales eran otros los culpables de la calamidad que azotó a su compañía. Los entes reguladores, los clientes, el gobierno y hasta otros ejecutivos de la compañía, todos eran culpables. Sin embargo, no mencionó en absoluto su parte en el asunto.

Las compañías perfeccionistas son especialmente propensas a excusar sus falencias atribuyéndolas a "sucesos imprevistos por fuera de nuestro control". Cuando el fracaso es especialmente grande, los ejecutivos a veces utilizan la "excusa de la tormenta perfecta", directamente relacionada con la "falacia de la tormenta perfecta" descrita en el capítulo 6. Sostienen que el fracaso se debió a una combinación inverosímil de factores que no sucederán nuevamente en mucho tiempo. Sin embargo, eso significaría que, por grande que hubiera sido el fracaso, no pudo ser culpa de nadie y, por tanto, no hay necesidad de hacer reformas de fondo.

Claro está que, en la práctica, la excusa de la tormenta perfecta rara vez soporta el escrutinio. Un buen ejemplo es Chiquita Banana. En 2000, Chiquita atribuyó sus pérdidas a una controversia comercial con la Unión Europea. Suena como un suceso imprevisto por fuera de su control, quizás hasta una tormenta perfecta. Como dijera un alto ejecutivo, "lo que tardamos años en desarrollar se perdió de un solo golpe, sin que pudiéramos hacer nada". El único problema es que en ocho de los nueve años anteriores, la compañía había utilizado la *misma* excusa. Además, había invocado otros sucesos por fuera de su control para explicar unas pérdidas adicionales. En 1992, por ejemplo, Chiquita dijo que su pérdida de 284 millones de dólares se debió a "un brote extraordinario de una enfermedad y a unos patrones climatológicos inesperados" y no a un error de cálculo con respecto a la demanda del mercado.

"Demasiado espíritu de equipo"

El atributo de una empresa que más contribuye a que las otras políticas zombis sean inevitables es el espíritu de equipo. Cuando el espíritu de equipo es lo bastante fuerte, es imposible disentir. No es cuestión de temor a expresar ideas diferentes; es cuestión de que nunca nacen ideas diferentes. Los empleados imbuidos de un sentido de equipo lo suficientemente fuerte se engañan mutuamente pensando todos igual.

En las compañías en donde predomina por encima de todo el espíritu de equipo, parece como si los empleados hicieran todo juntos. La geografía estimula este tipo de cosas. En la casa matriz de General Motors en Detroit, por ejemplo, todos los altos ejecutivos terminaban siendo parte de la misma sociedad cerrada porque si participaban en alguna actividad social común, se suponía que debían participar en todas. En su libro *The Decline and Fall of the American Automobile Industry,* Brock Yates hace una descripción muy sucinta de este patrón de vida: "Viven juntos, trabajan juntos, beben juntos, juegan golf juntos, piensan juntos". Si los ejecutivos estaban en un nivel lo bastante alto de la jerarquía, tenían oficinas en el décimo cuarto piso o cerca de él en la sede principal de GM. El acercamiento geográfico a este centro de poder iba inseparablemente de la mano del acercamiento social. En las oficinas principales de Sears en Chicago, la situación era muy parecida. Bill Salter, vicepresidente ejecutivo, comentó posteriormente hasta dónde los empleados de Sears se relacionaban únicamente con sus colegas: "Era tal el grado de endogamia que es verdaderamente sorprendente que no tuviéramos un ojo en el centro de la frente".

Una política destructiva aplicada muchas veces en nombre del espíritu de equipo es el hábito de romper las camarillas que muestran señales de ir contra la corriente. Una vez dispersas, las personas con ideas innovadoras semejantes ya no pueden apoyarse entre sí ni lograr una "masa crítica" en un determinado lugar. Sin oídos amigos, tienden a quedarse en silencio.

Cuando consideramos el caso de Roger Smith, director ejecutivo de General Motors después del establecimiento de NUMMI, una empresa mixta de GM y Toyota, vemos hasta dónde el hecho de romper las camarillas puede aniquilar una fuerza de cambio. Los ejecutivos de GM que adquirieron experiencia con este proyecto estaban rebosantes de ideas y conceptos que deseaban ansiosamente llevar a la práctica, pero éstos giraban alrededor de facultar a los empleados, lo cual era contrario a la obsesión de Smith por eliminar donde fuera posible ese pasivo que eran los empleados. Por consiguiente, todos los ejecutivos con experiencia en NUMMI fueron desperdigados por toda la organización sin concentrarlos en ningún sitio en particular. En territorio "hostil", sin el beneficio de la masa crítica de unos colegas que habían experimentado lo mismo, las historias de grandes saltos en productividad logrados a través de una gestión no tradicional del recurso humano se estrellaron contra oídos sordos.

"Hablo en nombre de toda la compañía"

Las compañías perfeccionistas tienden a premiar a las personas que endosan obsesivamente la visión de la compañía y dicen cosas que la presentan a la mejor luz posible. Por su espíritu de equipo, las personas siempre están dispuestas a salir en defensa de la compañía cada vez que consideran que alguna de sus partes es blanco de un ataque.

El problema es que estos esfuerzos por proteger y defender a la compañía suelen ser contraproducentes y van en contra de sus intereses en el largo plazo. Entre los peores culpables están los abogados expertos en responsabilidad civil y el personal de relaciones públicas, quienes muchas veces ejercen demasiada influencia sobre la política de la compañía. Aunque estos profesionales pueden ser verdaderamente invaluables, están entrenados para manejar los efectos de las políticas de la compañía, pero no las razones profundas y de largo plazo que las motivan. Cuando los gerentes recurren a ellos lo hacen pensando en la conveniencia y no en abordar los problemas de fondo. En momentos de crisis, los comunicados de prensa redactados por los abogados para conceder lo menos posible tienden a ser especialmente dañinos. El público reconoce que esos comunicados no hacen referencia a los problemas reales y por lo general reacciona con hostilidad.

La manera como Coca-Cola manejó los problemas de salud ocasionados por su planta de Bélgica ilustra muchos de los peligros de tener empleados demasiado imbuidos de "reflejos de relaciones públicas". Cuando se recibieron los informes de que los escolares habían enfermado tras consumir Coca-Cola, la primera reacción de los gerentes locales fue negar que la bebida fuera la causante. Después, a medida que creció la evidencia de la contaminación, los ejecutivos procedieron a emitir una serie de pronunciamientos en los que concedían lo menos posible y trataban de minimizar tanto el problema como la responsabilidad de Coca-Cola. Era obvio que la mayoría de los comunicados de prensa habían sido redactados por los abogados. ¿Cómo más explicar esta frase: "Es probable que produzca malestar, pero no provoca daño"? A los altos ejecutivos no se les notificó en las primeras etapas de la crisis, pero tampoco la tomaron muy en serio cuando se enteraron. Ninguno de los funcionarios de alto nivel de la compañía se presentó en escena sino hasta diez días después del primer incidente. Cuando los defensores de los intereses de la compañía terminaron, habían convertido un problema local menor en un desastre internacional que azotaría a la compañía durante años. Si esta historia le dice algo, es probable que la esté confundiendo con la de Snow Brand Milk, Bridgestone-Firestone, Enron, Martha Stewart, ImClone y toda la industria del tabaco.

Cómo contrarrestar las fuerzas que convierten a las compañías en zombis

Lo que nos sorprendió durante nuestro estudio fue que, con mucha frecuencia, las políticas más destructivas sonaban como algo que debía fomentarse. Todas las políticas descritas en este capítulo muchas veces ayudan a generar entusiasmo y buena disposición entre los empleados.

Sin embargo, tan pronto como estas políticas comienzan a aislar a la compañía de las cosas que prefiere no oír, se convierten en la fórmula para el fracaso. Los ejecutivos que adoptan estas políticas destructivas se engañan a sí mismos al creer que su compañía es perfecta. En realidad, constituyen el síntoma de una organización empresarial que permite que su idea de la realidad se desconecte del mundo dentro del cual debe operar e impida descubrir y corregir cualquier defecto que dañe esa imagen.

El problema es que *no se trata de eliminar* las cualidades causantes de esas dificultades. Ni siquiera de socavarlas. Se trata de *equilibrarlas* con otras cualidades que contrarresten sus efectos nocivos. ¿Cómo hacerlo?

Por fortuna, para cada una de las cualidades que tienden a aislar a la compañía de la información crítica, hay políticas y técnicas compensatorias.

Proteger a la compañía contra el orgullo

Lo primero que debe hacerse para impedir que la compañía se convierta en zombi es contrarrestar toda tendencia de los empleados a felicitarse con demasiada frecuencia. Home Depot, bajo la dirección de sus fundadores Bernie Marcus y Arthur Blank, hizo un esfuerzo deliberado por impedir que sus gerentes se sintieran muy felices consigo mismos. "No es frecuente que nos encuentren por ahí elogiándonos mutuamente", explicaron los fundadores. "En efecto, si ustedes asistieran a una reunión de la junta o a una de nuestras reuniones de personal, pensarían que estamos en quiebra. Hasta pensarían: '¡Huy!, más vale que venda mis acciones'". No fue ésta una característica de la cultura de Home Depot que surgiera por casualidad. Es una actitud que sus ejecutivos cultivaron con dedicación. "¿Desean conocer los secretos de la gestión de The Home Depot?" dijeron sus fundadores. "Primero, no somos tan inteligentes. Y segundo, sabemos que no somos tan inteligentes".

Además de hacer un esfuerzo general por evitar el exceso de orgullo, hay varias tácticas concretas que pueden aplicarse a fin de proteger a la compañía contra la complacencia. Una táctica es nombrar defensores de la competencia al interior de la compañía. Son personas cuya labor es apreciar o defender las estrategias y las tecnologías de *otras* empresas y presentar argumentos para que sean adoptadas. El trabajo de estos defensores suele ser más eficaz cuando trabajan en equipos que puedan apoyar sus esfuerzos respectivos. Para que sea eficaz, el equipo de defensores deberá recibir los mismos incentivos y el mismo apoyo que los demás grupos de investigación y desarrollo de la compañía. Al evaluar de manera crítica las prácticas de la competencia, el equipo interno de la compañía deberá mejorarlas y adaptarlas a las necesidades únicas de la compañía y, en general, apropiarse de ellas. De esa manera será más fácil implantar esas prácticas.

También es útil tener dentro de la compañía a una persona encargada de ver lo que puede aprenderse de los problemas y los fracasos de los competidores. Es común que los problemas que afectan a toda una industria sean similares. Sin embargo, a menos que las compañías realicen esfuerzos deliberados por aprender de las experiencias de sus competidores, aquéllas que se vean afectadas posteriormente no estarán mejor preparadas que las que lo hagan en primera instancia. Evitar los pasos en falso de otras compañías puede ser tan importante como imitar sus éxitos.

Una herramienta aún más eficaz para adoptar ideas y prácticas nuevas consiste en crear empresas de riesgo compartido con socios poseedores de destrezas muy diferentes de las propias. Para obtener el máximo beneficio de esas empresas de riesgo compartido, la compañía debe explicarles claramente a sus empleados que una de las metas principales es aprender lo más posible de la compañía asociada. Posteriormente deberá exigirles a sus empleados que demuestren claramente lo que han aprendido y ofrecer retribuciones apropiadas cuando lo hagan bien. Esto fue lo que hizo Toyota cuando se asoció con GM para lanzar el NUMMI. Mientras GM hacía lo posible por no oír las lecciones sobre el beneficio de facultar a los empleados, Toyota aprendía todas las destrezas prácticas que necesitaba para operar plantas automovilísticas en los Estados Unidos.

Proteger a la compañía contra su propia idea de la excelencia

El problema más grande de la "visión de la compañía" es que tiende a cobrar vida propia y se torna extremadamente difícil de cambiar. Sin embargo, es necesario hacer cambios menores constantemente y cambios grandes periódicamente. Tal como dijo Michael Dell, de Dell Computer: "Debemos poder criticarnos para tener éxito. Si ustedes asistieran a nuestras reuniones de gerencia, descubrirían que somos un grupo asombrosamente autocrítico, motivado por el desdén por la complacencia". En Microsoft, Bill Gates hace advertencias semejantes: "Las compañías fracasan", dice Gates, "cuando se duermen sobre sus laureles e imaginan que el éxito les durará toda la vida".

La respuesta, según esos líderes, es mantenerse alerta a la información que pueda advertirles sobre la necesidad de un cambio en la visión de la compañía. Esto implica cerciorarse de que las mejoras que la compañía está ansiosa por hacer concuerden con las que los clientes más desean. Implica no crear nunca productos nuevos por el simple hecho de crear, sino considerar las necesidades de los clientes en todo momento.

Para reforzar esta clase de mentalidad, es muy útil asignar a cada alto ejecutivo la responsabilidad de manejar a unos clientes reales. Si bien algunos se quejarán de que eso implica sacrificar el tiempo para sus deberes administrativos, ése es exactamente el punto. ¿Por qué John Chambers de Cisco habla con los clientes varias veces por semana? ¿Por qué Jack Welsh de General Electric se involucró en los detalles de la venta de productos como los motores de propulsión? ¿Por qué Michael Dell pasa cerca de la mitad de su tiempo con los clientes? No es porque estos líderes exitosos quieran "coadministrar". Es porque saben que una de las mejores maneras de descubrir lo que la compañía está haciendo bien y lo que debería cambiar es asumir la responsabilidad por las relaciones con los clientes y hacer que los altos ejecutivos hagan lo mismo.

Proteger a la compañía contra su actitud positiva

Aunque los ejecutivos estén en contacto estrecho con los clientes, no hay manera de que puedan detectar todos los desarrollos que podrían tener un efecto drástico sobre el futuro de la compañía. Esto implica que es de vital importancia recompensar a cualquier empleado que encuentre fallas o posibles problemas en las políticas o los procedimientos de la compañía. DuPont ha demostrado cuán eficaces pueden ser esos sistemas en su programa de seguridad. Durante muchos años ha estimulado activamente a los empleados a informar situaciones en las que hayan estado cerca de provocar un incidente, sin temor a ninguna medida disciplinaria en su contra o en contra de sus compañeros. Gracias a este programa, DuPont tiene una de las tasas más bajas de lesiones ocupacionales de cualquier compañía. Se pueden implantar programas más amplios para mantener un alto nivel de cooperación al crear grupos de "abogados del diablo" cuya responsabilidad sea la de detectar puntos vulnerables en las políticas pasadas y presentes.

David Klatt, presidente del grupo Rubbermaid de Newell y uno de los actores clave en la recuperación de la antigua gloria de la compañía, relata una historia sobre su "mentor":

Uno de mis mentores es la persona encargada de recursos humanos aquí. Le dicen "el Padrino" y, por alguna razón, la gente sencillamente se confiesa con él. Es el tipo más amable que uno quisiera conocer pero, aun así, estricto en lo que se refiere a la empresa... Tampoco teme entrar aquí, cerrar la puerta y decir: "Sabes, David, esta vez te equivocaste. Metiste la pata y ésta es mi sugerencia para que corrijas el error". Pero me permite defenderme en los casos en que considero haber tenido la razón y, muchas veces... la mayoría de las veces, infortunadamente... él tiene la razón. Pero me encanta tener una persona como él cerca.

Una vez que se conocen los problemas que podrían suceder, es preciso informar a las personas que deben tomar medidas al respecto. Esto significa que es vital encontrar los medios para difundir las noticias *impopulares* rápidamente por toda la organización. Una de las maneras de lograrlo es convertir en héroes a los "jinetes mensajeros" que corren por la compañía anunciando que "viene el enemigo". Claro está que a esos "jinetes mensajeros" se los debe distinguir de las "aves de mal agüero" que vuelan por la compañía anunciando que el firmamento se viene encima. La diferencia está en que los jinetes no difunden noticias sobre el juicio final sino que incitan a la gente a tomar medidas prácticas y eficaces en materia de costo.

Proteger a la compañía contra el perfeccionismo

Hay varias maneras de contrarrestar el perfeccionismo irracional que puede inducir a la compañía a obsesionarse con unas normas cada vez más menos adecuadas. Una de las más eficaces consiste sencillamente en *cambiar la meta* cada vez que la meta antigua se cumpla totalmente, en lugar de limitarse sólo a elevar la exigencia. Esto no quiere decir que sea mala idea desarrollar y renovar continuamente las competencias medulares. Se trata de resaltar el riesgo de mejorar continuamente unos modelos viejos que quizás ya no sean acertados debido a la dinámica cambiante de la competencia y de los clientes.

Entre tanto, para facilitar cualquier cambio de política, es preciso permitir que se cometan errores, siempre y cuando sean parte de un esfuerzo por hacer las cosas de manera diferente. ¿Pero cómo pueden los altos ejecutivos lograr que los empleados de los niveles inferiores se convenzan de que los fracasos menores no serán usados en su contra? La respuesta es hacer que los ejecutivos den el ejemplo reconociendo sus fracasos menores y abriendo a discusión la manera de evitar tales fallas en el futuro. Esto no es una utopía. En eBay, por ejemplo, los altos ejecutivos explican lo que hicieron bien, lo que hicieron mal y sus errores grandes en todos los foros públicos. En IDEO, a aquellos gerentes que al parecer nunca tienen fallas sobre las cuales informar se les advierte que no están siendo lo suficientemente ambiciosos. Cuando la alta gerencia da el ejemplo, los empleados aprenden rápidamente que está bien cometer errores. Además de facilitar el cambio, esta tolerancia ayuda a la gente a asumir la responsabilidad por sus actos, en lugar de inventar excusas.

Cuando las compañías abandonan su perfeccionismo y comienzan a fijar metas más reales, deben asegurarse de evaluarse con base en parámetros *externos* de comparación en lugar de aplicar una medida interna. Si no se hace así, especialmente para las operaciones de rutina y los servicios centralizados de apoyo, la compañía no tendrá la menor idea de si sus operaciones son exitosas o no. Por otra parte, si una compañía utiliza las normas externas, dará un gran paso para ver lo que hace a la luz de unos parámetros atenidos a la realidad. Por ejemplo, con respecto a la reconstrucción de la IBM, Lou Gerstner dijo: "Lo primero que tuvimos que hacer fue reorientar nuestra visión del mundo, la cual era altamente introspectiva, hasta desarrollar una verdadera obsesión por el mercado, incluidos los clientes y la competencia". Obtener una idea más real de aquellos aspectos en los cuales la IBM proporcionaba verdadero valor fue un paso clave para recuperar a la compañía del desastre.

Finalmente, para lograr una protección más completa contra el perfeccionismo, la compañía debe establecer la política de premiar los experimentos que no son exitosos en cuanto a rendimientos económicos pero que logran un éxito enorme en lo que se refiere a producir conocimiento. Eso fue lo que hizo Charles

Schwab al lanzar sus ideas para hacer negocios por Internet, a sabiendas de que muchas se quedarían por el camino. Fue lo que llamaron "fracasos nobles" porque a través de ellos la compañía aprendió rápidamente cuáles cosas funcionarían en la Red y cuáles no. Fred Smith, director ejecutivo de FedEx, nos dijo que el fracaso de ZapMail a principios de los 80 (la idea era enviar documentos vía fax, con el único problema de que las máquinas aparecieron sobre los escritorios de las personas muchos antes de lo previsto) ayudó a la compañía a conocer nuevas destrezas técnicas que finalmente culminaron en los escáneres portátiles para enrutamiento, líderes en la industria actualmente. En otras compañías existe "el error del mes". Durante una reunión de personal, el grupo pide a cada persona que reconozca un error. Los errores se anotan en un tablero blanco y se hace una votación para elegir el error que haya dejado la mayor lección para la compañía. Al otorgar un premio al ganador, la compañía deja en claro que está haciendo un esfuerzo serio por deshacerse del perfeccionismo irracional.

Proteger a la compañía contra un espíritu de equipo exagerado

Todos estos métodos para impedir que una compañía se convierta en zombi tendrán éxito sólo en la medida en que la compañía pueda contrarrestar la mentalidad de grupo asociada con un espíritu de equipo exagerado. Esto implica encontrar la manera de promover y conservar las opiniones que se apartan de la corriente. Después de todo, son estos puntos de vista diferentes los que obligan a cuestionar, revisar y finalmente reemplazar la imagen imperante de la realidad.

Una técnica para fomentar la disensión consiste en solicitar un "informe de minorías" siempre que la compañía esté considerando un nuevo curso de acción importante. El oficio de los encargados de redactar el informe es presentar los argumentos más contundentes a favor de la *segunda* alternativa más fuerte. A través de esta práctica se sacan a la luz unos aspectos inesperados de cada alternativa planteada.

Otra técnica consiste en incorporar esos puntos de vista divergentes dentro de las operaciones de rutina, de tal manera que los informes de minorías dejen de ser necesarios la mayoría de las veces. Una de las maneras más eficaces de lograr esto consiste en crear equipos interfuncionales y variados, cuyos miembros vean las cosas desde ángulos distintos. Se ha demostrado que estos grupos heterogéneos son mucho mejores que los homogéneos cuando lo que se busca es desarrollar conocimiento nuevo.

También puede recurrirse a personas de afuera, tales como examinadores críticos de otras unidades de negocios de la misma compañía o de otras compañías que no sean de la competencia, o hasta examinadores no tradicionales como pueden ser unas personas que *no* sean especialistas en el proceso u operación que se está considerando. Estas personas de afuera a veces ofrecen aportes valiosos a la manera de pensar de una compañía, por el simple hecho de formular preguntas básicas.

Cuando una organización ha logrado desarrollar grupos innovadores al interior de sus propias filas, debe tratar de conservarlos a fin de apoyar los respectivos esfuerzos. Esto implica mantener juntas a las personas que "ven las cosas de manera diferente" o que defienden apasionadamente una estrategia distinta. Toyota demostró la gran productividad de esta política en su manejo del proyecto NUMMI. En lugar de desmantelar las camarillas, como hizo GM, Toyota mantuvo a los ejecutivos que tenían la experiencia de NUMMI en grupos de treinta a sesenta, trasladándolos juntos al proyecto y manteniendo a muchos de ellos juntos al momento de trasladarlos a otras plantas. También estimuló a los ejecutivos de NUMMI a reunirse periódicamente con posterioridad a fin de discutir sus ideas especiales. Gracias a estas prácticas, los ejecutivos de NUMMI pudieron pasar a otras plantas de Toyota en los Estados Unidos y aplicar lo que habían aprendido.

Proteger a la compañía contra sus relaciones públicas

Proteger a una compañía de sus propias relaciones públicas es una de las paradojas más grandes a las cuales debe enfrentarse una empresa si no desea convertirse en zombi. Después de todo, no se trata de que los propios empleados vayan por ahí hablando mal de la compañía. Y tampoco se trata de que dañen la moral de toda la fuerza laboral presentando bajo una mala luz lo que hace la compañía.

Por fortuna, hay dos políticas sencillas que pueden ayudar a la compañía a evitarse un daño grande. Una consiste en mantener alejados a los abogados y al personal de relaciones públicas de las decisiones y de la planeación. Esto ayuda, entre otras cosas, a centrar los esfuerzos en lo que realmente necesita corregirse en lugar de distraerse en manejar las apariencias. Si bien es importante comunicar lo que se está haciendo, la comunicación no puede reemplazar la acción de fondo.

La otra política es no pensar nunca en relación con el "control del daño" sino concentrarse en *eliminar* el daño y sus *causas*. Instituir esta política puede ser difícil a menos que el director ejecutivo y otros miembros de la alta gerencia hagan lo necesario por dar buen ejemplo. Pero con el liderazgo apropiado, el reflejo de "resolver el problema" puede tomar el lugar del reflejo de las relaciones públicas.

■ ■ ■

Políticas y técnicas para mantener a la compañía atenta a los desarrollos externos

HACER CONTRAPESO AL ORGULLO DE LA COMPAÑÍA

1. Crear defensores internos encargados de promover las estrategias y las tecnologías implantadas por los competidores y otras empresas que realizan actividades análogas.
2. Asignar a alguien la labor de llevar el registro de las equivocaciones de los competidores y de asegurarse de que la compañía no las cometa.
3. Hacer sociedades para incorporar ideas y prácticas nuevas.

HACER CONTRAPESO A LA VISIÓN DE EXCELENCIA DE LA COMPAÑÍA

1. Cerciorarse de que las mejoras que más ansía ofrecer la

compañía sean las mismas que los clientes más desean obtener.
2. Asignar a cada uno de los altos ejecutivos la responsabilidad personal por los clientes importantes.

HACER CONTRAPESO A LA ACTITUD POSITIVA DE LA COMPAÑÍA

1. Premiar a los empleados que detecten fallas o posibles problemas en los procedimientos de la compañía.
2. Convertir en héroes a los "jinetes mensajeros" que recorren la compañía advirtiendo que se acerca el enemigo (siempre y cuando no sean aves de mal agüero que anuncien que el firmamento se viene encima).

HACER CONTRAPESO AL PERFECCIONISMO DE LA COMPAÑÍA

1. Cambiar las metas cuando se ha cumplido plenamente la meta anterior, en lugar de limitarse a elevar la exigencia.
2. Hacer que los altos gerentes den el ejemplo cuando se trata de reconocer los fracasos y aprender de ellos.
3. Utilizar parámetros externos de comparación, especialmente para las operaciones de rutina y los servicios de apoyo centralizados.
4. Utilizar recursos tales como "el error del mes" a fin de premiar los experimentos fallidos en materia de rendimiento financiero pero muy exitosos en materia de generación de conocimiento.

HACER CONTRAPESO AL ESPÍRITU DE EQUIPO

1. Solicitar "informes de minorías" e informes encaminados a defender la posición opuesta más fuerte.
2. Crear equipos interfuncionales y grupos de trabajo heterogéneos cuyos miembros vean las cosas desde ángulos diferentes.
3. Buscar evaluaciones críticas de personas de fuera.

> 4. Conservar a los grupos con el potencial para innovar, a fin de que puedan apoyarse recíprocamente.
>
> **HACER CONTRAPESO AL REFLEJO DE LAS RELACIONES PÚBLICAS**
> 1. Dejar por fuera de la planeación y de las decisiones básicas a los abogados y al personal de relaciones públicas.
> 2. No pensar en "control del daño", sino en eliminación del daño y sus causas.

Ser zombi no es sólo cuestión de actitud

Si usted logra que su compañía acoja activamente la información que pudiera inducirla a cambiar la imagen imperante de la realidad, habrá hecho mucho por mantenerla sana. En efecto, si la compañía ya se ha convertido en zombi, habrá logrado mucho para volverla a la vida. Pero a pesar de esas actitudes y políticas saludables, la compañía podría estar de todas maneras en grave peligro.

La razón es que las actitudes alucinatorias que convierten a una compañía en zombi afectan todos los aspectos de sus operaciones. La compañía bien podría estar haciendo todo lo necesario para recuperarse, pero si ya se ha convertido en zombi, dejarán de funcionar correctamente hasta los procedimientos básicos utilizados para controlar y seguir la pista de lo que hace diariamente. Es probable que la información pertinente exista y que los gerentes estén dispuestos a utilizarla y a actuar en consecuencia. Sin embargo, podría haber una desconexión total entre la información que llega y la acción que parecería exigir.

A fin de comprender cómo puede suceder semejante cosa, debemos mirar más detenidamente los procedimientos que se aplican cuando las compañías buscan manejar la información estratégicamente importante.

CAPÍTULO 8

En busca de las señales perdidas

*Por qué las empresas no actúan
con base en la información vital*

Piense en las películas de espías. El agente secreto descubre información vital para la seguridad nacional. Encuentra la manera de hacer llegar el mensaje. Un funcionario de bajo nivel de algún organismo del gobierno recibe el mensaje y reconoce su importancia inmediatamente. "Debemos verificar su autenticidad", exclama sobrecogido de emoción. "Pero si el mensaje logra ser cierto, es necesario informar inmediatamente al presidente y al primer ministro". En pocas horas, se han hecho todos los cambios en la política nacional, la OTAN se ha movilizado y el mundo está a salvo de una catástrofe de dimensiones incalculables.

La vida real no es tan alentadora. Los franceses frustraron un plan terrorista para estrellar un avión secuestrado contra la Torre Eiffel. Advirtieron al FBI que había un plan semejante para atacar objetivos en los Estados Unidos. Unos meses después, el FBI recibió información de que había varios extranjeros con vínculos con asociaciones terroristas matriculados en escuelas de aviación de los Estados Unidos. Los alumnos deseaban aprender a volar *jets* comerciales, pero no tenían interés en aprender a aterrizarlos. Según los franceses, entre los alumnos había personas conectadas con el plan terrorista fallido. Entre tanto, fuentes del Medio Oriente advirtieron que se estaba planeando un ataque de grandes proporciones contra un objetivo estadounidense. En los primeros informes se había mencionado al World Trade Center como uno de los blancos más probables.

Los agentes de campo del FBI de Minnesota y Arizona juntaron toda esa información y trataron de iniciar una acción. Pero eso fue todo. Las solicitudes de allanamientos e interceptaciones telefónicas presentadas por los agentes de campo se editaron primero, de tal manera que parecieron menos urgentes y fueron denegadas. A los agentes del FBI se les asignó otro trabajo. En una obra de ficción, la cantidad de información pertinente aportada al FBI habría sido considerada verdaderamente abrumadora. Sin embargo, un organismo cuyo oficio era encargarse precisamente de esos asuntos hizo caso omiso de toda esa información. Unas semanas después fue destruido el World Trade Center.

Ahora pregúntese en cuál de estas dos situaciones sería más probable que se encontrara su compañía. Es fácil indignarse ante el desgreño del FBI. Es fácil imaginarse que ninguno de los responsables habría podido sobrevivir en el sector privado. ¿Pero en realidad podemos estar seguros de que una empresa comercial grande hubiera hecho mejor las cosas?

Imagine que acaba de ingresar al sistema uno de los datos más cruciales que su compañía pudiera recibir en toda su historia. Esa información podría venir en distintas formas. Podría ser la insistencia de los clientes en preguntar por productos que su compañía no está produciendo, como sucedió con los *stents* de J&J. O podría tratarse de unas discordancias serias en las cuentas presentadas por la subsidiaria más rentable de su compañía, como sucedió con la firma de correduría de Barings en Singapore. Podría ser que los pagos por las licencias que recibe su compañía sobre las ventas de la competencia estén por las nubes, mientras que sus propias ventas están estancadas, como sucedió con la división de teléfonos celulares de Motorola. O podría ser que algunos de sus competidores clave con balances muy sanos comiencen súbitamente a integrar sus cadenas de abastecimiento en el exterior, como le sucedió a Fruit of the Loom. O que los componentes suministrados por otras firmas y de los cuales dependen sus productos podrían estar fallando con una frecuencia demasiado alta, como sucedió con las llantas de Firestone en las camionetas Explorer de Ford.

Cualquiera que sea la información, una persona con un poco de imaginación podría ver las consecuencias drásticas que podría tener para el futuro de la compañía. Sin embargo, ¿está usted seguro(a) de que esa información no se perdería y de que la compañía no haría caso omiso de ella? ¿Llegaría esa información a la persona indicada? ¿Tomaría esa persona las medidas apropiadas? Y una vez tomadas, ¿serían implantadas?

Enfrentar el gran misterio

Son sencillamente demasiados los ejemplos de compañías y otras organizaciones que no han reconocido información importante y no han actuado en consecuencia. Sin embargo, hay algunas empresas —y algunas entidades del gobierno— que ofrecen mayores probabilidades de reconocer la información vital y reaccionar en consecuencia. ¿Dónde está la diferencia entre las organizaciones receptoras que saben reaccionar y aquéllas que no?

Éste es un acertijo de marca mayor. No es posible atribuir la culpa sencillamente a las dimensiones de las burocracias. Por ejemplo, no es convincente decir que la organización en cuestión sencillamente tenía demasiados niveles y estaba atiborrada de un exceso de información. Muchas organizaciones oficiales y corporativas enormes, con muchos niveles superfluos, logran manejar cantidades asombrosas de información todos los días. Si no pudieran hacerlo con un grado muy alto de confiabilidad, sistemas como el de salud pública, con sus programas para vigilar y controlar las enfermedades infecciosas, nos dejarían expuestos a una cadena constante de desastres. Por fortuna, gracias a la informática moderna, la organización no tiene que ser especialmente eficiente para procesar la información con eficiencia. Además, la clase de información a la cual nos referimos no es de la que se pierde entre un montón de cosas parecidas. La información que apunta hacia la posibilidad de un desastre de grandes proporciones es relativamente fácil de marcar y manejar con celeridad especial.

Existe la tentación de decir que los gerentes involucrados en los casos descritos al comienzo de este capítulo eran sencillamente ineptos. Pero tampoco ese argumento es convincente. En todas las organizaciones a las que nos hemos referido, incluido el FBI, las personas encargadas de tomar las decisiones clave frente a la información vital eran realmente muy calificadas y trabajadoras, y poseían muchas destrezas y una gran motivación para el éxito. No hay evidencia de que estuvieran ebrias o ausentes o dormidas en el trabajo, o de que presentaran algún impedimento en sus facultades mentales. En cada uno de los casos, prácticamente todas las personas que tomaban las decisiones cruciales tenían una historia larga de idoneidad en ese aspecto. ¿Cómo puede entonces explicarse que fueran tan poco receptivas a la información más importante de todas?

Información no dirigida.... o "¿Información? ¿Cuál información?"

A fin de descubrir la manera como se pierde la información vital, debemos seguirle la pista desde el momento en que una persona de la organización la reconoce hasta que alguien decide sobre las medidas apropiadas que deben tomarse. En algún punto de esta trayectoria encontraremos el sitio donde la información vital se queda quieta, se pierde, se destruye o se inactiva. Este punto crítico donde termina el rastro de la información varía de organización en organización. Algunas organizaciones terminan agobiadas por esa información y otras tienen una sola categoría de información represada, la cual es tan restrictiva que produce una parálisis en todas partes de la organización.

El primer paso para seguir la pista de la información consiste en ver lo que sucede cuando un empleado se percata inicialmente de ella. Por lo general, la información vital no entra al sistema una sola vez, sino muchas. Los empleados que la reciben generalmente tienen varias oportunidades para sopesar su importancia. Por tanto, la pregunta crucial es: ¿Tiene el empleado que seguramente ha de recibir la información una base para reconocer si es verdaderamente importante? Por ejemplo, ¿sabe el empleado que el peligro hacia el cual apunta la información es una posibilidad real?

Es muy frecuente que los empleados demoren en reconocer la importancia de la información nueva porque nadie les ha demostrado que deben tomar en serio el peligro implícito. Por ejemplo, a los empleados de Coca-Cola nunca se les pasó por la mente que un puñado de quejas de unos escolares de Bélgica pudiera representar una amenaza para el valor de la marca de Coca-Cola en Europa y, hasta cierto punto, en todo el mundo. A los empleados de Johnson & Johnson, de Cabletron, Levi Strauss, Nissan, Schwinn y muchas otras compañías no se les ocurrió que las solicitudes de los clientes que pedían diseños diferentes pudieran estar anunciando la posibilidad de su deserción súbita y en masa. Fue en parte debido a que estas compañías proyectaban en sus empleados una imagen de instituciones sólidas, casi invulnerables, que éstos no reconocieron la importancia de la información que ponía de manifiesto unas vulnerabilidades serias.

Si la organización hace caso omiso de la información durante un tiempo sin que se produzcan consecuencias desastrosas, los empleados comienzan a pensar que nada ocurrirá. Esto fue lo que le sucedió al sistema del tren metropolitano de Londres. Durante años se habían producido incendios accidentales porque los fumadores al salir de las estaciones encendían los fósforos y los dejaban caer cuando todavía estaban en las escaleras mecánicas. Cada "incidente" menor agregaba un anticuerpo más que reducía la posibilidad de que se detectara a tiempo un accidente grave. Entonces, como nunca había muertos, la información sobre los incendios perdió gradualmente su carácter de urgente. Fue sólo en 1987, cuando un incendio en la estación de King's Cross mató a treinta personas y dejó a muchas otras heridas, que finalmente se tomaron las medidas de seguridad.

Una vez que los empleados reconocen la importancia de una determinada información que han recibido, deben saber hacia dónde encaminarla. Muchas veces, el superior inmediato no está en mejor posición para manejar la información que el empleado mismo. La persona indicada para hacerse cargo debe ser alguien con capacidad para tomar medidas o para hacer llegar la información rápidamente a otra persona que pueda actuar. Cuando no hay claridad sobre quién es responsable de qué, especialmente por fuera del departamento del empleado en cuestión, ese simple hecho puede impedir que se tomen las medidas necesarias hasta cuando ya es demasiado tarde.

Algunas veces, el problema está en que no hay una persona en la posición indicada lista para actuar frente a una información nueva crucial. Los departamentos de investigación se enfrentan muchas veces a este problema. Detectan una tendencia nueva o inventan un producto nuevo, pero descubren que no hay nadie en la compañía con la disposición para actuar con suficiente rapidez frente a esa información nueva. El Centro de Investigación de Palo Alto de Xerox Corporation (Xerox PARC) sufría constantemente esos apuros. Creó decenas de productos verdaderamente novedosos, entre ellos la interfaz gráfica para los usuarios adoptada por Apple para el Mac, el ratón del PC y la Ethernet. Pero el único invento significativo de Xerox PARC que la compañía llevara a producción fue la impresora láser. ¿Por qué? Porque en ninguna otra parte de Xerox había personas con la visión y las destrezas necesarias para salir corriendo a producir los otros descubrimientos de Xerox PARC. Steve Jobs, de Apple, dijo posteriormente que Xerox "se quedó con la derrota en el caso de la victoria más grande de la industria de los computadores. Xerox habría podido ser la dueña de la totalidad de la industria en la actualidad. Podría haber sido, ya saben, una compañía diez veces más grande... la IBM de los 90... ¡la Microsoft de los 90!" Pero cuando su centro de investigación de Palo Alto inventó los productos del futuro, no tuvo interlocutor alguno dentro de la compañía.

Falta de canales de comunicación...
o "Yo lo tengo, usted lo necesita. ¿Y ahora qué?"

Supongamos que el empleado que recibió la información vital reconoce su importancia. Supongamos además que el empleado sabe hasta cierto punto a quién debe comunicarle la información. La siguiente pregunta es si hay un mecanismo sencillo para llegar a la persona que debe actuar frente a esa información. Es algo que suena fácil. Después de todo, si alguien trabaja para la misma compañía, es cosa de niños encontrar el teléfono o la dirección de correo electrónico de esa persona. Pero el problema, claro está, es que los empleados por lo general sólo se comunican con las personas que están por fuera de su grupo inmediato de trabajo cuando se les dice que lo hagan y cuando se ha establecido alguna especie de precedente.

El resultado es que muchas compañías no pueden hacer nada con respecto a la información vital porque no hay canales regulares de comunicación entre las personas que reciben la información y quienes deben tomar las medidas del caso. Nissan, por ejemplo, operó durante años con una cultura burocrática rígida según la cual sus divisiones de ventas, producción e investigación y desarrollo en los Estados Unidos debían reportar por separado a Japón y no crear interacciones. En efecto, todos los canales de comunicación a nivel corporativo sólo conducían a Tokio. Para empeorar las cosas, no había interacción directa entre los gerentes regionales de los Estados Unidos y los altos gerentes corporativos de Japón. Esto implicaba que si los vendedores de Nissan descubrían que los clientes rechazaban un automóvil debido a una característica menor pero molesta del diseño, el departamento de diseño seguramente jamás se enteraría. Un vocero de Nissan en América del Norte dijo que toda la compañía se comportaba como si la hubieran "golpeado con una varita para aturdir". Sin embargo, el problema principal era que el gran número de personas inteligentes que trabajaban para Nissan trataba de operar con unos canales de comunicación que, aunque existieran, eran inadecuados.

Hasta en los casos en que los canales parecen adecuados, no pueden manejar bien la información urgente si son demasiado rígidos y jerárquicos. La NASA ofreció un ejemplo clásico. Ninguno de los empleados podía pasar por encima de su jefe inmediato, y los gerentes no trataban con ninguna persona que no fuera su subalterna directa. Los empleados informaban de los problemas a sus supervisores inmediatos, pero sentían que no podían hacer nada más si sus supervisores hacían caso omiso del asunto. Los supervisores de todos los niveles sólo dependían de la información que recibían de sus subalternos inmediatos. El resultado fue que los datos concretos que pudieron haber evitado la mayoría de los fracasos estruendosos de la NASA, como la explosión del *Challenger*, jamás fueron tomados en cuenta, aunque existían en alguna parte de la organización.

A fin de cerciorarse de que la información crucial tenga una mediana oportunidad de provocar alguna acción, la organización debe establecer un mecanismo para resaltar cualquier dato vital, a fin de que reciba atención especial. Debe haber un mecanismo fácil para que los clientes y los empleados "comunes y corrientes" que pudieran enterarse de los problemas puedan hacer llegar sus observaciones directamente a la alta gerencia. La información confirmada que pudiera afectar a varios departamentos debe poderse pasar automáticamente a los departamentos en cuestión. Después, la persona encargada de cerciorarse de que se tomen medidas debe hacer un seguimiento telefónico. Una vez que la persona pertinente reciba la información, deberá aceptar la responsabilidad por ella y comprometerse a tomar las medidas apropiadas.

Falta de motivos... o "¿Por qué tendría yo que informarle a usted?"

Esto nos trae al tema de la motivación. Si los empleados saben cómo reconocer y orientar la información vital, y si existen los canales para que puedan enviar fácilmente la información a las personas indicadas, la siguiente pregunta es si están lo suficientemente *motivados* para hacer llegar la información a quien compete. Esto es algo que no puede darse por sentado. En efecto, al examinar de cerca a las compañías que *suponen* que sus empleados están dispuestos a pasar automáticamente la información vital se ha demostrado que, por lo general, no sólo no tienen incentivos para hacerlo, sino que suele haber más incentivos para no hacerlo.

En ocasiones, los empleados sienten renuencia a compartir información vital porque temen quedar en ridículo o no ser tomados en serio en el futuro, en caso de que la información no demuestre ser en últimas tan vital. Los empleados nuevos, en particular, temen que los veteranos piensen que están todavía inmaduros, o que son ingenuos e ignorantes si advierten innecesariamente sobre alguna información preocupante. Ésta fue una de las razones por las cuales las primeras señales del ataque contra Pearl Harbor no se reportaron inmediatamente al comandante de la base. Nadie quería pasar por parecer "gallina". Hasta los empleados veteranos sienten renuencia de contactar a los altos ejecutivos por temor a que se les acuse de estar exagerando. "Molestar al jefe" con información que podría ser incluso importante es algo que debe estimularse activamente. De lo contrario, los altos ejecutivos no tendrán mayor oportunidad de enterarse si su compañía está abocada a su propio Pearl Harbor.

Los empleados son todavía más remisos a pasar la información vital cuando la compañía estimula la competencia intensa entre sus gerentes y sus divisiones. En Motorola, por ejemplo, la estructura descentralizada y los incentivos fuertes por el desempeño de las unidades de negocios hacían que los ejecutivos fueran cautelosos con respecto a la cooperación con otras unidades. Los esfuerzos ocasionales del nivel corporativo por fomentar la cooperación entre las divisiones nunca se reforzaron con incentivos lo suficientemente poderosos para que fueran eficaces.

Los incentivos se manifiestan también de otras maneras. Cuando la compañía está estructurada en divisiones, los incentivos deben concordar con el nivel de autonomía de la división. Sin embargo, en Motorola, el poder de los incentivos para la división era tan superior al de otras formas de remuneración que, tal como anotara Robert Galvin, ex director ejecutivo citado en el capítulo 3, no se hicieron las inversiones críticas en teléfonos celulares digitales porque los salarios de los ejecutivos se habrían visto adversamente afectados.

Podría decirse que es la lógica de la administración echada a perder. Cuando no hay límites ni restricciones, hasta las nociones más fundamentales sobre la gerencia pueden dañarse. Los incentivos son un ejemplo especialmente peligroso. En el caso de Oracle, la comisión típica del 2% sobre las ventas llegaba al nivel exorbitante del 12% el último día de cada trimestre, creando incentivos perversos para demorar las ventas o descontar los precios a fin de cerrar el negocio en esa fecha mágica.

Cuando los ejecutivos tienen mucho que ganar con el éxito de un proyecto, pierden la capacidad para proporcionar información equilibrada sobre sus probabilidades de éxito o sobre la conveniencia de cancelarlo. Este problema se agrava todavía más cuando una buena parte de la retribución de los gerentes consta de opciones sobre las acciones. A diferencia de las acciones entregadas, en las opciones no hay riesgo. Si las acciones bajan, la opción sencillamente nunca se ejerce. Por otra parte, si las acciones suben, el propietario de la opción puede cosechar todas sus ganancias. Edward Staiano, director ejecutivo de Iridium, por ejemplo, recibió un número considerable de opciones sobre las acciones, las cuales no tendrían valor alguno si le ponía fin a la empresa, ahorrándoles más pérdidas a los accionistas. Por otro lado, si Iridium lograba volar a gran altura, Staiano haría una fortuna. Esta clase de situación puede hacer que un ejecutivo se sienta muy renuente a pasar información lesiva para su proyecto.

Si es el director ejecutivo quien desea suprimir la información adversa, los otros gerentes se verán privados de los datos que necesitan para corregir las fallas en sus operaciones. Ése fue uno de los factores que contribuyó al descalabro de Rite Aid. La junta directiva de esta cadena gigantesca de farmacias le otorgó al director ejecutivo Martin Grass un incentivo de 100 millones de dólares, el cual cobraría si lograba que las acciones de Rite Aid subieran por encima de los 49,50 dólares. Grass tenía además cerca de 83 millones de dólares en opciones para ejercer. Considerando las circunstancias, no sorprende que Grass no sólo optara por una estrategia muy arriesgada de expansión acelerada, sino que también manejara un período de estados financieros extrañamente inexactos en los cuales se perdían con regularidad las "malas noticias". "Era ridículo", dijo un importante analista al comentar sobre el esquema de remuneración. "Creo que contribuyó a que fuera agresivo con la contabilidad". En este caso, la expresión "agresivo con la contabilidad" se queda corta. Cuando se descubrió el caos de los libros de Rite Aid, doscientos contadores gastaron 50 millones de dólares para emprender la monumental tarea de calcular de nuevo los registros contables erráticos de 1999 y 1998. Se dieron sencillamente por vencidos con 1997, ante el carácter abrumador de la tarea. Cuando pasó la tormenta, quedó claro que además de engañar a los inversionistas, Rite Aid no tenía una idea precisa de cuánto dinero ganaba o perdía, ni dónde. No sólo había perdido la pista de una información vital velada: había perdido también la pista de su información vital de rutina.

Falta de vigilancia... o "Sólo oigo lo que quiero oír"

Cuando existen todas las piezas necesarias para manejar adecuadamente la información, se necesita una persona que se cerciore de que en realidad están operando como deben. Eso implica que los ejecutivos encargados de supervisar cada faceta del negocio no deben limitarse a examinar los informes que les llegan de rutina. Deben buscar activamente la información que podría ser importante y que, de otra manera, podría pasar desapercibida.

Son muchos los ejecutivos que no descubren hasta qué punto están errados en su imagen de la realidad, sencillamente porque suponen que las personas que trabajan para ellos entregan información precisa. Tom Yawkey, el propietario de los Medias Rojas de Boston, es un ejemplo por demás típico. Cuando sus seleccionadores informaban que los jugadores afroamericanos no eran lo suficientemente buenos o sencillamente no estaban listos para las grandes ligas, Yawkey aceptaba sus informes sin reservas. Sin embargo, si hubiera hecho algún intento serio por verificar esas apreciaciones habría tenido que reconsiderar su imagen de la realidad del béisbol.

Es muy fácil para los ejecutivos aceptar las buenas noticias sin cuestionarlas, e investigar más a fondo sólo cuando parece haber un problema. Si una operación está produciendo rendimientos espectaculares, su instinto les dice que no deben hacer nada. Sin embargo, la abundancia de utilidades no es sinónimo de "salud". No hay otro ejemplo más dramático de esta situación que el del Barings Bank. Nick Leeson, negociador de derivados en Singapur, produjo unas ganancias tan asombrosas que en Barings lo proclamaron el "Michael Jordan de la bolsa". El único problema era que reportaba sólo sus transacciones rentables, pero no las que no eran rentables. Cuando finalmente se registraron correctamente las cifras, se descubrió que Leeson era el responsable de una pérdida por 860 millones de libras esterlinas, la cual significó la quiebra del Barings Bank. No habían faltado las señales de alerta temprana. Los altos funcionarios del banco en Londres, al igual que el personal de primer nivel de la oficina de Singapur, sabían, como nos lo dijo uno de ellos —"Claro que sabíamos; todo el mundo sabía"—, de la cuenta secreta No. 88888 tras de la cual se ocultaban las pérdidas de los negocios de Leeson. No obstante, no se hizo nada para ponerle el freno al pícaro. En una ocasión, cuando se descubrió un faltante de cincuenta millones de libras, Leeson dio tres explicaciones contradictorias que nadie cuestionó en serio. La información vital que habría podido salvar a Barings de la quiebra se desechó una y otra vez porque nadie deseaba examinar muy de cerca una operación al parecer tan rentable.

Las juntas de las corporaciones caen en esa trampa una y otra vez. Por ejemplo, la junta directiva de Rite Aid aceptó la expansión agresiva emprendida por el director ejecutivo Martin Grass sin cuestionarla porque los precios de las acciones subieron un 300%. Las juntas de Enron, WorldCom y de una lista larga de empresas virtuales se abstuvieron de cuestionar las políticas de sus compañías e incluso de mirar detenidamente lo que estaban haciendo, porque los precios de las acciones iban en aumento. Después de todo, ¿para qué pelear con el éxito, especialmente cuando uno es parte de él?

Aunque haya interés por examinar más de cerca a la compañía, la verdad es que pocas juntas directivas están bien equipadas para hacer esa labor. Algunas veces, los miembros de junta son personas famosas y célebres quienes sencillamente no dedican ni el tiempo ni el esfuerzo necesarios a su trabajo. Por ejemplo, en General Motors, los directores externos durante la época de Roger Smith asistían a un promedio de ocho juntas directivas cada uno. La investigación demuestra que si los directores de una compañía son miembros de muchas juntas, es mucho mayor la probabilidad de que la compañía entre a ser parte acusada de fraude bursátil en un pleito. Este resultado sugiere que cuando los directores no tienen tiempo suficiente, tienden a bajar la guardia.

Una de las cosas más notables acerca de los vacíos de vigilancia en todos los niveles es que las compañías tienden a pasar por encima de sus controles y verificaciones de rutina precisamente en las situaciones urgentes y excepcionales en las que más se necesitan. La NASA, por ejemplo, era generalmente muy meticulosa en lo referente a sus procedimientos de verificación. Pero abrevió sus procedimientos precisamente antes del desastre del *Challenger* y antes del lanzamiento del telescopio Hubble desenfocado.

En su afán por cerrar un negocio muy interesante, las compañías son especialmente susceptibles de tomar atajos con respecto a las diligencias debidas que deben hacer durante los procesos de adquisición. Después de que First Union adquiriera a Money Store, descubrió tantos problemas contables que tuvo que iniciar la operación "Busquemos el fondo" a fin de descubrir dónde estaba el mal. David Carroll, quien dirigió la investigación a nombre de First Union, dijo que finalmente descubrieron que habían comprado "una compañía carente de procesos rigurosos y de controles de calidad y de auditoría para los créditos".

Querer pasar por encima de los controles críticos es un problema endémico de muchas compañías pequeñas y, nuevamente, las empresas virtuales que surgieron durante los años de la bonanza son el ejemplo perfecto debido a su objetivo de erradicar los obstáculos burocráticos. ¿Pero cuál fue el resultado, en la práctica, de la "erradicación de la burocracia"? Las líneas de comunicación totalmente abiertas entre los niveles de la jerarquía crearon ineficiencias y hasta un sentido de autoridad desmedida en el personal de los niveles inferiores; los horarios prolongados, con muy pocas reglas, crearon el peligro del desgaste y, sin lugar a dudas, engendraron desperdicio de tiempo; en una atmósfera empresarial "sin reglas" se diluyeron la responsabilidad y la rendición de cuentas. Hay una razón por la cual prácticamente todas las organizaciones grandes adoptan algunos sistemas burocráticos y es que éstos crean estabilidad, responsabilidad y eficiencia. Si bien *burocracia* es una mala palabra para muchas personas, la verdad es que son pocas las organizaciones que pueden sobrevivir —tal como lo reconociera Max Weber hace muchos años— sin algún grado de estructura.

La organización ingobernable... o "Lo lamentamos, no tenemos tiempo para preocuparnos por eso"

Algunas veces, el director ejecutivo y otros miembros de la alta gerencia logran fomentar una cultura donde prima el desdén por todo tipo de procedimiento estructurado para manejar la información. Esto hace que ciertos aspectos de la compañía sean prácticamente ingobernables. Esta situación puede producirse en especial en las compañías altamente innovadoras y de crecimiento rápido, las cuales incitan a sus empleados a ser revolucionarios y creativos. Por ejemplo, Oxford Health Plans creyó que para mantener su ventaja creativa debía evitar todo lo relacionado con las burocracias, incluida una vigilancia apropiada. Para Saatchi & Saatchi era tan crucial crecer aceleradamente que perdió de vista la importancia de controlar las operaciones diarias. Rubbermaid estaba tan inmersa en la búsqueda de productos nuevos que descuidó en gran medida los sistemas internos para evaluar y dirigir las operaciones. Bankers Trust instaba a sus vendedores de derivados a hacer lo que fuera necesario para lograr la venta, sin prestar mucha atención a lo que dijeran o prometieran. Enron cultivó una cultura de "romper las reglas", en la cual se hacía caso omiso de los controles minuciosos por considerarlos burocráticos e inútiles, lógica que muchas empresas virtuales también hicieron suya. Todas estas compañías operaban fuera de control hasta cierto punto. Nadie recogía la información que le habría mostrado las dificultades que se le venían encima.

La junta directiva ingobernable o... "Lo que pasa es que esta junta funciona, ¿entendido?"

Algunas organizaciones son ingobernables sencillamente a causa de las fisuras de sus juntas directivas, el grupo sobre el cual recae la mayor responsabilidad por la información vital y el mecanismo último de gobernabilidad de una compañía. Es sorprendente que las fallas de las juntas no se deben a los factores "sospechosos" señalados constantemente por los académicos y los expertos en gobernabilidad: la composición, en especial la presencia mayoritaria de personas de fuera o dueñas de una gran proporción de las acciones, o el hecho de que el director ejecutivo sea a la vez el presidente de la junta. Nuestra propia investigación revela que, en el caso de compañías de la lista de las 500 de S&P, no hay *ninguna* diferencia entre las empresas que siguen el esquema clásico —muchas personas de fuera propietarias de muchas acciones, con un presidente de la junta que no ocupa la dirección ejecutiva de la compañía— y aquéllas que no.

Lo que cuenta realmente a la hora de evaluar la eficacia de la junta directiva es algo que no se refleja fácilmente en las estadísticas y los promedios, pero que muchos directores comprenden de suyo. La manera como funcione la junta como grupo —la naturaleza de las interacciones entre los miembros y con el director ejecutivo, y las cosas que consideran de su competencia y las que no— determina en gran medida la eficacia de su funcionamiento.

La mayoría de las juntas modernas no dan la talla. Así describe Kevin Roberts, actual director ejecutivo de Saatchi & Saatchi, a los miembros de muchas juntas: "Tienen un desfase de edad de un promedio de diez años, y son personas con una experiencia muy semejante. En términos generales, son personas a quienes no les gusta que les sacudan el piso, que se están acercando al final de sus vidas profesionales y han visto de todo y han hecho de todo... no se encuentran bajo la presión de la necesidad... hace tanto tiempo que no ven a un consumidor que están fuera de sincronización con lo que la compañía está tratando de vender". Es el caso de Enron bajo Ken Lay, WorldCom bajo Bernie Ebbers, Adelphia bajo John Rigas, Tyco bajo Dennis Kozlowski y Conseco bajo Steve Hilbert.

Las juntas tuvieron parte de la culpa en muchos de los descalabros empresariales estudiados. En General Motors, mientras Roger Smith gastaba 45 mil millones de dólares en robótica, la junta se hizo la de la vista gorda durante años. En Mattel, los directores respaldaron a la directora ejecutiva, Jill Barad, a pesar de una serie de metas que no se cumplieron y de adquisiciones desastrosas. Las dificultades de la junta de Enron también han sido bien documentadas.

Stanley Gault, ex director ejecutivo de Rubbermaid, describió la manera como la junta manejó a su sucesor, Wolfgang Schmitt, en los últimos años antes de que se le vendiera la compañía a Newell:

La compañía se fue a pique a causa de la incompetencia de su director ejecutivo y de la dilación e incompetencia de la junta directiva. Los problemas y las dificultades se habrían podido manejar y corregir rápidamente. La junta sencillamente optó por la salida fácil de vender la compañía. Personalmente culpo a Schmitt por el mal desempeño, pero también culpo a la junta directiva porque habría podido hacer cambios muchos años antes y, de haberlo hecho, la compañía continuaría siendo independiente en la actualidad. El colapso de Rubbermaid es la desilusión comercial más grande que he presenciado en mis cincuenta años de carrera, especialmente porque se habría podido evitar.

¿Cómo se puede hacer algo? Las juntas directivas deben comprender que está bien decir no. Es crítico un debate apropiado, tanto dentro como fuera de las reuniones, y tanto en los sitios donde esté presente el director ejecutivo como donde no lo esté. También ayuda contar con las personas indicadas en la junta (léase: diversidad de miembros pertinentes para la estrategia). La química entre los miembros de la junta también cuenta; el conflicto constructivo emanado de la diversidad no debe convertirse en un conflicto interpersonal desintegrador que reduzca la eficacia de la junta. Un mecanismo que puede ayudar es lograr la participación activa de los miembros ya elegidos en la selección de los nuevos miembros.

Quizás el reto más grande para las juntas sea identificar las señales tempranas de que algo anda mal y hacer algo al respecto. La experiencia de las juntas directivas de compañías tales como Enron, Kmart, Global Crossing y WorldCom indica que la carga de la prueba ahora apunta hacia una participación siempre más cercana de la junta.

Demasiada vigilancia… o "No se preocupen, todo está bajo control"

En lo que se refiere a manejar el flujo de información, lo único que puede ser tan malo como la falta de vigilancia es el exceso de la misma. Una de las razones por las cuales es devastador el exceso de vigilancia es que tiende a mantener a todo el mundo en comunicación a través de los canales rutinarios y funcionando de manera rutinaria. Pero el punto es que la información verdaderamente vital *no* es información de rutina. Muchas veces, actuar frente a la información vital implica no sólo apartarse de los procedimientos de rutina, sino modificarlos, decidida y drásticamente.

Las compañías afectadas por el exceso de vigilancia suelen premiar hasta tal punto el funcionamiento rutinario perfecto que es imposible tomar en cuenta las circunstancias especiales o tomar medidas correctivas que vayan más allá de lo ordinario. Cuando se combina este énfasis puesto en el funcionamiento perfecto con la actitud permanentemente positiva característica de las empresas zombis, los resultados pueden ser devastadores. Después de todo, las enseñanzas tradicionales articuladas por Frederick Winslow Taylor a principios del siglo XX predican que la labor de todos los empleados es averiguar lo que sus jefes desean, y cumplir. Los gerentes que tienen la costumbre de cuestionar o de innovar son eliminados con el tiempo porque sus actividades tienden a perturbar el funcionamiento perfecto del sistema. En los niveles altos de la organización, eso significa que "la mano derecha" del jefe en materia de finanzas y operaciones puede llegar a ser su sucesor, aunque esa persona por lo general carece de las habilidades necesarias para llevar a la compañía por nuevos rumbos. Hagamos un paréntesis para considerar la estrecha relación que existía entre los directores ejecutivos y los financieros de compañías estelares tales como Tyco (el ejecutivo Dennis Kozlowsky y el financiero Mark Swartz), WorldCom (el ejecutivo Bernie Ebbers y el financiero Scott Sullivan), y Enron (el ejecutivo Jeffrey Skilling y el financiero Andrew Fastow) antes de su caída. Aunque rara vez se reconoce eso por lo que significa, cuando se dice que una compañía "opera como una maquinaria perfectamente aceitada" lo que en realidad se hace es un diagnóstico espeluznante.

En el mundo real, donde a toda hora surgen tropiezos y obstáculos, lo último que se quiere es una compañía que se comporte constantemente como una maquinaria perfectamente aceitada. La razón es que llegará el momento en que se desbaratará.

General Motors es un ejemplo extraordinario de cuán destructivo puede ser el exceso de vigilancia cuando se combina con actitudes de zombi. Todas las comunicaciones de la compañía debían pasar por canales estrictamente establecidos, los cuales no daban espacio para manejar información que no fuera rutinaria. La información que no encajara en una casilla de un formato existente generalmente se pasaba por alto. Se esperaba que todo el mundo estuviera de acuerdo con todas las declaraciones de los superiores. Tal como lo describió un ejecutivo de GM, "si uno planteaba un problema, era calificado de 'negativo' y como persona ajena al equipo. Si uno deseaba ascender, debía mantener la boca cerrada y decir 'sí' a todo". En un memorando, un alto ejecutivo de GM decía en 1988: "Nuestra cultura no estimula el debate franco y abierto. Los empleados rasos de GM perciben que la gerencia no recibe bien las malas noticias". Antes de tomar cualquier medida nueva, debía estudiarse y verificarse una y otra vez. Si un ingeniero mejoraba el diseño de algún producto o proceso, "debía producir 50 000 estudios para demostrar que se trataba de una solución mejor, y después debía pasar por 10 comités diferentes para obtener la aprobación". A las personas que tenían la última palabra se las conocía por su falta de imaginación y porque solían hacer solamente lo que las cifras les decían. En ese ambiente corporativo no solo era extremadamente difícil cuestionar la imagen general que GM tenía de la realidad; era difícil corregir hasta el más insignificante de los detalles.

El exceso de vigilancia puede impedir que la junta directiva, al igual que el resto de la compañía, maneje la información vital. Por ejemplo, durante el período de Roger Smith, las reglas para las reuniones de la junta en GM no permitían que los miembros hablaran a menos que tuvieran el encargo expreso de presentar un informe. Este sólo procedimiento hacía que la junta directiva de GM fuera prácticamente ineficaz.

En lo que se refiere a la vigilancia, la gran paradoja es que tanto el exceso como el defecto van de la mano. Rubbermaid, por ejemplo, era una compañía que operaba con una vigilancia insuficiente en lo referente a su eficiencia en producción y distribución. Pero al mismo tiempo adolecía de un exceso de vigilancia en lo referente a la supervisión de los gerentes medios y altos. Era una compañía orgullosa de ser innovadora y, no obstante, suprimía todas las ideas innovadoras relativas a su propio modelo de negocios.

Las compañías que reconocen estar fuera de control en algún aspecto muchas veces logran lo peor de ambos mundos al imponer controles indiscriminadamente. Este tipo de "vigilancia ciega" es especialmente destructiva porque provoca desperdicio de recursos y distrae a los empleados de actividades más productivas en el preciso momento en que más necesitan aumentar su eficiencia. Durante su caída en picada, Control Data ofreció un ejemplo sorprendente de esta situación. Muchos de sus empleados declararon que súbitamente se les comenzó a exigir que destinaran tanto tiempo a informar sobre lo que hacían como el que dedicaban a trabajar. En un intento por comprender mejor lo que le estaba sucediendo a la compañía tambaleante, los altos ejecutivos terminaron por enterrarla.

El personaje excepcional... o "No se metan con los grandes"

Muchas de las grietas de vigilancia por las cuales se escapa la información vital se presentan muchas veces debido al tratamiento especial que se les otorga a los personajes excepcionales. Los personajes que suelen estar exentos de la supervisión y los controles normales son aquéllos que tienen a su haber una serie de éxitos espectaculares. Los ejecutivos por lo general sienten que esos personajes merecen más tolerancia porque lo más probable es que produzcan éxitos en circunstancias en las cuales los talentos más modestos no podrían hacerlo. Puesto que muchos de los personajes en cuestión sienten que se han ganado esa mayor flexibilidad, sus supervisores también tienen que cerciorarse de tratarlos con la suficiente deferencia. Después de todo, si los ejecutivos no manejan con manos de seda a esos talentos especiales, ponen en peligro la participación futura de la compañía en las utilidades que esos personajes podrían generar.

Los inversionistas y las juntas directivas que piensan que la mejor manera de juzgar a una empresa de negocios es mirando el historial de una persona, deben recordar que los desastres más grandes generalmente son engendrados por los personajes que poseen los historiales más impresionantes. No se debe sólo a que son quienes tienen las mayores oportunidades para crear desastres. Y no se debe sencillamente a que los rasgos de su personalidad tengan su lado bueno y su lado malo. Se debe a que cuando se les encargan proyectos de gran envergadura, por lo general no se les exige que operen con el mismo grado de escrutinio y los mismos controles y contrapesos que se les imponen a los simples mortales.

Basta con mirar algunos ejemplos para comprender la razón. Peter Guber y Jon Peters podían, entre los dos, atribuirse el crédito total o parcial por una cadena de éxitos entre los cuales estaban *Tal como éramos, El último deber,* la nueva producción de Barbra Streisand de *Nace una estrella, Encuentros cercanos del tercer tipo, Abismo, Expreso de media noche, Caddyshack, Shampoo, Desaparecido, Flashdance, El color púrpura, Rain Man y Batman.* ¿Acaso es de extrañar que Sony los dejara a sus anchas para que hicieran su magia en Columbia Pictures? Los ejecutivos de la división de teléfonos celulares de Motorola construyeron un negocio que alcanzó una participación de más del 60%, convirtiéndolo en la parte más lucrativa y de mayor crecimiento de toda la compañía. ¿Qué director ejecutivo querría jugar con un historial como ése? Jill Barad elevó las ventas anuales de las muñecas Barbie de 250 millones de dólares a mediados de los años 80 a casi 2 mil millones en 1998. Cuando terminó de segmentar y diversificar la línea de Barbie, el promedio de las niñas estadounidenses tenía ocho muñecas. ¿Quién podría extrañarse de que la junta directiva de Mattel le concediera más que un poco de margen para maniobrar cuando asumió la dirección de toda la compañía?

En casos como éstos, no son sólo los personajes quienes escapan al escrutinio. La gerencia media supone que, considerando semejante talento, pueden dar por sentadas la exactitud y la validez de los detalles. Lockheed Martin y el laboratorio de propulsión a chorro de la NASA tenían científicos magníficos y célebres encargados de coordinar sus respectivas contribuciones al proyecto del Climate Orbiter a Marte. Pero a nadie se le ocurrió preguntar si todos debían utilizar el sistema inglés o el sistema métrico decimal, error de cálculo que le costó la vida al Orbiter. En todas partes del mundo, Barings Bank celebraba a Nick Leeson por sus hazañas como negociador de derivados. Pero a pesar de muchas señales de alerta, a ninguna persona por fuera de la oficina de Singapur se le ocurrió ponerles freno a sus prácticas cuestionables, y en la propia oficina de Singapur nadie pensó en cuestionarlo porque era el jefe. Esta clase de descuidos a veces parecen menores en su momento, pero en cada uno de los casos mencionados —y en muchos otros— tuvieron consecuencias nefastas.

Algunas veces, los personajes excepcionales quedan exentos de la supervisión no por sus logros del pasado sino en virtud del nepotismo, las viejas lealtades y otros prejuicios emocionales. Ingvar Kamprad de IKEA es uno de los pocos directores ejecutivos que ha escrito sobre una ocasión en la cual perjudicó a su empresa a causa del nepotismo: "Haberme inmiscuido como dueño de una parte de una fábrica de televisores fue quizás el peor error de todos. Fue por allá por los años 60 y le representó a IKEA entre un 25 y un 30% de sus activos en esa época. Había nombrado al esposo de una pariente en la gerencia, pero tanto él como el director administrativo de la empresa estaban más interesados en volar aviones. La parte imperdonable del fiasco fue que yo me percaté de lo que estaba sucediendo pero no tuve el valor para tomar la decisión de ponerle coto a la situación de una vez por todas". Incluso cuando los ejecutivos tienen las mejores intenciones y tratan de mantener las normas más elevadas, es casi imposible garantizar que sus parientes sean sometidos a los mismos controles que se le aplicarían a cualquier empleado corriente.

Cuando las personas que buscan su beneficio personal atentan contra esas "buenas intenciones" es cuando ocurren realmente los problemas. Por ejemplo, en Adelphia, el clan Rigas al parecer se turnó para expoliar a la compañía de la manera más descarada. ¿Apartamentos en Manhattan? No hay problema. ¿Condominios en Cancún? Adelante. ¿Y qué tal un campo de golf propio? Por supuesto. Quizás la gota que derramó la copa fue la hacienda que construyó John Rigas, una verdadera Ponderosa repleta de cuadros de Norman Rockwell y prados dignos de Augusta, en Georgia. En Enron, el director financiero, Andrew Fastow, pasaba por encima de cualquiera que se atreviera a meterse en su camino. La historia se repitió en muchas situaciones durante estos años recientes sembrados de escándalos: el director ejecutivo de Tyco, Dennis Kozlowski, favorecido con una remuneración magnífica, buscó la manera de evitar el impuesto sobre las ventas que debía pagar al estado de Nueva York por una obra de arte multimillonaria; Sam Waksal, de ImClone, hizo jugosos negocios aprovechando su conocimiento de la información confidencial; el presidente Ken Lay empujó a los trabajadores de Enron a comprar acciones mientras él vendía, privadamente, porciones grandes de las suyas. Los personajes excepcionales, por excepcionales que sean, no deben quedar exentos de la vigilancia.

Supervisión excesivamente distante... o "Dejémoslos en paz"

Cuando una compañía es adquirida por personas de afuera, especialmente de otro país, hay una serie de factores que pueden entorpecer el flujo de la información vital sobre el negocio y, por tanto, impedir que se tomen las medidas del caso. Como es obvio, parte del problema radica en que los extranjeros no saben mucho sobre el medio en el cual opera la compañía y carecen de su propia red de contactos internos. Pero hay un problema más serio que podría denominarse el síndrome del "miedo a corregir". Los compradores de afuera gastan millones o miles de millones en los activos, pero es poco lo que hacen después de la adquisición para administrar la compañía adquirida y, menos aún, integrarla dentro de la casa matriz. Los compradores foráneos —especialmente en las adquisiciones de gran envergadura— tienden a adoptar un estilo "distante". La dificultad está en que, al adquirir la empresa, por lo general reducen enormemente los incentivos para que los gerentes locales dirijan bien el negocio.

Veamos cómo se manifestó claramente esta situación en la difícil adquisición de Chrysler por parte de Daimler-Benz. A pesar de los comunicados de prensa en los que se hablaba de la fusión entre iguales, Chrysler no gozó de esa condición de igualdad después de cerrado el negocio. Pero tampoco Daimler–Benz asumió con determinación el control de la compañía. Lo que sucedió fue que la compañía quedó flotando en una especie de limbo en materia de vigilancia. Algunos de los altos ejecutivos se retiraron porque se sintieron eclipsados por los alemanes de Stuttgart. Otros se fueron al abrírseles oportunidades en GM y Ford. Muchos otros comenzaron a distanciarse de la compañía, tanto financiera como emocionalmente. Según un ejecutivo alemán, "pasaban semanas sin que (Bob) Eaton (el director ejecutivo de Chrysler) hablara con Jürgen (Schrempp). Prefería mantener los contactos con personas de niveles inferiores. Entre tanto, Jürgen temía que se le calificara de usurpador. Dejó a Chrysler sola durante mucho tiempo".

Un antiguo ejecutivo de Chrysler, quien tuviera un buen cargo, describió la razón:

> *Jürgen Schrempp consideró el éxito que Chrysler había tenido en el pasado y pensó que no tenía objeto tratar de fusionar a las dos compañías. Hubo fusión en algunos aspectos, pero dijeron: "Dejemos que en materia de operaciones la gente de Chrysler continúe al frente porque lo han hecho muy bien hasta ahora". Lo que no tomaron en cuenta fue que un número clave de los miembros más importantes de ese equipo de gerentes de Chrysler salió de la compañía inmediatamente antes de consumarse la fusión, o poco tiempo después. Vieron el bosque pero no se dieron cuenta de que la pérdida de cuatro o cinco árboles determinantes provocaría un cambio radical en el ecosistema del bosque. Juzgaron mal.*

Por último, unos treinta meses después del anuncio de la "fusión" entre Daimler-Benz y Chrysler, la compañía alemana comenzó a tomar medidas agresivas para corregir los problemas de Chrysler. Envió a gerentes alemanes, comenzó a examinar a fondo las operaciones y a poner rápidamente en marcha los cambios que han debido hacerse incluso antes de que se cerrara la venta.

Lecciones perdidas... o "¿Por qué sencillamente no nos dejan seguir adelante?"

Hay una última situación en la cual las empresas pierden de vista la información vital, y que merece atención especial. Ocurre cuando una empresa descuida la información que puede obtener del descalabro mismo (la clase de información que usted está obteniendo al leer este libro).

Una de las razones para hacer un esfuerzo especial frente a esa información es que los fracasos menores suelen ser presagio de otros parecidos pero de mayor envergadura. Cuando una compañía aprende a prevenir ese tipo de fracaso la primera vez que se presenta, podrá protegerse de una catástrofe mucho peor más adelante. Saatchi & Saatchi es un buen ejemplo de una compañía que no aprendió de sus descalabros anteriores. En lugar de aprender a proceder de manera diferente después de que algunas de sus primeras adquisiciones salieron mal, insistió en pagar más de la cuenta, no realizar debidamente la diligencia debida y ejecutar apenas unas actividades mínimas e ineficaces en materia de integración. Siempre que hay un descalabro de cualquier magnitud, las empresas pueden salvar cosas importantes de la experiencia si aprenden a prevenir los fracasos semejantes en el futuro.

Otra razón es que en alguna parte de la empresa fracasada hay recursos intelectuales valiosos. En muchos casos, se trata de recursos en cuya adquisición se invirtió mucho dinero y que además son difíciles de reemplazar. Al trasladar esos recursos a las operaciones nuevas o supervivientes, la compañía podrá generar valor nuevo. ZapMail, el proyecto fallido de FedEx es un ejemplo perfecto. El negocio, diseñado para enviar mensajes de fax entre clientes, demostró no ser práctico desde el punto de vista empresarial. Sin embargo, cuando FedEx terminó de aprender las lecciones de su fracaso, ya había integrado dentro de la empresa una grupo nuevo de personas expertas en ingeniería, quienes contribuyeron a impulsar las capacidades técnicas de la compañía y a implantar unos sistemas sofisticados de rastreo muy superiores a los de sus rivales. En lugar de limitarse a eliminar el proyecto, la compañía supo explotarlo con tanta eficacia que produjo una de las herramientas competitivas más valiosas de FedEx.

Pero cuando las empresas se apresuran a embarcarse en seguir adelante con más proyectos, muchas veces no rescatan la lección más básica de todo fracaso, a saber, que los descalabros son posibles. Esto, a su vez, las lleva a cometer el error de no permitir los errores. El resultado es que los ejecutivos no se dan margen suficiente para corregir los errores y alterar el rumbo. Cuando eso sucede, un desliz mínimo es lo único que se necesita para empujar a toda la empresa hacia el desastre. La inversión enorme que hiciera Iridium inicialmente hizo que el proyecto fuera especialmente vulnerable a la norma de no permitir los errores, la cual es imposible de cumplir. Bary Bertiger, el ingeniero de Motorola que tuvo el sueño de Iridium, trazó un paralelo interesante durante nuestra conversación con él:

No se permitían errores porque el más mínimo podía provocar dificultades serias muy rápidamente, ya que todo estaba apalancado. Los operadores de la tecnología G3 se enfrentarán a un panorama muy semejante… porque gastaron miles de millones en licencias, miles de millones en infraestructura, y si se equivocan al pronosticar lo que necesitarán para atraer a las personas a ese nuevo servicio, veremos a muchos de ellos fracasar.

Muchas de las empresas y de las entidades del gobierno que estudiamos demostraron estar operando sin una malla de seguridad. Tanto Enron como LTCM se expusieron a riesgos enormes que no pudieron cubrir y tampoco mitigar rápidamente. Los mayores descalabros de la NASA se produjeron cuando se hizo caso omiso de los sistemas de respaldo y las secuencias de pruebas aparentemente redundantes. Snow Brand Milk se dejó seducir por la norma de entrega el día cero, la cual no le permitía ningún margen de error. Cada una de estas organizaciones había tenido fracasos anteriores de los cuales habrían podido aprender a fin de estar preparadas para los peligros más grandes. Pero cada una de ellas tenía unos procedimientos que hacían casi imposible aprender de esos fracasos.

¿Quién está a cargo aquí en todo caso?

Al seguirle la pista a la información vital que las compañías fracasadas optaron por desconocer, vemos una y otra vez que no se trató de un error aislado o de una situación de incompetencia de parte de un solo empleado. Prácticamente en todos los ejemplos, descubrimos que el culpable fue el *sistema y la manera como estaba organizado.*

¿Quién tiene la culpa de permitir que una compañía se vea reducida a esa condición? Una imagen equivocada de la realidad contribuye a este estado de cosas, y este estado de cosas contribuye a mantener la imagen equivocada de la realidad. Las políticas y actitudes delirantes presentes en las empresas zombis ayudan a sostener la imagen equivocada de la realidad y alentar a los empleados a descartar cualquier información vital que pueda amenazarla. En efecto, podría decirse que estas tres cosas —la imagen equivocada de la realidad, las actitudes de zombi y los procedimientos deficientes para manejar la información vital— son los lados de un triángulo terrible en el cual cada uno de los lados sirve de apoyo a los otros dos.

Pero debe haber alguien a quien atribuir la responsabilidad por poner en funcionamiento este triángulo. Y debe haber alguien que asuma la responsabilidad por desmantelarlo. Ese alguien es el tema del capítulo siguiente.

CAPÍTULO 9

Los siete hábitos de las personas que fracasan estruendosamente

Las cualidades personales de los líderes que presidieron algunos de los descalabros empresariales más grandes

Para fracasar estruendosamente se necesitan unas cualidades personales muy especiales. Nos referimos a personas cuyos fracasos fueron demoledores y que redujeron prácticamente a la nada unas operaciones empresariales gigantescas, de renombre mundial. Provocaron que miles de personas se quedaran sin empleo y que miles de inversionistas perdieran su dinero. Lograron destruir cientos de millones o hasta miles de millones de dólares de valor. Su efecto destructivo rebasa hasta tal punto el ámbito en el que se mueven los seres humanos corrientes, que se ubica en una escala asociada normalmente sólo con los terremotos y los huracanes.

Las cualidades personales que hacen posible un nivel de destrucción tan avasallador son todavía más fascinantes porque por lo general van unidas a otras cualidades verdaderamente admirables. Después de todo, es rara la persona que tiene la oportunidad de destruir tanto valor sin que haya demostrado también el potencial para crearlo. La mayoría de los grandes destructores de valor son personas de inteligencia poco común y talento notable.

Casi siempre tienen un encanto irresistible, un magnetismo personal increíble y la capacidad para inspirar a otros. Sus rostros han aparecido con frecuencia en las portadas de las revistas *Forbes, Fortune* y *BusinessWeek,* y en otras publicaciones de negocios.

Sin embargo, cuando llegan las tribulaciones, estas personas fracasan de manera monumental. La lista de líderes que han fracasado estruendosamente no incluye personas que no fueran aptas para el oficio. Es una lista de personas con un don especial para tomar lo que habría sido un fracaso modesto y convertirlo en uno gigantesco.

¿Cómo lo hacen? ¿Dónde está el secreto de su capacidad para destruir? Por extraño que parezca, es posible identificar siete hábitos característicos de las personas que fracasan estruendosamente. Casi todos los líderes que han presidido los mayores fracasos empresariales encarnan cinco o seis de estos hábitos. Muchos de ellos encarnan los siete. Lo más sorprendente es que cada uno de estos hábitos representa una cualidad ampliamente admirada en el mundo empresarial de hoy. Como sociedad, no sólo toleramos las cualidades que provocan los fracasos estruendosos, sino que las fomentamos.

Veamos, entonces, los siete hábitos de las personas que fracasan estruendosamente. Aunque su capacidad destructiva es más grande cuando son hábitos característicos del director ejecutivo, también pueden producir mucho daño cuando se manifiestan en otros gerentes. Aprender a reconocer estos hábitos es el primer paso para encontrar maneras de contrarrestarlos.

Primer hábito: consideran que tanto ellos como sus compañías dominan en su medio

"Un momento", diría usted, "¿dónde está el mal en eso? ¿Acaso no queremos líderes ambiciosos y proactivos? ¿No debería un director ejecutivo tomar la iniciativa y crear oportunidades de negocios en lugar de limitarse a reaccionar frente a los desarrollos de su industria? ¿No debería la compañía tratar de dominar su medio empresarial, forjando el futuro de sus mercados e imponiendo el paso en ellos?"

No hay duda de que la respuesta a todas estas preguntas es afirmativa. Pero hay una dificultad. Los líderes exitosos son proactivos porque saben que *no* dominan su entorno. Saben que por mucho éxito que hayan tenido en el pasado, siempre estarán a merced de las circunstancias cambiantes. Tienen la necesidad de generar una corriente constante de iniciativas nuevas porque *no* pueden hacer que las cosas sucedan según su voluntad. A fin de que su éxito que no se desvanezca en un instante, todas las empresas de negocios deben lograr la interacción voluntaria de sus clientes y proveedores. Esto implica que, por exitosa que sea la compañía, tendrá que ajustar y renegociar continuamente su plan de negocios.

Los líderes que consideran que ellos y sus compañías dominan su entorno olvidan estas cosas. Exageran al calcular hasta dónde controlan los sucesos y subestiman grandemente el papel que en su éxito desempeñan el azar y las circunstancias. Piensan que pueden imponerles sus términos a quienes los rodean. Piensan que, al igual que su compañía, son exitosos *gracias a lo que ellos han hecho*.

Hay muchas razones psicológicas profundas por las cuales muchos líderes comienzan a pensar de esta manera, y la más importante es la necesidad humana de asumir la responsabilidad por lo que nos pasa. Necesitamos sentir que podemos influir sobre nuestro destino cuando las cosas salen mal y que somos merecedores del éxito cuando las cosas salen bien. No obstante, los directores ejecutivos están continuamente sujetos a amenazas por fuera de su control en algunos aspectos, y alcanzan éxitos superiores a los que merecen en otros. Considerando estas circunstancias, muchos líderes de empresa sienten la *necesidad* de creer que dominan su entorno a fin de manejar las tensiones de sus cargos.

La ilusión de la preeminencia personal Son muchos los directores ejecutivos que creen poder controlar personalmente las cosas que han de determinar su fracaso o éxito, tendencia a la cual se ha denominado la ilusión de la preeminencia personal. En lugar de luchar por mantenerse al tanto de las condiciones cambiantes, los directores ejecutivos que sucumben ante esta ilusión creen que pueden crear las condiciones en las cuales han de operar tanto ellos como sus compañías. Y hay más: creen poder lograrlo en virtud de su genialidad y de la fuerza de su personalidad. Al igual que ciertos directores de cine, se consideran *autores* de sus compañías y a veces hasta *autores* de sus industrias. Imaginan que su labor consiste en hacer realidad su visión creadora, imponiendo su voluntad sobre los colaboradores rebeldes y las materias primas inertes. En lo que a ellos concierne, todas las demás personas existen sólo para hacer realidad su idea personal de lo que debería ser la compañía.

Cuando los directores ejecutivos poseen en realidad una dosis de genialidad, son especialmente susceptibles de caer en esta ilusión de la preeminencia personal. An Wang, por ejemplo, sabía que era un genio de la tecnología. Esto le llevó a creer que podría dominar las situaciones de negocios empleando la misma inteligencia y diligencia que le habían permitido dominar los problemas técnicos. Mossimo Giannulli tenía un toque de genialidad cuando se trataba de expresar las tendencias populares en sus diseños de moda. Esto le hizo creer que también era un genio para los negocios y que no necesitaba de gerentes calificados y duchos. En opinión de Brenda Gall, analista de Merrill Lynch, Mossimo "creyó exageradamente en su imagen" y pensó que podía hacer cualquier cosa. Fue sólo hasta cuando su plan de crecimiento acelerado cayó bajo el peso de los costos excesivos, las demoras en los despachos y los sistemas inadecuados —restando a las acciones de su compañía el 90% de su valor— que finalmente decidió cederle su lugar a otra persona.

Los ejecutivos con una dosis de genialidad son tan susceptibles de ser víctimas de esta ilusión como aquéllos que tienen una genialidad de tipo más técnico. Kun-Hee, el director ejecutivo de Samsung, había tenido un éxito tan arrollador con los semiconductores y los equipos electrónicos que pensó poder repetir su hazaña con los automóviles. George Shaheen, director ejecutivo de Webvan, había sido tan exitoso en el mismo cargo en Andersen Consulting que se cegó totalmente ante el hecho de que su comunicación con sus gerentes de Webvan no era eficaz. "Operaba a veinte mil pies por encima del resto del mundo", explicó un antiguo ejecutivo de Webvan. "Me gustaba", comentó otro gerente de Webvan, "pero era el hombre equivocado, en particular para una sociedad anónima".

Un comportamiento demasiado preeminente Los líderes que sufren de la ilusión de la preeminencia personal suelen manifestarla en la manera como tratan a las personas que los rodean. Para ellos, las personas con quienes se relacionan son instrumentos para aprovechar, materiales para moldear o público para presenciar sus actuaciones. Cuando los líderes de empresa piensan de esta manera, muchas veces intimidan o se exceden en su comportamiento a fin de dominar a quienes les rodean. En la mayoría de los casos, no es algo inconsciente o no intencional. Desean ser "más grandes que la vida misma", "legendarios", "avasalladores". Los más sutiles en su ejercicio de este estilo personal imponente son los que hablan con voz suave y gesticulan poco. Gozan con el contraste entre las cosas pequeñas que hacen y los efectos enormes que logran. Pero no escasean los líderes que prefieren la otra alternativa: hablar fuerte y blandir una fusta grande. Cualquiera que sea el estilo que elijan, los líderes convencidos de su preeminencia personal pueden ser notables en su intimidación.

Bob Levine, cofundador y director ejecutivo de Cabletron, era famoso por su estilo extravagante y tajante. También era famoso por su régimen de ejercicio físico, su derechismo político y su mentalidad de superviviente. Compró una tienda de abarrotes abandonada cerca de las oficinas de la compañía a fin de poder alzar pesas durante su hora de almuerzo. Su lado más amable se aprecia en el hecho de que compró un tanque del ejército, todavía operante, para tener en su patio trasero. Cuenta la leyenda que una vez lo utilizó para asustar a un mensajero que le llevaba una pizza. Como vendedor, se le conocía por sus tretas agresivas para motivar. A una reunión de ventas de Cabletron se presentó armado con un cuchillo para enseñarles a los empleados cómo liquidar a la competencia. A otra se presentó vestido de uniforme de fatiga, blandiendo un machete.

Pocos directores ejecutivos podrían igualar a Bob Levine en materia de extravagancias, pero muchos de quienes dirigían compañías que sufrieron descalabros mayores podrían comparársele en materia de intimidación pura. Roger Smith de GM tenía una disposición tan feroz que los ejecutivos de EDS que una vez presenciaron uno de sus exabruptos dicen que se puso como la grana, gritó y la agarró a puños contra la mesa. Jerry Sanders de Advance Micro Devices (AMD) intimidaba con su temperamento hasta el punto en que quienes le rodeaban no se atrevían a comunicarle alguna cosa que pudiera exaltarlo. Jeffrey Skilling y Andrew Fastow, líderes de Enron, eran famosos por su arrogancia y su temperamento implacable. Los subalternos de Sir Richard Greenbury en Marks & Spencer le temieron durante años. Wolfgang Schmitt, de Rubbermaid, podía ser "un tipo muy amable y simpático" pero en el trabajo adoptaba un estilo personal considerado "muy directo y amenazador en su trato con la gente". Al interior de la compañía, a Schmitt se le conocía como el 'comandante de submarino alemán' por su estilo descarnado del tipo "mejor no hacer prisioneros". Éstas no son personas que pierden los estribos ocasionalmente; dan rienda suelta a su ira y a otros comportamientos amedrentadores como parte de su estilo básico de administración.

La ilusión de la preeminencia corporativa Los ejecutivos que sucumben ante la ilusión de la preeminencia personal suelen hacer lo mismo ante la ilusión de la preeminencia corporativa. Se trata de la noción que tiene el director ejecutivo de que su compañía es absolutamente vital para sus proveedores y sus clientes. En lugar de dedicarse a satisfacer las necesidades de estos últimos, los directores ejecutivos que creen dirigir "compañías preeminentes" suelen actuar como si los clientes fueran los afortunados al ver resueltas sus necesidades de manera tan eficaz. Es casi como si toda la relación con los clientes se invirtiera de tal manera que es a éstos a quienes les corresponde complacer a la compañía mostrándose dignos de los productos que ésta les ofrece.

Los líderes que sufren de la ilusión de la preeminencia corporativa creen que su compañía es invulnerable a causa de la superioridad de sus productos. An Wang, por ejemplo, creía que Wang dominaría finalmente sus mercados porque sus productos sencillamente eran mucho mejores que los demás. Bob Levine creía que los productos de rivales como Cisco eran tan inferiores que no tenía necesidad de tomarlos en serio. Si el cliente no reconocía la situación inmediatamente, era función de los vendedores de Cabletron *hacérsela* ver. Los directores ejecutivos de este tipo llegan a enorgullecerse hasta tal punto de los productos de sus compañías que creen que su excelencia basta como licencia para hacer lo que les plazca. Piensan que, después de todo, si su producto es el mejor del mundo, los clientes deben comprarlo o contentarse con algo inferior.

Hasta en los casos en que son desafiados por competidores que tienen mejores precios o diseños, los ejecutivos enfermos con la ilusión de la preeminencia corporativa insisten en pensar que su compañía está a salvo sencillamente por su posición en el mundo empresarial. Kun-Hee Lee, por ejemplo, creía que la preeminencia corporativa de Samsung era prácticamente garantía de su éxito. "En Samsung creíamos que éramos mejores que todos los demás", confesó más adelante uno de sus gerentes. "Samsung creía que no podía fracasar". Wolfgang Schmitt, de Rubbermaid, dijo: "Nuestro éxito era seductor a su manera. Nos hacía sentirnos bastante satisfechos y remisos a hacer preguntas difíciles". Los gerentes de Schwinn decían ufanos: "No tenemos competencia. Somos Schwinn".

Segundo hábito: se identifican tanto con la compañía que no hay una separación clara entre sus intereses personales y los intereses de la empresa

Al igual que el primer hábito, éste podría parecer inocuo o incluso benéfico. Después de todo, ¿acaso no deseamos que los líderes de empresa se sientan totalmente comprometidos con sus compañías? ¿Que vean los intereses de la compañía y los suyos propios como unos solos? ¿Que sean tan cautelosos con el dinero de la compañía como lo serían con el suyo propio?

Sin embargo, el examen a fondo de los factores que contribuyeron a los grandes descalabros sugiere, una y otra vez, que *los ejecutivos que fallaron no se identificaban poco con la compañía, sino demasiado.*

¿Qué es lo que sucede realmente? En el capítulo 2 nos referimos a algunos de los problemas que se presentan cuando el principal accionista es al mismo tiempo el administrador principal. En primer lugar, cuando un ejecutivo posee una parte importante de la compañía, también adquiere mucho poder. Si el director ejecutivo controla un bloque demasiado grande de acciones, no habrá nadie en condiciones de tomar medidas correctivas en caso de que él elija un camino peligroso o destructivo.

En este caso nos preocupa algo muy diferente. El director ejecutivo que se identifica demasiado con la compañía tiende a tomar decisiones poco acertadas. En lugar de tratar a la compañía como algo que debe cuidar, cultivar y proteger, esta clase de presidente la trata como si fuera una extensión de sí mismo. Hace que la compañía haga cosas que tendrían sentido para una persona, no así para una empresa.

Es asombrosamente fácil dejarse llevar por este hábito. Los directores ejecutivos son especialmente susceptibles de identificarse en demasía con la compañía cuando se consideran personalmente responsables por el éxito de la misma. Esto implica que los líderes que sucumben a la ilusión de la preeminencia personal, tienden a caer también en esta trampa. Si los directores ejecutivos son los fundadores de la compañía o han convertido una empresa pequeña en una muy grande, corren el peligro de confundir los logros de su compañía con los propios. En los casos extremos, el director ejecutivo cree en realidad que ES la compañía. A Mossimo Giannulli se le oyó decir varias veces: "Soy Mossimo". Sobre Kun-Hee Lee se rumoraba que le agradaba que lo apelaran "Señor Samsung". Durante muchos años, An Wang *fue* Wang tanto en su propia mente como en la mente de sus empleados.

Cuando el director ejecutivo y sus empleados son incapaces de separar al primero de la organización, corren el riesgo grave de desarrollar la mentalidad del "imperio privado". Los directores ejecutivos comienzan por comportarse como si fueran dueños de la compañía aunque no lo sean, y comienzan a actuar como si tuvieran derecho de hacer lo que se les antoje con ella, lo cual no es cierto.

Los directores ejecutivos que sucumben a esta mentalidad suelen valerse de la corporación para hacer realidad sus propias ambiciones. Kun-Hee Lee, director ejecutivo de Samsung, decidió incursionar en la industria automovilística principalmente porque era amante de los automóviles. Los hermanos Saatchi empujaron a su compañía a crecer cada vez más, independientemente de si generaba o no más utilidades, debido a su inmensa soberbia.

Una vez que lanzan un proyecto, estos líderes invierten en él sin ningún sentido de las proporciones y sin freno alguno, porque piensan que apostarle al proyecto equivale a apostarle a su propio triunfo. El plan de Roger Smith de eliminar hasta donde fuera posible la mano de obra en sus fábricas llegó a formar una parte tan estrecha de su identidad que no pudo tomar distancia para evaluarlo con ojo crítico. Varios directores ejecutivos sucesivos de Motorola convirtieron a Iridium en un símbolo de su imaginación y de su osadía frente al futuro, hasta el punto en que les fue difícil detenerse a evaluar la empresa cuando las circunstancias cambiaron. Mossimo Giannulli no pudo separar en lo más mínimo su identidad de la de la empresa que llevaba su nombre, de tal manera que todas sus actividades se convirtieron en una expresión de su propia megalomanía. En casos como éstos, el director ejecutivo no logra reconocer que su proyecto mimado se ha convertido en una propuesta fallida, porque hacerlo equivale a reconocer su propia incompetencia.

El legendario ejecutivo de la industria automovilística, John DeLorean, con ocasión del lanzamiento de una nueva compañía de automóviles, ofrece una demostración asombrosa de cómo el hecho de identificarse totalmente con una compañía puede dar al traste con las probabilidades de éxito. En un comienzo, las perspectivas para su empresa parecían excelentes. Pero tan pronto como DeLorean decidió dar su nombre al vehículo que pensaba fabricar, todo el negocio adquirió un nuevo cariz. Modificó el diseño del primer modelo, pensado para la clase media, convirtiéndolo en el "superautomóvil" que más adelante aparecería en las películas de *Regreso al futuro*. También incrementó considerablemente el monto invertido en la construcción de su fábrica de automóviles en Irlanda del Norte. Esencialmente, su ego le exigía que todo aquello que tuviera relación con su nombre debía ser de primera clase. Esto hizo que el ambiente que creó para sus trabajadores se convirtiera en un modelo para las fábricas de todas partes del mundo. Pero también hizo que fuera totalmente incapaz, psicológicamente, de controlar los costos. Más adelante, cuando quedó claro que su compañía automovilística atravesaba por grandes dificultades, DeLorean no pudo reconocerlo porque habría sido una especie de traición a sí mismo.

Las decisiones reflejan la personalidad del ejecutivo Cuando los directores ejecutivos se identifican en demasía con la compañía, tienden a tomar decisiones que les acomodan personalmente, pero no a la compañía. Cabletron descuidó el marketing en gran medida porque su cofundador Craig Benson (ahora gobernador de New Hampshire) nunca fue amigo del marketing. Stephen Wiggins, director ejecutivo de Oxford Health Plans, veía que, como gran experto en computadores, no podía dirigir una compañía que se contentara con un software comercial cualquiera. Michael Kornett, presidente de la compañía en 1992 y 1993, dijo: "Sabe mucho de computadores y es un experto en sistemas. Pensaba que 'no somos una compañía sencilla y no podemos comprar un sistema fácil para administrar el negocio de la salud'". Esta fijación por evitar lo fácil terminó costándole el puesto a Wiggins y casi le cuesta la vida a la compañía.

Los ejecutivos que adoptan esta mentalidad general suelen confundir a sus adversarios personales con los adversarios de la compañía. An Wang, por ejemplo, odiaba a la IBM porque pensaba que lo había engañado al comienzo de su carrera, de modo que, durante mucho tiempo, se negó a cooperar con ella, ni siquiera indirectamente. Ésta es una de las razones por las cuales se demoró en ingresar al mercado de los PC, y lo hizo finalmente con su software privado. Jerry Sanders, de AMD, odiaba a Intel y se dedicó a atacarla durante años, muchas veces en perjuicio de la compañía. Stephen Wiggins de Oxford Health Plans odiaba tanto al gobierno que parecía más ansioso por ganar puntos en sus batallas constantes con los organismos oficiales que por llegar a acuerdos que le permitieran a su compañía continuar con sus negocios. Las actitudes racistas que se apoderaron de los Medias Rojas de Boston en la era de la integración son un ejemplo especialmente nefasto de cómo los odios personales pueden convertirse en odios corporativos, y del precio que se paga por cruzar esa raya.

Quizás lo más sorprendente que puede ocurrir cuando los directores ejecutivos se identifican excesivamente con sus compañías es que se tornan *menos* cuidadosos con los activos de las mismas. Asumen riesgos grandes con el dinero de otros, *no* porque sea el dinero de *otros*, sino porque lo tratan como si fuera el *suyo propio y son personas a quienes les encanta correr riesgos*. Muchas veces, los directores ejecutivos llegan a su cargo precisamente por hacer grandes apuestas y ganar. Una vez que están en el puesto de mando, es poco probable que abandonen ese estilo osado que les permitió elevarse por encima de sus pares. Charles Sanford, Jr., director ejecutivo de Bankers Trust, es un ejemplo perfecto. No sólo tenía una actitud osada, sino que la fomentaba entre sus empleados al basar su remuneración totalmente sobre su desempeño reciente. A mediados de los 90 se les pagaba a los empleados nuevos y ambiciosos por su combatividad a la hora de negociar, de innovar y de vender. No se les pagaba para cuidar de los activos de la compañía. De manera que no lo hacían. La presión por vender derivados dio lugar a demandas y a negocios perdidos, y le costó el puesto a Charlie Sanford.

Infortunadamente, esta clase de actitud hacia el dinero de la compañía es con más frecuencia la regla que la excepción. En el caso de Peter Guber y Jon Peters, quienes también violaron otros códigos, su mayor culpa fue la de haber tratado a Sony Pictures como una extensión de sus personalidades. Si actuaron con extravagancia y negligencia con los recursos de Sony fue principalmente porque eran extravagantes y negligentes con sus propios recursos.

El aspecto más nefasto de la identificación con la compañía Cuando los líderes se exceden en identificarse con su compañía, se tornan muy proclives a utilizar los fondos corporativos por motivos personales. En su momento, la mayoría de los directores ejecutivos no busca cometer un acto ilícito. Casi en todos los casos, lo que sucede es que comienzan a resbalar lentamente por la pendiente. Los ejecutivos se acostumbran a moverse en una burbuja de lujos permanentes y a que la compañía les reembolse todos sus gastos como gastos de representación. Trabajan tantas horas que sienten que han sacrificado su vida privada en aras de la compañía. Por tanto, con el tiempo llegan a creer que todo lo que hacen es "por la compañía" y debe salir de los recursos de la compañía.

A los directores ejecutivos les queda especialmente fácil racionalizar el uso de los fondos corporativos para efectos privados cuando su motivación es filantrópica y a favor de causas que la corporación en general apoyaría. En junio de 2000, por ejemplo, Fruit of the Loom abrió una investigación contra su antiguo director ejecutivo William Farley por ordenar desembolsos para obras de caridad desde 1994 a fin de "satisfacer obligaciones personales o de su familia, adquiridas a través de acuerdos de compromiso". Entre las organizaciones sin ánimo de lucro había desde instituciones educativas como Boston College, hasta hospitales como el New York Presbyterian. Todos esos aportes parecerían benéficos para el mundo y por lo menos vagamente favorables para Fruit of the Loom. Sin embargo, constituyen erogaciones cuestionables de los fondos de la compañía y un uso igualmente cuestionable del tiempo y la atención del ejecutivo.

Una vez que los ejecutivos comienzan a cubrir parte de sus gastos personales con dinero de la compañía, les es cada vez más difícil separar lo personal de lo empresarial. Esto hace que se desdibujen cada vez más las fronteras entre la identidad personal y la identidad corporativa. Cuando John DeLorean impuso su nombre al automóvil que fabricaría su compañía, la gente comenzó a llamar a la compañía DeLorean y los empleados decían que trabajaban para DeLorean. Al oír el discurso del propio DeLorean era difícil saber si hablaba del automóvil, de sí mismo o de la compañía. En semejantes circunstancias, ¿acaso sorprende que tendiera a olvidar cuál chequera era cuál?

Cuando los ejecutivos llevan en su cargo mucho tiempo y han estado al frente de un período de crecimiento rápido, podrían llegar a sentir que le han generado tanto dinero a la compañía que sus gastos y los de sus seres queridos, por extravagantes que sean, son insignificantes en comparación. En efecto, es como si estos ejecutivos, por su extravagancia, estuvieran demostrando cuán grande ha sido el servicio que le han prestado a su compañía. Tal parece que esta lógica torcida fue uno de los factores determinantes del comportamiento de Dennis Kozlowski en Tyco. El orgullo que sentía por su compañía y el que sentía por su propia extravagancia no se contraponían sino que, de hecho, se reforzaban. Por eso sonaba tan inocente y sincero cuando pronunciaba discursos sobre la necesidad de la ética en los negocios, mientras que al mismo tiempo utilizaba los fondos de la compañía para sus propios fines, hasta un punto que hoy es ya legendario. Si Kozlowski parecía totalmente descarado era porque, en su mente, todas esas extravagancias demostraban cuánto valía para su compañía y para la sociedad.

Ser el director ejecutivo de una compañía de gran tamaño es quizás lo más parecido en la actualidad a ser el rey de una nación. Los hermanos Pressman demostraron cómo podía vivir un rey cuyo reino fuera Barneys. Gene Pressman vivía en la casa de ocho mil metros cuadrados que fuera de Bugsy Siegel, rodeado de lujos entre los cuales había una colección de vinos finos —calculada en cien mil botellas— y varios automóviles antiguos. Mientras Barneys se despeñaba hacia la crisis financiera, Nancy, la hija de Pressman, gastaba 1 200 millones de dólares en la remodelación de su casa, retiraba dinero de la "sala de fondos" del almacén para su uso personal y regalaba a sus novios trajes extravagantes que ella misma descolgaba de los almacenes. En 1994 y 1995, mientras la compañía operaba con un saldo en rojo de decenas de millones de dólares, los Pressman tomaron de Barneys lo que un antiguo ejecutivo calculó en "por lo menos 14 o 15 millones de dólares y quizás mucho más". Gene emprendió una renovación millonaria de su casa de Westchester. Después, justo antes de declarar la quiebra, Gene y Bob Pressman se fueron de vacaciones y retiraron otros 5 millones de la compañía, supuestamente a cuenta de un alza retroactiva de sus salarios. Desde el punto de vista ético y de negocios podría sonar como una locura destructiva. Pero en realidad es un caso extremo de incapacidad de los ejecutivos de distinguir entre ellos mismos y su compañía.

Tercer hábito: creen tener todas las respuestas

Es difícil no impresionarse con los líderes de empresa que nos deslumbran constantemente con su velocidad para enfocar la mira en lo verdaderamente importante. Es como si conocieran íntimamente los hechos pertinentes. En un instante le encuentran sentido a las situaciones más complejas. Y, por encima de todo, tienen el don de la determinación.

Todas estas cosas juntas forman la imagen de la idoneidad de los ejecutivos, la cual nos han enseñado a admirar desde tiempo atrás. Las películas, los programas de televisión y la prensa nos ofrecen cuadros instantáneamente reconocibles del ejecutivo dinámico capaz de tomar decenas de decisiones en un minuto, impartiendo órdenes para cambiar el rumbo de empresas enormes, manejando un sinnúmero de crisis al mismo tiempo y tardando apenas unos segundos en comprender situaciones que han desconcertado a todos los demás durante días. En los niveles altos de las empresas, en realidad hay muchas personas que encajan en este estereotipo o que aspiran seriamente a encajar. Es probable que sus estilos personales sean diferentes, pero en el fondo de todas sus actuaciones en el trabajo está este ideal de poseer todas las respuestas y de ser capaces de articularlas tan rápidamente como sus asociados pregunten.

El problema con esta imagen de la idoneidad de los ejecutivos es que en realidad es falsa. En un mundo donde las condiciones de los negocios cambian continuamente y pareciera que la única constante es la innovación, nadie puede "tener todas las respuestas" durante mucho tiempo. Los líderes habitualmente rápidos y decididos tienden a resolver los problemas tan rápidamente que no tienen la oportunidad de sopesar sus ramificaciones. Lo que es peor, puesto que necesitan sentir que ya tienen todas las respuestas y no tienen manera de aprender soluciones *nuevas*. Cuando hay en juego algo verdaderamente importante, su instinto los lleva a buscar rápidamente la solución sin permitir momentos de incertidumbre, ni siquiera cuando esa incertidumbre es apropiada.

Las personas que rodean al director ejecutivo a veces fomentan esta clase de "comportamiento decisivo" porque es fuente de tranquilidad. Desean seguir a un líder que tenga todas las respuestas. El hecho de seguir a un líder que no tenga todas las respuestas en todo momento —aunque la lógica les indique lo contrario— realmente los atemoriza.

Los líderes que aceptan este ideal del ejecutivo idóneo suelen disfrutar su actuación, consistente en tomar decisiones instantáneas y dar órdenes a gran velocidad. Wolfgang Schmitt, director ejecutivo de Rubbermaid, gozaba demostrando su habilidad para resolver situaciones difíciles en un segundo. Uno de sus antiguos colegas nos dijo que en Rubbermaid "circulaba el chiste de que Wolf se las sabe todas". Esta actitud de saberlo todo impregnaba todo su estilo administrativo. "Recuerdo unas deliberaciones", dijo este colega, "relacionadas con una adquisición particularmente compleja que hicimos en Europa. Wolf, sin escuchar otros puntos de vista sencillamente dijo: 'Bien, esto es lo que haremos'. Lo hizo sonar como si fuera perfectamente obvio para él y como si debiera ser obvio para el resto de nosotros".

Al parecer no hay una sola industria que se libre de elegir directores poseedores de ese estilo ejecutivo. Roger Smith, de GM, gozaba a las claras con su rapidez y su capacidad para decidir, aunque tuviera apenas una idea limitada de las implicaciones de sus decisiones. Para George Shaheen, sus mejores momentos en Webvan, ocurrían cuando podía hacer gala de su habilidad para actuar rápidamente y de manera incisiva. El único problema fue que nunca se detuvo a pensar si el plan de negocios de su compañía era viable. Dennis Kozlowski, de Tyco, no sólo parecía tener una respuesta inmediata para todos los problemas de su compañía, sino que también parecía capaz de explicar el principio de gerencia ilustrado con cada una de sus decisiones. En una compañía tras otra, el ejecutivo que estuvo al frente del desastre parecía la encarnación viviente de lo que debe ser un ejecutivo capaz de decidir, según el modelo que nos han vendido los medios de comunicación.

Todas estas personas que son modelo de la capacidad para decidir comparten otra cualidad: aprenden sólo aquello que parece una extensión directa de lo que ya saben. Wolfgang Schmitt es un buen ejemplo. Al describirlo, John Mariotto, ex presidente de la unidad de productos de oficina de Rubbermaid, dijo lo siguiente: "El problema de Wolf es que no escucha ni quiere oír a las personas que no están de acuerdo con él, y de todas maneras, ya son pocas las personas que se atreven a estar en desacuerdo con él". Stanley Gault, ex director ejecutivo de Rubbermaid, explicó el problema de Schmitt en términos todavía más simples: "Se negaba a aceptar consejos y sugerencias".

Uno de los efectos secundarios más adversos de la fijación de los diretores ejecutivos por el acierto es que sofocan la oposición, eliminando toda posibilidad de disentir. Cuando esto sucede, toda la organización se paraliza, *bien sea que los directores ejecutivos tengan o no la razón en sus apreciaciones.*

Es interesante señalar que Schmitt se consideraba el agente del cambio en Rubbermaid y le molestaban las personas que "hablaban pero no hacían nada y otras que socavaban activamente los esfuerzos". Según nos lo comentó, visiblemente irritado, las demás personas de la compañía insistían en que "hemos tenido un éxito arrollador. ¿Cuál es la necesidad de cambiar? Una de las compañías más admiradas de los Estados Unidos, bla, bla, bla". La diferencia de percepción entre Schmitt y su personal es notoria y característica de muchos de los ejecutivos descritos en este capítulo. Para Schmitt, el problema no estaba en su enfoque. Sabía que la compañía necesitaba el cambio y sabía cómo orientar dicho cambio. Infortunadamente, era un líder sin seguidores.

Locos por el control Los líderes que se apropian del ideal de la idoneidad generalmente tratan de que la suya sea la última palabra en todo lo que hace la compañía. Si al igual que tantos líderes que han fracasado estruendosamente, también se sienten responsables por el éxito de la compañía y se identifican estrechamente con ella, su deseo de controlarlo todo es mucho mayor. Mientras mayor sea el control que estos líderes puedan ejercer en sus compañías, menos sienten la amenaza de que su éxito pueda depender de cosas que estén fuera de su control. Por consiguiente, para estos líderes, el control personal es a la vez una prolongación de su función de ejecutivos y una protección contra sus propias vulnerabilidades.

Sería difícil hallar un mejor ejemplo que An Wang para ilustrar esta obsesión por controlarlo todo. "El control era un problema grande", manifestó enfáticamente uno de sus vendedores. Los empleados sabían que An Wang debía dar su aprobación para prácticamente todo lo que sucedía en la compañía. Y si un asunto parecía importante, Wang intervenía para tomar la decisión personalmente, muchas veces ad hoc. "El estilo de gerencia era autocrático de arriba abajo".

En cuanto a personalidad, Mossimo Giannulli parece ser, a primera vista, diametralmente opuesto a An Wang. Sin embargo, era muy parecido en su obsesión por controlarlo todo. Además de diseñar y comercializar la mercancía, tomaba personalmente todas las decisiones clave, en lugar de delegar en otros gerentes. "No creo que nadie más sea tan capaz de manejar esta compañía como yo", explicó, reconociendo que seguramente había quienes lo llamaban "el loco del control".

En últimas, los ejecutivos que "tienen todas las respuestas" no confían en nadie. Sólo ellos están en capacidad de tomar la decisión final sobre cualquier tema cuando la respuesta no salta a la vista. Ésta es la manera como dejan su impronta personal en todos los aspectos de la operación de sus empresas.

Cuarto hábito: eliminan despiadadamente a quien quiera que no los apoye totalmente

Al igual que los demás hábitos de las personas que fracasan estruendosamente, éste parecería ser esencial en todo líder. Los directores ejecutivos que tienen una visión creen que buena parte de su función consiste en inculcar en toda la organización la creencia en esa visión y hacer que todo el mundo se una para lograr las metas establecidas. Por ejemplo, si un gerente no logra atraer a la gente a la causa, estos directores ejecutivos sienten que esa persona está minando su visión. Tras un corto período de gracia, finalmente enfrentan a los gerentes pusilánimes con la alternativa de "marchar al compás del plan" o irse de la compañía.

La desventaja de esta política es que es a la vez innecesaria y destructiva. No es preciso obligar a todos los empleados a respaldar la visión de manera irrestricta a fin de que la compañía la cumpla exitosamente. Al eliminar la disensión y los puntos de vista contrarios, los directores ejecutivos pierden su mejor oportunidad de corregir los problemas cuando aparecen.

Los ejecutivos que han presidido los más grandes desastres por lo general han despedido o retirado a cualquier persona que pudiera asumir una posición crítica o contraria. Roger Smith, de GM, era especialmente bueno en deshacerse de los ejecutivos o miembros de la junta directiva que veían las cosas desde otra perspectiva, algunas veces solicitando su despido, pero las más de las veces enviándolos a algún lugar distante desde donde no pudieran influir sobre la casa matriz. Jill Barad se deshacía sumariamente de sus principales lugartenientes si pensaba que pudieran tener reservas importantes sobre la manera como estaba manejando las cosas en Mattel. Una persona bien informada de Fruit of the Loom dijo: "Ser despedido por Bill Farley era casi como recibir una insignia honorífica". En Rubbermaid, Wolfgang Schmitt creó una atmósfera tan amenazadora que muchas veces no era necesario despedir a la gente. Cuando los ejecutivos nuevos contratados para implantar los cambios se daban cuenta de que no tendrían el apoyo del director ejecutivo, la mayoría se iban casi tan pronto como habían llegado. Ed Schwinn sencillamente abandonaba la sala cuando algunos de los altos ejecutivos de la compañía comenzaban a describir los problemas que percibían. Cuando regresaba, anunciaba: "Señores, esto no está caminando como yo deseaba. Hablaremos de este tema otro día". Una semana después se le pedía la renuncia al ejecutivo que había puesto más énfasis en la descripción de los problemas de Schwinn.

Quinto hábito: son voceros consumados de la compañía, obsesionados con la imagen de la misma

Los líderes que adoptan este quinto hábito se convierten en la clase de directores ejecutivos de alto perfil que aparecen constantemente en público. Dedican mucho tiempo a dar discursos en público, aparecer en televisión y conceder entrevistas a los periodistas, todo con un carisma y un aplomo pasmosos. Son maestros en inspirar confianza entre el público, los empleados, los nuevos candidatos y, en particular, los inversionistas.

El problema es que en medio del frenesí de los medios y de los elogios, estos líderes corren el riesgo de que su gestión se torne ineficaz y superficial. En lugar de conseguir logros, muchas veces se contentan con la apariencia de estar logrando cosas. Desperdician sus mejores energías y su atención en forjar una imagen pública en lugar de dirigir la compañía. En efecto, en casos extremos, no distinguen entre las dos cosas. Una reunión en la cual presentan una gran actuación les parece tan buena como una reunión en la cual verdaderamente se logra algo.

La tendencia del público a juzgar el éxito de un director ejecutivo con base en el precio de las acciones de la compañía contribuye a reforzar en gran medida este quinto hábito, porque la manera más fácil y rápida de mejorar el precio de las acciones es montando un buen espectáculo para los medios de comunicación y los inversionistas.

La alianza impía entre los medios y los mercados de valores también induce a las compañías a elegir a "comunicadores excelentes" para los cargos más altos. William Farley, de Fruit of the Loom, por ejemplo, fue famoso durante toda su carrera por su capacidad para deslumbrar a los posibles inversionistas. Tal como escribiera un columnista de Chicago, "Farley ha tenido siempre un algo atractivo y optimista ante lo cual sucumben hasta los inversionistas más sagaces. Y hay algo en él de estrella del espectáculo que ha hechizado a espectadores por lo demás sensatos".

Dennis Kozlowski, de Tyco, tenía una habilidad semejante para impresionar a los inversionistas y a los periodistas. Tenía una agenda apretada de discursos y entrevistas, los cuales aprovechaba para presentar a Tyco como modelo de las prácticas empresariales, poniendo énfasis muchas veces, por irónico que parezca, en la importancia de las normas éticas.

La mayoría de los directores ejecutivos no alcanzan este nivel de éxito con los medios gracias a un golpe de suerte, sino dedicándose asiduamente a las relaciones públicas. Jerry Sanders, de AMD, es apenas uno de los directores ejecutivos a quien le ha encantado aparecer en público y recibir cobertura de la prensa. Maurice y Charles Saatchi dedicaban tanta energía a promover y forjar la imagen pública de Saatchi & Saatchi, que algunas veces parecía que el mensaje publicitario más importante de su agencia fuera el relativo a la agencia misma. Sam Waskal, ex director ejecutivo de ImClone, quien se declaró culpable de los cargos de utilización de información confidencial para su beneficio, era un maestro en despertar el interés de los medios por su medicamento Erbitux para el cáncer.

Hasta directores ejecutivos como Roger Smith, de GM, quienes por lo general no son los mimados de los medios, suelen caer en este quinto hábito de las personas que fracasan estruendosamente. A pesar de su famosa negativa a ser entrevistado para el documental *Roger and Me*[*], Smith estaba orgulloso de su capacidad para "deslumbrar al público" durante las reuniones de negocios en las cuales presentaba una visión espectacular de la manera como funcionarían las innovaciones tecnológicas y comerciales de GM. Infortunadamente, esa visión tenía poca relación con el funcionamiento real de las innovaciones en la práctica. Mientras Smith describía la precisión con la cual los robots programados realizaban operaciones complejas, en las instalaciones de pintura de GM en Hamtrank, los robots se pintaban entre sí.

---

[*] El autor se refiere a la película escrita, dirigida y producida en1989 por Michael Moore, relativa al cierre de las plantas de GM y el consiguiente despido masivo de 30 000 trabajadores en Flint, Michigan, ciudad construida alrededor de la gigante automovilística. *(Nota del editor.)*

Sembrar la nueva visión Cuando hay una compañía verdaderamente innovadora, existe la tentación de que el director ejecutivo concentre la mayor parte de sus energías en vender la nueva visión que sirve de motor a los esfuerzos de la compañía. Por ejemplo, durante los años en que General Magic luchaba por desarrollar un producto viable, su director ejecutivo, Marc Porat, parecía estar en todas las revistas y programas noticiosos. Durante el período de crecimiento rápido e innovación de Enron, tanto Jeffrey Skilling como Ken Lay parecían más interesados en crear una imagen para su compañía de energía como iniciadora de negocios, que en poner en marcha esas iniciativas. Pero esos esfuerzos denodados de relaciones públicas que lograron montar esos directores ejecutivos no sólo los distrajeron de su labor, sino que también generaron unas expectativas que sus compañías no estaban en capacidad de satisfacer. En lugar de reconocer que se habían quedado cortos y debilitar su posición en los mercados de capitales, los directores ejecutivos que se encuentran con esta dificultad suelen dejarse atrapar en un círculo vicioso. Refuerzan cada una de las ideas erróneas sobre lo que hace la compañía, con otra idea errónea. No se atreven a aflojar sus esfuerzos de relaciones públicas por miedo a que los inversionistas y los medios comiencen a examinar a la compañía a la luz de un mayor escepticismo.

Convertirse en ídolos populares Aunque sus compañías estén en crisis, muchos de estos directores ejecutivos encuentran tiempo para convertirse no sólo en voceros corporativos sino en modelos de un estilo de vida, apareciendo en comerciales de televisión y en las columnas de noticias dedicadas a los personajes célebres. Ed Schwinn aprovechó la oportunidad de protagonizar un comercial de American Express. William Farley aparecía en comerciales de televisión de la ropa interior de Fruit of the Loom levantando pesas y llegó a considerar la posibilidad de lanzar su candidatura a la presidencia de los Estados Unidos en 1988. Mossimo Giannulli representó un papel en el vídeo de Janet Jackson titulado *You Want This?* Firmó autógrafos en sesiones organizadas en almacenes por departamentos, salió con la actriz de televisión Lori Loughlin, con quien se casó posteriormente, y se le vio en Hollywood con sus amigos actores Steven Baldwin y John Stamos. ¿Realmente puede decirse que este estilo de director ejecutivo es el mejor símbolo para promover una compañía a través de los medios? Y si es el mejor símbolo, ¿debería un director ejecutivo así estar tratando de dirigir la compañía al mismo tiempo?

Algunos directores ejecutivos adquieren la misma condición de celebridades por hacer donaciones considerables y desembolsos públicos fastuosos. Steve Hilbert, de Conseco, era famoso por su filantropía y por los acontecimientos sociales espectaculares que solía organizar. El Hilbert Circle Theater de la Sinfónica de Indianápolis lleva su nombre y el equipo local de la NBA juega en el Conseco Fieldhouse. Entre las fiestas legendarias organizadas por Hilbert hubo una en la cual alquiló un avión jumbo para llevar a sus invitados hasta la isla de Saint Martín para celebrar el cumpleaños de su sexta esposa. Los hermanos Saatchi se convirtieron en figuras públicas, no sólo en el mundo de los negocios, sino también en los ámbitos del arte y de la política. Crearon un importante museo de arte moderno para su colección privada, y Maurice fue armado caballero por la Reina. Si la envergadura de las obras filantrópicas no despierta sospechas, la ostentación a la hora de hacer las contribuciones y el hecho de ser parte de una extravagancia personal sí deberían.

No me molesten con los detalles En medio de su huracán de relaciones públicas, estos directores ejecutivos suelen dejar los detalles ordinarios de sus asuntos de trabajo en manos de otros. Dennis Kozlowski, de Tyco, algunas veces intervenía en asuntos verdaderamente intrascendentes, pero dejaba sin supervisar la mayor parte de las operaciones cotidianas de la compañía. "No hay límite en cuanto al tamaño que puede llegar a tener esta empresa por la manera como la manejamos", explicaba uno de sus lugartenientes. "Es una compañía muy descentralizada y Dennis podrá decir que la parte más difícil de su trabajo es conseguir a los mejores gerentes del mundo para dirigir estas empresas". Roger Smith, siendo director ejecutivo de GM, era indiferente ante las implicaciones de muchas decisiones a nivel de la fábrica y de la vida de sus trabajadores. Los directores ejecutivos obsesionados con la imagen tienen poco tiempo para los detalles operativos.

Los estados financieros como herramientas de relaciones públicas Cuando los directores ejecutivos asignan la primera prioridad a la imagen de la compañía, tienden a fomentar unas prácticas relativas a los informes financieros encaminadas a promover dicha imagen. En otras palabras, en lugar de tratar sus cuentas financieras como una herramienta de control, las tratan como una herramienta de relaciones públicas. Por supuesto que eso empuja a los ejecutivos por otra pendiente resbalosa. El producto de esta contabilidad imaginativa se manifiesta de muchas maneras. Steve Hilbert, de Conseco, autorizó unos procedimientos financieros que permitían poner y retirar del balance las adquisiciones según la conveniencia para la compañía. Ken Lay, de Enron, presidió un sistema contable todavía más imaginativo según el cual se le atribuían muchos negocios no rentables a otras "compañías asociadas", de tal modo que no aparecieran para nada en el balance de Enron. En Tyco, Dennis Kozlowski hizo que su personal de finanzas incluyera un "activo" intangible de casi 35 mil millones de dólares en los libros de la compañía que representara el *goodwill* de las compañías adquiridas por Tyco. Al agregar esta suma al balance de la compañía, parecía como si Tyco estuviera acumulando activos a un ritmo impresionante, aunque lo que en realidad había acumulado era una deuda por 27 mil millones de dólares. Las compañías que, como éstas, distorsionan sus informes financieros, rara vez lo hacen para engañar al público. Lo hacen como resultado de una mentalidad generalizada, implantada por el director ejecutivo, según la cual todo lo que hace la compañía se mira a través del lente de las relaciones públicas.

Sexto hábito: subestiman los obstáculos de consideración

Los directores ejecutivos que sucumben a este sexto hábito tienden a subestimar los obstáculos como si fueran dificultades menores cuando, en realidad, muchos de ellos son barreras de gran envergadura. Se enamoran hasta tal punto de su visión acerca de lo que desean lograr, que pasan por alto la dificultad para alcanzar su meta. Suponen que todos los problemas tienen solución cuando, en realidad, muchos problemas no se pueden resolver o su solución implica un costo demasiado grande.

Roger Smith, por ejemplo, trataba cada obstáculo que se oponía a su meta de tener fábricas sin trabajadores como si fuera una dificultad menor que GM podía llevarse por delante. Cometió el error característico de suponer que los sistemas de cómputo necesarios para manejar las fábricas robotizadas podrían obtenerse adquiriendo una firma de software de primera calidad, aunque, en la práctica, ni siquiera la totalidad de los recursos de EDS fueron suficientes para darle a GM lo que necesitaba. A veces pareciera que mientras más clara es la visión que tienen los directores ejecutivos sobre el futuro de sus compañías, más borroso es el panorama de los obstáculos que surgen a lo largo del camino.

Los ejecutivos que vienen de gozar de una serie de éxitos son especialmente propensos a subestimar los obstáculos. Stephen Wiggins es un ejemplo de un director ejecutivo que se metió en problemas en parte por la facilidad con la cual había conseguido sus éxitos en el pasado. En seis años transformó a Oxford Health Plans de una empresa insignificante en la segunda administradora de salud más grande de Nueva York. Durante cada una de las etapas del proceso empleó unos procedimientos operativos técnicamente sólidos. Tenía un conocimiento personal de los sistemas de cómputo, de tal manera que cada vez que le comunicaban los problemas que implicaba crear la clase de software que deseaba, los trataba como si fueran obstáculos menores que cualquier programador competente debía poder manejar. No negaba que un mal software podía ser un peligro serio, pero lo veía como algo que podía remediarse fácilmente. El crecimiento era crítico y nada podría frenar a su compañía. Después de todo, ¿acaso era difícil rehacer los sistemas de cómputo de la compañía y mantener al mismo tiempo el flujo de las operaciones?

Los ejecutivos acostumbrados a resolver problemas técnicos son especialmente susceptibles a subestimar los problemas que no parecen técnicamente amenazadores. En el caso de An Wang, por ejemplo, no fue la dificultad de los problemas técnicos la que el líder subestimó, sino los problemas comerciales. Al haber conquistado los obstáculos técnicos, cayó repetidamente en el error de pensar que los obstáculos comerciales y administrativos eran triviales en comparación.

En algunos casos, el hábito de tratar todos los obstáculos como insignificantes, es parte esencial del estilo personal del líder. Los ejecutivos que emplean este enfoque pueden pasar por encima de muchos obstáculos valiéndose de una combinación de encanto y determinación. Atraen a las personas hacia sus proyectos, las inspiran con la seguridad de que pueden hacer lo que sea necesario y luego las dejan a merced de su propio ingenio para mantener funcionando la empresa. Al rehusarse a dejarse arrastrar por los posibles obstáculos, contribuyen a que los demás hagan lo mismo. Mossimo Giannulli era ese estilo de líder, lo cual explica la razón por la cual manejaba los problemas logísticos enormes que implicaban los trajes hechos a la medida, y la ampliación a las tiendas por departamentos de todo el país como si fueran casi un apéndice de su visión creativa. Dennis Kozlowski también era un líder de este tipo. Fue la razón por la cual hizo caso omiso del hecho de que algunas áreas de la compañía estuvieran perdiendo rentabilidad por considerarlo un asunto menor, cuando el raciocinio para las adquisiciones de Tyco consistía en lograr una mayor rentabilidad para cada una de los operaciones de negocios. Más adelante, fue también por su estilo personal que le restó importancia al hecho de que hubiera pagado sus gastos personales con dinero de la compañía, aunque las cifras en cuestión ascendían al parecer a cientos de millones de dólares.

A todo vapor hacia el abismo Cuando los directores ejecutivos descubren que esos obstáculos que habían desechado demuestran ser más serios de lo que pensaban, tienden a enfrentar el problema exagerando su compromiso. Mientras se acumulaba la evidencia de que la productividad en realidad no mejoraba pese a los gastos de Roger Smith en robots y otras tecnologías, el director ejecutivo de GM insistió en elevar esos gastos, hasta desperdiciar buena parte de los 45 mil millones de dólares dedicados al esfuerzo. Mientras Webvan acumulaba pérdidas enormes con sus operaciones existentes, George Shaheen se dedicaba a expandir esas operaciones a un ritmo pasmoso. Mientras Tyco luchaba por mantener la rentabilidad en muchas de sus divisiones, Dennis Kozlowski respondía ante cada obstáculo sencillamente aumentando el ritmo de sus adquisiciones, por lo cual se ganó el remoquete de "Dennis el de una adquisición por mes".

¿Por qué reaccionan de esa manera estos ejecutivos? ¿Por qué no dan una espera hasta ver claramente si una línea de actividad ha de generar un rendimiento adecuado sobre la inversión? Debemos decir nuevamente que parte de la respuesta a estas preguntas está en el ámbito psicológico. Algunos directores ejecutivos sienten la necesidad apremiante de acertar en todas las decisiones importantes que toman, en parte por las mismas razones por las cuales se sienten responsables del éxito de sus compañías. Si reconocen su falibilidad, sentirán con horror que su pedestal de directores ejecutivos tambalea bajo sus pies. Entre tanto, sus empleados, los periodistas de negocios y la comunidad de inversionistas desean que al frente de la compañía haya una persona con una capacidad casi mágica para acertar. Una vez que un director ejecutivo reconoce haber tomado el camino equivocado en un tema importante, siempre habrá quienes dirán que no dio la talla para el cargo.

El efecto de estas expectativas salidas de la realidad es que a un director ejecutivo le queda muy difícil retroceder una vez que ha optado por un camino. Lo que es más, si la única alternativa es continuar andando en la misma dirección, entonces la reacción ante un obstáculo tiene que ser necesariamente la de seguir arremetiendo con fuerza. Es por esto que los líderes de Motorola y de Iridium insistieron en invertir miles de millones de dólares para lanzar los satélites, aún después de que fuera evidente que los teléfonos celulares terrenos eran una alternativa superior. "A nadie le agrada reconocer que sus decisiones del pasado fueron incorrectas", explica Joel Brockner, un experto en gerencia que ha estudiado el problema en detalle. "¿Qué mejor manera de afirmar que las decisiones anteriores eran acertadas que comprometerse más a fondo con ellas?" Proceder por el mismo derrotero, pero con recursos nuevos, implica que ya no hay necesidad de reconocer que el camino elegido era el equivocado. Con la nueva inversión es como si se introdujera un elemento nuevo, de tal manera que es más fácil creer que el nuevo impulso garantizará el éxito. En caso de que haya otros factores de duda, los demás hábitos de las personas que fracasan estruendosamente se encargarán de eliminarlos o de acallarlos.

Después de cada ronda es cada vez más difícil retroceder o cambiar de rumbo. Las consecuencias psicológicas del error, en caso de que el director ejecutivo quisiera reconocerlo, serán mucho mayores. Las pérdidas financieras que tendrían que declararse, en caso de que el proyecto fracase, habrán adquirido una dimensión mayor. Entre tanto, puesto que el proyecto se ha llevado a una escala más grande, es probable que también se hayan acrecentado los incentivos para lograr una culminación exitosa. Continúan existiendo todas las presiones que generaron el problema, sólo que la mayoría de ellas se han intensificado.

Agrandar el compromiso Un ejemplo clásico de agrandar el compromiso ante los obstáculos insuperables fue el del "Proyecto Spa" de RJ Reynolds, un esfuerzo descomunal que culminó con el lanzamiento del Premier, el primer cigarrillo "sin humo". El concepto sonaba genial. A la gente le gustaba fumar pero odiaba los riesgos asociados con el humo del tabaco. La idea de RJ Reynolds fue desarrollar un producto que brindara las cualidades que la gente buscaba en un cigarrillo, ¡pero sin el humo del tabaco! A fin de proporcionar más sabor, el cigarrillo contendría además una cápsula de aluminio que, al calentarse, liberaría lentamente las sustancias químicas.

Se invirtieron cientos de millones de dólares en el proyecto. Sin embargo, cuando se hicieron las primeras pruebas con los consumidores, los comentarios fueron que el olor era horrible y el sabor todavía peor. En el Japón, los investigadores aprendieron a traducir una frase en japonés: "¡Sabe a estiércol!". Sin embargo, como habían invertido tanto tiempo y dinero en el proyecto, los integrantes del grupo de desarrollo del producto —quienes fumaban el Premier constantemente tratando de convencerse de que el producto era fabuloso— acomodaron las cifras para dibujar un panorama más amable con los datos del mercado. Ross Johnson, el director ejecutivo de la compañía, dio luz verde y el Premier hizo su aparición en el mercado en octubre de 1988.

El ruido de la controversia que se produjo con la llegada del Premier al mercado fue ensordecedor. Las autoridades de salud del gobierno federal de los Estados Unidos, incluido el Secretario de Salud y la FDA, calificaron al producto como un verdadero "sistema de aporte de nicotina" y propusieron que se prohibiera. A RJ Reynolds se la acusó de perpetrar un complot siniestro y los tribunales estatales recibieron demandas solicitando que se declarara ilegal al producto. Entre tanto, comenzaron a correr los rumores de que el sabor del cigarrillo era espantoso. Ya en diciembre, los comerciantes habían comenzado a devolver el producto a los distribuidores y a suspender las promociones dentro de los establecimientos. Ante la imposibilidad de negar que el producto era un desastre después de gastar 1 000 millones de dólares en el Proyecto Spa, RJ Reynolds liquidó al Premier.

Reconocer el punto en el cual el compromiso está creciendo hasta salirse de control puede ser casi imposible para la persona responsable. Este comportamiento puede confundirse con la determinación o la obstinación. El director ejecutivo de Quaker, William Smithburg, por ejemplo, declaró públicamente que no se daría por vencido con el negocio de Snapple porque, según sus palabras, "nunca le he dado la espalda a los retos y no voy a huir de éste ahora". Todos hemos aprendido a admirar la valentía frente a la adversidad. En el caso de Snapple, esta actitud se tradujo sencillamente en que las políticas inapropiadas se mantuvieron durante mucho tiempo, causando un mayor daño tanto a Snapple como a su compañía matriz.

Stephen Wiggins de Oxford Health Plans se vio atrapado en esta trampa a medida que pasaba el tiempo y no estaba listo el software que deseaba montar. En cada coyuntura parecía como si sólo se necesitara un poco más de tiempo y dinero para que la compañía pudiera resolver sus problemas. Durante los cinco años del proyecto, Oxford contrató a más de cien expertos y gastó más de 100 millones de dólares. Pero, *a pesar de eso*, no logró producir un sistema de software que cumpliera la función esperada. ¿En qué momento ha debido Wiggins tirar la toalla? Es obvio que en cualquier momento después de lanzado el proyecto. Pero no existía la manera de que una persona cuya respuesta automática ante la dificultad era reforzar el compromiso pudiera ver las cosas así.

Séptimo hábito: se aferran obstinadamente a lo que funcionó en el pasado

Muchos directores ejecutivos, cuando inician la marcha hacia el fracaso estruendoso, aceleran la declinación de su compañía porque vuelven sobre lo probado y comprobado. En su búsqueda de certeza en un mundo impredecible, insisten en utilizar los parámetros equivocados. En su esfuerzo por lograr la estabilidad en un mundo de cambio, se aferran a la solución del pasado. En su deseo por aprovechar al máximo las que consideran sus fortalezas medulares, se obstinan en mantener un modelo de negocios estático. Lo mismo que Ed Schwinn en su compañía de bicicletas, insisten en ofrecer un producto a un mercado que ha dejado de existir. Lo mismo que William Farley, de Fruit of the Loom, ni siquiera consideran la idea de innovar en aspectos tales como contratar la producción por fuera porque no fue así como su compañía alcanzó el éxito en el pasado. Todos los directores ejecutivos como éstos terminan eligiendo la alternativa equivocada porque recaen casi automáticamente en la "respuesta aprendida", o sea una respuesta del pasado.

En lugar de considerar una gama amplia de opciones, los directores ejecutivos que han caído en este hábito eligen su rumbo con referencia a *sí mismos* y a las cosas que les trajeron el éxito en el pasado. Por ejemplo, Jill Barad recurrió al mismo tipo de técnicas promocionales que habían surtido efecto cuando promovía la muñeca Barbie. Trató de aplicarlas al software educativo, categoría de producto cuya distribución y consumo son muy diferentes a los de las muñecas y la ropa para muñeca. Y lo que es peor, trató de utilizarlas con Wall Street, un público que no se deja impresionar con la misma facilidad que las niñas de siete años. "Jill es y era verdaderamente magistral en marketing", comentó su rival de Hasbro, *pero*, añadió, "no estoy seguro de que haya podido comprender algunas de las dificultades de ser director ejecutivo de una empresa, las cuales no permiten que uno pueda dedicar todo el tiempo al producto o a hablar con Wall Street, puesto que el cargo exige muchas, muchas otras cosas más.

Momentos determinantes Los ejecutivos suelen volver sobre estrategias nocivas o inapropiadas como consecuencia de un momento que los definió anteriormente en su carrera. En algún momento optaron por una política en particular que se convirtió en su éxito más sonado. Es ése el que se convierte en el "momento determinante". Por lo general es aquello por lo cual se les conoce más, lo que los lleva a conseguir nuevos cargos, lo que los hace especiales. El problema es que cuando una persona ha experimentado este "momento determinante", tiende a convertirlo en el distintivo del resto de su carrera. Y si llega a ocupar la dirección ejecutiva de una compañía grande, permite que esa marca defina hasta cierto punto a la compañía.

Al enfrentar alguna crisis posteriormente, estos ejecutivos tienden a hacer lo mismo que hicieron en ese momento determinante. En el caso de William Smithburg, de Quaker, su momento de definición fue el éxito logrado con la promoción de Gatorade. El problema fue que trató de repetir el mismo comportamiento con Snapple. Para An Wang, el momento de definición fue quizás su éxito con el lanzamiento de un procesador de texto con sistemas totalmente privados. Infortunadamente, trató de repetir el mismo comportamiento con los PC.

Un peligro particular de los momentos determinantes es que pueden conducir a estrategias no sólo inapropiadas sino inherentemente arriesgadas. Los hermanos Saatchi son un buen ejemplo de líderes de empresa que aprendieron un estilo de gerencia arriesgado de sus primeros momentos determinantes. Consiguieron sus primeros clientes grandes violando las normas y los procedimientos de la Asociación Británica de Publicidad. Lo hicieron asaltando descaradamente las listas de clientes y de empleados de otras agencias. En vista de que ese enfoque les funcionó muy bien, posteriormente supusieron que tampoco tendrían que ceñirse a los procedimientos y las normas para operar en otros campos.

Varios otros de los altos ejecutivos a quienes hemos mencionado aquí desarrollaron políticas de alto riesgo como consecuencia de sus primeros éxitos y de los momentos determinantes que los hicieron posibles. Por ejemplo, Charles Sanford, director ejecutivo de Bankers Trust, trató de manejar todos los aspectos de la banca con el mismo estilo de transacciones rápidas con el cual había tenido tanto éxito en el campo bursátil. Stephen Wiggins, de Oxford Health Plans, creía que debía reestructurar y rehacer cada uno de los aspectos de la industria de la administración de los servicios de salud, incluido el software necesario para manejar las operaciones, porque ésa había sido la política con la cual había alcanzado el éxito en primera instancia. Éstos y muchos otros presidentes que han volado alto terminaron cayendo, no porque no pudieran aprender, sino porque habían aprendido demasiado bien una sola lección.

¿Psicoterapia para el director ejecutivo?

¿Cómo corregir estos siete hábitos de quienes fracasan estruendosamente? Se podría escribir todo un libro sobre distintas maneras para contrarrestar sus efectos pero, para comenzar, pensamos que será de gran ayuda lograr que los directores ejecutivos, los gerentes, los periodistas y los inversionistas tomen conciencia de ellos. Son muchas las oportunidades que tienen los directores ejecutivos de detenerse a cuestionar su comportamiento cuando noten que están cayendo en uno de esos hábitos. También sería de gran ayuda que las personas que dependen del presidente reconozcan que no deben admirar esos hábitos ni aceptarlos como normales. Al contrario, en los casos en que los directores ejecutivos se dejen llevar excesivamente por uno de esos hábitos, deben encontrarse con ceños fruncidos y, siempre que sea posible, una amonestación. Por último, cada vez que estos hábitos comiencen a influir desmedidamente sobre el comportamiento del director ejecutivo y sobre el rumbo de la compañía, la junta directiva debe intervenir. Los siete hábitos de las personas que fracasan estruendosamente son demasiado peligrosos para quedar sin control. Los inversionistas particularmente deben mantenerse alertas a las señales de estos hábitos, tal como lo proponemos en el capítulo siguiente.

■ ■ ■

Los siete hábitos de las personas que fracasan estruendosamente

1. Consideran que ellas y sus empresas dominan el entorno, y no que están allí sencillamente para responder a los desarrollos de dicho entorno.
2. Se identifican tan íntimamente con la compañía que no ven una separación clara entre sus intereses personales y los intereses de la empresa.
3. Parecería como si tuvieran todas las respuestas y suelen deslumbrar a la gente con la velocidad y la contundencia con la cual manejan los problemas.
4. Se aseguran de contar con el respaldo pleno de todo el mundo, eliminando despiadadamente a quien quiera que pudiera socavar sus esfuerzos.
5. Son voceros consumados de la compañía y a menudo dedican la mayor parte de sus esfuerzos a manejar y desarrollar la imagen de la compañía.
6. Tratan los obstáculos difíciles y amedrentadores como si fueran impedimentos transitorios que basta con eliminar o vencer.
7. Nunca dudan de volver sobre estrategias y tácticas con las cuales alcanzaron originalmente el éxito personal y de sus empresas.

TERCERA PARTE

APRENDER DE LOS ERRORES

Esta tercera parte de nuestro análisis es la que más se proyecta hacia el futuro. En la primera parte señalamos las razones por las cuales los ejecutivos son vulnerables durante los cuatro momentos delicados de transición y en la segunda parte describimos las razones subyacentes del fracaso de los ejecutivos. En estos últimos dos capítulos desarrollamos explícitamente dos ideas críticas que han servido de telón de fondo hasta este punto. La primera es si podemos utilizar los hallazgos de este estudio como sistema de alerta temprana y si nuestros resultados sirven para predecir en qué momento se avecina la tormenta. La segunda es cómo pueden los ejecutivos exitosos crear organizaciones capaces de aprender de los desastres y, mejor aún, de evitarlos. ¿Qué se puede aprender de ellos?

Como se dijo en el capítulo 1, el tema de este libro son las personas. Y serán las personas que estén dispuestas y tengan la capacidad para enfrentar la realidad, poner fin a las actitudes delirantes que dan lugar a una mentalidad errada, corregir los vacíos de información que dejan cicatrices en las organizaciones y apartarse deliberadamente de los hábitos de los líderes que fracasan, quienes constituirán la mayor defensa en contra de los errores descomunales cometidos a alto nivel y causantes de la caída de grandes instituciones.

CAPÍTULO 10

Predecir el futuro

Las primeras señales de alerta

El recuento de los fracasos y de las razones de fondo por las cuales aquéllos ocurrieron contiene una lección importante que ha estado implícita todo el tiempo. ¿Cómo preverlos? ¿Ante qué tipo de cosas debemos mantener los ojos abiertos a fin de reconocer el desastre inminente? ¿Cómo podemos aplicar las lecciones de General Magic, Rubbermaid, Quaker, Wang Labs, Mattel, Schwinn, Fruit of the Loom y las demás, a fin de cerciorarnos de no cometer los mismos errores?

Claro está que no hay vacuna contra el fracaso ni alarmas de humo que suenen a tiempo para salvar a la empresa. Pero hay muchos indicios, algunos de los cuales ya hemos descrito en capítulos anteriores, además de otros que nos disponemos a analizar más de cerca. Debemos mantener los ojos abiertos ante estos indicios, desde nuestra posición como gerentes de una compañía, de miembros de la junta directiva, de posibles empleados, compradores o inversionistas. Desde todas esas perspectivas es vital saber cómo reconocer las señales críticas que presagian el descalabro de una empresa.

Para comenzar, debemos tener presentes dos cosas. En primer lugar, tratar, en lo posible, de identificar las señales de alerta más visibles para quienes están afuera. Si bien no hay avisos incandescentes de neón con las palabras "PELIGRO, NO ENTRE", sí hay un número sorprendente de señales que podemos reconocer cuando nos mantenemos alerta y sabemos lo que debemos buscar. Y en segundo lugar, si vemos una señal, debemos saber que no es ni más ni menos que un aviso. A fin de poner esta idea en perspectiva, podemos tomar el ejemplo de la manera como el gobierno o las fuerzas militares evalúan las amenazas. A medida que aumenta la gravedad de la amenaza —evaluada posiblemente con base en una acumulación de las señales de alerta— se pasa a un nivel de alerta más alto. Por consiguiente, cuando vemos las señales de que la compañía podría fracasar, debemos prestar todavía mayor atención y disponernos a actuar, si es necesario, para proteger nuestra inversión o nuestra carrera.

En el recuadro que aparece a continuación hay un resumen de las principales señales de alerta identificadas a través de nuestra investigación. Es un buen método de diagnóstico para evaluar la posibilidad de que se produzca un problema. Cada una de las preguntas gira alrededor de una faceta diferente de la empresa, y estructuraremos este capítulo alrededor de cada uno de los problemas que salen a flote a través de las preguntas. Aunque no siempre estará disponible toda la información necesaria para identificar positivamente una señal de alerta y aunque no hay duda de que las distintas personas verán cosas diferentes, estas preguntas tomadas en su conjunto sirven de mapa para localizar algunas de las trampas más arteras.

Preguntas que deben hacerse al buscar las señales de alerta temprana

COMPLEJIDAD INNECESARIA

1. ¿Es compleja o enredada la estructura organizacional de la compañía?

2. ¿Es innecesariamente compleja su estrategia para enfrentar un problema por lo demás simple?
3. ¿Es excesivamente complejo, poco transparente o poco estandarizado su sistema contable?
4. ¿Utiliza terminología complicada o no estandarizada?

EXCESO DE VELOCIDAD

5. ¿Tiene el equipo de gerencia la experiencia suficiente para manejar el crecimiento?
6. ¿Hay detalles o problemas pequeños pero no triviales que la gerencia al parecer ha pasado por alto?
7. ¿Hace caso omiso la gerencia de unos avisos que podrían desembocar en problemas más adelante?
8. ¿Es tan grande el éxito o el predominio de la compañía que ésta ha perdido contacto con lo que necesita para conservar la delantera?
9. ¿Acaso el retiro no programado de los altos ejecutivos implica que hay problemas más profundos?

EL DIRECTOR EJECUTIVO DESQUICIADO

10. ¿Tengo inquietudes sin responder sobre los antecedentes y el talento del director ejecutivo?
11. ¿Gasta en exceso el director ejecutivo para cumplir misiones personales que no benefician necesariamente a la compañía?
12. ¿Acaso los líderes de la compañía se dejan llevar hasta tal punto por el dinero y la codicia que toman medidas cuestionables o inapropiadas?

DEMASIADA EXAGERACIÓN

13. ¿Será acaso que la emoción de toda la compañía por un producto nuevo no sea más que exageración?
14. ¿Podría la emoción por una fusión o una adquisición no ser más que exageración?

15. ¿Acaso la emoción por las perspectivas de la compañía no sea más que exageración?
16. ¿Acaso la última meta incumplida es parte de un patrón que podría reflejar problemas más profundos?

CUESTIÓN DE CARÁCTER

17. ¿Son tan combativos o tan seguros de sí mismos el director ejecutivo y otros miembros de la alta gerencia que en realidad no inspiran confianza?

Complejidad innecesaria

Hay cosas que, por naturaleza, son muy complejas (como la teoría de la relatividad y las estrategias de cobertura financiera a base de derivados), pero otras cuya complejidad es fabricada. Es posible complicar más de lo necesario las estructuras, las estrategias, las prácticas contables y hasta la terminología empleada para hablar del negocio. La complejidad innecesaria, cualquiera que sea su forma, es una señal de alerta porque tiende a crear problemas más grandes que los que resuelve.

En primer lugar, ¿por qué complicar algo? En ocasiones, los ejecutivos recurren a la complejidad a fin de legitimar una conducta. En otras palabras, la utilizan como refugio. Por ejemplo, cuando Motorola recurrió a un modelo de pronóstico sofisticado y complejo para evaluar el potencial de los teléfonos celulares digitales (en lugar de basarse en la información directa de los clientes, la cual abundaba), quizá fue porque la compañía en realidad no deseaba adentrarse por el camino de la telefonía digital.

Sin embargo, es más frecuente que la complejidad innecesaria ocurra sin que nadie se dé cuenta sino hasta cuando es demasiado tarde. En algunos casos, va invadiendo paulatinamente un proceso o la estructura de la organización a medida que se acumulan las malas decisiones una sobre otra. Entonces, ¿cómo detectar la complejidad innecesaria cuando quienes están más cerca de la situación son incapaces de reconocerla? Todo comienza con saber dónde y qué buscar.

Estructuras y procesos complicados

Todos los sistemas de una organización son susceptibles de desplomarse. Por ejemplo, una de las razones por las cuales los bombarderos de los Estados Unidos derribaron accidentalmente dos helicópteros Black Hawk propios sobre la zona restringida de vuelo en Iraq en 1994 fue porque el personal del avión radar AWACS ("Sistema de alerta y control aéreos) supuso que alguien más estaba vigilando la zona de vuelo en el momento del accidente. ¿Por qué supusieron tal cosa? Debido al principio de la "responsabilidad difusa", el cual consiste en tener más de un responsable por las mismas coordenadas en una región hostil. La lógica dice que cuando dos personas tienen su atención en lo mismo es menor la probabilidad de pasar algo por alto. Infortunadamente, fue precisamente porque el personal sabía que había alguien más con la misma responsabilidad que se sintió con derecho a bajar la guardia. Éste es exactamente el mismo fenómeno que explica el incidente de Kitty Genovese acaecido en 1964 en Queens, Nueva York. En una noche cálida de verano, Kitty fue atacada ante la mirada de decenas de personas, pero nadie llamó a la policía porque supusieron que, con tantas personas presenciando la misma escena, alguien tenía que haberlo hecho ya.

El primer aspecto que puede analizarse para determinar si hay complejidad innecesaria es el proceso de las fusiones o adquisiciones. Por ejemplo, cuando Pharmacia y Upjohn se unieron en 1995, el temor de que una de las partes dominara si se consolidaban las casas matrices en un solo país indujo a la compañía fusionada a montar una nueva casa matriz en Londres. Infortunadamente, puesto que Pharmacia y Upjohn no cerraron las oficinas corporativas de Suecia ni de los Estados Unidos, el resultado fue que se creó un nivel más de gerencia que duplicó las estructuras existentes. El resultado neto de ese error fue que varios altos ejecutivos (incluido el nuevo director ejecutivo) y personal importante de investigación y desarrollo se fueron de la compañía, y los costos de reestructuración del proceso de la fusión alcanzaron los 800 millones de dólares, un tercio más de lo previsto originalmente. Fue apenas en 1998 que la compañía se organizó en una sola casa matriz en Nueva Jersey.

El mejor (o peor) ejemplo de complejidad innecesaria fabricada dentro del proceso de fusiones y adquisiciones es la historia clásica de la dirección ejecutiva compartida. ¿Por qué es una buena idea? ¿Realmente hay alguien que pueda creer que dos personas, cada una de las cuales ha llegado a la cima a fuerza de dedicación, sacrificio y ambición, podrán desempeñarse mejor compartiendo responsabilidades? ¿Cuánto tiempo duraron juntos Bob Eaton de Chrysler y Jürgen Schrempp de Daimler? John Reed (Citicorp) y Sandy Weill (Travelers) escasamente alcanzaron a compartir las oficinas ejecutivas en Citigroup antes de que Reed siguiera su camino. La creación de cargos compartidos en la dirección ejecutiva después de una fusión debe verse sólo como lo que es: una manera decente pero transitoria de lograr que dos gorilas de cuatrocientos kilos acepten.

Soluciones complicadas para problemas simples

Si usted hubiera estado de viaje en el sudeste asiático en 1990 y hubiera necesitado hacer una llamada pero no hubiera podido hacerla por no haber servicio de telefonía celular, seguramente la primera solución que se le hubiera venido a la mente habría sido la de una constelación de satélites de órbita baja alrededor de la tierra. Quizás hubiera pensado por breves momentos en construir más torres celulares y ampliar el servicio, pero aunque hubiera parecido mucho más fácil, jamás habría sido una solución tan atractiva como la de los satélites.

Ahora imaginemos que está de regreso en los Estados Unidos en 1996 y no tiene tiempo de ir hasta una tienda de abarrotes pero necesita comprar algunas cosas básicas. A su mente viene la solución perfecta. Construirá veintiséis centros de distribución de alta tecnología, cada uno por un valor de 50 millones de dólares, a fin de ofrecer entrega a domicilio, sin recargo, de pedidos hechos por Internet. Claro está que podría contratar a gente joven por un salario bajo de 6,50 dólares la hora para hacer las entregas, pero eso sería demasiado simple. Mejor gastar los 1 000 millones de dólares.

Las soluciones complejas pueden ser apropiadas y contundentes cuando se utilizan para resolver problemas muy complejos. Por ejemplo, las plantas donde Intel produce sus circuitos integrados son verdaderas maravillas, pero le permiten a Intel competir no sólo con las especificaciones técnicas sino también con bajos costos. En esa industria es importante tener capacidad doble, y una compañía que desea estar en las ligas mayores no tiene otra alternativa. Los problemas se presentan cuando una compañía adopta una solución totalmente desproporcionada para el problema que está tratando de resolver.

Las soluciones o estrategias innecesariamente complejas son buenas señales de alerta que deben tenerse presentes porque por lo general esconden las fallas o impiden ver las soluciones más simples. Los gerentes o los inversionistas pueden embeberse hasta tal punto en la grandeza de sus planes, en los detalles de la ejecución o en el factor de deslumbramiento de la tecnología, que olvidan preguntarse primero si la idea es buena. Por ejemplo, Marc Porat, ex director ejecutivo de General Magic, nos dijo que la compañía emprendió un número excesivo de iniciativas estratégicas a la vez, sin poder prosperar con ninguna: "Tratamos de crear un sistema operativo, un aparato de bolsillo y el software para la red de comunicación y, por ende, dos mercados". La mejor defensa contra esas estrategias seductoras consiste en mantener la mente abierta y preguntarse: ¿Es éste el mejor camino? ¿Hay una solución más sencilla y quizá más eficaz?

Contabilidad compleja

A pesar de lo que creen muchas personas, las normas contables no se hacen deliberadamente para que sean complicadas. La meta de la contabilidad es arrojar luz sobre el verdadero desempeño financiero de una organización, en lugar de confundirlo u ocultarlo. Si es confusa, rara o inconsecuente, conviene examinarla con detenimiento. No hay que dejarse engañar por quienes la califican de innovadora; después de todo, la idea de utilizar unas empresas no reflejadas en el balance en el caso de Enron era muy innovadora. Una buena regla general es la siguiente: la contabilidad rara o que no se ajuste a las normas puede servir para presentar una imagen más favorable de la compañía pero rara vez la mejora, y suele ser una señal de alerta de que la compañía está en realidad más mal de lo que parece.

En tres de las quiebras más grandes que ha habido en los Estados Unidos —Enron, WorldCom y Conseco— se siguieron patrones contables osados e innovadores que iban desde las manipulaciones por fuera del balance (Enron) hasta la capitalización sistemática de los gastos (WorldCom) y hasta la inclusión y remoción de las adquisiciones en los estados de ingresos. Las compañías de Internet se distinguieron por estirar demasiado la contabilidad. Una práctica común consistía en intercambiar espacio publicitario con otras empresas punto-com, registrando el trueque en los libros como ingreso por ventas. En otros casos, las compañías registraban ingresos que no eran de caja mediante el intercambio de servicios por acciones. Puesto que la valoración de la mayoría de las empresas punto-com se basaba en los ingresos por ventas y no en el flujo de caja, y menos aún en las ganancias, esta práctica servía para fortalecer rápidamente el precio de las acciones.

La contabilidad que no se ajusta a las normas no siempre es fácil de detectar; sin embargo, será más fácil si se sabe dónde puede estar el mayor beneficio para la compañía. En el caso de las compañías de Internet, el énfasis estaba puesto en los ingresos por ventas más que en las utilidades, de modo que los juegos de reconocimiento de los ingresos se convirtieron en un punto crucial. Para compañías como Enron, la solidez del balance era de interés particular, de allí que utilizara las sociedades que no aparecían en el balance. Es preciso prestar atención a los parámetros de medición más importantes de una industria, porque es allí donde estarán las prácticas contables que no se ajustan a las normas, si es que las hay.

Terminología complicada

Los empresarios y gerentes de Internet crearon todo un vocabulario nuevo para los negocios. En lugar de hablar de "estrategia", las compañías nuevas de Internet se ufanaban de tener "modelos de negocios". Las compañías en línea y los capitalistas de riesgo ponían énfasis en la importancia del "alcance" y la "pegajosidad", cuando lo que en realidad querían decir era que necesitaban "clientes" que "compraran repetidamente". No competían en un "mercado" sino en un "espacio". Es fácil comprender el atractivo desde ciertos puntos de vista. Después de todo, ¿no era mejor decirles a los accionistas que la "tasa de desgaste" era de 500 000 dólares al mes en lugar de decirles que la pérdida para el año siguiente sería de 6 millones de dólares?

A fin de estar en concordancia con su nueva terminología, muchas de las empresas punto-com de finales de los años 90 pidieron a Wall Street y a sus inversionistas utilizar una nueva serie de normas contables para evaluar sus negocios. Hablaban de que la "nueva economía" exigía reglas nuevas a fin de dar cabida a un mundo diferente, puesto que antiguas normas como las utilidades por acción o la relación precio-beneficio no servían de mucho cuando no había ganancias. En últimas, por supuesto, los principios contables normales eran perfectamente apropiados puesto que reflejaban con precisión el hecho de que esas compañías no estaban generando valor para sus accionistas.

Hasta varias compañías tecnológicas grandes trataron de entrar en el juego de la terminología. Por ejemplo, Nortel Networks solicitó a los inversionistas centrar su atención en un parámetro denominado "ganancias netas por operaciones", del cual se excluían la amortización del *goodwill* y los costos de desarrollo, y también las ganancias y los ingresos por suscripciones. En 2000, Nortel reportó "ganancias netas por operaciones" de 2 310 millones de dólares, o 71 centavos de dólar por acción, mientras que de acuerdo con los principios contables generalmente aceptados, la compañía en realidad perdió 3 470 millones de dólares, o 1,17 dólares por acción.

Exceso de velocidad

¿Cuántos casos se han visto en los cuales las personas de dentro de una compañía la describen, en retrospectiva, como "una organización desbocada", "una organización donde nos tropezábamos con nosotros mismos", o "un verdadero caos"? Ahora piense con cuánta frecuencia se oye a los gerentes hablar en esos términos de su situación presente. No es ni parecida la frecuencia, ¿verdad? ¿Entonces a qué se debe que nadie al parecer nota que la compañía está fuera de control sino hasta cuando es demasiado tarde?

Las compañías que van desbocadas cometen errores costosos porque los ejecutivos están agobiados. Esto suele ocurrir en las compañías que están pasando por una fase de crecimiento acelerado, pero también puede suceder en aquéllas que están ajustándose al cambio tecnológico, enfrentando rotación de la gerencia o en una situación que puede dar lugar a un comportamiento frenético.

Corren sin haber gateado

Imagine una compañía que crece a velocidad vertiginosa. Ahora agregue un equipo de gerentes sin experiencia, entrégueles una suma cuantiosa y déjelos hacer con poca supervisión adulta. Cada uno de estos elementos puede llevar a una compañía al abismo, pero, ay de lo que puede suceder cuando se reúnen simultáneamente, como sucedió en muchas de las compañías nuevas de Internet durante los años de la bonanza.

En 1994, Dale Sundby fundó PowerAgent, una empresa virtual nueva decidida a revolucionar la publicidad mediante el apareamiento de compañías y clientes a fin de ponerlos en contacto dentro de un esquema de marketing personalizado. Sundby, director ejecutivo de una firma de abogados y antiguo ejecutivo de la IBM, jamás había trabajado en publicidad y, no obstante, logró recaudar 16 millones de dólares para 1996. En su búsqueda de la esquiva ventaja de ser el primero, PowerAgent se deschavetó y comenzó a emplear a un sinnúmero de desarrolladores de software que terminaron trabajando de manera redundante en un esfuerzo por montar una interfaz para los consumidores, y a contratar a veteranos de las ventas antes incluso de que el producto estuviera listo. A pesar de una tasa de desgaste que llegó a un nivel de 2 millones de dólares mensuales (un vídeo de promoción muy elegante que costó 500 000 dólares; fiestas por lo alto; oficinas muy bien decoradas en varias ciudades), el producto jamás nació. Tal como lo explicara un veterano de la industria a quien contrataron para poner algo de orden en medio del caos, "eché un vistazo al producto tan pronto como llegué y exclamé: 'Esto tiene que ser una broma. No podemos lanzar una cosa así. Es horrible. Horrible'". ¿Y dónde estaba la junta directiva en esa historia? La constituían principalmente inversionistas ausentes cuya esperanza era subirse al tren de la riqueza de Internet. No pasarían muchos meses antes de que la compañía desapareciera.

Si bien algunas de las señales de alerta temprana son más nebulosas que otras, los inversionistas externos pueden leer el informe S-1 que exige la Comisión Nacional del Mercado de Valores con anterioridad a una oferta pública inicial, y el 10K, en el caso de las compañías que ya están en bolsa. Estos dos documentos contienen la información sobre la experiencia de la gerencia, la capitalización y los fondos, la junta directiva y los planes de gestión hacia el futuro. La prensa de negocios —aunque está lejos de ser exacta en su evaluación subjetiva de las perspectivas de una compañía— en ocasiones publica hechos reales. Si alguien hubiera prestado atención a alguna de esas fuentes, habría visto el peligro de la estrategia extremadamente osada de Webvan de conseguir cientos de millones de dólares y optar por un crecimiento acelerado. La prensa cubrió ampliamente el surgimiento acelerado de Mossimo y también la falta de experiencia de su fundador Mossimo Giannulli en el cargo de director ejecutivo.

Ante todo, había muchas personas que gastaban a manos llenas en cuanto dirigían las nuevas empresas de Internet, dejando tras de sí un rastro de gastos de alto octanaje. Por ejemplo, Boo.com, la empresa europea de alto perfil que lograra recaudar 135 millones de dólares, tenía para mostrar seis oficinas lujosas en distintas ciudades, e insistía en que sus ejecutivos —que siempre viajaban con comitiva— se alojaran en los mejores hoteles. Al describir los complicados esfuerzos que hizo la compañía para construir su sitio virtual, un posible inversionista dijo lo siguiente: "Era como si estuvieran tratando de construir un Mercedes-Benz a mano". Al final, la empresa se declaró en quiebra y vendió su tecnología de despachos por 375 000 dólares.

Ventanas rotas: errores pequeños que pueden presagiar otros muy grandes

No hace falta recorrer las instalaciones de una compañía para ver las ventanas rotas. Como con cualquier señal de alarma, todo es cuestión de saber qué buscar. En el caso de las empresas manufactureras, podría tratarse de un problema menor de calidad, el cual podría llevar a uno más grande con posterioridad. En el caso de las compañías de servicio, podría ser la pérdida de un cliente pequeño que presagia otros fracasos mayores con los clientes. Los errores de ejecución quizás no sean la raíz del fracaso, pero pueden ser síntomas de algo más grave. Es probable que los lectores desconozcan que WorldCom imponía sistemáticamente recargos a sus clientes al pasar a millones de ellos a planes más costosos sin que lo supieran o al rehusar ajustar los errores de facturación. Estas prácticas le costaron a la compañía cientos de millones en demandas y procesos instaurados por varios fiscales estatales. Sin embargo, en este caso de WorldCom se habría podido prestar atención a cosas tales como (1) el hecho de que la compañía ocupara el primer puesto en quejas presentadas ante la Comisión Federal de Comunicaciones de los Estados Unidos por cortes súbitos en las llamadas de larga distancia, o (2) el hecho de que PlanetFeedBack clasificara a varias de las unidades de negocios de WorldCom entre las diez peores en servicio al cliente y errores de facturación.

Es importante seguirle la pista al flujo de caja. No conviene engañarse con la cifra de los ingresos netos de la compañía como único indicador de la salud financiera. Es preciso examinar la capacidad de la compañía para cubrir su deuda. De la misma manera como los bancos evalúan los ingresos y los gastos de una persona para conceder un crédito hipotecario, los prestamistas corporativos expiden garantías a fin de asegurarse de que una compañía cuente con recursos adecuados para cubrir el costo de la deuda. Generalmente, cuando las compañías se quiebran, es porque los prestamistas han decidido cortar sus pérdidas a causa de la violación de las garantías de crédito.

Por último, no hay que tener miedo de mirar un indicador todavía más sencillo: el efectivo en bancos. Quizás sea el indicador más importante de todos en lo que se refiere a la salud de una compañía, especialmente en los campos de la tecnología y la biotecnología.

Advertencias desatendidas

Para caer en la trampa del exceso de velocidad, las compañías no tienen que ser máquinas pequeñas de crecimiento acelerado como algunas de las empresas nuevas de Internet a las cuales nos hemos referido. Hay compañías grandes con equipos de gerentes veteranos que han dejado algo más que ventanas rotas en su carrera desbocada. En el caso del negocio de los *stents* de J&J, la gerencia no se dio cuenta de que el edificio se estaba quemando sino hasta cuando ya fue demasiado tarde. Cualquiera habría podido ver el humo, principalmente por la erosión de la participación en el mercado europeo y la falta de innovación constante en un negocio que vive de ella. Ésas son señales de alerta para un gerente. Pero para los inversionistas o los miembros de la junta directiva, la verdadera señal de alerta se produce cuando hay condiciones como ésas y aparentemente nadie hace nada al respecto. Éste fue el comentario de John Keogh, presidente de una compañía de seguros que expide pólizas de protección para los directores y funcionarios de corporaciones: "Mi experiencia anecdótica es que donde hay humo hay incendio. Por tanto, si se descubre un problema en una parte del negocio, es muy probable que se trate de un indicador temprano de un problema más grande. Si la gerencia descubre que hay un problema mayor, es obvio que mientras más pronto se ocupe de él, mejor. Son los problemas que demoran más tiempo en aflorar los que tienden a destruir a las compañías".

Vimos muchos de esos ejemplos a los cuales se refería Keogh: el Proyecto Spa de RJ Reynolds era una fantasía de fumador que nunca debió llegar tan lejos. A los clientes les pareció horrible el sabor del cigarrillo y así lo manifestaron sin ambages al equipo de desarrollo del producto. Los clientes enviaron advertencias claras a Motorola cuando la compañía se empeñó en darle la espalda a la tecnología digital, y lo mismo hicieron con Rubbermaid cuando ésta trató de trasladar unos costos cada vez más altos a los minoristas. No es necesario que las advertencias provengan de los clientes: en ocasiones, las personas de dentro de la compañía reúnen el valor para hablar, aunque los altos ejecutivos no siempre escuchan, como sucedió en el caso de Enron.

Las advertencias no escuchadas son comunes en las fusiones y adquisiciones. Las compañías se concentran hasta tal punto en el resultado final o en conseguir el siguiente negocio, que pasan por encima de las posibles diferencias. Infortunadamente, lo único cierto en las adquisiciones es que todo lo que no se resuelva antes de sellar el negocio tendrá que manejarse de una u otra manera más adelante. Trátese de una disminución crítica de la demanda del mercado (la cual Mattel pasó por alto al adquirir a The Learning Company) o de posibles conflictos con las cuentas que impliquen perder a un cliente como Colgate (lo cual no tomó en cuenta Saatchi & Saatchi), los hechos por lo general saltan a la vista. Muchas veces, la advertencia no escuchada quizás no lleve al derrumbamiento de la compañía o de la adquisición, pero es un patrón que indica que algún día lo hará.

En el caso de Snow Brand Milk, cuando alguien reconoció que nadie escuchaba las advertencias en el negocio de la leche, ya era demasiado tarde. Pero no era demasiado tarde para notar la cultura de no escuchar y el impacto que habría podido tener sobre el resto de la empresa. En la industria de los seguros para los directores y funcionarios, las aseguradoras por lo general miran los ajustes de las demandas de manera diferente de como los miran los inversionistas. Para estos últimos, el ajuste de una demanda implica que la compañía ha dejado atrás esa clase de problemas. Para las aseguradoras, los ajustes son una señal de que la compañía bien pudo haber cometido faltas que con el tiempo podrán provocar más demandas.

Éxito y más éxito

He aquí una sorpresa. ¿Quiere saber cuál es una de las mejores señales genéricas a la que se debe prestar atención? Pues el éxito, el éxito arrollador. Dejando de lado la triste realidad de que muchas de las compañías estudiadas habían sido verdaderamente exitosas antes de caer en desgracia —Rubbermaid, Motorola, Wang Labs, Sony, Conseco, Johnson & Johnson, Snow Brand Milk, LTCM, Barneys, y la lista continúa—, hay muchas razones para nunca bajar la guardia. Ante todo, las empresas zombis descritas en el capítulo 7 habían sido exitosas en algún momento, pero desarrollaron una serie de políticas y actitudes engañosas como producto de su éxito. En segundo lugar, las compañías que alcanzan el éxito en sus mercados son una especie de aviso publicitario que incita a otras a imitarlas. En tercer lugar, el éxito engendra arrogancia. Ni siquiera una compañía tan poderosa como Microsoft fue inmune a los peligros del éxito y debería considerarse afortunada de que la demanda por monopolio terminara como terminó. En cuarto lugar, es fácil bajar la guardia cuando la compañía nada en utilidades. Es apenas natural; como lo expresó Maquiavelo en *El príncipe:* "Es error común de la humanidad no prever la tormenta cuando el mar está en calma". Por último, el éxito crea su propio impulso, el cual es muy difícil de mantener dentro del esquema general de las cosas. Una de las razones por las cuales WorldCom recurrió a una contabilidad fraudulenta fue porque era la única manera de mantener las cifras en un nivel extraordinario, puesto que ya no estaba pudiendo hacerlo a través de sus operaciones normales.

Son pocas las compañías que evalúan la razón por la cual las cosas salen bien (y suelen darle el crédito a "la genialidad del director ejecutivo"). Pero sin una idea clara del porqué del éxito, es difícil saber por qué no llega. Es necesario poder identificar el momento en el cual se necesitan los ajustes. De lo contrario, un buen día despierta uno y es como si todo se hubiera echado a perder en una noche. Pero no es así; es un proceso lento que puede detectarse. Por ejemplo, cuando comenzó la caída de GAP, la reacción fue más de desconcierto que de análisis. Mickey Drexler, el director ejecutivo, con anterioridad había tomado las decisiones acertadas, y se suponía que continuaría haciéndolo a fin de remediar la situación. Infortunadamente, no hubo nada que incitara a buscar el remedio —ni disensión crítica, ni fortaleza en las bancas ni mentalidad abierta. El estilo personal de Drexler, unido a su historial de éxitos, hacía difícil que la gerencia se atreviera a cuestionarlo. Además, la filosofía de la compañía expresada en la frase "Nosotros imponemos la moda, no reaccionamos frente a ella", hizo que se cerrara el debate.

El caso extremo de una compañía exitosa que pierde toda noción de prudencia y responsabilidad frente a las normas del proceder empresarial bien puede ser el de Adelphia. Cuando pensamos en Adelphia nos viene a la mente un clásico del cine producido en 1974, *Sillas de montar calientes,* de Mel Brooks. En la película hay una escena en la cual todo el mundo converge en un pueblo donde la cantina, las tiendas, el banco y hasta el comisario llevan el mismo nombre: Johnson. Este hombre y su familia dominan todo el pueblo, y mientras en la película Mel Brooks utilizó el apellido Johnson, en el mundo de los negocios ese apellido era Rigas. John Rigas y su familia eran los soberanos en el pueblo de Coudersport, Pennsylvania. La mayoría de los habitantes del pueblo trabajaban en Adelphia, y Adelphia y la familia Rigas eran los dueños de casi la totalidad del pueblo. La inmobiliaria, el restaurante, el teatro, el campo del golf, todo era de la familia. Y el principio que quizá definía a la compañía y a la familia es que cada uno cuidaba de lo suyo. Así, Doris, la esposa de John, decoró los edificios de Adelphia con 12,4 millones de dólares en muebles de una de las empresas de la familia; el yerno, Peter Venetis, manejaba un fondo de capital de riesgo con dinero de la compañía; cuando la compañía necesitaba un vehículo, lo adquiría en la concesionaria de la familia; los servicios de remoción de nieve, corte del césped —correcto— todos eran prestados por empresas de la familia. La familia Rigas creó a Adelphia, cuyo nombre significa "hermanos" en griego, como una isla volcada sobre sí misma. Pero el juego llegó a su fin cuando se aventuraron a salir al mundo exterior en busca de capital y después abusaron de ese dinero.

En el capítulo 9 analizamos hasta cierto punto este comportamiento cuando nos referimos a la ilusión de la preeminencia. No siempre es fácil ver este hábito estruendosamente defectuoso desde afuera, pero la historia de Adelphia nos permite abrir una ventana sobre ese mundo. Cuando una compañía se aísla de las normas comunes de conducta; cuando convierte el aspecto positivo de ser una "empresa familiar" en un reino mal comunicado con el exterior; cuando posee demasiado, controla demasiado y domina demasiado; cuando suceden todas esas cosas, más vale mirar con más detenimiento. El éxito fantástico o el predominio avasallador no implican que no estén sucediendo o sucedan cosas malas en el futuro. Sin embargo, son muchas las veces en que son precisamente estos atributos los que están presentes en compañías que se estrellan contra el fracaso. Por consiguiente, vale la pena que quien quiera que trabaje o invierta en una compañía como éstas mantenga los ojos bien abiertos.

Retiros de los ejecutivos

Entre 1999 y 2001, cuatro de los cinco altos ejecutivos de GAP se retiraron de la compañía, salidas que culminaron con la renuncia del director ejecutivo Mickey Drexler, a medida que decrecían las ventas de la compañía año tras año. En el transcurso de dos años (1999-2000), seis de los subalternos de la directora ejecutiva de Mattel, Jill Barad, renunciaron por "razones personales". No pasó mucho tiempo antes de que la propia Barad dejara el cargo. Jeff Skilling, director ejecutivo de Enron, se retiró de la compañía en agosto de 2001, apenas tres meses antes de que los problemas de Enron aparecieran en las primeras planas. Kmart mantuvo un promedio de rotación del 38% anual en sus filas de altos ejecutivos durante todo el decenio de los 90. Silicon Graphics perdió al 40% de sus altos ejecutivos en los dos años que antecedieron al desplome de sus acciones en 1996. Casi todos los sesenta y cuatro ejecutivos de Cordis se retiraron de la compañía después de que Johnson & Johnson la adquiriera en 1995.

¿Cuán nítido puede ser este esquema de comportamiento? Una puerta giratoria en las esferas superiores suele ser una señal clara de fallas en el nivel ejecutivo. Puede ser indicio del cuarto hábito de quienes fracasan estruendosamente ("Eliminan despiadadamente a quien quiera que no los apoye totalmente") o puede ser reflejo de que los altos ejecutivos comienzan a actuar con base en información confidencial. Los analistas y muchos inversionistas tienen como práctica corriente seguirle la pista a la venta de acciones por parte de los empleados de la compañía, ¿pero cuál podría ser un indicio más claro que el hecho de que un ejecutivo opte por abandonar del todo su cargo y la compañía?

Incluso cuando una compañía parece fuerte, o por lo menos parece un baluarte de un sector de la industria, las salidas de los ejecutivos pueden ser reveladoras. Consideremos el caso de Sun Microsystems. El 1 de mayo de 2002, Sun Microsystems anunció la renuncia del presidente de la compañía, Edward Zander, el cuarto alto ejecutivo en irse de la compañía en un período de dos semanas. Scott McNealy, el director ejecutivo de Sun, calificó esas movidas de "positivas y programadas"; no obstante, cinco meses después, Sun anunció un descenso inesperado en sus ingresos por ventas para el primer trimestre del año fiscal 2003, junto con el despido del 11% de su fuerza laboral, equivalente a cuatro mil cuatrocientas personas. Es interesante señalar que McNealy continuó defendiendo la posición de la compañía ("Sun está en perfectas condiciones. Es un gran momento."). En los cinco meses transcurridos entre la renuncia de Zander y el anuncio de los despidos, las acciones de Sun pasaron de 8,18 dólares a 2,99 dólares, lo cual representó una caída del 73%.

El presidente desquiciado

Hay algo que usted puede hacer a fin de prepararse para la próxima vez que asista a una reunión anual de una compañía en la cual tenga acciones. Consulte la sección del informe de gestión en la cual se describen las actividades de los comités de la junta y compare el número de veces que se reunió en el año el comité de remuneración con el número de reuniones del comité de auditoría. Si el comité de remuneración se está reuniendo con mayor frecuencia, *mucha mayor frecuencia,* abra los ojos. Al preguntárseles la razón, los miembros de la junta dirán que la remuneración de los ejecutivos es muy compleja y merece consideración a fondo. ¿Pero implica eso que las finanzas de la compañía no son complejas y, por ende, merecen *menos* atención?

La manera más fácil de identificar a una compañía desquiciada consiste en mirar al director ejecutivo. Las organizaciones siguen el ejemplo de arriba y un director ejecutivo desquiciado o que pierde el rumbo puede desencadenar consecuencias graves. Si bien nunca se obtendrá una respuesta clara al estudiar a un director ejecutivo para ver si hay señales de que haya perdido el rumbo, sí es posible obtener pistas con base en algunos de los patrones que salieron a flote en los fracasos que estudiamos. En el capítulo 9 describimos los hábitos de los líderes que fracasan, algunos de los cuales reiteraremos aquí, pero esta vez prestando mayor atención a las pistas que puedan indicar que un director ejecutivo se ha pasado de la raya.

La gente

Sam Waskal era el fundador de ImClone y la persona en quien Bristol-Myers Squibb (BMS) decidió apostar 2 mil millones de dólares cuando adquirió un interés del 20% en la firma de biotecnología y su único producto, el medicamento Erbitux para el cáncer. Cuando la FDA denegó la solicitud de ImClone para la aprobación del fármaco, BMS quedó con la responsabilidad de explicar lo sucedido. Cuando posteriormente se supo que ImClone conocía desde meses atrás la preocupación de la FDA y aparentemente había entregado datos inexactos al ente regulador, fue necesario dar más explicaciones. Y cuando estalló el escándalo relativo a las negociaciones basadas en información confidencial (el cual culminó en la acusación contra Waksal y la vinculación de figuras tan destacadas de la sociedad neoyorquina como Martha Stewart),

BMS tuvo que explicar en primer lugar la razón por la cual decidió entrar en sociedad con Waksal.

Aunque nadie habría podido pronosticar con exactitud lo que sucedió, había pistas importantes de que Sam Waksal no era quizás el mejor socio de negocios para una compañía farmacéutica prestigiosa. No hay duda de que Waksal tenía la inteligencia y el carisma, pero un vistazo a su pasado habría revelado algunas preocupaciones inquietantes sobre la manera como había utilizado su prodigioso talento.

Tras obtener su doctorado, Sam Waksal pasó por una serie de cargos prestigiosos, pero todas las veces dejó tras de sí un velo de duda. Su primer trabajo fue en un laboratorio en Stanford, el cual terminó cuando se le pidió que renunciara tras haber tergiversado la verdad sobre la manera como había conseguido un suministro de anticuerpos difíciles de producir. Posteriormente logró escampar durante poco menos de tres años en el Instituto Nacional del Cáncer de los Estados Unidos. No le renovaron el contrato por una serie de problemas que ocurrían misteriosamente hacia el final de los experimentos, cada vez que se le cumplía el plazo a Waksal para entregar su trabajo a sus colaboradores.

Su siguiente parada fue en Tufts University, donde se repitió nuevamente el patrón de encanto combinado con ética cuestionable. La gota que rebosó la copa en Tufts fue cuando su hermano Harlan, quien hacía su residencia médica allí, fue detenido por posesión de cocaína y Sam, aunque no era médico, lo reemplazó y atendió pacientes mientras su hermano estaba "indispuesto". Años más tarde, cuando trabajaba en la facultad de medicina de Mount Sinai en Nueva York, fue acusado de falsificar datos en un experimento, con lo cual llegó a su fin su permanencia en esa institución. Finalmente, Sam Waksal estaba listo para independizarse. Fue entonces cuando fundó a ImClone en 1985, empresa a la cual vinculó al poco tiempo a su hermano Harlan.

Claro está que no se puede afirmar con certeza que un director ejecutivo con un pasado dudoso no pueda ser digno de confianza en el futuro, pero si no se presta atención a la información recogida, hay una buena probabilidad de tener una sorpresa desagradable. De la misma manera como los suscriptores cautelosos de las pólizas de protección para directores y funcionarios ven en las demandas del pasado un indicador de las que pueden venir, debemos hacer caso de los patrones de datos que descubrimos. Después de todo, ésa es la esencia de una señal de alerta temprana.

Al considerar los datos relativos a las compañías que estudiamos, hay otro hecho que parece sobresalir y es el alto número de negocios de familia que terminaron en la ruina. Schwinn, Barneys y Rite Aid fueron empresas manejadas por las generaciones que vinieron después de los fundadores y todas terminaron en quiebra o casi quebradas. Samsung y Levis también estaban bajo el control de las familias fundadoras cuando tuvieron dificultades. Tal como señalamos en el capítulo 2, un director ejecutivo *puede* poseer demasiadas acciones, porque después de cierto nivel prácticamente su poder es ilimitado. Es imposible predecir si este poder ha de terminar en resultados positivos o negativos, aunque es un hecho que los directores ejecutivos de un linaje familiar no se han sometido al mismo escrutinio que quienes han remontado la jerarquía. Sin embargo, una de las cosas bastante seguras es que hay una buena probabilidad de que las compañías manejadas por la familia del fundador produzcan resultados volátiles, porque el poder les otorga la libertad para elegir estrategias de alto riesgo cuyos resultados pueden ser muy variables.

El comportamiento

El segundo tipo de señales de alerta exige todavía menos esfuerzo de parte de los inversionistas, los gerentes, los miembros de la junta y otros guardianes. Esto se debe a que los comportamientos que manifiestan los directores ejecutivos atrapados en medio del fervor napoleónico son tan evidentes que es imposible no reconocerlos.

Por lo general comienzan por cerciorarse de ser el centro de atención, en particular de un grupo de gente muy especial. Así, los hermanos Saatchi eran muy activos en el partido conservador del Reino Unido. Sam Waksal compró un apartamento ostentoso en SoHo, lo decoró con obras de arte costosas y se vinculó al grupo de intelectuales de Manhattan. A Edward McCracken, ex director ejecutivo de Silicon Graphics, se le vio permanentemente en las reuniones de la Casa Blanca durante los años 90. Ken Lay siempre estuvo a una llamada de distancia de su buen amigo, el presidente George W. Bush. La lista de presidentes de empresa reseñados en el capítulo 9 y amigos de esta ética de codearse por lo alto no es insignificante.

Lo que es asombroso de todas estas personas es que mientras se daban la gran vida, se codeaban con las celebridades y los políticos, y gastaban a manos llenas en sus proyectos predilectos o sus estrategias malhadadas, las compañías sobre las cuales ejercían una responsabilidad fiduciaria sufrían pérdidas cuantiosas. Ser director ejecutivo de una compañía es más que un trabajo de tiempo completo, y quizás pueda decirse lo mismo de un miembro del *jet set*, una celebridad de Hollywood o un cabildero bien conectado en Washington. Si bien hay un lugar para los directores ejecutivos en los asuntos de interés público, cuando su participación deja de ser una mera contribución para convertirse en un estilo de vida, comienzan a pasar cosas malas.

¿Qué tal cuando una compañía comienza a construir una sede nueva con la intención de convertirla en un símbolo corporativo? Además de distraer al director ejecutivo de sus labores más importantes, esta clase de proyectos puede absorber la mayor parte de la atención de los altos ejecutivos durante meses. ¿De quién serán las ideas que se incluirán en el diseño definitivo? ¿De quién será el departamento al cual se le asignará un determinado espacio? ¿Cuáles oficinas se les asignarán a cuáles ejecutivos? Las posibilidades de conspiraciones y rencillas son interminables. Sin embargo, ninguno de los esfuerzos dedicados a la construcción tendrá un efecto que no sea negativo sobre el desempeño de la corporación. Un ejemplo clásico es el de los ejecutivos de Money Store. Durante el período anterior a que la compañía fuera adquirida por First Union en 1998, estuvieron tan atareados con la construcción de las nuevas oficinas de la casa matriz, diseñada en forma de pirámide maya, que todos los controles internos estuvieron a punto de colapsar y el negocio estuvo marchando casi como si no tuviera gerentes.

Para mí, la señal de alerta más imponente es cuando la compañía decide adquirir los derechos sobre el nombre de un nuevo campo deportivo o estadio. Por ejemplo, cuando CMGI (una empresa *holding* de Internet con diversos negocios bajo distintos nombres) pagó en el año 2000 la módica suma de 114 millones de dólares por el derecho de poner durante quince años su nombre en el nuevo estadio de los Patriotas de Nueva Inglaterra, no tenía mayores argumentos sólidos para hacerlo. Después de todo, como *holding* no tenía una marca de consumo que pudiera vender y no tenía un producto o servicio denominado CMGI que alguien pudiera comprar. Agréguese a esto el detalle de que CMGI perdió más de 5 400 millones de dólares en 2001 y continúa trastabillando en la era posterior a Internet, cuando la estupidez de comprar los derechos sobre el nombre de un estadio está más que comprobada.

Lo sorprendente es que CMGI no es la única. Es asombroso el número de compañías que, en los últimos cinco años, pagaron millones de dólares para que su logotipo y su nombre adornaran los estadios y los campos deportivos, y que terminaron con dificultades financieras serias. Aparte de no menos de ocho aerolíneas que hicieron esa inversión, la siguiente es la lista de otros "triunfadores" y de las sumas que gastaron:

Compañía	Estadio	Equipo	Millones de dólares
Fruit of the Loom	Pro Player Stadium	Florida Marlins, Miami Dolphins	20
Enron	Enron Field	Houston Astros	100
Conseco	Conseco Fieldhouse	Indiana Pacers	40
PSINet	PSINet Stadium	Baltimore Ravens	100

El dinero

Cuando le preguntamos a Russell Lewis, director ejecutivo de *The New York Times*, cuáles eran en su opinión las señales de alerta que podrían presagiar problemas serios, lo primero que dijo fue: "Si la remuneración es demasiado elevada en comparación con el tamaño y el desempeño de la empresa, yo saldría corriendo con mi inversión para otro lado". Es un buen consejo del cual hicieron eco otros de los expertos consultados. Sin embargo, nosotros vamos un poco más allá. Cuando la compañía misma cae en las garras de la codicia y el dinero, más vale prestar mucha atención o quizás salirse de un todo. Y los ejemplos perfectos de la obsesión de que "la codicia es buena" no son otros que los campeones de las quiebras: WorldCom y Enron.

Bajo la dirección de Bernie Ebbers como director ejecutivo y Scott Sullivan como director financiero, WorldCom nos recuerda la película *Chocolate*, en cuyo clímax aparece uno de los personajes principales atragantándose de chocolate. Incapaz de dejar de comer, imposibilitado para controlar su obsesión, finalmente se queda dormido en la vitrina de la chocolatería. En WorldCom, el chocolate eran el dinero y las utilidades, y no había manera de saciar el hambre. La junta autorizó préstamos por 400 millones de dólares a Ebbers; los representantes de ventas presentaban sistemáticamente doble facturación de sus clientes para elevar sus comisiones; durante las reuniones con los analistas, Ebbers se limitaba a discutir el precio de las acciones de la compañía, mostrando una gráfica que reflejaba su aumento, para luego decir: "¿Alguna pregunta?"; la compañía inflaba las ganancias eliminando las reservas cada vez que quería manipular las cifras; los gastos operativos se capitalizaban regularmente (a un empleado se le dijo que capitalizara los pasajes de avión cuando visitara oficinas de la compañía); cuando todo lo demás falló, el director financiero supuestamente inventó cifras financieras para incrementar las utilidades.

La historia de Enron es todavía más conocida que la de WorldCom. La saga que se ha conocido es también la de una compañía que perdió el control, olvidó sus límites y descuidó todo por el dinero, para los ejecutivos en particular y para la compañía en general. Ya se sabe a ciencia cierta que las sociedades no registradas en el balance fueron una herramienta osada para enriquecer al director financiero Andrew Fastow y a unos cuantos privilegiados de la compañía. La idea de que el dinero era primero en realidad se remonta a principios de 1987, cuando los auditores descubrieron un escándalo mayúsculo de negociaciones petroleras de Enron. Los negociadores, quienes fueron hallados culpables de generar transacciones falsas para aumentar el volumen y, no por casualidad, también sus bonificaciones, no fueron despedidos por el entonces presidente Ken Lay sino cuando la estratagema salió a la luz pública. Al interior de Enron, esas transacciones eran el pan de cada día.

Desde afuera, esta clase de actos egregios de los altos ejecutivos no se ven como remuneración excesiva, pero cuando se apoderan de la cultura de la compañía, prácticamente todas las personas vinculadas a la empresa terminan sospechando. Nos referimos a los miembros de la junta y también a los gerentes de todos los niveles de la jerarquía, quienes tienen una intuición especial para señales de alerta como éstas. Para los inversionistas, la lección es que por fácil que sea dejarse atrapar por la euforia de una compañía como Enron que rompe todas las reglas, o como WorldCom que construye una nueva AT&T a través de adquisiciones ladinas, la realidad no siempre es tan clara. En este sentido, también es una historia de exageración, lo cual nos lleva al siguiente tipo de señal de alerta común.

Demasiada exageración

El mundo de la exageración llegó a su punto culminante con "la burbuja" de Internet, aunque es una práctica que está lejos de haber desaparecido. ¿Por qué la exageración sería una buena señal de alerta? Comencemos por mirar la definición de la palabra*.

> *Exageración: sustantivo (1) bombardeo de comunicaciones y la conmoción a la cual da lugar; (2) afirmaciones exageradas o ex-*

---

* En el original, extractada de The American Heritage Dictionary of the English Language, 4ª. Ed., Nueva York: Houghton Mifflin, p.23.

travagantes hechas especialmente en el material promocional y publicitario; (3) algo que es deliberadamente engañoso; un engaño.

Cuando se la mira de esta manera, no suena tan inofensiva, y no fue inofensiva para el sinnúmero de inversionistas que quedaron atrapados en la exageración de la bonanza de Internet.

El peligro es que la exageración puede ocultar problemas o enmascarar intenciones que, de conocerse, inducirían a la gente a tomar decisiones diferentes. La exageración podría arrojar un velo sobre el juicio de los inversionistas respecto del valor de las acciones. Podría llevar a los gerentes a depender equivocadamente de una tecnología o un producto nuevo. Por tanto, bien sea que usted sea inversionista, miembro de junta directiva, director ejecutivo o mando medio, vale la pena que se mantenga atento a cualquier señal de alerta de que algo o alguien no sea más que exageración.

Exagerar sobre los productos antes de que existan

Una práctica común en los negocios es hacerle marketing a un producto antes de que salga al mercado y crear un poco de exageración como preludio a su lanzamiento. Basta con pensar en el negocio del cine, donde la máquina de promoción entra a operar con el acelerador a fondo antes del estreno de la película. Sin embargo, la última vez que hicimos un análisis no eran muchas las películas antecedidas por gran bombo incluso antes de iniciarse el rodaje. Pero eso fue lo que sucedió con General Magic e Iridium. Hasta cierto punto, los ingenieros que estaban a cargo no pudieron evitarlo; no olvidemos que éstas fueron dos historias clásicas de tecnocracia. Pero cuando algo parece demasiado bueno para ser verdad... por lo general es así.

Uno de los negocios más vulnerables a la exageración desbocada es el de la industria farmacéutica. Cuando nuestra salud o la de nuestros seres queridos está en juego, no hay nada que no queramos hacer o en lo que no queramos creer. En otras palabras, es la situación perfecta para hacer afirmaciones estrafalarias que generan publicidad gratuita. El remedio de la industria es la FDA, entidad encargada de vigilar y aprobar los medicamentos.

Aparece en escena Sam Waksal, científico, director ejecutivo y miembro de la sociedad de Manhattan. Mientras en su compañía se desarrollaba el medicamento Erbitux para el cáncer, la máquina de la exageración comenzó a operar a marchas forzadas. Waksal declaró que el Erbitux "será el lanzamiento más importante de toda la historia en el campo de la oncología". Waksal apareció en la portada de *BusinessWeek,* las acciones de ImClone se dispararon y Bristol-Myers Squibb anunció la inversión por 2 mil millones de dólares en esa compañía biotecnológica de alto vuelo. El único problema fue que la FDA rechazó la solicitud de aprobación del Erbitux el 28 de diciembre de 2001, con lo cual las acciones tanto de ImClone como de Bristol cayeron en picada. Una de las cosas más sorprendentes sobre esta historia es que en sus diecisiete años de existencia ImClone no había producido nada y no había tenido un solo año rentable y, no obstante, este hecho al parecer no preocupó a nadie cuando las acciones de la compañía alcanzaron niveles exorbitantes. Las lecciones de la bonanza de Internet son muy claras para los inversionistas. Es desastroso aferrarse a unas acciones cuyo valor se basa en la exageración sobre "un producto que está por nacer". En muchos casos, la mayor parte del aspecto positivo de un producto viene de la mano de la exageración, dejando al descubierto un riesgo significativo. Tal como dijo un negociador de acciones al descubierto: "A mí se me despierta el interés cuando oigo a los gerentes exagerar en sus declaraciones".

Exageraciones sobre las fusiones y las adquisiciones

Uno de los campos en los cuales la exageración se ha convertido en una forma de arte es el de las fusiones y las adquisiciones. Ante una historia de pérdidas, un patrón de subestimación de costos y sobreestimación de beneficios, precios demasiado elevados y unos directores ejecutivos metidos a héroes que insisten en hacer los negocios, la presión por presentar un panorama feliz es muy grande. Ver aparecer un signo de incremento del precio de las acciones en los primeros días después de anunciar el negocio es afirmación inmediata de que la adquisición en cuestión esta vez es diferente. El objetivo de obtener comentarios favorables en los primeros artículos de prensa publicados después de anunciar el negocio, implica por lo genera un esfuerzo coordinado por parte del director ejecutivo de la compañía compradora, la banca de inversión y las firmas profesionales de relaciones públicas contratadas exclusivamente con ese fin.

En un artículo fascinante publicado en *The Wall Street Journal*, los periodistas Nikhil Deogun y Steven Lipin compararon las declaraciones de los directores ejecutivos de las compañías compradoras al momento de proclamar el negocio con las declaraciones posteriores al momento de anunciar la venta subsiguiente de la compañía adquirida. Tal como lo demuestran estos ejemplos, la exageración está bien viva en el campo de las fusiones y las adquisiciones. Lo bueno es que podemos mantenernos alertas a este tipo de exageración y reconocerla por lo que es: un intento transparente por manipular a los inversionistas.

Exageraciones sobre la compañía

Aunque no hay duda de que no siempre es así, no podemos dejar de sorprendernos ante la cantidad de veces en que las publicaciones gremiales y de negocios han revestido de una aureola de santidad a una compañía o una persona que no tarda en trastabillar poco después. Ya vimos la salida de Rubbermaid de la lista de compañías más admiradas de los Estados Unidos de la revista *Fortune*. ¿Pero sabía usted que el antiguo director financiero de Enron, Andrew Fastow, artífice importante de la figura de las sociedades no contabilizadas en el balance que contribuyó a la caída de la compañía, obtuvo el premio a la excelencia por la gestión de la estructura del capital, premio concedido a los directores financieros por *CFO Magazine*, en octubre de 1999, apenas unos dos años antes de que Enron se declarara en quiebra? Para no quedarse atrás, la revista *Chief Executive* incluyó por la misma época a la junta directiva de Enron entre las cinco primeras. Y la Asociación de Prensa de los Estados Unidos rindió tributo a Kmart y la nombró "La empresa minorista del año" el 21 de enero de 2002, un pésimo momento, pues al día siguiente Kmart se acogió al capítulo 11 de la ley de bancarrotas. A Jill Barad se le reservó la portada de

Negocio	Fecha de compra y venta	Palabras del director ejecutivo en el momento de la compra	Palabras del director ejecutivo después de la venta
AT&T compra a NCR	1991, 1995	"Nuestro futuro estará lleno de promesas cumplidas".	"El mundo ha cambiado".
SmithKline Beecham compra a Diversified Pharmaceutical Benefits	1994, 1999	"Una alianza singular... nos pone en condiciones de vencer".	"Necesitamos mayor claridad en el enfoque".
Eli Lilly compra a PCS Health Systems	1994, 1998	"Una joya a un precio muy atractivo".	"El negocio puede beneficiarse de las disposiciones del nuevo propietario".
Quaker Oats compra a Snapple	1994, 1997	"Un potencial de crecimiento enorme".	"Eliminar las cargas financieras y los riesgos que nos generó Snapple".

BusinessWeek en 1998 (casi exactamente un año antes de que Mattel adquiriera a The Learning Company), mientras que al mismo tiempo aparecían otros artículos de portada sobre Dennis Kozlowski, de Tyco, (*BusinessWeek* en 2001) y Mickey Drexler, de GAP, (*Fortune* en 1998, justo antes de que terminara su racha de buena suerte).

El fin de la exageración: metas incumplidas

Una de las mejores señales que indican que una compañía puede estar funcionando con base en la exageración es el incumplimiento de las metas. Siempre que una compañía anuncia que sus ganancias trimestrales son inferiores a las proyecciones, el mercado reacciona negativamente a la noticia. La magnitud de la reacción depende del historial de la compañía o de su director ejecutivo. Lo mismo que con el sistema de justicia penal, el tratamiento para quienes violan la ley por primera vez es menos severo que el que se aplica a los reincidentes.

Jill Barad vivió una cadena de metas incumplidas en materia de ganancias (cuatro trimestres consecutivos) y, no obstante, en cada ocasión afirmó que vendrían tiempos mejores ("Continuamos confiando en el futuro de esta compañía"). Pero su gran talento para la promoción y la publicidad (después de todo, llegó a la dirección ejecutiva gracias al pasmoso éxito de convertir a la muñeca Barbie en un negocio de 2 mil millones de dólares) no le sirvió de mucho en Wall Street. Los inversionistas aceptaron sus afirmaciones sin cuestionarlas y cuando no pudo cumplir, perdió toda su credibilidad, junto con su cargo.

Cuando una compañía informa el incumplimiento de sus metas de utilidades, por lo general es demasiado tarde para que los inversionistas puedan salvar su dinero. Sin embargo, hay otro tipo de incumplimiento que puede anteceder al informe desastroso sobre las utilidades. Por ejemplo, Advanced Micro Devices tiene una historia larga de demoras en el desarrollo y la producción de sus productos, las cuales se han reflejado en unas utilidades pobres. El lanzamiento de su *chip* K5 en 1996 tuvo un retraso de un año completo, el cual se tradujo en la seria subutilización de su planta de producción y la falta de rentabilidad de la misma. Considerando la historia de AMD y las primeras señales de alerta con relación a su circuito integrado, no deben sorprendernos los problemas que la compañía ha tenido para competir con Intel.

Cuestión de carácter

Es probable que el indicador más importante de un posible fracaso de un ejecutivo sea el más difícil de definir con exactitud —la cuestión del carácter: una persona que se guía por principios éticos elevados y es profundamente competente; que desea alcanzar el éxito ayudando a otros a ser mejores de lo que serían sin su orientación; que es capaz de enfrentar la realidad incluso cuando ésta es desagradable, y reconocer cuando algo está mal; y que engendra confianza y promueve la honestidad de las organizaciones que crea y dirige. Aunque esta descripción puede parecer altisonante, la verdad es que algunos de los ejecutivos que estaban en la cima de las compañías reseñadas en este libro no daban la talla. Tony Galban, asegurador de directores y funcionarios en Chubb, dio en el clavo cuando dijo: "Las tres constantes en todas las situaciones graves de responsabilidad de los directores y funcionarios son la codicia, el amiguismo y la negación. Quien haya oído a las personas que han atestiguado en los estrados en los últimos seis u ocho meses, habrá reconocido un grado extraordinario de negación, rayano a veces en lo inverosímil".

Hasta muchos de los ejecutivos escrupulosamente honestos a quienes estudiamos —y fueron muchos— tropezaron cuando no pudieron aceptar la realidad de que el mundo había cambiado. En su caso, el problema no fue de ética sino de defensividad. ¿Cómo detectar esa señal de alerta? La siguiente es una sugerencia de Tony Galban:

> *Conviene oír siempre los llamados de los analistas, porque sirven para darse una idea de cómo piensa la persona cuando debe actuar en volandas. Permiten percibir si están en estado de negación o si están actuando profesionalmente. He visto a las personas más prudentes hacer comentarios muy reveladores en medio del fragor de una conferencia de prensa... Cuando uno quiere concentrarse en el tema A y toca el tema B, pero ellas insisten implacablemente en el tema B... Cuando les lanzan la tercera pregunta sobre el tema B, vale la pena observar cuán molestas se tornan. "Pensé que ya habíamos cubierto ese punto" o "Es lo mismo que dije anteriormente" son comentarios que reflejan desinterés e impaciencia, y significan: "Estoy aquí para hablar del tema A. He estado ensayando el tema A toda la noche y ahora ustedes pretenden sondearme con respecto a este tema B de menor importancia y no tengo intenciones de hablar de él".*

Si bien muchos inversionistas nunca podrán entrevistarse personalmente con el director ejecutivo o el director financiero de una compañía, tanto las opiniones de los analistas (a veces disponibles en tiempo real en el sitio virtual de la compañía) como el informe anual, permiten vislumbrar el carácter. John Keogh, otro importante asegurador de directores y funcionarios, mencionó lo que busca cuando los directores ejecutivos están en la mira: "¿Qué tan bien comprenden su negocio?... ¿Tiene el director ejecutivo o el financiero todas las respuestas y está más o menos 'encima de la jugada'?"

La carta a los accionistas es una de las pocas ventanas a través de las cuales las personas ajenas a la compañía pueden dar una mirada al director ejecutivo. En algunas de las señales de alerta a las cuales nos hemos referido hay implícito un grado de combatividad o exceso de confianza, y la carta puede contener algunas pistas al respecto. Tony Galban les enseña a los suscriptores que trabajan para él lo siguiente:

Lean la carta y encierren en un círculo todos los adjetivos porque no hay que olvidar que el contenido ya ha sido destilado... La carta ha pasado por el abogado y por todas las demás personas que deben asegurarse de ser prudentes. Se trata de tener cuidado con las personas con un sentido del control demasiado acendrado y con las temerarias. Son ellas quienes tienen los peores rasgos de personalidad para lo que yo llamo el director ejecutivo confiado. Se trata de identificar a las personas que hablan en términos excesivamente agresivos sobre lo que piensan lograr, que se indignan farisaicamente ante la posibilidad del fracaso, que saltan a la defensiva cuando se les habla de un mal año, personas que sencillamente se encuentran en estado de negación. Se ven cosas como éstas... "Bien, las ventas estuvieron rezagadas en un 60% este año, pero lo mismo le sucedió a todo el mundo" o "Las ventas estuvieron rezagadas en un 60% este año pero, aunque no lo crean, estamos mejor que nunca". Éstas son las negaciones que uno debe poder identificar, y la carta a los accionistas es un buen lugar para buscarlas.

De cierta manera, la máxima señal de alerta es cuando el director ejecutivo y otros miembros de la alta gerencia no inspiran confianza. Está claro, entonces, que hay pistas sobre lo que podría suceder en una compañía y, si bien esas pistas encierran mucha incertidumbre, ofrecen a los inversionistas, los miembros de la junta y otras partes interesadas una ventana hacia el futuro. La cuestión de carácter quizás sea la más importante de todas.

Una cosa es predecir y otra muy distinta hacer algo al respecto

Se afirma que Wayne Gretzky, estrella del hockey, tenía una habilidad misteriosa para "ver" dónde estaría el disco antes que cualquier otro jugador. Se dice que Larry Bird y Magic Johnson tenían el mismo don en la cancha de baloncesto para saber dónde estarían los jugadores y encadenar los pases, como si tuvieran ojos en la nuca. No cabe duda de que esa habilidad viene en parte en el código genético de esos deportistas, pero hay que reconocer también la enorme cantidad de trabajo y estudio que requiere. La mayoría de los grandes deportistas profesionales son estudiosos de su deporte. Conocen la historia del deporte pero saben a ciencia cierta que el proceso de aprendizaje no termina nunca, por lo cual buscan constantemente tendencias y patrones nuevos que les sirvan para ser mejores jugadores.

El mundo de los negocios no es muy diferente en ese sentido. Los directores ejecutivos como Lou Gerstner, Jack Welch, Andy Grove y Bill Gates quizás hayan nacido con ciertas cualidades de grandeza en su código genético, pero buena parte de su éxito se puede atribuir a su dedicación al trabajo y al estudio de su oficio. En nuestro examen de los defectos de tantos grandes líderes, evaluamos las razones de su caída y también develamos los patrones de comportamiento que precipitaron buena parte de estos desastres. Esos patrones son de gran valor, no sólo porque son causas directas del descalabro de las compañías sino también porque permiten prever lo que podría suceder y brindan la oportunidad de tomar las medidas necesarias para cambiar el rumbo de los acontecimientos antes de que sea demasiado tarde.

Claro está que oportunidad no es sinónimo de acción. Aunque es de esperarse que los inversionistas estén atentos a reaccionar ante la posibilidad de un problema, ¿cuán seguros podemos estar de que los gerentes de nuestras compañías se tomen a pecho las lecciones de este libro? ¿Cuáles son las dificultades que les impiden a los gerentes aprender de sus errores, y qué podemos hacer al respecto? El siguiente y último capítulo hace referencia a un interrogante que ha permanecido entre bambalinas a lo largo del libro, a saber: ¿Cómo aprenden los ejecutivos brillantes?

CAPÍTULO 11

Cómo aprenden los ejecutivos inteligentes

Cómo vivir y sobrevivir en un mundo falible

En la película *La compañía*, éxito de taquilla, Tom Cruise representa el papel de un abogado joven que se vincula a una exitosa y poderosa compañía de abogados. Es el trabajo con el cual ha soñado y Cruise se siente en la cima del mundo, hasta que descubre algo. Hay algo oculto; la compañía está involucrada en algún acto ilícito e inescrupuloso, y alguien ha muerto misteriosamente. Cuando el protagonista comienza a averiguar, le aconsejan que se haga la vista gorda. Cuando insiste, es chantajeado. Cuando la investigación comienza a arrojar resultados, su propia vida comienza a correr peligro.

Imaginemos ahora una organización real donde —descontando la violencia, por supuesto— el hecho de preguntar sólo produzca problemas. Una compañía conocida por sus ataques contra la gente de adentro y de afuera que opte por no marchar a su propio ritmo. Una compañía que trate deliberadamente de ocultar o destruir información que pueda ser nociva, y de arruinar la carrera de quienes traten de sacarla a la luz. Si le suena conocida esa empresa, tiene razón. *La compañía* es el reflejo de Enron.

Veamos la evidencia. En Enron, la cultura despiadada que obligaba a las personas cuyo rendimiento era bajo a abandonar la compañía también hacía que fuera muy peligroso equivocarse. El "delator" Sherron Watkins, en su testimonio ante la comisión investigadora del congreso, dijo de Jeffrey Skilling, el director ejecutivo, y de Andrew Fastow, el director financiero, que eran "avasalladores" y "arrogantes". Enron ocultó repetidamente las evaluaciones negativas de su contabilidad y sus perspectivas. Por ejemplo, en un carta a Ken Lay, presidente de la junta directiva, un alto ejecutivo escribió con frustración evidente: "Me preocupa enormemente que pueda producirse una implosión en medio de una oleada de escándalos contables". Este mismo ejecutivo anotó que otros altos empleados de Enron elevaron preguntas sobre los métodos contables de la compañía ante Skilling, pero se estrellaron contra un muro. Cuando la compañía finalmente investigó las denuncias de la carta, recurrió a su propia firma de abogados a la cual le impartió instrucciones de no revisar la contabilidad subyacente de las sociedades, la cual era la esencia misma de las preocupaciones. Como le dijo a la revista *Fortune* uno de los antiguos empleados: "Se perpetuó el mito de que nunca había errores. Para mí era algo incomprensible".

La cultura de la retribución que se proyecta en *La compañía* conoce pocos límites. Los ejecutivos de Enron involucrados en una de las principales sociedades constituidas por fuera del balance ejercieron presión para que uno de los abogados de Enron que estaba negociando con los abogados de la sociedad fuera despedido por incompetente. ¿Qué había en eso? Estos altos ejecutivos de Enron involucrados en el juego de la sociedad privada de hecho trataron de valerse de su posición para atacar a un abogado que no pensaba seguirles el juego y que era en realidad un empleado de Enron interesado en proteger los intereses de la corporación.

La presión no se aplicó sólo al interior de la compañía. Un analista investigador de Merrill Lynch otorgó a las acciones de Enron una calificación de "neutral" en 1998. Los ejecutivos de Merrill se quejaron ante el presidente de la compañía de que a causa de la opinión de ese analista estaban perdiendo negocios con la banca de inversión. El analista fue reemplazado ese verano. Bethany McLean, quien escribe para la revista *Fortune,* preparó el que es quizás el primer artículo importante sobre Enron, en el cual cuestionó las maquinaciones contables de la firma y se comunicó con Ken Lay para oír su reacción. Este último echó por tierra su lógica y la sacó con cajas destempladas. Pero un momento. El *jet* corporativo de Enron no tardó en aterrizar en Nueva York trayendo a Andrew Fastow y otros dos, quienes procedieron a presionarla para que se retractara. Cuando ella rehusó, la alta gerencia de Time Warner (la matriz de *Fortune*) recibió una comunicación en la que le solicitaban su despido; ellos la respaldaron. ¿Qué tal ese ejemplo de golpe bajo?

El patrón se aprecia claramente. Se trata de una compañía que se negó a aceptar otras opiniones divergentes y diferentes de la realidad a fin de mantener el *statu quo*. En aras de proteger el éxito y buscar la grandeza a toda costa, se creó una cultura inflexible e intolerante en la cual se hacía caso omiso de las ideas nuevas, se descartaban las preocupaciones y se ponía en la calle a cualquiera que tuviera un pensamiento crítico. Lo mismo que en la película, la historia de esta compañía es tan extrema que es casi inverosímil. Se trata de un caso perfecto de la vida real actual que ilustra cómo impedir el desarrollo de una cultura de aprendizaje.

Enron fue un fraude en muchos sentidos, una serie de manejos dobles perpetrados contra los clientes, los consumidores, los inversionistas y los empleados. Detrás de todos esos manejos había todo un sistema, constituido en parte por una cultura cerrada, en parte por incentivos perversos, en parte por personas inescrupulosas y en parte por arrogancia desmedida. Sin embargo, a pesar de todos esos ingredientes, habría sido posible ponerle coto al daño. Pero nadie quiso hacerlo; no había una cultura de apertura que hubiese podido impulsar un rumbo diferente y no había sistemas que obligaran a la gente a frenar el tren antes de que fuera demasiado tarde.

La parte más aterradora de la historia es que, si bien es fácil descartar a Enron por constituir una aberración, un error genético en la evolución de las empresas, sabemos que no somos tan distintos de Enron como insistimos en público o como creemos en privado. Por ejemplo, ¿cómo respondería usted estas preguntas?

- ¿Cree que el director ejecutivo y otros miembros de la alta gerencia de su compañías están abiertos a otras ideas?
- ¿Cree el empleado o el gerente corriente que puede informar de sus errores a su jefe sin que eso tenga repercusiones personales?
- ¿Hay en su compañía un proceso formal o informal para aprender de los errores?
- ¿Es práctica corriente en su compañía cuestionar a las personas que dicen: "Así lo hemos hecho siempre"?
- ¿Hay un conjunto de valores corporativos en los cuales la gente cree realmente y que sirven para decidir sobre la manera de conducir los aspectos "grises" de la compañía?

Si respondió honestamente y todas sus respuestas fueron afirmativas, vive usted en un mundo realmente feliz. Infortunadamente, la evidencia emanada de este proyecto de investigación sugiere algo diametralmente opuesto. Después de todo, no era que Motorola no tuviera la tecnología digital para los teléfonos celulares ni el talento para implantar una estrategia nueva con base en esa tecnología. Y no fue que no hubiera tenido conocimiento de que había un cambio hacia la tecnología digital. Los ejecutivos inteligentes de Motorola decidieron abstenerse de hacer algo al respecto. Optaron por cerrar la mente, por desechar todas las opiniones disidentes y por no reconocer sus errores aun a pesar de la evidencia clara del daño provocado.

Es fácil restarle importancia a las lecciones de Enron (y de WorldCom, Tyco, ImClone, Adelphia y Rite Aid) porque algunos de los actos de los ejecutivos de esas compañías se pasaron de la raya. Sabemos que la gran mayoría de los ejecutivos no estiran las reglas hasta el punto de violar la ley. Pero algunas de las fisuras en la estrategia, la cultura, la organización y el liderazgo que provocaron el desastre de Enron también se manifestaron en Motorola y J&J, en Rubbermaid y Mattel, en Cabletron y Wang, y en los Medias Rojas de Boston y Schwinn. En lugar de caer en prácticas ilícitas condenables, los ejecutivos de estas otras compañías recurrieron a estrategias condenables y pagaron el precio con la quiebra, pérdidas de miles de millones de dólares y carreras arruinadas.

El propósito de este libro ha sido documentar esos errores y los síndromes destructivos que los provocan, a fin de comprender las causas del fracaso y poder sugerir maneras de no caer en las mismas trampas y aprender de las experiencias de los demás. En cada uno de los capítulos precedentes hemos ofrecido algunas de las respuestas necesarias para evitar los errores críticos que dan al traste con las empresas. En la primera parte leímos sobre ejecutivos que trastabillaron al sortear algunas de las coyunturas más difíciles para una compañía, desde la creación de empresas nuevas hasta la gestión de la innovación y del cambio, el crecimiento a través de las fusiones y adquisiciones, y el manejo de las presiones de la nueva competencia. Estas historias no sólo permiten comprender los peligros sembrados en el camino hacia el éxito, sino que nos ayudan a comprender más a fondo cuáles son las cosas que pueden salir mal durante el trayecto. Aunque las lecciones de la primera parte son importantes y nos indican la manera de aprender de los errores de los demás, no son toda la historia.

La segunda parte nos enseñó otra serie de lecciones. Al examinar un espectro amplio de colapsos empresariales, identificamos las razones de base que explican el fracaso de los ejecutivos brillantes: las fallas de mentalidad que dan lugar a imágenes erradas de la realidad; empresas zombis que fomentan la idea equivocada de la realidad en lugar de cuestionarla; fisuras en los mecanismos para identificar, diseminar y utilizar la información vital; y patologías de los líderes que no sólo sofocan todo intento por corregir esas fisuras sino que aceleran su potencial para el daño. El hecho de que estos errores críticos surgieran como patrones comunes en muchas compañías e industrias diferentes implica que es todavía más urgente prestar atención a estas lecciones sobre el fracaso.

En el capítulo anterior centramos nuestra atención en las señales de alerta que presagian las tormentas. Con el oído en la tierra y el ojo avizor, un gerente o inversionista astuto y cauteloso podrá detectar al menos algunas de las señales a tiempo para reaccionar.

¿Pero qué haría falta si lo que se busca es actuar en lugar de reaccionar? ¿Qué haría falta si lo que se busca es fortalecer el sistema inmune de la organización contra las fallas garrafales de la gerencia? Sería necesario aprender cómo es que los grandes errores corporativos evolucionan, cobran velocidad y vencen las defensas típicas de la corporación y las mejores intenciones de los ejecutivos brillantes, a fin de saber cuándo intervenir. Y sería especialmente importante saber qué hacer para evitar esos grandes errores corporativos y aprender de ellos. Este capítulo abarca todos esos temas, en un intento por comprender la manera como aprenden los ejecutivos brillantes.

¿Qué sabemos sobre los errores?

Imagine que está comprando casa. Ha hecho averiguaciones sobre el vecindario, las escuelas, las ventas recientes de propiedades parecidas. Ha transitado por su ruta de viaje a las horas pico. Ha calculado a qué distancia están la tienda de abarrotes y la piscina de la localidad. Ha visitado la casa (dos veces) y está seguro(a) de su decisión de comprarla. Es obvio que podría investigar otras cosas, pero el costo de conseguir la información es mayor que el valor que le representa. Sin duda alguna tiene amigos que no descansarían antes de tener más información. Pero usted llega a un punto en el cual traza la raya, acepta las incógnitas y toma una decisión. Acepta un cierto nivel de riesgo. Así son las cosas cuando se trata de comprar una casa y también en el día a día de los negocios. ¿Cuál es el resultado? El error.

No valía la pena destinar tiempo para hablar con los vecinos y conocer a sus hijos. Quizás no investigó cuáles eran los planes para el lote vacío al final de la cuadra. A la semana de vivir en el nuevo vecindario no le cabe duda de que los hijos de los vecinos son malcriados y de que el lote está vacío durante el día pero es el escenario del comercio de drogas en la noche. Ahora bien, es poco probable que usted se haya equivocado tan radicalmente al juzgar un vecindario. Seguramente hubo señales de alerta. Pero en la lucha por equilibrar las decisiones, el gasto y el riesgo, elegimos caminos que pueden terminar siendo errados. Aunque estos errores podrían evitarse, es preciso reconocer que jamás podremos librarnos de todos los errores y que tampoco deberíamos pretender hacerlo. ¿Por qué?

Porque el riesgo es inherente a los negocios. Si nunca corriéramos un riesgo, jamás descubriríamos lo desconocido; jamás revolucionaríamos un mercado, ni un producto, ni una industria.

La verdad escueta es que no podemos darnos el lujo de *no* asumir riesgos. El riesgo calculado es esencial para el éxito en los negocios. Y, por definición, donde hay riesgo, hay error. Ingvar Kamprad, fundador de IKEA, dijo: "Sólo quienes duermen se libran de cometer errores", y uno de los valores fundamentales de The New York Times Company es "correr riesgos e innovar, conscientes de que algunas veces fallaremos".

Un error es un experimento del cual aprender. Muchas personas saben cómo nacieron los *Post-it*, diseñados por un científico de 3M que desarrolló un adhesivo que no era lo suficientemente "fuerte" para pegar pero que terminó siendo perfecto para los papeles de notas. Algo parecido le sucedió a William Perkins, químico británico, quien inventó los tintes artificiales cuando vio la mancha que dejó un experimento fallido para fabricar quinina sintética. Nada de esto podría suceder si las organizaciones no permiten cierto grado de error.

Así, algunos errores son inevitables y comprensibles, benéficos en el mejor de los casos y en el peor de los casos un costo normal de todo negocio. Es posible minimizar la probabilidad de que ocurran y sus consecuencias nocivas, pero tratar de eliminarlos del todo es un esfuerzo inútil.

Pero no todos los errores son inevitables y comprensibles. En efecto, los errores reseñados en este libro no sólo son inaceptables sino innumerables. Por donde se le mire, no hay manera de justificar la pérdida de más del 50% del mercado en unos meses sencillamente por no ofrecer a los clientes lo que deseaban, como fue el caso de J&J en el negocio de los *stents*. Es inaceptable continuar invirtiendo miles de millones de dólares ante la evidencia palpable de que no se estaba obteniendo nada a cambio, como hicieron Iridium y General Motors. Y es inconcebible desarrollar e implantar visiones estrafalarias que impliquen comprar cualquier compañía que aparezca en el sector de servicios, como hizo Saatchi & Saatchi, o que justifiquen el desembolso de miles de millones de dólares para construir automóviles porque al director ejecutivo de la compañía le encantan, como sucedió en el caso de Samsung.

En cada uno de estos casos de General Motors, Motorola, Saatchi & Saatchi, Samsung, Johnson & Johnson y prácticamente en todos los demás que estudiamos, había una oportunidad de aprender y de desviar el tren de carga que se le venía encima a la compañía. No, no todos los errores son iguales. Algunos sencillamente no tendrían por qué suceder, no sólo por su gran impacto, sino porque generalmente hay puntos críticos de inflexión donde una intervención puede cambiar el curso de los acontecimientos. Para comprender esta noción y las posibilidades de intervenir, es necesario examinar de cerca la manera como evolucionan los errores dentro de las organizaciones.

Así evolucionan los errores

No hay una teoría como la del *big bang* para explicar el fracaso en las empresas. En últimas, una autopsia podría revelar que todos los sistemas de la empresa fallida estaban descompuestos, pero la descomposición rara vez ocurre simultáneamente. Los errores evolucionan con el tiempo, y la realidad es que no hay compañía que pueda sustraerse a los efectos de su historia y del cambio. Estos dos factores combinados cambian necesariamente el estado de las cosas, lo cual, a su vez, expone a la compañía a cometer errores.

Pero si la naturaleza misma de los negocios y de las personas que los manejan implica unas fallas inherentes, ¿a qué se debe que no todas las organizaciones tropiecen y a veces mueran, como les sucedió a las compañías reseñadas en este libro? La respuesta es que el hecho de que las organizaciones tengan vulnerabilidades y estén marcadas por su historia no significa que estén predestinadas a fracasar de una u otra manera. Al contrario, las organizaciones y los ejecutivos tienen sin duda oportunidades para actuar e impedir el desastre; las compañías que fracasan son aquéllas en las cuales las fisuras en la estrategia, la cultura, la organización y el liderazgo descritas en la segunda parte del libro agravan las debilidades inherentes en los momentos críticos.

Pensemos en el caso de Mattel. Jill Barad se valió de la manera asombrosa como promovió la marca Barbie para ganarse el cargo de director ejecutivo, trayendo consigo la creencia inherente de que el marketing era más importante que todas las demás capacidades de la empresa. Mientras tanto se atrofiaba la capacidad de hacer fusiones y adquisiciones a causa de la jubilación del exitoso antecesor de Barad y la partida de varios altos ejecutivos. Pero estas debilidades se manifestaron en toda su magnitud sólo con la adquisición de The Learning Company. Mattel se equivocó en la compra, no realizó la diligencia debida y comenzó a fallar repetidamente en sus metas de ganancias. La incapacidad de lograr que la adquisición funcionara se juntó con las promesas incumplidas de Barad, para crear una crisis de confianza en el mercado. Cuando pasó la tormenta ya no estaban ni Barad ni The Learning Company, y el nuevo equipo de gerencia encabezado por Bob Eckert estaba dedicado a buscar la recuperación. Si Barad no hubiera comprado a The Learning Company y hubiera logrado mantener a unos buenos ejecutivos a su alrededor, quizás hoy estuviera todavía al frente de la compañía.

En los años posteriores al auge de la Internet, la burbuja que había protegido miles de defectos latentes de muchas compañías (por ejemplo, la gerencia inexperta, la falta de disciplina financiera y los supuestos cuestionables sobre la estrategia) se reventó y dejó al descubierto un mar de compañías hundidas. Cuando el viento cambió y emergió nuevamente la "vieja economía", ya no había esa "tolerancia" natural de los buenos tiempos y los fracasos se aceleraron. Es imposible suprimir los efectos latentes cuando la economía está en contra.

Estos ejemplos ponen de manifiesto la manera como las debilidades inherentes afloran cuando algún factor desencadenante modifica el *statu quo.*

Cuando miramos en retrospectiva el descalabro de una compañía, reconocemos que los cuatro síndromes destructivos se habían apoderado de ella. Por ejemplo, en Wang tenían una imagen muy distorsionada de la realidad en lo referente al surgimiento de los computadores personales y su impacto sobre los procesadores de palabras, el producto principal de Wang en ese momento. A pesar de su animosidad con la IBM, o quizás a causa de ella, An Wang fomentó una *cultura de superioridad,* no sólo frente a sus competidores sino también frente a los clientes. Estas actitudes reforzaron *la imagen errada de la realidad*; después de todo, ¿cómo podría la IBM ofrecerle al mercado un producto mejor que el de Wang? Al mismo tiempo, hubo *fisuras en la información,* porque la compañía dependía de Wang como nodo central en el flujo de la información (él lo sabía todo y, ¡ay! de que no fuera así) y también porque la junta le permitía al benévolo dictador hacer lo que quisiera. Por último, la arrogancia personal y la obsesión por el control que movían a An Wang eran una clásica *ilusión de preeminencia;* no había separación entre los intereses personales y los de la compañía; y las primeras interacciones con la IBM definieron en gran medida el comportamiento que vendría después.

¿Pero podría decirse que la estrategia, la cultura, la organización y el liderazgo funcionan mal al mismo tiempo en medio de un descalabro? No. La autopsia revela fallas masivas y múltiples, como en el caso de Wang, en el cual sólo fue cuando la IBM lanzó el PC que llegó a ser tan nociva la manera como el benévolo dictador manejaba el negocio. En las compañías saludables hay ciertos mecanismos congénitos de protección que ayudan a poner freno a las estrategias mal concebidas. Infortunadamente, no todas las compañías tienen un buen sistema de vigilancia y control, de tal manera que cuando se producen varios resquebrajamientos es cada vez más difícil instaurar el proceso de recuperación.

De esta sección emergen dos lecciones críticas. La primera es que, debido a que toda compañía tiene su historia, es virtualmente imposible identificar con exactitud cada una de las posibles debilidades. Las compañías dependen de una cultura que prospere a base de su capacidad para preguntar, mantenerse alerta y tener la mente abierta. Los ejecutivos deben cultivar la habilidad de recalibrarse constantemente en tiempo real.

En segundo lugar, cuando los ejecutivos perciben que las condiciones están cambiando, deben prestar atención especial a las cuatro fuerzas soterradas del fracaso. Así como la gente tiende a contraer la gripe con el cambio de estación, también el nivel de riesgo cambia en las organizaciones cuando se altera el estado de las cosas. Es precisamente en esos momentos en los cuales hay necesidad absoluta de una evaluación de las posibles fallas de mentalidad de los ejecutivos, las actitudes delirantes, las fisuras en la información y las patologías de los líderes. Aunque en la segunda parte ofrecimos un modelo para esta clase de evaluación, hay que reconocer la existencia de unas fuerzas poderosas que aíslan a la organización de la verdad. Nuestra tarea ahora consiste en ver a través de esa barrera.

Así crean los ejecutivos unas organizaciones de mente cerrada

Son tantas las fuerzas que embisten contra las empresas que a los ejecutivos les es difícil saber para dónde mirar. En medio de la agitación, los empleados, los proveedores, los socios y los medios de comunicación vuelven sus ojos solitarios hacia arriba, hacia la clase ejecutiva y en particular hacia el director ejecutivo, en busca de respuestas. Sin embargo, ¿cómo puede un hombre o una mujer conocer aquello que es imposible de conocer y que se perfila, emerge y cambia prácticamente todas las semanas? ¿Es función de los líderes marcar el camino en medio de la confusión? Sí y no. Los líderes definen el juego y ponen en movimiento una agenda para ganar el partido, pero no pueden ni deben tratar de jugar en todas las posiciones en el campo.

Quizá sea la presión que sienten los líderes de tener las respuestas acertadas la que los incita a ensayar, en un intento por validar las dimensiones heroicas que se le han atribuido al cargo de director ejecutivo. Sin embargo, en lugar de pretender que una persona adivine el futuro, ¿no sería mejor si toda la organización estuviera hecha y facultada para cuestionarse y forjar el futuro? Si dos de los directores ejecutivos más célebres de los últimos veinte años, Jack Welch, de GE, y Bill Gates, de Microsoft, no pudieron reconocer el potencial de la Internet sino después de que muchos otros lo hicieran, ¿es prudente pretender que los directores ejecutivos tengan las respuestas acertadas para problemas sobre los que se cierne una enorme incertidumbre? En lugar de pretender que el director ejecutivo tenga las respuestas, lo que se debe pretender es que éste pueda crear una organización que las tenga. En lugar de volver los ojos hacia él para visualizar la visión del futuro, debemos recurrir al director ejecutivo para que defina el propósito de la organización y la construya con la energía, la maleabilidad, el talento y la cultura para manejar lo desconocido.

Crear una organización capaz de enfrentar el mundo y de aprender de sus errores y de los errores de los demás para luego adaptarse es una labor titánica, pero por lo menos es una labor que responde a la realidad y no es inevitablemente inútil. El director ejecutivo heroico no es aquél que pueda predecir el futuro, puesto que en el panorama incierto que domina los negocios en la actualidad cualquier predicción seguramente será más producto de la suerte que del talento. El director ejecutivo heroico es aquél que forja una organización capaz de enfrentar los desafíos constantes, que inscribe en el ADN de la vida organizacional creatividad, honestidad, mentalidad abierta y desdén por la burocracia.

Una de las transiciones más difíciles es la de cambiar el modelo del director ejecutivo todopoderoso y omnisciente por el de unas organizaciones de mente abierta capaces de cuestionar y de aprender de sus errores. Los directores ejecutivos heroicos realmente no necesitan de los demás, salvo para que hagan su voluntad. Y no pensemos ni por un segundo que ese mensaje no llega. La fórmula para la apatía —y a veces algo peor— comienza con el director ejecutivo que está convencido de tener todas las respuestas.

Lo que sucede después es una historia que vimos repetirse en todo el libro. En el Barings Bank de Singapur, la gente sabía; cuando Rite Aid se desangraba al mando de Martin Grass, la gente sabía (aunque su temor a las represalias era tan grande que hasta se negaron a hablar con nosotros confidencialmente); en Snow Brands, muchas personas sabían; en Enron, decenas, si no centenares de personas sabían. Siempre hubo personas, ya fueran gerentes, empleados o altos ejecutivos, que sabían lo que estaba sucediendo. Pero nadie dijo nada.

En uno de los pocos casos en los cuales las personas que sabían hicieron algo —WorldCom, cuando los gerentes del siguiente nivel como Cynthia Cooper descubrieron el fraude de más de 9 mil millones de dólares— ya era demasiado tarde. Algunas de las personas que sabían lo que estaba aconteciendo en WorldCom prefirieron no hablar, decisión que bien podría costarles un tiempo en la cárcel. La excusa de haber recibido la orden de hacer algo ilícito, de no haber tenido alternativa, no sólo repugna desde el punto de vista moral sino que es la triste evidencia de cuán poco se valoran las personas a sí mismas y cuán poco valoran su poder para influir sobre las decisiones.

Seguramente habrá algo que usted pueda hacer para reducir las probabilidades de que su compañía caiga presa del mismo cáncer que ha destruido a empresas que alguna vez fueron grandes. La buena noticia es que sí. La mala noticia es que lo que se necesita es complicado, algo lento y nada fácil. No hay una bala mágica. Para parafrasear un lema bien conocido de hace algunos años, "El problema es la gente, imbécil".

Los ejecutivos brillantes optan por aprender y abrir la mente

Muchos de los errores que hemos visto en este libro fueron espectaculares en sus dimensiones, y mientras que Samsung y Sony han podido absorber sus pérdidas multimillonarias y seguir adelante, la mayoría de las compañías no pueden. Un elemento del aprendizaje es reconocer cómo se producen los descalabros empresariales y cómo han sido esas experiencias en otras organizaciones, porque en caso de sucederle a usted, podría ser el fin. También hemos visto que los errores tienden a evolucionar, lo cual significa que los ejecutivos en realidad tienen la oportunidad de intervenir antes de que sea demasiado tarde y tomar medidas para modificar el patrón y evitar el descalabro definitivo.

Durante toda esta investigación nos mantuvimos atentos a identificar los atributos de las compañías que tienen la mayor probabilidad de reconocer lo que está sucediendo y también las agallas para reaccionar, y el único que se manifestó con claridad fue el de la mentalidad abierta. Para crear una cultura abierta en la cual los errores puedan salir a la luz y sea fácil aprender de ellos se necesita un cierto tipo de líder que crea en la importancia de la cultura abierta y que actúe de conformidad con los principios que ella implica.

La transición a una organización de mentalidad más abierta no siempre está libre de tropiezos. En Boeing, una de las etapas fundamentales en ese camino fue la llegada de Harry Stonecipher, quien llegó con McDonnell Douglas cuando Boeing adquirió esa compañía. No tardó mucho tiempo en sacudir las cosas. "¡El problema somos nosotros!", exclamó durante una reunión con los ejecutivos. El furor que se desencadenó como secuela habla montones sobre la cultura insular de Boeing en ese momento.

¿Cómo es, entonces, una cultura abierta? La apertura implica luchar contra la tendencia de tapar la información desfavorable o desagradable. Exige que los líderes marquen la pauta en materia de aprender de los errores, acto bastante antinatural para muchas organizaciones. Los líderes que no quieren o no pueden construir una cultura de apertura crean organizaciones que casi prefieren no aprender. Son defensivas en lugar de abiertas.

En una cultura abierta las personas se sienten libres de decir lo que piensan realmente y de actuar de conformidad. Es preciso fomentar el flujo de la información en lugar de forzarlo. Phil Condit, director ejecutivo de Boeing, lo dijo de esta manera: "Si uno trata de buscar los problemas en lugar de fomentar que no ocurran, se genera una cultura en la cual la gente tratará de ocultar los problemas. Todo se reducirá a buscar la manera de encontrarlos o detectarlos, en lugar de crear un diálogo para averiguar si hay cosas que corregir o si hay algo que se esté incubando en la organización".

En la comunidad de los capitales de riesgo, la gente habla del "suéter de la humildad", el suéter que llevaban puesto cuando tomaron una decisión equivocada a la hora de invertir. Úselo para recordar esos momentos en los cuales ha pecado por exceso de confianza. En Southwest Airlines, cuya cultura gira intensamente alrededor de la gente, eso se traduce en: "No nos castigaremos mutuamente por nuestros errores. Aprenderemos de ellos".

Cuando los líderes no reconocen sus errores, la señal que envían al resto de la organización es: "Dejemos las cosas atrás". Tal parece que eso fue lo que sucedió cuando Arthur Andersen llegó a un arreglo en una denuncia por fraude civil de la Comisión Nacional del Mercado de Valores relacionada con la destrucción de documentos, sin admitir ni negar los cargos. Los socios involucrados en el caso no recibieron una reprimenda pública, y uno de ellos de hecho redactó la política de manejo de documentos que David Duncan —el socio de Houston despedido por destruir los documentos de Enron— citó para sustentar la justificación de sus actos. Cuando se presentó Enron, el Departamento de Justicia vio un patrón de comportamiento manifiestamente displicente y hasta ahí llegó el caso.

Los ejecutivos no sólo deben estar preparados para reconocer sus equivocaciones, sino que también deben crear oportunidades para que los otros puedan ofrecer sus comentarios sin temor a las represalias. ¿Cuántos directores ejecutivos cuentan con una persona que les pueda decir que se han equivocado, o que su proyecto mimado realmente es una pésima idea?

Para manejar este desafío se necesita un esfuerzo enorme. Veamos los valores que destaca The New York Times Company en su cultura: "Tratarnos los unos a los otros con honestidad, respeto y cortesía. Asumir riesgos e innovar, reconociendo que podemos fracasar ocasionalmente. Ofrecer y aceptar crítica constructiva". En sus "reglas para el camino", la compañía fomenta "una cultura de mentalidad abierta... cordial, honesta y respetuosa en lugar de crítica o negativa". Claro está que nada de eso sucede si no hay liderazgo, lo cual se hace evidente al ver cómo compañías como The New York Times, Boeing, Dell, Intel, Southwest Airlines y Colgate se han convertido en ejemplos de las "mejores prácticas" en lo que se refiere a aprender de los errores. Pero también hay herramientas propias del oficio que pueden abrir oportunidades para construir una cultura de aprendizaje en la organización.

Aprender de la gente

La idea central es propiciar lo más posible una situación en la cual la gente se sienta oída y valorada; si bien un requisito fundamental es tener una cultura abierta, es importante reforzarla por muchas vías para el debate, la deliberación y la información. Una idea es tener una cartelera abierta en los ascensores a fin de fomentar los comentarios y la comunicación. Otra alternativa son los buzones de sugerencias en los espacios comunes. Boeing ha utilizado desde hace años una "línea caliente para asuntos de ética" a fin de que las personas tengan una salida para desfogarse. Hace algunos años en General Electric, los gerentes jóvenes expertos en la Internet instruyeron a los altos ejecutivos sobre la nueva tecnología en un programa de "orientación a la inversa". Aparte del beneficio directo para los altos ejecutivos que aprendieron sobre la Internet, el esquema sirvió para reforzar la posición antijerárquica de GE y se constituyó en una ventana de doble vía para la interacción entre los gerentes veteranos y los jóvenes. En Australia hay una compañía que les exige a cada uno de sus empleados reunirse a conversar una vez al mes con sus jefes sobre las cosas que están haciendo bien y los errores que están cometiendo.

Aunque el tipo concreto de oportunidades creadas para el diálogo y la crítica es menos importante, el hecho de que existan esas oportunidades es de vital importancia. Las personas deben sentir que sus aportes pesan y que en su organización no se mata al mensajero de malas noticias. Deben estar seguras de que la honestidad, las buenas intenciones y las decisiones bien meditadas son valoradas y respetadas. En una cultura así, las ideas y las críticas no se tapan. En una cultura así no es aceptable culpar a otros a la manera clásica del chivo expiatorio.

Las compañías pueden tratar de crear distintos tipos de foros para ventilar los errores. En Starbucks, según cuentan Howard Schultz y Don Jones Yang, "los altos gerentes se reúnen con todos los empleados interesados para actualizarlos sobre el desempeño de la compañía, responder preguntas y oír sus quejas". De la misma manera, el fundador de Home Depot, Bernie Marcus, era conocido por los "espectáculos itinerantes", es decir, por sus viajes a todas las divisiones del país para instar a los gerentes a hablar francamente. Durante esas reuniones otorgaba "inmunidad" a fin de que los gerentes pudieran "preguntar cualquier cosa por dura, indiscreta u ofensiva que fuera". En reuniones más estructuradas, conviene nombrar a un "idiota en jefe" que defienda el punto de vista contrario. Cuando se abre la puerta a la crítica y al pensamiento crítico, las personas se sienten más tranquilas a la hora de decir lo que piensan.

Llegar hasta las "peores prácticas" en lugar de quedarse en las mejores

Aunque es obvio que la gente aprende de las excepciones y los errores, las empresas y, para el caso, las facultades de administración, rara vez ponen énfasis en la importancia de aprender de las peores prácticas. Una excepción es Boeing, en donde existen los "consejos sobre los procesos" donde, según Phil Condit, se "estudian los aspectos en los cuales la gente ha tenido problemas, lo que funciona y lo que no. Es claro que lo que se busca es tratar de difundir las mejores prácticas, pero eso es algo que no puede hacerse sin examinar lo que no ha funcionado". En esos consejos sobre los procesos se presume que nadie va a ser atacado por dar malas noticias. A fin de crear esta atmósfera en su compañía, usted deberá comunicarse constantemente, apoyar a la gente, demostrar respeto, tratar a los demás con justicia y cumplir sus promesas.

En el Children's Hospital and Clinics de Minneapolis, tener que informar sobre las violaciones y las fallas en la seguridad no deja de asustar. Hay de por medio asuntos de responsabilidad civil y calidad de la atención. Pero la importancia de saber lo que está sucediendo y lo que hay detrás pesa mucho más que el "peligro" de reconocer las infracciones. Julie Morath, directora de operaciones de ese hospital, nos dijo lo siguiente: "Una de las cosas que hicimos fue intensificar al máximo los aspectos de la cultura que giran alrededor de la seguridad: aumentar la conciencia, educar y comprometer a las personas a aprender sobre la seguridad, y ayudarles a sentirse tranquilas a la hora de informar sobre algún error". A fin de que el hospital pueda mejorar su historial de seguridad, *es necesario informar sobre los errores*. Una compañía no puede tener éxito si las personas viven con el temor de perder sus empleos en caso de que salga a la luz un error.

La Fuerza Aérea de los Estados Unidos tiene una manera bastante peculiar de recabar información importante y negativa en medio de una atmósfera de "tranquilidad". Inmediatamente después de terminada una misión, el equipo se reúne para analizarla. El análisis es obligatorio y en él deben participar todos los miembros del equipo. Nadie más puede estar presente en la sala, ni siquiera los gerentes de niveles superiores que no formen parte del equipo. Durante esas reuniones de análisis se anulan los rangos y los nombres. A fin de ayudar a despersonalizar el proceso, los nombres se reemplazan por "moderador, número uno, número dos", etc. Algo crucial es que el líder formal del equipo pasa a ser una persona más durante la reunión de análisis. A fin de alentar la discusión abierta, el líder por lo general abre la conversación reconociendo uno por uno sus errores y después les pide a los demás que critiquen su desempeño.

Se espera que cada persona reconozca lo que hizo mal y trate de hallar las razones por las cuales su desempeño fue deficiente. No se permiten reprimendas. La persona reconoce lo que hizo mal, los demás añaden otras cosas que pudieron haber estado mal, y entre todos tratan de comprender por qué se presentaron los errores, y nada más. Si usted establece un proceso de este estilo en su organización, será un incentivo natural para que todos hagan sus autoevaluaciones y reconozcan sus errores.

Correr la voz

Lo que suceda con esta información es tan importante como la información misma. En Colgate, las lecciones extractadas del análisis de los errores se incorporan de dos maneras a la compañía: se comparten con proyectos semejantes y se utilizan como lista de posibles fallas a la hora de iniciar un proyecto nuevo. Los equipos de los proyectos repasan la lista de errores anteriores, marcan aquéllos que pudieran volver a presentarse, y crean unos "planes de mejoramiento continuo" para evitar o mitigar el problema. Hay un equipo encargado de revisar, para toda la compañía, todos los datos de las "evaluaciones para el mejoramiento continuo" y de extractar los temas comunes y de desarrollar planes para corregir los puntos problemáticos donde se generan las dificultades. Por ejemplo, si hay puntos vulnerables en la gestión de los proyectos o la toma de decisiones, no sólo se identifican a través del proceso de análisis sino que las evaluaciones para el mejoramiento continuo le permiten corregir el problema a nivel de toda la compañía.

Colgate tiene también una versión abreviada para la planta de producción. Allí se analizan los datos de producción del día, se eligen tres problemas (paradas de la maquinaria, mantenimiento, etc.) y se concerta una reunión corta con los líderes y supervisores, quienes después organizan sus propias evaluaciones de mejoramiento continuo con los operarios.

Boeing, al igual que otras compañías, se vale de su centro de liderazgo para divulgar el conocimiento generado a partir de los errores. El centro es el depósito central de información. El paso constante de los ejecutivos por el programa aumenta las probabilidades de que la información llegue a la compañía. Tal como lo explicó el director ejecutivo, Phil Condit, "una de las cosas que hicimos fue tratar de crear deliberadamente un ambiente en el cual sucedieran dos cosas: la primera, que fuera lícito cometer errores y, la segunda, que no importara, puesto que lo esencial era que pudiera aprenderse de ellos más fácilmente".

Diseminar la información de manera accesible es un reto para todas las compañías. Pero comunicar las lecciones aprendidas de los errores es el elemento más importante del proceso. Una cosa es reconocer que se ha cometido un error y otra muy distinta es hacer lo necesario para que las personas aprendan de la experiencia. Cuando se reconocen los errores y se habla de ellos, con el tiempo se convierten en leyendas de la compañía junto con las lecciones. Las historias sobre los errores y las lecciones aprendidas desempeñan un papel crucial en garantizar que haya aprendizaje. Es a través de las historias que las personas recuerdan los sucesos y las situaciones. Las historias son la moneda corriente de la cultura.

Para que las historias sirvan como mecanismo de aprendizaje, es preciso buscarlas. Se necesita mantener un estado de alerta para capturar las historias cuando se producen, y buscar maneras de darlas a conocer. Las mejores compañías relatan estas historias como parte de los programas de orientación para los empleados nuevos, durante la capacitación periódica y en las publicaciones y discursos de la compañía.

El director ejecutivo de una compañía constructora tiene colgada en la pared una placa de madera de la cual sobresale el pomo de una puerta. En la placa de bronce que está debajo dice: "El pomo de los 10 millones de dólares". Es algo bastante curioso para tener en la pared de una oficina. Pero él no lo considera en absoluto gracioso. Para él es parte esencial del éxito de la compañía. Hace algunos años, la compañía terminó de construir un proyecto para una escuela privada muy prestigiosa. Era un proyecto pequeño dentro de un plan maestro multimillonario, el cual no se había adjudicado todavía. El proyecto marchó sobre ruedas. Se cumplieron las fechas propuestas junto con el presupuesto, y el cliente estaba encantado. Lo único fue que en la escuela comenzaron a tener problemas con el pomo de una puerta. Los trabajadores fueron un par de veces para atender la queja y trataron de arreglar el pomo, pero nunca lo reemplazaron. La gota que derramó el vaso fue cuando una persona se quedó encerrada en la oficina, con el pomo en la mano. Pero no fue cualquier persona. La mano en la cual quedó el pomo fue la de la persona encargada de adjudicar el contrato para el plan maestro. Ese pomo le significó a la compañía millones de dólares en ingresos. La placa de la oficina está allí para recordar la historia y perpetuar la cultura de la obsesión por los detalles y la satisfacción de los clientes.

Una nueva mirada a Mattel

¿No sería interesante aplicar algunas de estas ideas sobre la mentalidad abierta y aprender de los errores de una de las compañías reseñadas que perdió millones de dólares por hacer lo contrario?

En el caso de Mattel y The Learning Company, tenemos la oportunidad de hacerlo. En el capítulo 4, señalamos que, bajo la dirección de la directora ejecutiva Jill Barad, la gigante de los juguetes pagó 3 500 millones de dólares (4,5 veces su cifra de *ventas*) por la productora de discos compactos interactivos como Reader Rabbit y Carmen Sandiego, a pesar de las numerosas señales que apuntaban hacia el mal estado de la compañía. En efecto, cuando Mattel cerró el trato, The Learning Company todavía luchaba por integrar sus propias adquisiciones mientras sus marcas se deterioraban, con la consecuencia de la caída de sus ventas y de sus niveles de rentabilidad. Como se supo más adelante, Mattel nunca reconoció ni se dio cuenta del estado tan lamentable en el cual se encontraba The Learning Company, y las utilidades por 50 millones de dólares esperadas para el tercer trimestre de 1999 se convirtieron en una pérdida de 105 millones de dólares.

Si bien la falta de una diligencia debida y de una integración apropiada de la adquisición fueron los primeros errores, ahí no terminó todo. Barad no perdió la confianza en esa oportunidad, a pesar del descalabro del tercer trimestre de 1999. Insistió en su cifra de ganancias esperadas, equivalente a 70 u 80 centavos de dólar por acción. En el cuarto trimestre anunció otra pérdida, esta vez por 184 millones de dólares. Aun así, no perdió su optimismo. Infortunadamente, repitió el mismo error nuevamente (por cuatro veces en total). Dejarse guiar por las utilidades puede ser un juego peligroso, pero una vez adentro, el castigo por no dominar las reglas es severo. En resumen: no cumplir con la meta de las utilidades en repetidas ocasiones es una señal clara de que la compañía está equivocada en su visión de la realidad y que la compañía no está aprendiendo de sus errores.

Cuando pasó la tormenta, Barad ya no estaba y Bob Eckers, el nuevo director ejecutivo, procedió a vender a The Learning Company al Gores Technology Group (compañía en la cual tiene participación mayoritaria) sólo a cambio de una participación en las ganancias en caso de que Gores lograra la recuperación de la operación perdida. A diferencia de la antigua Mattel que no lograba sus metas de utilidades y siempre tenía una explicación para su falla, Gores es una compañía dedicada no sólo a aprender de los errores sino a aprovechar las lecciones de los errores de otros. Así describe Alec Gores, el presidente de la junta directiva, lo que encontró al día siguiente de que su grupo tomara el mando de The Learning Company:

> *Convocamos a una reunión abierta a fin de comunicarnos con la totalidad de los empleados y fijar el tono para nuestro estilo de gerencia y nuestros planes. Nos sorprendió ver cuán molestos estaban los empleados y cuán negativa era su actitud. Habían pertenecido a una empresa que había pasado de tener un patrimonio de miles de millones a convertirse en una cicatriz de la industria... Las frustraciones con la casa matriz y con el proceso habían sembrado en los empleados una desilusión extrema.*

Lo que Alec Gores y su equipo procedieron a hacer constituye un antídoto fabuloso contra las costumbres prevalecientes no sólo en Mattel y The Learning Company, sino también en tantas otras compañías a las cuales nos hemos referido en este libro. Además, es un ejemplo claro de la manera como una compañía puede aprender de los errores de otra.

Cambiar la mentalidad para que refleje fielmente la realidad

Una vez al mando, Gores cuestionó la manera tradicional de ver lo que los clientes deseaban y de invertir el capital. "Muchas de estas personas extremadamente inteligentes nunca se detuvieron a pensar: 'Bien, ¿cuántos clientes han respaldado este concepto o cuántos clientes han manifestado su intención de comprar esta mejora o aquel producto?' Se estaban gastando millones de dólares en proyectos que no tenían asidero alguno en la realidad... Era verdaderamente pasmoso... No estaban sometiendo a prueba el fundamento mismo del rendimiento sobre la inversión".

Cuestionar los delirios que impiden enfrentar la realidad

En los casos en que una organización está sentada sobre sus laureles y aparentemente satisfecha, es preciso cuestionar como nunca a la gente. En parte es cuestión de honestidad, y en parte es una buena práctica. "Los empleados por lo general continúan enterrando los problemas en lugar de decir: 'Pongamos fin a esta locura'... Una de las cosas que hacemos, muy sutilmente, es cambiar la cultura de la compañía... la manera como piensa la gente... la manera como piensan los empleados". Por consiguiente, el énfasis se traslada al pensamiento crítico, la innovación y el cuestionamiento del *statu quo*. En lugar de suponer que las personas son incapaces de enfrentar la realidad, se las cuestiona. El resultado neto es una cultura más honesta y más abierta.

Comenzar a manejar la información con mayor eficiencia

En los casos en que las personas de una organización no tienen un enfoque, es preciso hacer un análisis exhaustivo de las cifras para averiguar exactamente lo que está sucediendo. Aunque muchos quedarían tranquilos al ver que todo parece salir como estaba planeado, la verdad es que la complacencia es producto de la ignorancia y de la falta de información. Gores llega hasta el corazón de las cosas en su indagación. Busca datos concretos e información confiable, pero reconoce que no es fácil. "A la gente no le es difícil comprender lo que hay 'debajo de las cobijas'. Sencillamente no saben cómo penetrar hasta el fondo de la compañía y dilucidar el problema".

Cambiar los hábitos nocivos de los líderes

Gores construye equipos donde no hay comunicación entre los grupos y donde la colaboración es escasa. "Convocamos a una reunión con los gerentes de distintas divisiones, algunos de los cuales habían pasado dos, tres o cuatro años en sus cargos, sin conocerse entre sí. Nunca habían coincidido en un mismo sitio". La falta de comunicación en toda la compañía se debía en gran medida al liderazgo particular de mano dura de Barad. Se dice de ella que "era soberbia y si a alguien no le agradaba su manera de hacer las cosas, debía irse. La comunicación, en semejante régimen, era mínima en los niveles inferiores". La única manera de corregir ese problema consiste en cambiar a los líderes, y eso fue precisamente lo que hizo Gores.

Gores llevó a la compañía nuevamente a una situación de rentabilidad en un plazo de setenta y cinco días. Buena parte de lo que hizo es exactamente lo que ya mencionamos en este capítulo. Con sus reuniones abiertas creó un foro para el diálogo e inició el proceso de abrir la cultura. Reconoció que nadie cuestionaba las ideas y que las decisiones se venían tomando sin suficiente reflexión. A la vez que facultó a sus empleados, les inculcó un sentido de responsabilidad. Es un acto de equilibrio el hecho de acoger las ideas y las actuaciones de los empleados, y exigirles al mismo tiempo un alto nivel de desempeño.

En últimas, una de las funciones más cruciales de los ejecutivos consiste en crear una organización que aprenda. Al estudiar los errores y las fallas, se abre una ventana para aprender no sólo lo que no debe hacerse, sino lo que debe hacerse. *Los ejecutivos brillantes prosperan* aprendiendo de los errores de los demás, comprendiendo las causas de fondo del fracaso y la manera de mantenerse alertas para detectarlas, y creando organizaciones con una mentalidad lo suficientemente abierta para reconocer sus propios errores y aprender de ellos.

Últimas palabras: ¿Dónde están estas compañías ahora?

¿Hasta qué punto han aprendido de sus errores las compañías reseñadas en este libro? La verdad es que muchas nunca tuvieron la oportunidad. Están las compañías que se acogieron al capítulo 11 de la ley de bancarrotas o su equivalente y nunca resurgieron, entre ellas Webvan, PowerAgent, Barings Bank y, al parecer, también Enron. Después están algunas, como General Magic, que están apenas a un mal paso de unírseles. Y hay varias compañías que terminaron en manos de sus rivales —Rubbermaid en las de Newell, Boston Market en las de McDonald's y Quaker en las de PepsiCo— y otra adquirida en estado de quiebra (Boo.com por Fashion.com). Snapple, la perdición de Quaker, encontró un hogar próspero en Cadbury Schweppes gracias a una recuperación exitosa forjada por Triarc.

Otras compañías, entre ellas Wang Labs, Scwhinn y eToys, salieron de la quiebra como sombras de lo que fueron. Conseco, el gigante de los seguros, y los pesos pesados de las comunicaciones que fueran Adelphia y WorldCom con seguridad saldrán de la quiebra como entidades diferentes, aunque no deja uno de lamentarse que se necesitara una quiebra para que se apartaran del camino de la obstinación y la irresponsabilidad de sus líderes. Sin embargo, los ejecutivos que estaban al mando en todas estas compañías que aún sobreviven no tuvieron nada que ver en su recuperación.

Tres de las compañías estudiadas se vieron enfrentadas a los pesos pesados de sus industrias, y a ninguna le fue muy bien. Cabletron nunca logró alcanzar a Cisco durante los años 90 y optó por una estrategia prácticamente opuesta: se dividió en distintas compañías a fin de manejar segmentos más pequeños del mercado. ¿Qué fue lo único que no cambió? Que todavía están luchando. Advanced Micro Devices continúa en la batalla con Intel, manteniéndose en el juego a pesar de numerosos errores, principalmente porque su ausencia significaría que el mercado sería totalmente de Intel, algo que nadie querría, ni los fabricantes de PC, ni las autoridades federales y ni siquiera la propia Intel. Y Encyclopedia Britannica, aunque ha mejorado mucho después de su desplome de los años 90, está descubriendo lo que significa tener a Microsoft como principal competidor. El producto en CD-ROM de la Británica sigue muy rezagado con respecto a la Encarta de Microsoft en participación en el mercado y en calidad del producto.

En el caso de algunas compañías, los errores grandes no provocaron daños duraderos. Las tribulaciones de Coca-Cola en Bélgica fueron sólo una mancha en el radar para ese gigante de la marca; y Marks & Spencer, después de una operación desastrosa a finales de los 90, está en una fase de ascenso vertiginoso bajo el mando de nuevos líderes. Toro, la compañía productora de aspersores de nieve y productos afines, tuvo un período duro en los años 80 cuando creyó poder vender aspersores incluso cuando no había nieve. En la actualidad, Toro está bien bajo el mando de su director ejecutivo de muchos años, Kendrick Melrose.

Es probable que se pueda decir lo mismo de Bankers Trust, Food Lion, RJ Reynolds (¿recuerda el Proyecto Spa del capítulo 9?), Sony y Firestone, las cuales absorbieron sus pérdidas y siguieron adelante. Pero no olvidemos que la mayoría de estas compañías perdieron cientos de millones, a veces hasta miles de millones de dólares.

Entre las que perdieron miles de millones está también Samsung Motors, la cual desapareció de la escena después de una temporada de cinco años de esforzarse por ganar dinero con los automóviles mimados del presidente de su junta directiva, Kun-Hee Lee. Sin embargo, Samsung Corporation nunca había estado mejor, ahora que aspira a convertirse en un gigante global para rivalizar con Sony. Pero todavía está por verse cómo ha de resolver Samsung la necesidad de una gerencia profesional en la que todavía es una estructura clásica del *chaebol* coreano.

Johnson & Johnson tardó años en recuperar la participación perdida después de que compañías como Guidant, Medtronics y Boston Specific ingresaran al mercado con la siguiente generación de *stents* que J&J se negó a producir. Ahora, tal como señalamos en el capítulo 3, J&J está lista para estremecer nuevamente a la industria con la innovadora prótesis farmacológica. Los cardiólogos, los hospitales y los inversionistas verán rápidamente qué fue lo que la compañía aprendió de su desastre anterior.

Aunque no todas las organizaciones son lo suficientemente maleables como para recuperarse de algunos de los errores catastróficos que vimos, ha habido algunas historias verdaderamente extraordinarias. Es interesante señalar que lo que tienen en común estas historias es que la recuperación fue forjada por directores ejecutivos nuevos. En Mattel, Bob Eckert no tardó en vender a The Learning Company, en reducir los costos, en agregar una dosis de humildad en las altas esferas y en concentrarse nuevamente en las marcas y los productos medulares de la compañía. Fruit of the Loom llamó nuevamente a su antiguo director de operaciones, Bob Holland (quien había renunciado cuando la compañía estaba todavía al mando del director ejecutivo William Farley) para que trabajara con Lazard Freres, terminó finalmente el traslado de su producción al exterior y logró una recuperación de 400 millones de dólares en utilidades. Como premio por reorganizarse y salir de la quiebra, Berkshire Hathaway, de Warren Buffet, compró la compañía por 930 millones de dólares en 2002. Oxford Health Plans llamó al veterano ejecutivo Norm Payson para que arreglara el caos en los sistemas y calmara los clientes insatisfechos y las autoridades enfurecidas. Carlos Ghosn sacó a Nissan de graves apuros en la que se considera una de las recuperaciones más impresionantes de los últimos años. Por último, Saatchi & Saatchi tuvo una serie de directores ejecutivos después de la salida de los hermanos y, en la actualidad, el director ejecutivo, Kevin Roberts, está sentado nuevamente encima de un verdadero gigante global de la publicidad.

Todavía hay varias compañías inmersas en sus esfuerzos de recuperación, y está por verse cuán exitosas serán en su empeño. En cinco de ellas —Rite Aid, Tyco, Snow Brand Milk, AMP y Ford— hay directores ejecutivos nuevos al frente de la recuperación. Los de las dos primeras dedicaron buena parte de los primeros meses en el cargo a poner los libros de contabilidad a tono con algo más parecido a los principios contables generalmente aceptados, mientras que los de las últimas tres están luchando por recuperar su credibilidad entre los clientes.

Además de Ford, hay otras dos compañías automovilísticas tratando de ponerse al día. Aunque han pasado muchos años desde que Roger Smith arremetiera contra los trabajadores en General Motors, la tendencia general del mercado hacia los productos de la competencia no ha cambiado. A pesar de haber encontrado nueva estabilidad al mando de Richard Wagoner, su nuevo director ejecutivo, GM todavía no ha salido de su lenta caída libre. La otra historia de recuperación en la industria automovilística es la de Daimler-Chrysler, donde continúa reinando el director ejecutivo Jürgen Schrempp. El interrogante aquí es si la adquisición de Chrysler terminará siendo una victoria financiera algún día, considerando el costo inicial y las pérdidas enormes que sufrieron los alemanes con posterioridad a la compra.

Después del desastre de ImClone, cuya consecuencia fue una pérdida de 1 100 millones de dólares en 2002, Bristol-Myers-Squibb continuó siendo objeto de la mala prensa, siendo la razón más reciente la de los juegos con los inventarios y las supuestas manipulaciones contables encaminadas a ayudar a la compañía a conseguir unas metas ambiciosas de aumento de las utilidades fijadas por el antiguo director ejecutivo, Charles Heimbold, Jr. En cuanto a ImClone, todavía hay gran incertidumbre acerca de la probabilidad de que el Erbitux reciba la aprobación de la FDA. Entre tanto, su director ejecutivo Sam Waksal se ha declarado culpable de diversos cargos.

Algunas veces, aunque una compañía regrese a ocupar un lugar preponderante en su mercado medular, los efectos de los errores pasados continúan flotando en el ambiente. Motorola es un ejemplo perfecto, puesto que continúa pagando las consecuencias de sus errores con una participación en el mercado de los teléfonos celulares inferior al 20% durante los últimos cinco años (recordemos que llegó a ser del 60% a mediados de los años 90). Si bien todavía está muy rezagada con respecto a Nokia, líder de la industria en el mercado global, finalmente está cerca de igualarla en los Estados Unidos. Motorola ha hecho esfuerzos por evitar los errores del pasado al implantar mayor fortaleza y vigilancia a nivel corporativo, volver al principio básico de centrarse en lo que los clientes desean y reconstruir el que fuera un elemento importante dentro de sus operaciones: un saludable espíritu de autocrítica.

La otra empresa de Motorola que se evaporó en el aire encierra una lección un tanto diferente. Tal como lo anotamos en el capítulo 2, Iridium continúa viva gracias a una nueva inyección de capital y se dedica a ofrecer servicios de telefonía celular satelital a clientes de armadas, ejércitos, aviaciones e industrias petroleras, los cuales realmente no tienen acceso fácil a las telecomunicaciones terrenas que actualmente son virtualmente ubicuas. Tras pagar 25 millones de dólares por activos que originalmente valieron doscientas veces esa cifra, los nuevos dueños de Iridium hallaron finalmente la fórmula del éxito. Es concebible que habrá clientes suficientes para justificar esa inversión puesto que el modelo de negocios puede pasar de la hegemonía de la escala global a centrarse en un nicho del mercado.

La suerte de Levi Strauss como empresa privada es menos clara, pero los efectos persistentes de la influencia familiar no han sido positivos. Sin embargo, la familia no ha abandonado el juego. No puede decirse lo mismo de la tercera generación del clan Pressman, la cual dejó a Barneys en ruinas a mediados de los años 90. Después de quedar por fuera con ocasión de la quiebra en 1996, los integrantes de la familia se lanzaron a la pelea por el botín restante. Antes de su muerte, Fred Pressman, padre de Bob y Gene —los dos hermanos bajo cuya mirada impasible se hundiera la compañía— estipuló expresamente: "No dejó legado alguno a mi hijo Robert L. Pressman, por razones lo suficientemente válidas y justificadas". A finales de 2000, las hijas de Fred ganaron un pleito por 11 millones de dólares en contra de su hermano Bob, quien respondió instaurando una contrademanda. Éste es un caso cuyo final al parecer no veremos muy pronto.

Por otro lado, la aventura de DeLorean en la industria automovilística terminó cuando fue detenido por lavado de dinero y tráfico de estupefacientes, aunque fue absuelto en 1986 cuando se demostró que los agentes federales habían violado las normas para esa clase de operativos. Sin embargo, no ha cesado de tener problemas legales desde entonces, los cuales culminaron con una declaración de quiebra personal en 1999. Tal parece que DeLorean planea vender relojes de lujo y hasta la fecha persisten los rumores de su deseo de regresar al negocio de los automóviles deportivos.

En otra versión de este tema, algunas veces sobrevivieron los ejecutivos mientras que las compañías no. Por ejemplo, LTCM ya no existe, pero al menos dos de sus cabezas principales han creado nuevos fondos de cobertura. Y en el que constituye un vuelco fascinante, Mossimo Giannulli es nuevamente el director ejecutivo de la compañía que lleva su nombre, aunque ésta, con apenas ocho empleados, quedó prácticamente irreconocible. Mossimo finalmente aprendió que carecía de competencias en el campo de la confección y la distribución de ropa, por atractiva que fuera y, en su nueva reencarnación, su empresa es licenciadora de compañías tales como Target en los Estados Unidos y Hudson's Bay Company en Canadá. Este final al parecer será feliz, puesto que la compañía sencillamente diseña ropa de acuerdo con las necesidades de Target, aprovechando parte de la fama que quedara del nombre de Mossimo. No sorprende quizá que L. A. Gear, su prima mayor del sur de California, adoptara una estrategia muy parecida al salir de la quiebra a mediados de los años 90. Sin embargo, ésta, a diferencia de Mossimo, ya no está bajo el mando de las personas que la vieran caer.

Por último, están los Medias Rojas de Boston. La historia de la integración es cosa de un pasado ya lejano, y no queda nadie en la organización que haya vivido esa época. A pesar de las insinuaciones ocasionales de que todavía hay vestigios de ese pasado, el equipo está totalmente integrado desde el punto de vista racial. La historia de los Medias Rojas se destaca como ejemplo contundente del comportamiento irracional, el cual se manifestó, aunque bajo otras apariencias, en muchas de las compañías estudiadas.

Cuando iniciamos nuestra investigación hace cerca de seis años, pocos habrían podido decir que el hecho de que los Medias Rojas no hubieran querido integrar a los jugadores afroamericanos sería el símbolo de los errores críticos cometidos por compañías de industrias muy diferentes o hasta de diferentes países. Y por supuesto que nadie habría podido prever que los escándalos descomunales protagonizados en el nuevo siglo por compañías tales como Enron, WorldCom, Tyco, Adelphia e ImClone tendrían raíces de naturaleza semejante no sólo a los de los Medias Rojas de Boston sino a los de compañías de renombre tales como Johnson & Johnson, Motorola, Rubbermaid, Sony y Mattel. Pero la verdad es que en cada uno de estos casos se produjeron los mismos síndromes destructivos, los cuales se apoderaron de la organización, dejando una huella de deterioro y fracaso.

¿Por qué fracasan los ejecutivos brillantes? Porque crean organizaciones en donde se instaura una imagen errada de la realidad, en donde las políticas y las actitudes delirantes protegen esa imagen alterada de la realidad contra un escrutinio minucioso, en donde se deterioran los procedimientos encaminados a manejar la información, el riesgo y las personas, y en donde los líderes que adoptan hábitos que conducen a fracasos estruendosos amplifican todos esos problemas. Lo que parece irracional desde afuera es perfectamente sensato para los ejecutivos que están adentro y que caen en cada una de esas trampas. Los ejecutivos brillantes reseñados en este libro no buscaron ser víctimas del desastre, pero lo fueron porque no reconocieron la manera insidiosa y a veces compleja como el fracaso se apodera de las organizaciones. Mucho habremos logrado si este libro se convierte en un mecanismo para que los ejecutivos eviten esos errores. Mucho habremos logrado si este libro les ayuda a los inversionistas a ver dónde está la razón del fracaso de sus inversiones. Y mucho habremos logrado también si este libro les ayuda a las personas, tanto en el trabajo como en la vida personal, a comprender mejor la manera como operan las organizaciones. ¿Quién sabe? Quizás los Medias Rojas ganen todos los campeonatos el año que viene.

Nota del autor

Espero que las historias de fracaso y las lecciones que dejan sean de ayuda para los lectores en su vida personal y de trabajo. Aunque el libro tiene por objeto arrojar luces sobre los errores y el fracaso, mi propósito ha sido realmente el de ayudar a las personas y a las compañías a lograr un mayor éxito. Es a través del estudio de lo que sale mal que podemos ver bajo una nueva luz aquello que puede salir bien. Con esa finalidad, invito a los lectores a visitar mi sitio virtual (http://www.whysmartexecutivesfail.com) donde encontrarán material adicional relacionado con este proyecto de investigación. Además, en el sitio virtual tendrán la oportunidad de compartir sus propias historias sobre errores y fracasos y, en particular, las lecciones que les dejaron. Espero que el diálogo continúe.

Agradecimientos

Seis años es mucho tiempo para que madure una idea desde que brota hasta que está lista para hacer su entrada en el mundo y son muchas las cosas que tienen que darse para que así sea. La primera es el compromiso de un grupo de personas de apoyar, facilitar e imprimir energía a un proceso de investigación encaminado a descubrir las respuestas a una serie de preguntas inexploradas. Este libro es producto de esa clase de esfuerzo conjunto de un grupo muy variado de investigadores con diversos talentos pero con una cosa en común: su compromiso irrestricto con la idea, semilla de la pasión que ayudó a mantener el impulso durante un largo período de gestación.

En mi calidad de profesor de la Tuck's School of Business en Dartmouth, he tenido la gran fortuna de trabajar con una decanatura que me apoyó desde un comienzo. El decano Paul Danos no sólo me empujó a diversificar mi trabajo y asumir un reto de esta magnitud, sino que también me proporcionó un generoso apoyo tanto moral como para la investigación, incluida la posibilidad de permanecer un año en París investigando y escribiendo. El decano adjunto, Bob Hansen y los directores de los centros de investigación Vijay Govindarajan, Joe Massey y Espen Eckbo no dejaron de girar los cheques. Colegas como Connie Helfat, Rich D'Aveni, Margie Peteraf, Alva Taylor, Andy King y Paul Argenti se encargaron de formular preguntas (algunas veces sin saberlo) que me impulsaban a continuar buscando respuestas.

Mis alumnos de la maestría en administración de empresas han tenido que escuchar las historias de los grandes fracasos empresariales durante años y seguramente se habrán preguntado cuánto tardaría en dilucidar el rompecabezas. Sus ideas y críticas ayudaron a perfeccionar el mensaje, y la participación de un gran número de estudiantes de Tuck y Dartmouth en diversos momentos del proyecto de investigación no tiene precio. Quisiera agradecer a los estudiantes de Tuck Andrew Brownell, Sherilyn Butler, Fern Chaddad, Potoula Chresomales, Anna Fincke, Nat Fisher, Sumeet Gugnani, Mark Harvey, Hiroshi Hashiguchi, Iwao Ikeya, Seiji Ikuta, Michael Koester, Nobi Koya, Cathrine Laksfoss, Laura Lovelace, Devin Mathews, Lex Miron, Kazuo Narumiya, Ana Sánchez, Shade Sanford, José Santos, Peter Stevens, Ramón Suazo, John Torget, Craig Urch, Suzanne Wilke y Barry Winer, y a los estudiantes de Dartmouth Adi Herzberg, Catie Huisman, Thomas Kunz, Albert Lee, Jerry Ling, Evan Poon y David Cahill. También fueron excepcionales las contribuciones de los asistentes de investigación Leah Dering, Suzan French, Maribeth Gainard, Betty Pak, Gina Rasmussen y James Yaeger.

Dentro del equipo de investigadores participaron tres personas especiales cuya función fue crucial. Scott Borg se vinculó durante los últimos dieciocho meses para dilucidar el verdadero significado de los hallazgos de mi investigación, y no exagero cuando digo que, sin su esfuerzo, el producto terminado jamás habría sido el mismo. Becky Savage fue mi arma secreta en la búsqueda de trozos confusos de información y en la coordinación de un sinnúmero de entrevistas. Y Alan Elkins, quien después de una larga y próspera carrera de medicina decidió regresar a Tuck para terminar su maestría en administración de empresas, comenzó a trabajar para mí en calidad de estudiante y no ha dejado de hacerlo desde entonces. En su calidad de instigador en jefe, conciencia del proyecto y coreógrafo tras bambalinas, aportó una tripleta de talento al equipo. Gracias, Scott, Becky y Alan.

Tuve la ocasión de poner a prueba algunas de las ideas del libro en varios lugares por fuera de Tuck, y por ello deseo agradecer a Melinda Muth, Lex Donaldson y Roger Collins, quienes se encargaron de coordinar una presentación ante la Australian Graduate School of Management, a Mauricio Zollo por hacer lo mismo en INSEAD, a Bente Lowendahl en la Norwegian School of Business y a Costas Markides en la London Business School. Quizás no sorprenda que los psiquiatras se hayan interesado muy pronto en este trabajo, interés que culminó en una presentación durante una Gran Revista en el Departamento de Psiquiatría del Dartmouth-Hitchcock Medical Center y durante la reunión anual de la Asociación Americana de Psicoanálisis en Nueva York. También sirvieron para pulir el mensaje las presentaciones ante cursos de ejecutivos en Tuck y en otros lugares, y también ante ex alumnos de Darthmouth en Los Ángeles, San Francisco y París.

Muchos de mis colegas de la academia contribuyeron de manera decisiva a dar forma a mis ideas. Mi colaboración con Ann Mooney en relación con la pregunta de por qué fallan las juntas directivas arrojó pistas importantes; los comentarios de John Slocum sobre algunos de mis escritos iniciales relacionados con el fracaso de las empresas virtuales generaron ideas nuevas; una segunda mirada al trabajo pionero de Brian Quinn sobre la empresa inteligente y la innovación me ayudó a reconocer el origen de muchas de las maneras de pensar de los ejecutivos que fracasaban; los escritos de eruditos como Linda Argote, Amar Bhide, Don Hambrick, Jim March, Charles Perrow, Scott Snook, Barbara Tuchman, Karl Weick y Abraham Zaleznik influyeron sobre la evolución de estas ideas.

El libro no habría cobrado forma sin la cooperación de un sinnúmero de altos ejecutivos y de otras personas que accedieron a ser entrevistadas, en ocasiones varias veces. Sus conceptos me ayudaron a dilucidar buena parte del rompecabezas, lo cual no habría podido hacer de otra manera. Varios presidentes de empresa se entrevistaron más de una vez con el equipo de investigadores, en ocasiones hasta tres o cuatro veces y merecen una manifestación especial de aprecio por dedicar tanto tiempo y energía al proyecto. Aquí quisiera agradecer a Paul Charron (Liz Claiborne), Robert Galvin (Motorola), Stanley Gault (Rubbermaid y Goodyear Tire & Rubber), Alec Gores (Gores Technology Group), Russell Lewis (New York Times), Leonard Riggio (Barnes & Noble) y Kevin Roberts (Saatchi & Saatchi). A todas las personas entrevistadas se las menciona en la parte correspondiente del libro, con su autorización.

Escribir sobre las "peores prácticas" en lugar de seguir la costumbre de hablar de las buenas prácticas, y escribir sobre el fracaso en lugar del éxito es romper el molde de la mayoría de los libros sobre las empresas, de manera que se necesita una persona especial para reconocer su potencial. Mi agente, Helen Reese, lo reconoció inmediatamente y ha defendido con entusiasmo todo lo que he tratado de lograr con este libro. Fue gracias a Helen que este libro terminó en manos de Adrian Zackheim y su grupo editorial en Portfolio. También él vio el potencial y ofreció inmediatamente sus ideas, las cuales reforzaron el producto final. Kim Keating, Alicia Green, Andy Steele y Carol Millay, en Tuck, dieron su apoyo tras bambalinas.

También tuve la fortuna de recibir el apoyo de muchos amigos quienes insistieron en preguntar constantemente qué estaba aprendiendo y siempre neutralizaban mis respuestas confusas diciendo: "Es interesante". Desde un principio quedó claro que este libro no es sólo para gerentes, inversionistas o estudiantes de administración de empresas, sino que también tiene algo que ofrecer a ese grupo grande de personas que se pregunta: "¿Por qué suceden estas cosas?"

Durante los últimos seis años, mi esposa Gloria y mi hija Erica han visto al libro cobrar forma. He logrado trabajar y escribir en cafés en Hanover, Nueva Hampshire, y en París, en la mesa de la cocina de la casa y en los aviones camino de las vacaciones, pero en todos los lugares pude siempre contar con su amor, su apoyo y su comprensión. Escribir un libro puede ser una tarea muy solitaria, pero la verdad es que nunca me sentí solo.

Dedico este libro a mi abuelo Leib Dunajec. Es extraña esta dedicatoria puesto que nunca lo conocí. Pero las historias de su vida han logrado perdurar a través de los años y se han arraigado en mi conciencia. El padre de mi madre vivió en una granja pequeña en Polonia, no recibió educación formal y fue extremadamente pobre. Aun así, fue sabio, maestro, músico y líder. Hace años conocí las historias de los aldeanos que pegaban el rostro contra la ventana de su casa para oír su celebración de los oficios religiosos cuando no había espacio para una persona más en la casa. Era a él a quien recurrían cuando tenían problemas y era él quien enseñaba a los niños no sólo a leer y escribir sino a distinguir el bien del mal. No cabe duda de que es engreimiento pensar que yo haya podido heredar algo de él, pero aun así ha sido una influencia formidable en mi vida. Esta dedicatoria es apenas un pequeño gesto de agradecimiento.

Sydney Finkelstein
Hanover, Nueva Hampshire